Das russische Zwangsvollstreckungsrecht

Studien des Instituts für Ostrecht München

Begründet von Professor Dr. Reinhart Maurach
Herausgegeben von
Professor Dr. Friedrich-Christian Schroeder,
Dres. h. c., Regensburg

Band 78

PL ACADEMIC RESEARCH

Tatjana Seibel

Das russische Zwangsvollstreckungsrecht

Darstellung des Föderalen Gesetzes vom 02.10.2007 Nr. 229-FZ „Über das Vollstreckungsverfahren" unter Hervorhebung der Gemeinsamkeiten und Unterschiede zum deutschen Zwangsvollstreckungsrecht

PL ACADEMIC RESEARCH

Bibliografische Information der Deutschen Nationalbibliothek
Die Deutsche Nationalbibliothek verzeichnet diese Publikation in der Deutschen Nationalbibliografie; detaillierte bibliografische Daten sind im Internet über http://dnb.d-nb.de abrufbar.

Zugl.: Göttingen, Univ., Diss., 2014

Umschlaggestaltung:
© Olaf Gloeckler, Atelier Platen, Friedberg

Gedruckt auf alterungsbeständigem,
säurefreiem Papier.

D 7
ISSN 0073-8492
ISBN 978-3-631-66240-3 (Print)
E-ISBN 978-3-653-05290-9 (E-Book)
DOI 10.3726/978-3-653-05290-9

PL Academic Research ist ein Imprint der Peter Lang GmbH.

Peter Lang – Frankfurt am Main · Bern · Bruxelles · New York · Oxford · Warszawa · Wien

Diese Publikation wurde begutachtet.

www.peterlang.com

Vorwort

Die vorliegende Arbeit wurde im Wintersemester 2013/2014 von der Juristischen Fakultät der Georg-August-Universität Göttingen als Dissertation angenommen. Gesetzgebung, Literatur und Rechtsprechung konnten bis zum 31. Dezember 2012 berücksichtigt werden.

Ein besonderer Dank gilt meinem Doktorvater, Herrn Prof. Dr. Münch, der die Erstellung der Arbeit ermöglicht hat und mir den dazu benötigten Freiraum gewährt und damit viel Vertrauen entgegengebracht hat.

Allen meinen Freunden und Kollegen, die auf vielfältige Weise zum Gelingen der Arbeit beigetragen haben, gilt mein aufrichtiger Dank.

Aus tiefstem Herzen danke ich meinen Eltern, die mich während meines Studiums und der Promotion bei allen Vorhaben und Plänen in jeder Hinsicht unterstützt haben. Meinem Mann Sven danke ich in erster Linie für seine Motivation, Geduld und Unterstützung. Darüber hinaus danke ich meiner Schwester für die mühselige Arbeit des Korrekturlesens.

Göttingen, November 2014 Tatjana Seibel

Inhaltsverzeichnis

Abkürzungsverzeichnis

Abs.	Absatz
a.E.	am Ende
a.F.	alte Fassung
AG RF	Föderales Gesetz vom 26.12.1995 Nr. 208-FZ „Über die Aktiengesellschaften“
AGP	Arbitražnyj i graždanskij process, russische Zeitschrift
ArbG RF	Arbeitsgesetzbuch RF vom 30.12.2001 Nr. 197-FZ
Art.	Artikel
APO RF	Arbitragegerichtsprozessordnung der RF vom 24. Juli 2002, Nr. 95-FZ, SZ 2002, Nr. 30, Pos. 3112
BGB	Bürgerliches Gesetzbuch (Deutschland)
BGBl.	Bundesgesetzblatt
BGH	Bundesgerichtshof
d.h.	das heißt
ECHR	European Court of Human Rights
EGMR	Europäischer Gerichtshof für Menschenrechte
EMRK	Europäische Menschenrechtskonvention
EU	Europäische Union
EuZVR	Europäisches Zivilverfahrensrecht
FamK RF	Familienkodex der RF vom 29. Dezember 1995 Nr. 223-FZ
f./ff.	folgende (Seite)/folgende (Seiten)
Fn.	Fußnote
Gem.	gemäß
GG	Grundgesetz (Deutschland)
GVG	Gerichtsverfassungsgesetz
GVG RF	Föderales Gesetz vom 21.07.1997 Nr. 118-FZ „Über die Gerichtsvollzieher“
GVO	Gerichtsvollzieherordnung (Deutschland)
GVGA	Geschäftsanweisung für Gerichtsvollzieher (Deutschland)
Halbs.	Halbsatz
HaushaltsG RF	Haushaltsgesetzbuch der Russischen Föderation vom 31.07.1998 Nr. 145-FZ
HGB	Handelsgesetzbuch (Deutschland)
HypG RF	Föderales Gesetz vom 16.07.1998 Nr. 102-FZ „Über die Hypothek (Immobilienpfand)“

idF	in der Fassung
InsG RF	Föderales Gesetz vom 26.10.2002, Nr. 127-FZ „Über die Insolvenz (Bankrott)“
InsO	Insolvenzordnung (Deutschland)
InvFG RF	Föderales Gesetz vom 29.11.2001 Nr. 156-FZ „Über Investmentfonds“
IPPrax	Praxis des Internationalen Privat- und Verfahrensrechts, Zeitschrift
i.S.d.	im Sinne des
i.S.v.	im Sinne von
i.V.m.	in Verbindung mit
JZ	Juristen Zeitung
KoAP RF	Kodex der RF „Über die Ordnungswidrigkeiten“ vom 30. Dezember 2001, Nr. 195-FZ, SZ 2002, Nr. 1, Pos. 1
KSchG	Kündigungsschutzgesetz (Deutschland)
m.w.N.	mit weiteren Nachweisen
Nr.	Nummer
OLG	Oberlandesgericht
OWiG	Ordnungswidrigkeitengesetz, deutsch
PfandG RF	Gesetz der Russischen Föderation vom 29.05.1992 Nr. 2872-1 „Über den Pfand“
Pos.	Position
PPiSh	Pravovaâ politika i pravovaâ žizn, russische Zeitschrift
Rn.	Randnummer
RF	Russische Föderation
RPflG	Rechtspflegergesetz (Deutschland)
Rpfleger	Der Deutsche Rechtspfleger
RSFSR	Russische Sozialistische Föderative Sowjetrepubliken
S.	Seite
SK RF	Steuerkodex der RF vom 31.07.1998 Nr. 146-FZ
sog.	sogenannte
SP	Sovremennoe Pravo, russische Zeitschrift
StGB RF	Strafgesetzbuch der RF vom 13.06.1996 Nr. 63-FZ
StRImm RF	Föderales Gesetzes vom 21.07.1997 Nr. 122-FZ „Über die staatliche Registrierung von Immobilienrechten und Immobilienrechtsgeschäften“
SU RSFSR	Sobranie uzakonenij RSFSR (Gesetzessammlung der RSFSR)
SZ-RF	Sobranie zakonodatel'stva Rossijskoj Federacii (Gesetzessammlung der Russischen Föderation)

UdSSR	Union der Sozialistischen Sowjetrepubliken
UdSSR-VO	Verordnung der Union der Sozialistischen Sowjetrepubliken
u.s.w.	und so weiter
u.w.	und weitere
vgl.	vergleiche
Verf RF	Verfassung der Russischen Föderation vom 12.12.1993
VVG	Föderales Gesetz vom 02.10.2007 Nr. 229-FZ „Über das Vollstreckungsverfahren“
VVG von 1997	Föderales Gesetz vom 21.07.1997 Nr. 119-FZ „Über das Vollstreckungsverfahren“
VVS RSFSR	Vedomst‘ verhogo soveta RSFSR (Amtsblatt des obersten Rates der Russischen Sozialistischen Föderativen Sowjetrepubliken)
Vorbem	Vorbemerkung
VwGO	Verwaltungsgerichtsordnung (Deutschland)
VwVG	Verwaltungs-Vollstreckungsgesetz (Deutschland)
WIRO	Wirtschaft und Recht in Osteuropa, Zeitschrift
WpMG RF	Föderales Gesetz vom 22. April 1996 Nr. 39-FZ „Über den Wertpapiermarkt“
z.B.	zum Beispiel
ZGB RF	Das Zivilgesetzbuch der RF
ZPO RF	Zivilprozessordnung der Russischen Föderation vom 14.11.2002, Nr. 138-FZ, SZ 2002, Nr. 46, Pos. 4532
ZPO RSFSR	Zivilprozessordnung der Russischen Sozialistischen Föderativen Sowjetrepubliken
ZPO	Zivilprozessordnung (Deutschland)
ZVG	Gesetz über die Zwangsversteigerung und die Zwangsverwaltung (Deutschland)
ZZP	Zeitschrift für Zivilprozess

Einleitung

Die Russische Föderation hat sich nicht nur für Deutschland zu einem wichtigen wirtschaftlichen Partner entwickelt.[1] Viele ausländische Investoren entdecken den russischen Markt für sich, und zahlreiche ausländische Unternehmen lassen sich in Russland nieder oder bauen Geschäftsverbindungen auf. Das führt unerlässlich zu einem Kontakt mit dem russischen Rechtssystem und die rechtliche Sicherheit ist dabei von größter Bedeutung.

Das Vollstreckungsrecht der Russischen Föderation stellt einen Teil des russischen Rechtssystems dar, der einer aktiven Entwicklung unterliegt.[2] Einigkeit besteht darüber, dass das Vollstreckungsrecht für die Funktionsfähigkeit des Gerichtssystems sehr entscheidend ist.[3] Ohne Durchsetzung der gerichtlichen und

---

1 „Mit 8,7% Anteil am russischen Außenhandelsvolumen ist Deutschland nach den Niederlanden (vorwiegend Einfuhr von Erdöl und Derivaten über Rotterdam) und China drittwichtigster Handelspartner Russlands weltweit. Nachdem das Außenhandelsvolumen 2011 um 29% gegenüber dem Vorjahr gestiegend war und rund 75 Mrd. € betrug, wurde im ersten Halbjahr 2012 ein nochmaliger Anstieg um 12% verzeichnet. Dabei nahmen die Exporte nach Russland um 16% zu, die Importe um 8%. Wichtigste Exportgüter Russlands waren Rohstoffe, insbesondere Erdöl und Erdgas, außerdem metallurgische und petrochemische Erzeugnisse. Deutschland exportiert vorwiegend Erzeugnisse des Maschinenbaus (23%), Fahrzeuge und Fahrzeugteile (21%), Erzeugnisse der chemischen Industrie (8%) sowie Datenverarbeitung und elektrische Ausrüstungen (jeweils 7%). Russland ist aufgrund seines umfassenden Modernisierungsbedarfes ein wichtiger, aufnahmefähiger Export- und Investitionsmarkt. Die Investitionszuflüsse deutscher Unternehmen in die Russische Förderation betrugen im ersten Halbjahr 2012 19,2 Mrd. €, was in etwa dem Volumen im Vorjahreszeitraum entspricht. Rund ein Drittel der Investitionen erfolgten in den Ausbau vorhandener Repräsentanzen, z.T. mit Aufnahme einer Produktion bzw. deren Ausbau. Aktuell gibt es in Russland mehr als 6.500 Unternehmen mit deutscher Kapitalbeteiligung, die in 81 von 83 Föderationssubjekten (Verwaltungseinheiten) tätig sind." – Auswärtiges Amt, Russische Föderation Wirtschaft (Beziehungen zu Deutschland, Wirtschaftliche Beziehungen), abrufbar unter http://www.auswaertiges-amt.de/DE/Aussenpolitik/Laender/Laenderinfos/RussischeFoederation/Wirtschaft_node.html (Stand 11.2012).

2 *Tschaschin*, „Ispolnitel'noe proizvodstvo" (Vollstreckungsverfahren – Lehrbuch), S. 9.

3 *Tschaschin*, „Ispolnitel'noe proizvodstvo" (Vollstreckungsverfahren – Lehrbuch), S. 9; *Reschetnikova*, „Ispolnitel'noe proizvodstvo - Kratkie učebnye kursy ûridičeskih nauk" (Vollstreckungsverfahren – Übungen der Rechtswissenschaft), S. 11.

außergerichtlichen[4] Entscheidungen ist die Wiederherstellung der verletzten Rechte und der rechtlichen Interessen nicht denkbar und von einer Rechtsordnung im Staat kann dann unmöglich gesprochen werden.[5]

Gleichzeitig ist das Zwangsvollstreckungsrecht der Russischen Föderation eines der problemreichsten Gebiete des juristischen Entwicklungsprozesses. Nicht nur das russische Verfassungsgericht[6], sondern auch der Europäische Gerichtshof für Menschenrechte hat in einer Vielzahl von Entscheidungen[7] hervorgehoben, dass die Zwangsvollstreckung in Russland unzureichend sei. Die Kritik entfachte sich insbesondere an dem Vollstreckungsverfahrensgesetz von 1997[8] (VVG von 1997). Der Grund dafür bestand in einer Reihe von Anwendungsproblemen, die dieses Gesetz mit sich brachte.[9]

Am 1. Februar 2008 ist in der Russischen Föderation ein neues Vollstreckungsverfahrensgesetz[10] (VVG) in Kraft getreten, welches gleichzeitig das Vollstreckungsverfahrensgesetz von 1997 ablöste. Das neue Gesetz stellt einen weiteren Abschnitt des Entwicklungsprozesses dar, mit dem der russische

---

4 Entscheidungen („predpisanie" – wörtliche Übersetzung: Vorschrift, Verordnung) anderer Organe, wie z.B. die notariellen Vereinbarungen, Bescheinigungen der Kommission für Arbeitskonflikte u.a. Diese Organe sind insbesondere in Art. 12 VVG aufgeführt, der die Vollstreckungsdokumente regelt und auf die in § 4 I. näher eingegangen wird.

5 *Reschetnikova*, Kommentar, S. III.

6 Siehe Entscheidung des russischen Verfassungsgerichts vom 30.07.2001 Nr. 13-P, SZ RF 2001, Nr. 32, Pos. 3412 „Überprüfung der Vereinbarkeit der Art. 7 Abs. 1 Nr. 7, Art. 77 Abs. 1 und Art. 81 Abs. 1 des Föderalen Gesetzes [vom 21.07.1997 Nr. 119-FZ] „Über das Vollstreckungsverfahren" mit der Verfassung" (Постановление Конституционного Суда РФ от 30.07.2001 N 13-П „По делу о проверке конституционности положений подпункта 7 пункта 1 статьи 7, пункта 1 статьи 77 и пункта 1 статьи 81 Федерального закона „Об исполнительном производстве") – abrufbar unter www.lib.ksrf.ru.

7 Siehe insb. Entscheidung „Wassermann gegen Russland" vom 18.11.2004 und 10.04.2008 mit Nachweisen weiterer Entscheidungen, veröffentlicht unter www.echr.ru. Siehe zu diesem Fall auch das Newsletter des EGMR: Newsletter Menschenrechte 2008/2, S. 91 ff. abrufbar unter http://www.menschenrechte.ac.at/docs/08_2/08_2_09.

8 Föderales Gesetz vom 21.07.1997 Nr. 119-FZ „Über das Vollstreckungsverfahren" (Федеральный закон Российской Федерации от 21. июля 1997 г. N 119-ФЗ „Об исполнительном производстве")

9 Vgl. § 1 III 3, S. 24.

10 Föderales Gesetz vom 02.10.2007 Nr. 229-FZ „Über das Vollstreckungsverfahren" (Федеральный закон Российской Федерации от 2 октября 2007 г. N 229-ФЗ „Об исполнительном производстве")

Gesetzgeber versucht, die Unzulänglichkeiten des bisherigen Vollstreckungsverfahrensgesetzes zu beheben und die herrschenden Lücken und Widersprüche im Vollstreckungsverfahren zu beseitigen.

Mit der vorliegenden Arbeit soll in erster Linie ein Überblick über das russische Zwangsvollstreckungsrecht[11] gegeben werden. Gleichzeitig erfolgt ein Vergleich zum deutschen Zwangsvollstreckungsrecht durch Hervorhebung der Gemeinsamkeiten und Unterschiede zwischen den beiden Rechtsordnungen. Ziel der Untersuchung ist neben der Darstellung des russischen Zwangsvollstreckungsrechts und dem Vergleich zum deutschen Recht die Bewertung, ob es dem russischen Gesetzgeber gelungen ist, ein Gesetz zu verabschieden, welches eine effektive Rechtsdurchsetzung gewährleistet und damit Rechtssicherheit für die Beteiligten schafft.

Im ersten Teil der Abhandlung wird zum besseren Verständnis des russischen Zwangsvollstreckungsrechts und den damit verbundenen Problemen die geschichtliche Entwicklung bis zum geltenden Vollstreckungsverfahrensgesetz dargestellt. Daran schließt sich die Erläuterung der spezifischen Prinzipien des russischen Zwangsvollstreckungsrechts unter Berücksichtigung der geltenden Prinzipien im deutschen Recht an. Abschließend erfolgen eine ausführliche Darstellung des russischen Zwangsvollstreckungsrechts nach dem geltenden VVG mit einfließendem Vergleich zum deutschen Recht und zum alten VVG der Russischen Föderation sowie die Bewertung der Rechtmäßigkeit, Zuverlässigkeit und Effektivität des neuen Vollstreckungsverfahrensgesetzes.

11 Die Darstellung beschränkt sich nur auf die Einzelzwangsvollstreckung, so dass die Gesamtvollstreckung (Insolvenzverfahren) außer Betracht bleibt. – Siehe zum russischen Insolvenzrecht die Darstellung in *Wedde*, Der Insolvenzverwalter im russischen und deutschen Recht, S. 64 ff.

Teil I
Geschichtliche Einführung

§ 1 Historische Entwicklung des russischen Zwangsvollstreckungsrechts

Die Entwicklung des russischen Zwangsvollstreckungsrechts wurde durch die ereignisreiche Geschichte Russlands entscheidend beeinflusst und weist dadurch einige Besonderheiten zu dem europäischen Recht auf. Im Gegensatz zu dem übrigen Europa, das durch das römische Recht geprägt war, fand die Rezeption des römischen Rechts in Russland zunächst keinen Eingang.[12] Die Ursache dafür war unter anderem die über mehrere Jahrhunderte andauernde Abschottung Russlands von den westlichen Staaten, die nicht nur zu der Zeit der Tatarenherrschaft, sondern auch zu Zeiten der Sowjetunion bestand. Zwischen diesen Phasen gab es jedoch einen Zeitraum, in dem sich Russland nach Westen öffnete und die russische Rechtswissenschaft die Möglichkeit bekam, sich an dem Recht der westeuropäischen Staaten zu orientieren, die dem römisch-germanischen Rechtssystem angehören.[13]

Die historischen Elemente der Zwangsvollstreckung und die im Laufe der Zeit entstandenen Traditionen wurden auch von dem russischen Gesetzgeber bei den zuletzt vorgenommenen Reformen berücksichtigt. Aus diesem Grund erfolgt zum besseren Verständnis der russischen Zwangsvollstreckung ein historischer Überblick über deren Entwicklung. Diese lässt sich in drei Hauptabschnitte einteilen: die Zwangsvollstreckung bis zur Revolution, das sog. vorrevolutionäre Recht, die Phase der Sowjetunion und die Zeit nach der Entstehung der Russischen Föderation.[14]

I. Die Zwangsvollstreckung bis zur Revolution

Bis zur Revolution lassen sich wiederum drei Perioden der Geschichte Russlands und des russischen Rechts unterscheiden, in denen auch das russische

---

12 *Geilke*, Einführung in das Sowjetrecht, S. 38; *Völkl*, Die Rechtsentwicklung in Russland und der Sowjetunion, S. 731; das ist jedoch umstritten, siehe dazu *Avenarius*, Rezeption des römischen Rechts in Rußland, S. 9 ff.

13 Vgl. *Westen* in *David/Grasmann*, Einführung in die großen Rechtssysteme der Gegenwart, S. 249 f.

14 So auch die gängige Unterteilung in der Literatur zur russischen Rechtsgeschichte, vgl. z.B. *Isaenkowa*, „Istoriâ ispolneniâ sudebnyh aktov v Rossii: osnovnye ètapy" (Geschichte der Vollstreckung von Gerichtsakten in Russland: Hauptstadien), Ispolnitel'noe pravo Nr. 3, 2008, S. 34 ff.

Zwangsvollstreckungsrecht ihre Entwicklungsstadien durchlief. Dazu gehört die Kiewer Periode, die Moskauer Periode und die Periode des Russischen Kaiserreichs. Eine sehr lange Zeit wurde das Zwangsvollstreckungsrecht hauptsächlich anhand von altrussischem Gewohnheitsrecht praktiziert, wobei die Zwangsvollstreckungsmaßnahmen dabei überwiegend die Person des Schuldners und nicht sein Vermögen betrafen.[15] Erst mit der Öffnung Russlands nach Westen erfuhr das Zwangsvollstreckungsrecht immer detailliertere gesetzliche Regelungen.

1. Die Kiewer Periode

Die Geschichte Russlands begann mit der Gründung des russischen Staates etwa Mitte bis Ende des 9. Jahrhunderts[16], als die skandinavischen Stämme der Wägerer, angeführt von Fürst Rjurik, die Herrschaft über das Gebiet um Novgorod übernahmen. Entstanden ist ein blühendes Reich mit der Hauptstadt Kiew (Kiewer Rus), in dem im Jahre 988 das byzantinische Christentum durch Vladimir eingeführt wurde.[17]

Mit dem Beginn der Fürstentümerperiode und den durchgeführten Feldzügen sind die ältesten schriftlichen Rechtsakte der russischen Rechtsgeschichte entstanden. Zu solchen Rechtsakten, die auch Normen mit zwangsvollstreckungsrechtlichem Charakter enthielten, gehört der Vertrag Olegs mit den Griechen aus dem Jahre 911.[18] Bereits hier war geregelt, dass „vom Schuldigen die komplette Summe zu fordern ist, wenn er jedoch nicht alles bezahlen kann, so muss er alles weggeben was er hat und versichern, dass es niemanden gibt, der ihm bei der Schuldenbegleichung helfen könne“.[19]

---

15 *Swirin*, „Istoriâ vozniknoveniâ i razvitiâ ispolnitel‘nogo prava“ (Geschichte der Entstehung und Entwicklung des Vollstreckungsrechts), Praktika ispolnitel‘nogo proizvodstva Nr. 1, 2009, S. 39.

16 In der Literatur besteht keine Einigkeit, wann genau die Staatsgründung erfolgte.

17 Vlg. *Westen* in *David/Grasmann*, Einführung in die großen Rechtssysteme der Gegenwart, S. 246; *Zweigert/Kötz*, Einführung in die Rechtsvergleichung, S. 342 f.

18 *Schulz*, Russische Rechtsgeschichte, S. 34 f.; *Isaenkowa*, „Istoriâ ispolneniâ sudebnyh aktov v Rossii: osnovnye ètapy“ (Geschichte der Vollstreckung von Gerichtsakten in Russland: Hauptstadien), Ispolnitel‘noe pravo Nr. 3, 2008, S. 34.

19 *Michailov*, „Istoriâ obrazovaniâ i razvitiâ sistemy russkogo graždanskogo sudoproizvodstva do uloženiâ 1649 goda“ (Geschichtliche Entstehung und Entwicklung des Zivilprozessrechts bis zum Kodex von 1649), 1848, S. 118. zitiert durch *Isaenkowa*, „Istoriâ ispolneniâ sudebnyh aktov v Rossii: osnovnye ètapy“ (Geschichte der Vollstreckung von Gerichtsakten in Russland: Hauptstadien), Ispolnitel‘noe pravo Nr. 3, 2008, S. 34. – der zitierte Text wurde sinngemäß übersetzt.

Aus dem Bedürfnis heraus, das geltende altrussische Gewohnheitsrecht schriftlich zu erfassen, ist der älteste russische Kodex, die „Russkaja Pravda", entstanden.[20] Die „Russkaja Pravda" existiert in drei Redaktionen, der „Kurzen Pravda", der „Erweiterten Pravda" und der „Gekürzten Pravda".[21] Die drei Redaktionen wurden in verschiedenen Epochen[22] und vermutlich von kirchlichen Juristen verfasst. Neben dem altrussischen Gewohnheitsrecht wurde nicht nur byzantinischen Vorbildern gefolgt, sondern auch slawische und skandinavisch-germanische gewohnheitsrechtliche Elemente übernommen.[23] Als eine frühe Ausprägung der Zwangsvollstreckung kann man hier z.B. die sog. Schuldknechtschaft betrachten, die dann entstand, wenn der Kreditnehmer das Darlehen bei Eintritt der Fälligkeit nicht zurück zahlen konnte.[24]

2. Die Moskauer Periode

Aufgrund der politischen Zersplitterung und kriegerischen Auseinandersetzungen zwischen den russischen Fürsten, kam es 1236 zu der Eroberung des Kiewer Reiches durch die Mongolo-Tataren. Die Tatarenherrschaft führte einerseits zu einer wachsenden Bedeutung Moskaus, andererseits aber zu einer 200 jährigen Isolation Russlands von dem übrigen Europa und fast einem vollständigen Stillstand der russischen Rechtsentwicklung.[25] Aufgrund des liberalen Regimes der Tataren in religiöser Hinsicht, konnten die Russen das Christentum beibehalten.[26] Bedingt durch die Not der gläubigen Christen in dieser Periode, nahm der Einfluss der Kirche und des byzantinischen Rechts

20 *Schulz*, Russische Rechtsgeschichte, S. 46, 48; *Gureev/Guschin*, „Ispolnitel'noe proizvodstvo - Učebnik" (Vollstreckungsverfahren - Lehrbuch), S. 32.

21 *Feldbrugge* in Butler, Russian Law, S. 3; siehe auch *Feldbrugge*, Russian Law: The End of the Soviet System and the Role of Law, S. 76; *Kleandrova/Mulukaev*, „Istoriâ gosudarstva i prava Rossii- Učebnik" (Geschichte des Staates und des Rechts Russlands), S. 24 f.

22 *Schulz*, Russische Rechtsgeschichte, S. 46 f. – „Kurze Pravda" ist die älteste Redaktion und stammt bereits aus dem 9. Jahrhundert. Die „Gekürzte Pravda" entstand in dem 11. und die „Erweiterte Pravda" wurde im 12. Jahrhundert zusammengestellt.

23 *Geilke*, Einführung in das Sowjetrecht, S. 35 f.

24 *Schulz*, Russische Rechtsgeschichte, S. 64 mit ausführlicherer Erläuterung der Schuldknechtschaft.

25 Vgl. *Schulz*, Russische Rechtsgeschichte, S. 78; *Feldbrugge*, Russian Law: The End of the Soviet System and the Role of Law, S. 78; *Westen* in *David/Grasmann*, Einführung in die großen Rechtssysteme der Gegenwart, S. 247 f.

26 *Zweigert/Kötz*, Einführung in die Rechtsvergleichung, S. 343.

zu. Die Herrschaft der Tataren hatte auf das russische Recht jedoch nur einen geringen Einfluss.[27]

Trotz des weitestgehenden Stillstands der russischen Rechtsentwicklung, hat das russische Zwangsvollstreckungsrecht eine nicht ganz unbedeutende Veränderung erfahren. Noch im Jahre 1261 wurde zum ersten Mal die gesetzliche Grundlage geschaffen, Gerichtsentscheidungen zu vollstrecken. Vor dieser Regelung nahm der Gläubiger die Vollstreckung im Wege der sog. Selbsthilfe selbst vor.[28] Für den Vollstreckungszugriff aufgrund einer Gerichtsentscheidung war nun unter anderem vorgesehen, dass der vermögenslose Schuldner im Falle der Nichtzahlung samt Familie der Freiheit beraubt und in die Sklaverei verkauft wurde, weshalb diese Maßnahme den Namen „otdača golovoû"[29] bekam. Etwas später wurde die Sklaverei durch die Schuldknechtschaft ersetzt.

Im Verlauf der Anwendung der entwickelten Grundsätze zur Vollstreckung von Gerichtsentscheidungen sind die ersten „Amtsträger"[30] eingesetzt worden, deren Aufgabe die Zustellung der Gerichtsentscheidung war, d.h. die tatsächliche Übergabe des Vermögens oder des Geldes an den Gläubiger. Die Maßnahmen, die die „Amtsträger" dabei gegen die Schuldner anwendeten, hießen „pravëž"[31], und im Falle der Nichtleistung wurde der Schuldner bis zu seinem Freikauf Schuldknecht des Gläubigers.[32]

Erst mit dem Gerichtsbuch „Sudebnik" des Großfürsten Ivan III. im Jahre 1497, das in ganz Russland Geltung erlangte, fing wieder eine neue Entwicklung der russischen Gesetzgebung an.[33] Mit den bereits in Europa zu dieser Zeit

---

27 *Westen* in *David/Grasmann*, Einführung in die großen Rechtssysteme der Gegenwart, S. 247 f.

28 Malyschev, „Kurs graždanskogo sudaproizvodstva" W. 3 (Lektion des Zivilprozessrechts), St. Petersburg 1879, S. 373-374 zitiert von *Isaenkowa*, „Istoriâ ispolneniâ sudebnyh aktov v Rossii: osnovnye ètapy" (Geschichte der Vollstreckung von Gerichtsakten in Russland: Hauptstadien), Ispolnitelʻnoe pravo Nr. 3, 2008, S. 35.

29 „отдача головою" - Sinngemäße Übersetzung: „Mit dem Kopf bezahlen"

30 Amtsträger ist die wörtliche Übersetzung von „должностное лицо (dolžnostnoe lico)", meint hier aber keine Person, die in einem Dienstverhältnis zu einer Körperschaft oder Stiftung des öffentlichen Rechts steht. Es waren auch noch keine Gerichtsvollzieher, d. h. Personen die dem Gericht unterstanden, sondern Personen, die sich nur auf die Vollstreckung von Gerichtsentscheidungen spezialisiert hatten.

31 „правёж" – Erklärung unten im Text.

32 *Isaenkowa*, „Istoriâ ispolneniâ sudebnyh aktov v Rossii: osnovnye ètapy" (Geschichte der Vollstreckung von Gerichtsakten in Russland: Hauptstadien), Ispolnitelʻnoe pravo Nr. 3, 2008, S. 35.

33 *Schulz*, Russische Rechtsgeschichte, S. 130.

vorhandenen kodifizierten Leistungen war dieses Gesetzbuch jedoch nicht zu vergleichen.[34] Quellen dieses Gesetzbuches waren die teils wörtlich übernommenen Vorschriften der „Russkaja Pravda" und des Gerichtsbuches Pskov.[35] Der „Sudebnik" wurde als Hauptquelle für das darauf folgende Gerichtsbuch von 1550 des Ivan IV. „dem Schrecklichen" genutzt.[36] In beiden Gerichtsbüchern wurden bereits drei verschiedene Vollstreckungsmaßnahmen unterschieden. Die Zwangsvollstreckung in das Vermögen des Schuldners, den „pravëž" und die „otdača golovoû", wobei letztere nur Anwendung fand, wenn der „pravëž" zu keinen Ergebnissen führte, der Schuldner kein Vermögen und keinen Bürgen hatte.[37]

Trotz des Gerichtsbuches von 1550 war die Gesetzeslage unvollkommen, weshalb das russische Gewohnheitsrecht weiterhin einen starken Einfluss hatte.[38] Die Härte und die Grausamkeit des Zwangsvollstreckungsrechts dieser Zeit und die Rolle des Vollziehers kommt besonders in einem Zeugnisbericht des englischen Botschafters G. Fletscher zum Ausdruck, der 1588–1589 von der Königin Elisabeth I. nach Russland geschickt wurde. Nach seinen Angaben wurden die Entscheidungen des Gerichts in Moskau von Vollziehern vollstreckt, die eine niedere Stellung hatten als die Gerichtsdiener und die sich durch ihre Grausamkeit auszeichneten. „Konnte der Schuldner die Entscheidung des Gerichts nicht ausführen, so wurde er zum „pravëž" gebracht, ein besonderer Ort nicht weit weg vom Gericht, wo er mit einem Schlagstock auf die Knie und Knöchel geschlagen wurde. Jeden Morgen von 8 bis 12 Uhr wurde der Schuldner zum „pravëž" gebracht und wenn er nach einem Jahr die geforderte Summe nicht bezahlen konnte, so musste er seine Frau und seine Kinder verkaufen, um die Summe aufzutreiben."[39]

---

34 *Hattenhauer*, Europäische Rechtsgeschichte, Rn. 1326.

35 *Schulz*, Russische Rechtsgeschichte, S. 130 f.; *Geilke*, Einführung in das Sowjetrecht, S. 37. – Das Pskover Gerichtsbuch entstand zwischen 1397 und 1462 und beruhte auf der Fortbildung der Fürstengesetze und des Volksrechts durch die Rechtsprechung, *Geilke*, Einführung in das Sowjetrecht, S. 36.

36 *Feldbrugge*, Russian Law: The End of the Soviet System and the Role of Law, S. 79.

37 *Isaenkowa*, „Istoriâ ispolneniâ sudebnyh aktov v Rossii: osnovnye ètapy" (Geschichte der Vollstreckung von Gerichtsakten in Russland: Hauptstadien), Ispolnitel'noe pravo Nr. 3, 2008, S. 35.

38 *Schulz*, Russische Rechtsgeschichte, S. 136.

39 Vestnik MGU, Serija 11 „Pravo", 1996, Nr. 3, S. 53 f. (Zeitschrift der Moskauer Universität, Serie 11 „Recht") zitiert von *Tarasowa*, „Ètapy razvitiâ ispolnitel'nogo proizvodstva v Rossii" (Stadien der Entwicklung des Vollstreckungsverfahrens in Russland), Pravo i žizn' Nr. 58, 2003, S. 326 f.

Um die Unübersichtlichkeit der im 17. Jahrhundert vorhandenen Rechtsmaterialien zu beseitigen, die insbesondere durch die zahlreichen veröffentlichten Normen in verschiedenen Verordnungsbüchern entstand, veranlasste Zar Alexej Michailovitsch die Zusammenfassung des vorhandenen Rechtsmaterials. 1649 entstand die erste umfangreiche Gesetzessammlung, die sog. „Sobornoe Uloženie“[40].[41] Bis zu diesem Zeitpunkt hatte sich allmählich das Verständnis des Vermögens herausgebildet, das der Einziehung unterliegen konnte, sowie der Unantastbarkeit der Person. In der Gesetzessammlung war außerdem die Reihenfolge der Pfändung vorgesehen.[42] Bereits zu dieser Zeit haben sich die einzelnen Stadien der Zwangsvollstreckung heraus kristallisiert. So konnten drei Stadien unterschieden werden: die Einleitung der Vollstreckung, die Vorbereitung der Vollstreckungsmaßnahmen und die eigentliche Zwangsvollstreckung.[43]

3. Russisches Kaiserreich

Die Öffnung Russlands nach Westen begann erst unter der Herrschaft Peter I., dem Großen (1689–1725). Er verfolgte das Ziel, das westeuropäische Recht an die russischen Bedingungen anzupassen und tiefgreifende Reformen des russischen Rechts voranzutreiben.[44] Nach zahlreichen Reformbestrebungen im 18. und 19. Jahrhundert, zu denen die Kodifikationsbemühungen von Katharina der Großen, Alexander I. und Nikolaus I. gehörten,[45] gelang es Alexander II. die Leibeigenschaft abzuschaffen[46] und eine für die russische Rechtswissenschaft wichtige Reform auf den Weg zu bringen. Es war die Gerichtsreform von 1864[47],

---

40 “Соборное Уложение”

41 *Schulz*, Russische Rechtsgeschichte, S. 144 f., *Feldbrugge*, Russian Law: The End of the Soviet System and the Role of Law, S. 80.

42 *Tschekmarjowa*, „Razvitie rossijskogo zakonodatel'stva, reguliruûŝego ispolnitel'noe proizvodstvo“ (Entwicklung der russischen Gesetzgebung, die die Zwangsvollstreckung reguliert), Meždunarodnye ûridičeskie čteniâ, S. 76.

43 *Isaenkowa*, „Istoriâ ispolneniâ sudebnyh aktov v Rossii: osnovnye ètapy“ (Geschichte der Vollstreckung von Gerichtsakten in Russland: Hauptstadien), Ispolnitel'noe pravo Nr. 3, 2008, S. 35.

44 *Schulz*, Russische Rechtsgeschichte, S. 196; *Hattenhauer*, Europäische Rechtsgeschichte, Rn. 1327 ff.; *Zweigert/Kötz*, Einführung in die Rechtsvergleichung, S. 344; *Silnizki*, Geschichte des gelehrten Rechts in Russland, S. 28.

45 Eingehender *Geilke*, Einführung in das Sowjetrecht, S. 38 ff.; *Schulz*, Russische Rechtsgeschichte, S. 199 ff.; *Zweigert/Kötz*, Einführung in die Rechtsvergleichung, S. 345 f.

46 *Westen* in *David/Grasmann*, Einführung in die großen Rechtssysteme der Gegenwart, S. 249.

47 Eingehend zur Justizreform von 1864 *Baberowski*, Autokratie und Justiz, S. 39 ff.

die die am 20.11.1864 in Kraft getretene Gerichtsordnung „Ustav graždanskogo sudoproizvodstva“[48] hervorbrachte.[49]

Die Gerichtsordnung war nicht mehr bloß eine Sammlung bereits vorhandener Rechtsnormen, sondern beinhaltete neu geschaffene Gesetzestexte. Insgesamt bestand die Gerichtsordnung aus vier Gesetzesbüchern: dem Gerichtsverfassungsgesetz, der Strafprozessordnung, der Zivilprozessordnung und dem Strafgesetzbuch für die Friedensgerichte.[50] Diese Gerichtsordnung, mit nachfolgenden Ergänzungen, beinhaltete in Bezug auf die Zwangsvollstreckung bereits einige Kapitel, wie z.B. das Kapitel „Über die Vollstreckung gerichtlicher Entscheidungen“ oder Abschnitte, die sich der Vollstreckung der Entscheidungen von Friedensgerichten widmeten.[51]

Eine wichtige Neuerung im Vergleich zur Rechtslage vor der Gerichtsreform war die Einführung des Dispositionsgrundsatzes.[52] Galt bis zu diesem Zeitpunkt der Ermittlungs- und Untersuchungsgrundsatz und konnte eine Entscheidung im Rahmen der Vollstreckung auch ohne ein entsprechendes Gesuch des Gläubigers mit Hilfe der Polizei vollstreckt werden, so war nun eine Vollstreckung nur auf Grund eines Ersuchens des Gläubigers an das Gericht möglich.[53] Erst nach der Ausstellung eines Vollstreckungsdokumentes („Ispolnitel‘nyj list“[54]) durch das Gericht, konnte die Zwangsvollstreckung in Gang gesetzt werden.[55] Dabei

---

48 „Устав гражданского судопроизводства“

49 *Tarasowa*, „Ètapy razvitiâ ispolnitel‘nogo proizvodstva v Rossii“ (Stadien der Entwicklung des Vollstreckungsverfahrens in Russland), Pravo i žizn‘ Nr. 58, 2003, S. 327.

50 *Schulz*, Russische Rechtsgeschichte, S. 204; siehe auch *Mailjan/Kusbagarov*, „Ispolnitel‘noe proizvodstvo“ (Vollstreckungsverfahren), S. 26; *Swirin*, „Istoriâ vozniknoveniâ i razvitiâ ispolnitel‘nogo prava“ (Geschichte der Entstehung und Entwicklung des Vollstreckungsrechts), Praktika ispolnitel‘nogo proizvodstva Nr. 1, 2009, S. 40.

51 *Tarasowa*, „Ètapy razvitiâ ispolnitel‘nogo proizvodstva v Rossii“ (Stadien der Entwicklung des Vollstreckungsverfahrens in Russland), Pravo i žizn‘ Nr. 58, 2003, S. 327.

52 Siehe zum Dispositionsgrundsatz nähere Erläuterungen unter Teil § 3 II 1, S. 55.

53 *Swirin*, „Istoriâ vozniknoveniâ i razvitiâ ispolnitel‘nogo prava“ (Geschichte der Entstehung und Entwicklung des Vollstreckungsrechts), Praktika ispolnitel‘nogo proizvodstva Nr. 1, 2009, S. 40; *Tarasowa*, „Ètapy razvitiâ ispolnitel‘nogo proizvodstva v Rossii“ (Stadien der Entwicklung des Vollstreckungsverfahrens in Russland), Pravo i žizn‘ Nr. 58, 2003, S. 328; *Mailjan/Kusbagarov*, „Ispolnitel‘noe proizvodstvo“ (Vollstreckungsverfahren), S. 27.

54 „Исполнительный лист“ - Wörtliche Übersetzung: Vollstreckungsblatt.

55 *Mailjan/Kusbagarov*, „Ispolnitel‘noe proizvodstvo“ (Vollstreckungsverfahren), S. 27; *Swirin*, „Istoriâ vozniknoveniâ i razvitiâ ispolnitel‘nogo prava“ (Geschichte der

war es dem Gläubiger selbst überlassen, die Art der Zwangsvollstreckung und auch den Vermögensgegenstand zu wählen, in den vollstreckt werden sollte.[56]

Die Gerichtsordnung von 1864 sah bereits wichtige Arten der Zwangsvollstreckung vor, die in dieser Form noch nicht vorhanden waren. Danach war die Vollstreckung in das bewegliche und das unbewegliche Vermögen möglich[57], es konnte die Herausgabe von Sachen bewirkt und die Vornahme von Handlungen durch einen Dritten angeordnet werden. Möglich war außerdem schon die Vollstreckung in das Einkommen des Schuldners.[58]

Im Rahmen der Reform wurden auch die Organe und Personen der Zwangsvollstreckung bestimmt. Diese wurden in Staatliche (Gerichtsdiener und Gericht) und Private (Schuldner, Gläubiger und Dritte) unterteilt, wobei das Amt des Gerichtsdieners neu eingerichtet wurde.[59] Die Gerichtsdiener waren dem

---

Entstehung und Entwicklung des Vollstreckungsrechts), Praktika ispolnitel'nogo proizvodstva Nr. 1, 2009, S. 40.

56 *Borovikovskii*, Ukaz S. 786 zitiert durch *Tarasowa*, „Ètapy razvitiâ ispolnitel'nogo proizvodstva v Rossii" (Stadien der Entwicklung des Vollstreckungsverfahrens in Russland), Pravo i žizn' Nr. 58, 2003, S. 328 f. – Eine entsprechende Regelung, dass der Gläubiger selbst die Art der Zwangsvollstreckung wählen kann, fehlt indes in dem aktuell geltendem Föderalen Gesetz vom 02.10 2007 Nr. 229-FZ „Über das Vollstreckungsverfahren".

57 Zu diesem Zeitpunkt wurde in der Gerichtsordnung noch zwischen dem beweglichen und unbeweglichen Vermögen, wie zwei eigenständige Arten der Zwangsvollstreckung, unterschieden. Eine strikte Trennung wird nach dem geltenden Recht nicht mehr vorgenommen. Siehe dazu § 5 I 2, S. 132.

58 *Mailjan/Kusbagarov*, „Ispolnitel'noe proizvodstvo" (Vollstreckungsverfahren), S. 28; *Tarasowa*, „Ètapy razvitiâ ispolnitel'nogo proizvodstva v Rossii" (Stadien der Entwicklung des Vollstreckungsverfahrens in Russland), Pravo i žizn' Nr. 58, 2003, S. 332; *Tschaschin*, „Ispolnitel'noe proizvodstvo – učebnoe posobie" (Vollstreckungsverfahren – Lehrbuch), S. 36. – Die bereits in der Gerichtsordnung von 1864 vorhandenen Vollstreckungsarten sind mit den Arten der Zwangsvollstreckung nach dem heute geltendem deutschen Recht vergleichbar. Vollstreckung in das bewegliche Vermögen (§§ 803-863 ZPO), in das unbewegliche Vermögen (§§ 864-871 ZPO, ZVG), Herausgabe von Sachen (§§ 883-886 ZPO), Vertretbare Handlungen (§ 887 ZPO) und Vollstreckung in das Einkommen des Schuldners als Forderungspfändung (§ 829 ZPO).

59 *Isaenkowa*, „Istoriâ ispolneniâ sudebnyh aktov v Rossii: osnovnye ètapy" (Geschichte der Vollstreckung von Gerichtsakten in Russland: Hauptstadien), Ispolnitel'noe pravo Nr. 3, 2008, S. 38; *Mailjan/Kusbagarov*, „Ispolnitel'noe proizvodstvo" (Vollstreckungsverfahren), S. 26. – Bis zur Einführung des Gerichtsdieneramtes wurde die Tätigkeit eines Vollziehers von unterschiedlichen Organen, wie z.B. von Dienern der Fürsten oder der Polizei, vorgenommen. Neben der Vollstreckung durch den Gerichtsdiener war die Vollstreckung durch die Polizei jedoch weiterhin möglich. *Tumanov*, „Is

Gericht zugeordnet und unterstanden dessen Kontrolle. Das bestätigte sich insbesondere dadurch, dass sie den Vorsitzenden über die gewählte Art der Vollstreckung informieren und Berichte über die vorgenommen Entscheidungen erstellen mussten. Aus diesem Grund kann man von einer Entstehung der Zwangsvollstreckung als einem Teil des Zivilprozesses sprechen.[60]

II. Das Zwangsvollstreckungsrecht in der Sowjetunion

Unmittelbar nach der Oktoberrevolution von 1917 und der Machterlangung der Kommunisten begann eine neue Epoche der russischen Geschichte und Rechtsgeschichte.[61] Das Recht in der Sowjetunion war stark von der sozialistisch-politischen und wirtschaftlichen Situation Russlands gekennzeichnet.[62] Auch das Zwangsvollstreckungsrecht spiegelte den Vorrang des sozialistischen Staates und seiner Politik wieder. In dieser Zeit galt allgemein das Prinzip, dass die Gerichtsentscheidungen praktisch nur solange unter dem Schutz des Gesetzes stehen sollten, solange sie in der Ausführung nicht den sozial-wirtschaftlichen Anordnungen widersprachen.[63] Insbesondere zeichnete sich das in der aufgestellten Reihenfolge des Vermögens, in das vollstreckt werden konnte, der Reihenfolge der Befriedigung unterschiedlicher Gläubiger, sowie der Möglichkeit, ein Rechtsmittel einzulegen, ab.[64] Die Zwangsvollstreckung in der Sowjetunion ist in folgende Abschnitte zu unterteilen:

---

istorii stanovlenija slushby sudebnych pristavov w Possii" (Aus der Geschichte der Entstehung der Gerichtsdieneramtes in Russland), in *Valeev/Tschelyshev*, Materialsammlungen im Vollstreckungsverfahren, S. 181 f. – Die Bezeichnung Gerichtsdiener folgt aus der Übersetzung des „sudebnyj pristav". Gerichtsvollzieher wird im Russischen „sudebnyj pristav ispolnitel'" genannt. Siehe zum Unterschied zwischen einem Gerichtsdiener und Gerichtsvollzieher im heutigen Recht Fn. 101.

60 *Swirin*, „Istoriâ vozniknoveniâ i razvitiâ ispolnitel'nogo prava" (Geschichte der Entstehung und Entwicklung des Vollstreckungsrechts), Praktika ispolnitel'nogo proizvodstva Nr. 1, 2009, S. 40 f.

61 *Westen* in *David/Grasmann*, Einführung in die großen Rechtssysteme der Gegenwart, S. 251.

62 *Schulz*, Russische Rechtsgeschichte, S. 267.

63 *Goichbarg*, „Kurs graždanskogo processa" (Zivilprozessrecht), Moskau 1928, S. 265 f. zitiert durch *Gureev/Guschin*, „Ispolnitel'noe proizvodstvo – Učebnik" (Vollstreckungsverfahren – Lehrbuch), S. 35.

64 *Isaenkowa*, „Istoriâ ispolneniâ sudebnyh aktov v Rossii: osnovnye ètapy" (Geschichte der Vollstreckung von Gerichtsakten in Russland: Hauptstadien), Ispolnitel'noe pravo Nr. 3, 2008, S. 39; *Gureev/Guschin*, „Ispolnitel'noe proizvodstvo – Učebnik" (Vollstreckungsverfahren – Lehrbuch), S. 35.

1. Kriegskommunismus (1917–1921)

Die Periode des Kriegskommunismus ist von zwei Ereignissen geprägt: der Machtergreifung und der Erringung der Alleinherrschaft durch die Bolschewiki und des Bürgerkrieges (1918–1921). Während dieser Zeit wurde die Anwendung des vorrevolutionären Rechts zunächst durch das Dekret[65] vom 22. November/5. Dezember 1917[66] nur erlaubt, soweit es dem revolutionären Rechtsbewusstsein nicht widersprach. Anschließend jedoch durch das Gesetz über die Volksgerichte vom 30. November 1918[67] generell verboten.[68] Die neue Gesetzgebung war dagegen unsystematisch und nur in solchen Situationen gesetzt, wo sie gerade dringend benötigt wurde.[69] Ein Beispiel im Bereich des Zwangsvollstreckungsrechts ist das Dekret vom 07. März 1918[70] „Über das Gericht", in dem vorgesehen war, dass die Vollstreckung von Entscheidungen bis zur Ernennung neuer Organe von der Roten Garde[71] ausgeführt werden sollte. Alle Entscheidungen mussten dabei ohne Beachtung eines möglichen Rechtsschutzes sofort vollzogen werden. Da diese Gesetzesregelung zu zahlreichen Missbrauchsfällen führte, wurde später die Möglichkeit des sofortigen Vollzuges auf Fälle begrenzt, in denen es das Volksgericht angeordnet hatte.[72]

2. Periode der Neuen Ökonomischen Politik (1921–1930)

Nach dem Ende des Bürgerkrieges verschärfte sich die sowjetische Wirtschaftskrise, die insbesondere mit schweren Hungersnöten verbunden war. Die Notwendigkeit einer neuen Wirtschaftspolitik führte zu einem Kompromiss zwischen

---

65 Dekret ist eine von einer Regierung oder einem Staatsoberhaupt erlassene Verordnung oder Verfügung mit Gesetzeskraft.

66 SU RSFSR 1917, Nr. 4, Pos. 50.

67 SU RSFSR 1918, Nr. 85, Pos. 889.

68 *Westen* in *David/Grasmann*, Einführung in die großen Rechtssysteme der Gegenwart, S. 253; Siehe zur Abschaffung des vorrevolutionären Rechts auch *Schroeder*, 74 Jahre Sowjetrecht, S. 10 ff.

69 *Geilke*, Einführung in das Sowjetrecht, S. 54 f.

70 SU RSFSR 1918, Nr. 26, Pos. 420.

71 Die Rote Garde „krasnaâ gvardiâ" war die bewaffnete Kampforganisation der russischen Bolschewiki zur Vorbereitung und Durchführung der Oktoberrevolution. In 1918 ging sie in der Roten Armee auf.

72 *Isaenkowa*, „Istoriâ ispolneniâ sudebnyh aktov v Rossii: osnovnye ètapy" (Geschichte der Vollstreckung von Gerichtsakten in Russland: Hauptstadien), Ispolnitel'noe pravo Nr. 3, 2008, S. 39; *Gureev/Guschin*, „Ispolnitel'noe proizvodstvo – Učebnik" (Vollstreckungsverfahren – Lehrbuch), S. 36.

dem Kapitalismus und dem Sozialismus, dessen Ergebnis die Zulassung privater Initiativen und das Prinzip der Marktwirtschaft war. Die Wirtschaft erholte sich daraufhin sehr schnell und es fand eine umfangreiche Kodifizierung des Sowjetrechts statt. Entstanden sind sehr wichtige Gesetzbücher, wie die erste umfassende Gerichtsverfassungsordnung der RSFSR vom 11. November 1922[73], das Zivilgesetzbuch der RSFSR (ZGB RSFSR) vom 31. Oktober 1922[74] und die Zivilprozessordnung (ZPO RSFSR) vom 07. Juli 1923,[75] die in ihrem 5. Abschnitt Normen über die Regelung der Zwangsvollstreckung beinhaltete.[76] Des Weiteren wurde auch der Dienst der Gerichtsvollzieher eingeführt, der mit einer Reihe von Aufgaben versehen war, zu denen insbesondere die Pfändung des Vermögens gehörte. Er ersetzte gleichzeitig fast alle bis zu diesem Zeitpunkt vorhandenen Organe der Vollstreckungsvollziehung.[77] Die Gerichtsvollzieher unterstanden dem Gericht und bestanden in dieser Organisation bis zur Reform von 1997 fort.

Die Zwangsvollstreckung in der Zivilprozessordnung von 1923 zeichnete sich besonders durch umfangreiche Fristenregelungen aus. Das Gericht war in der Lage bestimmte Fristen für die Vollstreckung, unter Beachtung der höchsten Frist nach dem Gesetz, bereits in der Entscheidung festzulegen. Für die freiwillige Leistung des Schuldners waren z.B. höchstens sieben Tage vorgesehen, betraf der Gläubigeranspruch jedoch sein Arbeitseinkommen, so durfte die Frist sogar nicht länger als drei Tage sein. Im Unterschied dazu konnte die Frist zwei Wochen bis zu einem Monat betragen, falls sich die Vollstreckung gegen ein staatliches Unternehmen richtete.[78]

---

73 SU RSFSR 1922, Pos. 902.

74 SU RSFSR 1922, Nr. 71, Pos. 904, 905.

75 SU RSFSR 1923, Nr. 46/47, Pos. 478. – *Schulz*, Russische Rechtsgeschichte, S. 268; *Geilke*, Einführung in das Sowjetrecht, S. 59 ff; vgl. auch *Schroeder*, Probleme der Gesetzgebung in Rußland, in *Schroeder*, Die neuen Kodifikationen in Rußland, S. 9.

76 *Isaenkowa*, „Istoriâ ispolneniâ sudebnyh aktov v Rossii: osnovnye ètapy" (Geschichte der Vollstreckung von Gerichtsakten in Russland: Hauptstadien), Ispolnitel'noe pravo Nr. 3, 2008, S. 40; *Tschaschin*, „Ispolnitel'noe proizvodstvo – učebnoe posobie" (Vollstreckungsverfahren – Lehrbuch), S. 36.

77 Auch hier war jedoch noch neben den Gerichtsvollziehern der Vollstreckungsvollzug durch die Organe der Miliz möglich. *Isaenkowa*, „Istoriâ ispolneniâ sudebnyh aktov v Rossii: osnovnye ètapy" (Geschichte der Vollstreckung von Gerichtsakten in Russland: Hauptstadien), Ispolnitel'noe pravo Nr. 3, 2008, S. 40. – Die Miliz wurde 1917 als Arbeiter-und-Bauern-Miliz gegründet. Dieser Name wurde von den Bolschewiki gewählt, um den Unterschied zur „zivilen" Polizei auszudrücken.

78 *Gureev/Guschin*, „Ispolnitel'noe proizvodstvo – Učebnik" (Vollstreckungsverfahren – Lehrbuch), S. 37.

Die dominante Rolle staatlicher Interessen kam auch in der eingeführten Aufzählung des dem Pfändungsschutz unterliegenden Vermögens zum Ausdruck.[79] Während der „private" Schuldner durch eine genaue Aufzählung des nicht pfändbaren Vermögens geschützt wurde (Art. 271 ZPO RSFSR), konnte eine Vollstreckung in das Vermögen einer staatlichen Behörde oder Anstalt überhaupt nicht vorgenommen werden, der Staat war somit gegen die Zwangsvollstreckung „immun". Es gab nur die Möglichkeit einer Beschwerde auf dem Dienstweg,[80] die wohl ohne jeglichen Erfolg war.

Die Vollstreckung in das Vermögen des Schuldners erfolgte durch den „Arrest", der sich aus der Auflistung des Vermögens und eines Verfügungsverbotes zusammensetzte.[81] Anschließend wurde das Vermögen im Wege der öffentlichen Versteigerung verwertet. Die Rechte der Parteien waren dabei nicht hinreichend geschützt. Zwar gab es die Möglichkeit einer Beschwerde gegen die Handlungen des Gerichtsvollziehers, es war jedoch eine siebentägige Frist zu wahren und gegen die Entscheidung des Volksrichters gab es keine weiteren Rechtsmittel mehr.[82]

3. Stalins Herrschaft (1924–1953)

Unter Stalins Herrschaft setzte 1928 die Kollektivierung der Landwirtschaft ein und Russland wurde industrialisiert.[83] Nach der Verabschiedung der „stalinistischen" Verfassung 1936 unterlagen viele Rechtsgebiete, unter anderem auch das Zwangsvollstreckungsrecht, einer Reform. Das Ziel dieser Reformen

79 Vergleichbar mit § 811 ZPO.

80 *Isaenkowa*, „Istoriâ ispolneniâ sudebnyh aktov v Rossii: osnovnye ètapy" (Geschichte der Vollstreckung von Gerichtsakten in Russland: Hauptstadien), Ispolnitel'noe pravo Nr. 3, 2008, S. 41; *Gureev/Guschin*, „Ispolnitel'noe proizvodstvo – Učebnik" (Vollstreckungsverfahren – Lehrbuch), S. 38; *Tschaschin*, „Ispolnitel'noe proizvodstvo - učebnoe posobie" (Vollstreckungsverfahren – Lehrbuch), S. 39.

81 Im Unterschied zum deutschen Zwangsvollstreckungsrecht, in welchem der Arrest nach §§ 916 ff. ZPO der Sicherung der Zwangsvollstreckung wegen einer Geldforderung dient, ist hier nach russischem Recht der Arrest die eigentliche Vollstreckung, der mittels einer Auflistung der Vermögensgegenstände und eines Verfügungsverbotes an den Schuldner bewirkt wird. *Tschaschin*, „Ispolnitel'noe proizvodstvo - učebnoe posobie" (Vollstreckungsverfahren – Lehrbuch), S. 40. Zum deutschen Recht siehe *Thomas/Putzo*, Vorbem § 916, Rn. 3.

82 *Isaenkowa*, „Istoriâ ispolneniâ sudebnyh aktov v Rossii: osnovnye ètapy" (Geschichte der Vollstreckung von Gerichtsakten in Russland: Hauptstadien), Ispolnitel'noe pravo Nr. 3, 2008, S. 40.

83 *Schulz*, Russische Rechtsgeschichte, S. 268 f.

bestand in der Veranschaulichung der Erfolge des sozialistischen Staates und des Sieges des Sozialismus.[84] Entstanden sind in der nachfolgenden Zeit einige Verordnungen zur Zwangsvollstreckung, wie die UdSSR-VO vom 01.04.1937, in der „das gerichtliche Verfahren bei der Zwangsvollstreckung in Vermögensgegenstände von Kolchosen, Handwerker-Produktionsartelen und Einzelbürgern zur Deckung von Rückständen für staatliche und örtliche Abgaben, Pflichtversicherungsbeiträge, Naturalablieferungspflichten und Strafen eingeführt" wurde.[85]

4. Die UdSSR unter Chruschtschow und Breschnew

Nach Stalins Tod erlebte die russische Rechtswissenschaft unter der Führung Chruschtschows (1953–1964) und Breschnews (1964–1977) wieder einen Aufschwung. In vielen Rechtsgebieten gab es Änderungen, die zur Verabschiedung von neuen Gesetzen führten. In diesem Stadium hat auch das Zwangsvollstreckungsrecht durch die Verabschiedung des Zivilprozesskodex der RSFSR vom 11.06.1964[86] eine weitere Entwicklung erfahren. Das Zwangsvollstreckungsverfahren regelte der 5. Teil (Kap. 38 bis 42) des Kodex.[87] Im Vergleich zur ZPO RSFSR von 1923 wurde das Vollstreckungsverfahren im Kodex von 1964 ausführlicher und detaillierter geregelt, die Grundstruktur jedoch beibehalten.[88] So wurden z.B. die der Vollstreckung unterliegenden Entscheidungen erheblich erweitert und die Anzahl der möglichen Vollstreckungsdokumente erhöht. Zu den Vollstreckungsmaßnahmen zählte die Vollstreckung in das Vermögen des Schuldners im Wege des Arrestes, Vollstreckung in das Einkommen des Schuldners, sowie in Geldsummen und Vermögen, die sich bei einem Dritten befinden. Möglich war auch die Pfändung konkreter Gegenstände beim Schuldner und deren Übergabe an den Gläubiger und die Vollstreckung durch sonstige Maßnahmen, die in der Gerichtsentscheidung

---

84 *Isaenkowa*, „Istoriâ ispolneniâ sudebnyh aktov v Rossii: osnovnye ètapy" (Geschichte der Vollstreckung von Gerichtsakten in Russland: Hauptstadien), Ispolnitel'noe pravo Nr. 3, 2008, S. 41; *Schulz*, Russische Rechtsgeschichte, S. 269 f; *Gureev/Guschin*, „Ispolnitel'noe proizvodstvo – Učebnik" (Vollstreckungsverfahren – Lehrbuch), S. 39.

85 *Geilke*, Einführung in das Sowjetrecht, S. 88.

86 Zivilprozesskodex der RSFSR vom 11.06.1964, VVS RSFSR 1964, Nr. 24, Pos. 407.

87 *Geilke*, Einführung in das Sowjetrecht, S. 278 ff. mit der Darstellung der einzelnen Kapitel des Zwangsvollstreckungsverfahrens.

88 Während die ZPO RSFSR von 1923 insgesamt noch 317 Artikel enthielt, beinhaltete die ZPO RSFSR von 1964 438 Artikel, davon 94 Artikel über das Vollstreckungsverfahren.

angegeben wurden und die dem Gesetz nicht widersprachen.[89] Die Regelungen über das Vollstreckungsverfahren im Zivilprozeßkodex wurden durch Weisung des Justizministeriums vom 24.04.1973 „Über das Verfahren bei der Vollstreckung aus Gerichtsurteilen" ergänzt.[90] Auf Grund der Tatsache, dass das Vollstreckungsverfahren hauptsächlich im Zivilprozeßkodex normiert war, galt die Zwangsvollstreckung zu diesem Zeitpunkt als abschließender Teil des Zivilprozesses.[91]

5. Die Zeit der Perestroika

Anfang der 80er Jahre befand sich das Land in einer weiteren schwierigen wirtschaftlichen Lage. Insgesamt entsprach die Entwicklung Russlands nicht den internationalen Anforderungen, so dass neue Reformen für das Land unausweichlich waren. Unter Führung des Generalsekretärs Michail Gorbatschow (1985–1991) wurden grundlegende Reformen in Staat, Wirtschaft und Gesellschaft vollzogen.[92] Im Verlauf dieser Zeit ist noch eine für die Zwangsvollstreckung wichtige Weisung ergangen, die neben den Normen über das Zwangsvollstreckungsverfahren des Zivilprozesskodex von 1964 ergänzend Geltung erlangte: Die Weisung des Justizministeriums vom 15.11.1985 „Über das Vollstreckungsverfahren".[93]

III. Entwicklung in der Russischen Föderation

Nach einem erfolglosen Putsch reformfeindlicher Politiker gegen Gorbatschow wurde im Dezember 1991 die offizielle Auflösung der Sowjetunion beschlossen und die Russische Föderation (RF) gegründet. Damit wurden die Planwirtschaft aufgegeben, Teile der Wirtschaft privatisiert und demokratische Reformen

---

89 Vgl. *Tschaschin*, „Ispolnitel'noe proizvodstvo – učebnoe posobie" (Vollstreckungsverfahren – Lehrbuch), S. 44 ff.

90 Darstellung des Inhalts dieser Weisung idF. 18.1978 siehe bei *Geilke*, Einführung in das Sowjetrecht, S. 280, Fn. 970.

91 *Gureev/Guschin*, „Ispolnitel'noe proizvodstvo – Učebnik" (Vollstreckungsverfahren – Lehrbuch), S. 42 f. – Siehe zur Stellung des Zwangsvollstreckungsrechts im Rechtssystem § 2 II, S. 34.

92 Vgl. *Kleandrova/Mulukaev*, „Istoriâ gosudarstva i prava Rossii – Učebnik" (Geschichte des Staates und des Rechts Russlands – Lehrbuch), S. 495 ff.

93 *Mailjan/Kusbagarov*, „Ispolnitel'noe proizvodstvo" (Vollstreckungsverfahren), S. 29; *Gureev/Guschin*, „Ispolnitel'noe proizvodstvo – Učebnik" (Vollstreckungsverfahren – Lehrbuch), S. 43.

durchgeführt.[94] Die gesetzlichen Regelungen mussten somit auch an die neue politische und wirtschaftliche Situation Russlands angepasst werden.

1. Reform des Zwangsvollstreckungsrechts von 1997

Anfang der 90er Jahre fand eine umfangreiche Kodifizierung der meisten zentralen Rechtsgebiete statt, ausgenommen jedoch zunächst das Zwangsvollstreckungsrecht, das weiterhin anhand des fast unveränderten Zivilprozeßkodex von 1964 und der Weisung des Justizministeriums vom 15.11.1985 „Über das Vollstreckungsverfahren" praktiziert wurde. Obwohl der Zivilprozeßkodex im Jahre 1995 und 2000 reformiert wurde, blieb der 5. Teil des Kodex „Über das Vollstreckungsverfahren" und auch die Anlage dazu, in der das dem Pfändungsschutz unterliegende Vermögen geregelt wurde, ohne Beachtung.[95] Das Zwangsvollstreckungsrecht wies wegen der durchgeführten Staatsreformen erhebliche Anwendungslücken auf, die sich insbesondere im Bereich der Vollstreckung gegen juristische Personen des Privatrechts und der Stellung von Sicherungsrechten im Zwangsvollstreckungsverfahren zeigten.[96] Um die vorhandenen Lücken zu schließen und auch das Zwangsvollstreckungsrecht an die neuen wirtschaftlichen Gegebenheiten anzupassen, war eine neue Gesetzesregelung unausweichlich.

Trotz der anfänglichen Vernachlässigung des Vollstreckungsrechts in den begonnen Reformen, hat schon 1991 ein renommierter Professor auf dem Gebiet des Zwangsvollstreckungsrechts, Prof. Dr. Jarkov, die Frage nach einem selbständigen Zwangsvollstreckungskodex aufgeworfen. Nach dem von ihm angefangenem Projekt im Jahre 1992 wurde bereits 1996 ein detailliert ausgearbeiteter Vorschlag eines Zwangsvollstreckungskodex vorbereitet, der alle aufgetauchten Probleme und die mit der Zwangsvollstreckung verbundenen Rechtsverhältnisse regeln sollte.[97]

Der russische Gesetzgeber ist jedoch andere Wege gegangen. Das Justizministerium hat in Zusammenarbeit mit dem Plenum des Obersten Gerichtshofs der

---

94 Vgl. *Kleandrova/Mulukaev*, „Istoriâ gosudarstva i prava Rossii – Učebnik" (Geschichte des Staates und des Rechts Russlands – Lehrbuch), S. 516 ff.

95 *Isaenkowa*, „Istoria ispolnenija sudebnych aktov w Rossii: osnownye etapy" (Geschichte der Vollstreckung von Gerichtsakten in Russland: Hauptstadien), Ispolnitelnoe pravo Nr. 3, 2008, S. 42.

96 *Grub/Turbanowa*, WiRO 1998, S. 93.

97 *Jarkov*, „Ispolnitel'nyj kodeks kak forma kodifikacii ispolnitel'nogo zakonodatel'stva" (Zwangsvollstreckungskodex als Kodifikationsform der Vollstreckungsgesetzgebung), Zakon Nr. 5, 2007, S. 47 f.

RF und dem Plenum des Obersten Arbitragegerichts[98] der RF Anfang 1995 zwei Gesetzesentwürfe ausgearbeitet und der Staatsduma[99] der RF am 12.05.1995 vorgelegt. Nach umfangreichen Ergänzungen wurden die Gesetzesentwürfe nach drei Lesungen von der Staatsduma angenommen und nach der Bestätigung durch den Föderationsrat[100] am 03.07.1997 von dem Präsidenten der RF Jelzin am 21.07.1997 unterzeichnet. Am 06.11.1997 traten die Gesetze „Über das Vollstreckungsverfahren“[101] (VVG) und „Über die Gerichtsvollzieher“[102] (GVG RF) in Kraft.[103]

---

98 Das russische Arbitragegericht ist nicht gleichzusetzen mit einem deutschen Schiedsgericht. Vielmehr handelt es sich um ein Wirtschaftsgericht mit dreistufigem Aufbau. Das Arbitragegericht ist zuständig für wirtschaftliche Streitigkeiten zwischen Unternehmen. – siehe *Wölk*, Wirtschaftsgerichtsbarkeit in der Russischen Föderation, S. 9 ff. und *Bednarz*, Die neue Arbitragegesetzgebung in Rußland, in *Schroeder*, Die neuen Kodifikationen in Rußland, S. 131 ff. – siehe auch zum russischen Gerichtssystem Art. 4 des Föderalen Gesetzes von 31.12.1996 Nr. 1-FZ „Über das System der Gerichte der Russischen Föderation“ (Федеральный конституционный закон от 31.12.1996 N 1-ФКЗ „О судебной системе Российской Федерации“)

99 Mit Staatsduma wird die erste Volkskammer des Parlaments der RF bezeichnet, die mit dem Deutschen Bundestag vergleichbar ist. Die Kompetenzen der Staatsduma sind jedoch aufgrund der starken Stellung des Präsidenten geringer, als die des Deutschen Bundestages. – Vgl. *Schneider*, Das politische System der Russischen Föderation, S. 91 ff.

100 Föderationsrat ist die zweite Kammer des Parlaments und vertritt als einziges staatliches Organ die Interessen der Regionen. Damit ist der Föderationsrat mit dem Deutschen Bundesrat vergleichbar. – Siehe zu den Kompetenzen des Föderationsrates *Schneider*, Das politische System der Russischen Föderation, S. 86 ff.

101 Föderales Gesetz „Über das Vollstreckungsverfahren“ („Ob ispolnitelnom proisvodstve“) Nr. 119-FZ vom 21.07.1997, SZ RF 1997, Nr. 30, Pos. 3591.

102 Föderales Gesetz „Über die Gerichtsvollzieher“ („O sudebnych pristawach“) Nr. 118-FZ vom 21.07.1997, SZ RF 1997, Nr. 30, Pos. 3590 (Федеральный закон от 21 июля 1997 года N 118-ФЗ „О судебных приставах“) – Die wörtliche Übersetzung von „sudebnyj pristav“ ist hier wieder der Gerichtsdiener. Der russische Gesetzgeber ist somit zur verwendeten Terminologie im Zarenreich zurückgekehrt. Zum besseren Verständnis wird jedoch im Zusammenhang mit der Zwangsvollstreckung der Begriff „Gerichtsvollzieher“ verwendet. Das russische GVG unterscheidet aber zwei Arten von „Gerichtsdienern“. Es gibt die Gerichtsvollzieher, die für die Vollstreckung zuständig sind und es gibt noch die Gerichtsdiener, die für die Aufrechterhaltung der Ordnung in Gerichtsgebäuden zuständig sind und deren Tätigkeit mit der eines Justizwachtmeisters vergleichbar ist.

103 *Gureev/Guschin*, „Ispolnitel'noe proizvodstvo – Učebnik“ (Vollstreckungsverfahren – Lehrbuch), S. 43.

2. Die Gesetze von 1997

Das Gesetz „Über das Vollstreckungsverfahren" von 1997[104] bestand aus 12 Kapiteln und insgesamt 95 Artikeln. Festzuhalten ist jedoch, dass die bisherige Systematik des Vollstreckungsverfahrens und damit praktisch der Inhalt des 5. Kapitels des Zivilproßeskodex beibehalten wurde. Die Änderungen betrafen meist nur die Details.[105] Trotz dessen wurden in dem Gesetz von 1997 einige entscheidende Fortschritte in der Entwicklung des Vollstreckungsverfahrens gemacht.

Einer dieser Fortschritte war die Gewährleistung gleichrangigen Schutzes für die verschiedenen Eigentumsformen, womit das Staatseigentum keine überragende Rolle mehr hatte. Erstellt wurde auch ein effektiveres System der Schuldnerhaftung im Falle der Nichtleistung. So wurde der Gerichtsvollzieher dazu ermächtigt, selbständig Zwangsgelder zu verhängen, um die Schuldner zur Vornahme der im Vollstreckungsdokument enthaltenen Anordnungen anzuhalten.[106] Außerdem wurde eine gesetzliche Regelung für die Vollstreckung in das Vermögen juristischer Personen geschaffen.

Eine grundlegende Neuerung war die Verabschiedung des Gesetzes „Über die Gerichtsvollzieher". Mit diesem Gesetz wurde die Organisation des Gerichtsvollzieherwesens grundlegend geändert.[107] Die wesentliche Änderung bestand

---

104 Eine ausführliche Darstellung dieses Gesetzes findet sich bei *Kenk*, Die Zwangsvollstreckung in der Russischen Föderation. - Im Unterschied zur vorliegenden Arbeit, die sich mit dem neuen Föderalen Gesetz „Über das Vollstreckungsverfahren" von 2007 befasst, hat sich Kenk der Darstellung des nicht mehr geltenden Vollstreckungsverfahrensgesetzes von 1997 gewidmet. Vgl. außerdem die kurze Darstellung des Vollstreckungsrechts in *Grub/Turbanowa*, WiRO 1998, S. 93 ff. – Eine Übersetzung dieses Gesetzes von A. Steininger/M. Schierhorn ist in *S. Breidenbach*, Handbuch Wirtschaft und Recht Osteuropa, Länderteil Russland, Pos. 930 vorhanden.

105 *Grub/Turbanowa*, WiRO 1998, S. 99; *Jarkov*, „Ispolnitel'nyj kodeks kak forma kodifikacii ispolnitel'nogo zakonodatel'stva" (Zwangsvollstreckungskodex als Kodifikationsform der Vollstreckungsgesetzgebung), Zakon Nr. 5, 2007, S. 48.

106 *Mailjan/Kusbagarov*, „Ispolnitel'noe proizvodstvo" (Vollstreckungsverfahren), S. 31f; *Swirin*, „Istoriâ vozniknoveniâ i razvitiâ ispolnitel'nogo prava" (Geschichte der Entstehung und Entwicklung des Vollstreckungsrechts), Praktika ispolnitel'nogo proizvodstva Nr. 1, 2009, S. 42; *Gureev/Guschin*, „Ispolnitel'noe proizvodstvo – Učebnik" (Vollstreckungsverfahren – Lehrbuch), *S. 44.*- Im Gegensatz zu § 888 ZPO, der die Verhängung von Zwangsgeld durch das Prozessgericht nur im Falle der Nichtvornahme einer nicht vertretbaren Handlung vorsieht, wurde in Art. 85 VVG RF von 1997 nicht zwischen vertretbaren und unvertretbaren Handlungen unterschieden.

107 Siehe zur Entwicklung des Gerichtsvollzieherdienstes *Belousov*, „Služba sudebnyh pristavov: hronika sozdaniâ zakonodatel'noj bazy" (Gerichtsvollzieherdienst:

in der Ausgliederung der Gerichtsvollzieher aus dem Gerichtswesen und der Bildung eines selbständigen Dienstes der Gerichtsvollzieher, der nunmehr dem Justizministerium unterstand.[108] Geleitet wird der Dienst der Gerichtsvollzieher von dem Hauptgerichtsvollzieher der RF, der gleichzeitig auch stellvertretender Justizminister der RF ist.[109] Das Ziel des neuen Gesetzes war vor allem die Stärkung und Ausweitung der Rechte der Gerichtsvollzieher.[110]

Mit der Verabschiedung der beiden Gesetze begann sich in der russischen Literatur[111] die Ansicht herauszubilden, die Zwangsvollstreckung nicht mehr als ein abschließendes Stadium des Zivilprozesses, sondern als ein selbständiges Rechtsgebiet zu betrachten.

3. Kritik und neue Reformansätze

Bereits kurze Zeit nach dem Inkrafttreten des Gesetzes „Über das Vollstreckungsverfahren" von 1997 entzündete sich heftige Kritik in der russischen rechtswissenschaftlichen Literatur[112] und der Praxis. Das neue Gesetz wies erhebliche Lücken auf und brachte zahlreiche praktische Anwendungsprobleme mit sich.[113]

Ein Grund für die vorhandenen Anwendungsprobleme waren die beibehaltenen Regelungen „Über das Vollstreckungsverfahren" im 5. Teil des Zivilprozesskodex der RF. Wie bereits ausgeführt, war der 5. Teil des Zivilprozesskodex trotz der vorgenommenen Reformen in den Jahren 1995 und 2000 unverändert geblieben. Die Normen des Zivilprozesskodex waren sogar teilweise umfangreicher und

---

Chronik der Bildung einer gesetzlichen Basis), Praktika ispolnitel'nogo proizvodstva № 6 2008 S. 10 ff.

108 Vgl. Ukaz des Präsidenten der RF vom 13.10.2004, Nr. 1316, „Woprosy Federalnyi slushby sudebnych pristawov" (Fragen des Föderalen Gerichtsvollzieherdienstes), SZ RF 2004, Nr. 42, Pos. 4111 (Указ Президента РФ от 13.10.2004 N 1316 (ред. от 05.05.2010) „Вопросы Федеральной службы судебных приставов")

109 Vgl. *Grub/Turbanova*, WiRO 1998, S. 94, 99.

110 Vgl. *Tschekmarjowa*, „Razvitie rossijskogo zakonodatel'stva, reguliruûŝego ispolnitel'noe proizvodstvo" (Entwicklung der russischen Gesetzgebung, die die Zwangsvollstreckung reguliert), Meždunarodnye ûridičeskie čteniâ, S. 76. – Auf die einzelnen Rechte und Pflichten wird in dem jeweiligen Zusammnehang eingegangen.

111 Siehe *Valeev*, „Ispolnitel'noe proizvodstvo" (Vollstreckungsverfahren), S. 38 ff. m.w.N.

112 Dieses Gesetz war ausschlaggebend für das verstärkte Interesse der russischen Juristen, sich mit dem Zwangsvollstreckungsverfahren, insbesondere dessen Unzulänglichkeiten auseinanderzusetzten.

113 *Borisov, A. N.*, „Postatejnyj kommentarij k Federal'nomu zakonu „Ob ispolnitel'nom proizvodstve"" (Über das Vollstreckungsverfahren – Kommentar), S. 3.

detaillierter als die Normen des neuen Vollstreckungsverfahrensgesetzes, so dass sich die Frage nach dem Verhältnis dieser Gesetze zueinander stellte. Ein Versuch dieses Problem zu lösen, war die Anwendung der Normen des Zivilprozesskodex der RF in dem Fall, in dem es keine oder nicht hinreichende Regelungen im Vollstreckungsverfahrensgesetz gab und sie dem Vollstreckungsverfahrensgesetz nicht widersprachen.[114] Erst in der heute noch geltenden Zivilprozessordnung der RF von 2002 (ZPO RF)[115], in Kraft ab dem 01.02.2003, wurde der 5. Teil dahingehend überarbeitet, dass nur noch die Fragen der Zwangsvollstreckung geregelt wurden, die unmittelbar mit dem Zivilprozess im Zusammenhang stehen.[116] So ist im Kapitel 45 des Zivilprozesskodex der RF die Anerkennung und Vollstreckung der Entscheidungen ausländischer Gerichte und ausländischer Schiedsgerichte, im Kapitel 47 die Vollstreckung im Fall der Aushändigung von Vollstreckungsdokumenten für die Zwangsvollstreckung von Schiedsgerichtsentscheidungen und im 7. Teil die Zwangsvollstreckung, die im Zusammenhang mit der Vollstreckung von Gerichtsbeschlüssen und Beschlüssen sonstiger Organe steht, geregelt.

Viele Probleme, die im Laufe der Anwendung des Vollstreckungsverfahrensgesetztes und den dazugehörigen zahlreichen speziellen Regelungen in anderen Gesetzen entstanden, vor allem wegen der Widersprüchlichkeit dieser Normen, vermochte auch nicht die Gerichtspraxis zu lösen. So fielen die Urteile des Obersten Gerichtshofs der RF und des Obersten Arbitragegerichts der RF zu denselben Fragestellungen unterschiedlich aus, was nicht zu einer einheitlichen Praxis der Gerichte führen konnte.[117]

Die Unzulänglichkeiten des Zwangsvollstreckungsrechts wurden auch mehrmals in den Entscheidungen des Verfassungsgerichts der RF und des Europäischen Gerichtshofs für Menschenrechte (EGMR) beanstandet. So war eine Reihe von Artikeln des VVG von 1997 Entscheidungsgegenstand des

114 Vgl. *Kutter*, Zwangsvollstreckung in Rußland, Kieler Ostrechts-Notizen, Nr. 2 1998, S. 4 f.; *Isaenkowa*, „Istoria ispolnenija sudebnych aktov w Rossii: osnownye etapy" (Geschichte der Vollstreckung von Gerichtsakten in Russland: Hauptstadien), Ispolnitelnoe pravo Nr. 3, 2008, S. 42f.

115 Zivilprozessordnung der Russischen Föderation vom 14.11.2002, Nr. 138-FZ, SZ 2002, Nr. 46, Pos. 4532 (Гражданский процессуальный кодекс РФ от 14 ноября 2002 г. N 138-ФЗ).

116 *Isaenkowa*, „Istoria ispolnenija sudebnych aktov w Rossii: osnownye etapy" (Geschichte der Vollstreckung von Gerichtsakten in Russland: Hauptstadien), Ispolnitelnoe pravo Nr. 3, 2008, S. 43.

117 *Reschetnikova*, „Kommentararij k federalnomu sakonu ob ispolnitelnom proizvodstve i praktike ego preminenija" (Kommentar zum Föderalem Gesetz über das Vollstreckungsverfahren und seiner Anwendung in der Praxis), S. XII.

Verfassungsgerichts der RF. Inhaltlich betrafen die Entscheidungen hauptsächlich drei Gruppen verfassungsrechtlich geschützten Rechtsgüter: das Recht auf gerichtlichen Schutz (Art. 46 Pkt. 1 Verf RF[118]), das Eigentum (Art. 35 Pkt. 3 Verf RF) und das Recht auf die Privatsphäre (Art. 23 Verf RF).[119] Gleichzeitig wurde das russische Zwangsvollstreckungsrecht von dem EGMR als unzureichend moniert und in einer Vielzahl von Entscheidungen ein Verstoß gegen Art. 6 EMRK angenommen.[120] Mehrmals wurde in diesen Gerichtsentscheidungen betont, dass das Zwangsvollstreckungsverfahren im Hinblick auf die Garantien des Art. 6 EMRK einen untrennbaren Teil des Gerichtsprozesses darstellt, was jedoch der sich in der Literatur herausgebildeten Meinung von einem selbständigen Rechtsgebiet der Zwangsvollstreckung[121] entgegensteht.

Durch das VVG von 1997 wurden viele im Laufe der Zeit entstandenen Anforderungen an das Vollstreckungsverfahren nicht berücksichtigt. Es fehlten weiterhin gesetzliche Normen zur Pfändung von Forderungen sowie eine hinreichende Behandlung der Stellung von Sicherungsrechten.[122] Der Schuldner hatte zahlreiche Möglichkeiten, der Vollstreckung zu entgehen, sei es auch nur durch die Neueröffnung von Bankkonten nach Beginn des Zwangsvollstreckungsverfahrens.[123] Sehr rudimentär waren die Rechtsbehelfe in dem VVG von 1997 geregelt. Diese waren unzureichend, und eine Regelung zum Gerichtsverfahren fehlte komplett.[124] Auch die Einführung des Dienstes der Gerichtsvollzieher konnte

118 Verfassung der Russischen Föderation vom 12.12.1993 (Конституция Российской Федерации (принята всенародным голосованием 12.12.1993)).

119 *Afanasjev*, „O vliânii rešenij Konstitucionnogo Suda RF na ispolnitel'noe proizvodstvo“ (Auswirkungen der Entscheidungen des Verfassungsgerichts der RF auf das Zwangsvollstreckungsverfahren), PPiSh Nr. 2, 2004, S. 16 ff. m. N. der Gerichtsentscheidungen.

120 Siehe insb. Entscheidung „Wassermann gegen Russland“ vom 10.04.2008 mit Nachweisen weiterer Entscheidungen, veröffentlicht unter http://www.menschenrechte.ac.at/orig/08_2/Wasserman.pdf

121 Vgl. o. und die Gegenmeinung von *Zybulenko*, „Reforma sudebnoj sistemy Rossii i ispolnenie sudebnyh postanovlenij (rešenij)“ (Reform des russischen Gerichtssystems und Vollstreckung der Gerichtsentscheidungen), S. 79 f.

122 *Grub/Turbanowa*, WiRO 1998, S. 99.

123 *Schitschanin/Grivkov*, „Aktual'nye problemy ispolnitel'nogo proizvodstva v Rossii“ (Aktuelle Probleme der Zwangsbollstreckung in Russland), Hozâjstvo i pravo, Nr. 1, 2003, S. 81 ff.

124 Es wird in insgesamt in vier Art. Nur die Möglichkeit eines Rechtsmittels geregelt, ohne weiteren Ausführungen. – vgl. dazu *Kenk*, Die Zwangsvollstreckung in der Russischen Föderation, S. 165 ff.

die Effektivität der Vollstreckung nicht erheblich steigern, was unter anderem mit sehr allgemein geregelten Rechten und Pflichten der Gerichtsvollzieher zur Durchführung von Vollstreckungsmaßnahmen und der unvollkommenen inneren Organisation zusammenhing. Insgesamt lässt sich somit festhalten, dass sowohl das VVG von 1997 als auch das GVG zu ungenau und allgemein gehalten waren.[125]

Aus diesem Grund begannen bereits 1998 die Vorarbeiten zu einer erneuten Reform des Zwangsvollstreckungsrechts. Der Gesetzesentwurf eines neuen Zwangsvollstreckungsgesetzes wurde bereits 2003 erarbeitet, jedoch hat sich der Abstimmungsprozess über mehrere Jahre hinweg gezogen.[126] Es stellte sich die Frage, ob ein neues Föderales Zwangsvollstreckungsgesetz oder sogar ein Zwangsvollstreckungskodex erlassen werden sollte, dessen Erarbeitung 2001 wieder aufgenommen wurde.[127] Erst nach zehn Jahren wurde das neue Föderale Gesetz „Über das Vollstreckungsverfahren" am 14.09.2007 von der Staatsduma angenommen und nach der Bestätigung durch den Föderationsrat am 19.09.2007 von dem Präsidenten der RF Putin am 02.10.2007 unterzeichnet. Am 01.02.2008 trat das Gesetz in Kraft. Daneben behielt das Gesetz „Über die Gerichtsvollzieher" von 1997 seine Gültigkeit.

Mit dem neuen VVG versucht der Gesetzgeber, die Widersprüchlichkeiten und die vorhandenen Lücken zu beseitigen, die sich im Laufe der Jahre immer stärker in der Praxis herausgebildet haben. Auch die Entscheidungen des Verfassungsgerichts der RF und des EGMR sollten Berücksichtigung finden.

4. Das Gesetz von 2007

Das VVG von 2007 ist, im Gegensatz zu seinem gleichnamigen Vorgänger, mit 130 Artikeln umfangreicher gestaltet worden. Die Grundstruktur des VVG von 1997 sowie auch teilweise die Überschriften der einzelnen Kapitel und Artikel wurden jedoch beibehalten. Aufgenommen wurden in das VVG auch einige

---

125 Vgl. *Jarkov/Ustjanzev*, „Aktual'nye problemy ispolnitel'nogo proizvodstva" (Aktuelle Probleme der Zwangsvollstreckung), S. 300 f.

126 *Alexandrov*, „Sovremennoe zakonodatel'stvo ob ispolnitel'nom proizvodstve: problemy i perspektivy" (Gegenwärtige Gesetzgebung der Zwangsvollstreckung: Probleme und Perspektiven), Vestnik, Nr. 3, 2008, S. 92.

127 Vgl. *Jarkov*, „Ispolnitel'nyj kodeks kak forma kodifikacii ispolnitel'nogo zakonodatel'stva" (Zwangsvollstreckungskodex als Kodifikationsform der Vollstreckungsgesetzgebung), Zakon Nr. 5, 2007, S. 48 f.; *Reschetnikova*, „Konceptual'nye podhody k razvitiû ispolnitel'nogo proizvodstva" (Wissenschaftlicher Zugang zur Entwicklung der Zwangsvollstreckung), Zakon, Nr. 5, 2007, S. 59 f.

untergesetzlich geregelte Normen, die im Laufe der Zeit zur Ergänzung des VVG von 1997 erlassen wurden.[128]

Zur Hervorhebung der Änderungen in Bezug auf das alte VVG und zum besseren Verständnis der Entwicklung des Zwangsvollstreckungsrechts erfolgt an dieser Stelle nur ein Überblick über die wichtigsten Novellen, da eine ausführliche Darstellung des russischen Zwangsvollstreckungsrechts nach dem geltenden Gesetz im dritten Teil der Arbeit vorgenommen wird. Zu den wichtigsten Neuerungen des VVG gehören unter anderem folgende:

Zum ersten Mal wurden die Aufgaben und Prinzipien der Zwangsvollstreckung gesetzlich geregelt (Art. 2 u. 4 VVG). Durch die ausdrückliche Regelung der Aufgaben hat der russische Gesetzgeber die Gerichtsentscheidungen des EGMR berücksichtigt und dem in Art. 6 EMRK verankerten Grundsatz des fairen Verfahrens Rechnung getragen.[129] Die Ausformulierung der Prinzipien der Zwangsvollstreckung, die vorher nur der Diskussion in der Literatur vorbehalten waren, ist angelehnt an den Beschluss des Verfassungsgerichts der RF vom 12. Juli 2007 Nr. 10-P[130], in der die Existenz einiger spezifischer Prinzipien der Zwangsvollstreckung anerkannt wurde.[131]

Eine wichtige Neuerung ist auch die Einführung neuer Vollstreckungsarten und Maßnahmen, die im alten Gesetz noch nicht vorgesehen waren. So wurde erstmals in das VVG die Möglichkeit der Zwangsvollstreckung in Wertpapiere

128 *Tschaschin*, „Ispolnitel'noe proizvodstvo – učebnoe posobie" (Vollstreckungsverfahren – Lehrbuch), S. 50 f.

129 Vgl. *Gureev/Guschin*, „Osnovnye novelly Federativnogo zakona „Ob ispolnitel'nom proizvodstve"" (Die wichtigsten Neuerungen des Föderalen Gesetzes „Über das Vollstreckungsverfahren), Zakonodatel'stvo, Nr. 1, 2009, S. 71; *Jarkov*, Kommentar, Art. 2, Rn. 1. – Ähnliche Regelungen finden sich auch in der ZPO RF und APO RF, jeweils in Art. 2.

130 Beschluss des Verfassungsgerichts der RF vom 12. Juli 2007 Nr. 10-P „In der Sache zur Prüfung der Verfassungsmäßigkeit des Art. 446 Abs. 3 ZPO RF", SZ-RF, 2007, Nr. 30, Pos. 3988. (Постановления Конституционного Суда Российской Федерации по делу о проверке конституционности положения абзаца третьего части первой статьи 446 Гражданского процессуального кодекса Российской Федерации в связи с жалобами граждан В.В.Безменова и Н.В.Калабуна, от 12 июля 2007 года, N 10-П/2007 – auch abrufbar unter www.ksfr.ru

131 Zu solchen Prinzipien gehören unter anderem der vorrangige Schutz der Schuldnerrechte und die Einhaltung des minimalen Standards des Rechtsschutzes - Vgl. *Jarkov*, Kommentar, S. 10 und Art. 4, Rn. 1. – Ausführliche Darstellung der Prinzipien siehe Teil II, § 3, S. 41 ff.

und in Vermögensrechte[132], zu denen auch Forderungen gehören, aufgenommen. In diesem Zusammenhang wurden die Normen über die Schätzung und Verwertung des gepfändeten Vermögens des Schuldners konkretisiert und erneuert. Eingeführt wurde ein ganzes Kapitel mit Regelungen über die Vollstreckungsmaßnahmen. Damit wurden die Rechte der Gerichtsvollzieher detaillierter geregelt und auch erweitert. Ergänzt wurden außerdem die Normen über die Rechtsbehelfe gegen die Handlungen der Gerichtsvollzieher.[133]

Weiterhin wurden die Liste der Vollstreckungsdokumente[134] und die Fristen in der Zwangsvollstreckung erweitert. Sie sind nunmehr jeweils in einem eigenen Kapitel zusammengefasst. Ein neues Kapitel wurde außerdem den Bekanntmachungen und Vorladungen in der Zwangsvollstreckung gewidmet. Zudem erfuhr der Pfändungsschutz für bestimmte Einkommensarten eine ganze Reihe von weiteren Ergänzungen.

Durch zahlreiche weitere Neuerungen konnten mit dem neuen VVG die Unzulänglichkeiten des bisherigen Zwangsvollstreckungsverfahrens zum größten Teil beseitigt werden. Jedoch hat auch das neue Gesetz bereits mit seinem Inkrafttreten neue Fragen in der Praxis, sowohl der des Gerichts[135] als auch der Gerichtsvollzieher, aufgeworfen. Das neue Vollstreckungsverfahrensgesetz ist somit auch nicht frei von Lücken und Ungereimtheiten geblieben.[136] Der Gesetzgeber ist jedoch weiterhin bemüht, auch diese zu beseitigen.

IV. Vergleich zur Entwicklung des deutschen Zwangsvollstreckungsrechts

Die geschichtliche Entwicklung des russischen Zwangsvollstreckungsrechts weist, obwohl zunächst von einem Eingang des römischen Rechts in die russische

---

132 Die einzelnen Vermögensrechte sind in Art. 75 VVG aufgeführt. Siehe dazu Teil III, § 5 I. 2. e. cc), S. 197 ff.

133 Siehe die Darstellung der Rechtsbehelfe in Teil III, § 6, S. 223 ff.

134 Vollstreckungsdokumente können mit der vollstreckbaren Ausfertigung eines Vollstreckungstitels des deutschen Rechts gleichgesetzt werden.

135 Siehe z.B. Rekomendazii NKS po woprosam ispolnitelnovo proisvodstva ot 23.05.2008 (Empfehlung des wissenschaftlichen Beirats des Arbitragegerichts des Kreises Sverdlovskoi zu den Fragen des Zwangsvollstreckungsverfahrens vom 23.05.2008 – Рекомендации НКС по вопросам исполнительного производства от 23.05.2008 г.) – abrufbar unter www.ekaterinburg.arbitr.ru

136 Vgl. *Mailjan/Kusbagarov*, „Ispolnitel'noe proizvodstvo" (Vollstreckungsverfahren), S. 32 f.

Rechtsordnung nicht gesprochen werden kann,[137] eine Reihe von Gemeinsamkeiten zu der Geschichte der deutschen Einzelvollstreckung auf.[138] Man kann festhalten, dass die Entwicklung des Zwangsvollstreckungsrechts bis zum Ende des 19. Jahrhunderts im deutschen und im russischen Recht in gewissen Grundlinien ähnlich verlaufen ist. In beiden Rechtsordnungen herrschte zunächst die Personalvollstreckung, die im Laufe der Zeit von der Vermögensvollstreckung verdrängt wurde. Ähnlich verhielt es sich mit der Zurückdrängung der Parteimacht als sog. Selbsthilfe und der Entstehung einer führenden Rolle des Gerichts. Im deutschen wie auch im russischen Zwangsvollstreckungsrecht gewann zudem der Schuldnerschutz mit Einführung entsprechender Vorschriften an Bedeutung.[139]

Bei der Entwicklung des russischen Zwangsvollstreckungsrechts ist jedoch zu berücksichtigen, dass die erwähnten Fortschritte bis zu zwei Jahrhunderte hinter der Entwicklung des deutschen Rechts zurückblieben, was mit der dargestellten Abschottung Russlands von dem übrigen Europa im 13. Jahrhundert zu erklären ist.[140]

Anfang des 20. Jahrhunderts erfuhr Russland erneut eine Phase der Abschottung von den übrigen westeuropäischen Ländern. Mit der Entstehung der Sowjetunion nahm auch die Entwicklung der russischen Zwangsvollstreckung gegenüber Deutschland einen etwas anderen Verlauf, weil sie von dem sozialistischen Rechtsbewusstsein geprägt war. Erst seit der Gründung der Russischen Föderation versucht der russische Gesetzgeber das Zwangsvollstreckungsrecht auf den Stand der westeuropäischen Länder zu bringen. Jedoch weist das russische Zwangsvollstreckungsrecht trotz der grundlegenden Reformen der letzten Jahre teilweise immer noch nicht eine dem deutschen Zwangsvollstreckungsrecht vergleichbare detaillierte Ausarbeitung der einzelnen Normen und des Zwangsvollstreckungsmechanismus auf.

---

137 Vgl. § 1.

138 Siehe zu der Geschichte der deutschen Einzelvollstreckung *Baur/Stürner/Bruns*, Zwangsvollstreckungsrecht, § 3 u. § 4.

139 Vgl. zum deutschen Recht *Baur/Stürner/Bruns*, Zwangsvollstreckungsrecht, § 3, Rn. 3.26 ff.

140 Siehe § 1 I 2, S. 9.

Teil II
Grundsätze und Prinzipien des Zwangsvollstreckungsrechts

Genau wie in dem deutschen Zwangsvollstreckungsrecht gelten auch in der russischen Zwangsvollstreckung bestimmte Grundlagen und Prinzipien, die für das Verständnis des Zwangsvollstreckungsverfahrens von entscheidender Bedeutung sind. Im Folgenden sollen die Grundlagen des Zwangsvollstreckungsrechts und anschließend die Prinzipien dargestellt werden.

§ 2 Grundlagen des Zwangsvollstreckungsrechts

I. Zweck und Funktion der Zwangsvollstreckung

Am Ende eines gerichtlichen Verfahrens ergeht eine Entscheidung des Gerichts, in der im Falle einer erfolgreichen Leistungsklage eine entsprechende Verpflichtung des Beklagten zur Leistung festgestellt wird. Allein durch diese Entscheidung tritt jedoch noch keine Erfüllung des klägerischen Anspruchs ein, so dass im Falle einer nicht freiwilligen Leistung durch den Beklagten dem Kläger eine Möglichkeit eingeräumt sein muss, seinen Anspruch mit Hilfe des Staates durchzusetzen. Nach dem Verständnis des deutschen Rechts dient das Zwangsvollstreckungsverfahren somit „der zwangsweisen Durchsetzung eines einzelnen privatrechtlichen Leistungsanspruchs".[141]

Auch im russischen Rechtssystem verfolgt das Zwangsvollstreckungsverfahren das Ziel, den festgestellten Anspruch mit Hilfe der gesetzlich vorgesehenen Möglichkeiten zu realisieren.[142] Aufgrund einer Reihe von ergangenen Entscheidungen des Europäischen Gerichtshofs für Menschenrechte[143], wurden durch den russischen Gesetzgeber außerdem die wichtigsten Aufgaben[144] der Zwangsvollstreckung in das Gesetz aufgenommen und ausdrücklich klargestellt, dass das Ziel des Zwangsvollstreckungsverfahrens der Schutz „der verletzten Rechte, Freiheiten und rechtlicher Interessen der Bürger und der Organisationen[145]" ist (Art. 2 VVG).[146] Damit wird noch einmal hervorgehoben, dass ohne die Durchsetzung von gerichtlichen und gerichtsähnlichen Entscheidungen mit Hilfe der

---

141 *Musielak*, Grundkurs ZPO, Rn. 622.; vgl. auch *Lackmann*, Zwangsvollstreckungsrecht, Rn. 1.

142 Vgl. *Mailjan/Kusbagarov*, „Ispolnitel'noe proizvodstvo" (Vollstreckungsverfahren), S. 5; *Jarkov*, „Graždanskij process: Učebnik" (Der Zivilprozess – Lehrbuch), S. 576 f.

143 Vgl. Teil I § 1 III 3, S. 24.

144 Zu solchen Aufgaben gehört die ordnungsgemäße und rechtzeitige Vollstreckung von Gerichtsentscheidungen und sonstigen Entscheidungen oder Akten anderer Organe, die durch geltende Gesetze vorgesehen sind.

145 Unter den im russischen verwendeten Begriff der Organisationen fällt auch die juristische Person.

146 Obwohl in Art. 2 VVG nur von bereits verletzten Rechten die Rede ist, also diejenigen des Gläubigers, ist davon auszugehen, dass auch die Vermeidung von Rechtsverletzungen des Schuldners und Dritter als Ziel des Zwangsvollstreckungsverfahrens mit erfasst ist. – *Reschetnikova*, Kommentar, Art. 2, Nr. 1.

staatlichen Apparate, allein der Zivilprozess noch keinen umfassenden Rechtsschutz garantiert. Erst mit der Wiederherstellung der verletzten Rechte wird der Rechtsschutz verwirklicht.[147]

II. Stellung des Zwangsvollstreckungsrechts im Rechtssystem

Das Zwangsvollstreckungsverfahren ist ein Teil des Zivilprozesses.[148] Während diese Aussage auf das deutsche Zwangsvollstreckungsverfahren zutrifft, ist die Stellung des Vollstreckungsrechts im russischen Rechtssystem umstritten. Insgesamt gibt es in der russischen Literatur drei verschiedene Ansichten[149] zu der Stellung des Zwangsvollstreckungsrechts, die nicht zuletzt aus der bereits dargestellten historischen Entwicklung der Zwangsvollstreckung resultieren.

Die traditionelle Ansicht geht ebenso wie die deutsche Rechtslehre davon aus, dass die Zwangsvollstreckung einen (abschließenden) Teil des Zivilprozesses darstellt. Ihren Ursprung hat diese Meinung in der Tatsache, dass vor dem Inkrafttreten der Föderalen Gesetze „Über das Vollstreckungsverfahren" und „Über die Gerichtsvollzieher" im Jahre 1997, die Zwangsvollstreckung in der Zivilprozessordnung der RF von 1964 geregelt war.[150] Begründet wird diese Ansicht auch noch nach dem Inkrafttreten der Gesetze von 1997 und 2007 damit, dass die Zwangsvollstreckung im Anschluss an das Erkenntnisverfahren erfolgt und das Gericht auch noch im Rahmen des Vollstreckungsverfahrens mit der

---

147 *Tschaschin*, „Ispolnitel'noe proizvodstvo – učebnoe posobie" (Vollstreckungsverfahren – Lehrbuch), Vorwort; *Reschetnikova*, „Ispolnitel'noe proizvodstvo – Kratkie učebnye kursy ûridičeskih nauk" (Vollstreckungsverfahren – kurze Übungen der Rechtswissenschaft), Vorwort.

148 *Musielak*, Grundkurs ZPO, Rn. 621 – Die Darstellung beschränkt sich nur auf die Zuordnung des Zwangsvollstreckungsrechts zum Zivilprozessrecht. Nach allgemeinem Verständnis in der deutschen Literatur gehört das zivilprozessuale Zwangsvollstreckungsrecht, genauso wie das Zivilprozessrecht insgesamt, dem öffentlichen Recht an. Zur Einordnung des Zwangsvollstreckungsrechts dem privaten und dem öffentlichen Recht siehe *Stamm*, Die Prinzipien und Grundstrukturen des Zwangsvollstreckungsrechts, S. 19 ff.; *Rosenberg/Gaul/Schilken*, Zwangsvollstreckungsrecht, § 1 II 1f.; *Schuschke* in *Schuschke/Walker*, Vollstreckung und vorläufiger Rechtsschutz, Kommentar, Vorbemerkungen, Rn. 3 m.w.N.

149 Siehe die ausführliche Darstellung der drei Ansichten in *Valeev*, „Ispolnitel'noe proizvodstvo" (Vollstreckungsverfahren), S. 18 ff. m.N. von Vertretern der verschiedenen Ansichten.

150 Vgl. § 1 II 4, S. 19. – *Isaenkova/Balaschov/Balaschova*, „Ispolnitel'noe proizvodstvo v Rossijskoj Federacii: kurs lekcij" (Vollstreckungsverfahren in der Russischen Föderation – Übung), S. 14 f.

Wahrnehmung bestimmter Aufgaben, wie z.B. mit der Entscheidung über die Rechtsbehelfe gegen Handlungen von Gerichtsvollziehern, betraut ist.[151]

Eine im Vordringen befindliche Ansicht sieht das Vollstreckungsverfahren nach dem Inkrafttreten der Gesetze von 1997 und auch 2007 als ein selbständiges, vom Zivilprozess unabhängiges Rechtsgebiet an.[152] Die Vertreter dieser Auffassung argumentieren insbesondere mit der Schaffung eines neuen, vom Gericht unabhängigen Gerichtsvollzieherdienstes und der dadurch entstandenen eingeschränkten Kontrolle der Gerichtsvollzieher durch die Gerichte.[153] Schließlich könnten nicht nur Gerichtsentscheidungen, sondern auch Beschlüsse und Entscheidungen anderer Organe vollstreckt werden.[154]

Für die jüngere dritte Auffassung ist das Zwangsvollstreckungsverfahren ein Teil des Verwaltungsrechts. Die Anhänger dieser Ansicht begründen das mit der Entstehung des Gerichtsvollzieherdienstes, der nunmehr nicht mehr den Gerichten, sondern dem Justizministerium, der vollziehenden Gewalt, untersteht.[155] Außerdem ist der Gerichtsvollzieher mit Kompetenzen ausgestattet, die einen vollziehenden, behördlichen Charakter haben und somit einer Verwaltungstätigkeit zuzuordnen sind.[156]

III. Rechtsquellen des Zwangsvollstreckungsrechts

Neben den bereits dargestellten Hauptrechtsquellen des russischen Zwangsvollstreckungsrechts, den Föderalen Gesetzen „Über das Vollstreckungsverfahren"

---

151 Siehe dazu *Kurakova*, „Mesto ispolnitel'nogo proizvodstva v sisteme prava" (Stellung des Zwangsvollstreckungsrechts im Rechtssystem), Arbitražnyj i graždanskij process. Nr. 11, 2004, S. 45 ff.; Nr. 12, 2004, S. 36 ff. und *Rego*, „Ispolnitel'noe proizvodstvo v sisteme rossijskogo prava" (Das Zwangsvollstreckungsrecht im System des russischen Rechts), Arbitražnyj i graždanskij process Nr. 6, 2004, S. 43 ff.; Nr. 7, 2004, S. 41 ff. mit Argumenten gegen die Ansicht, die das Vollstreckungsverfahren als selbständiges Rechtsgebiet ansieht.

152 So z.B. *Mardanov*, „Mesto ispolnitel'nogo proizvodstva v sisteme rossijskogo prava" (Stellung des Zwangsvollstreckungsrechts im russischen Rechtssystem, Ûrist. № 7, 2004, S. 53 ff.

153 Vgl. § 1 III 2, S. 23. - *Isaenkova/Balaschov/Balaschova*, „Ispolnitel'noe proizvodstvo v Rossijskoj Federacii: kurs lekcij" (Vollstreckungsverfahren in der Russischen Föderation – Übung), S. 15; *Valeev*, „Ispolnitel'noe proizvodstvo" (Vollstreckungsverfahren), S. 38 ff. m. w. N.

154 Siehe zu den möglichen Vollstreckungsdokumenten § 4 I, S. 79 und vgl. Kenk, Die Zwangsvollstreckung in der Russischen Föderation, S. 15.

155 Vgl. § 1 III. 2, S. 23.

156 *Valeev*, „Ispolnitel'noe proizvodstvo" (Vollstreckungsverfahren), S. 333 ff. m. w. N.

und „Über die Gerichtsvollzieher“, gibt es noch eine Reihe von weiteren Rechtsquellen, die für das Zwangsvollstreckungsverfahren von Bedeutung sind.

So ist in Art. 3 Abs. 1 VVG ausdrücklich normiert, dass die Gesetzgebung der Russischen Föderation über das Vollstreckungsverfahren auf der Grundlage der Verfassung der Russischen Föderation[157] basiert und aus dem VVG, dem Föderalen Gesetz vom 21. Juli 1997 „Über die Gerichtsvollzieher“ und anderen Föderalen Gesetzen besteht, welche die Bedingungen und das Verfahren der Zwangsvollstreckung von Gerichtsentscheidungen, Entscheidungen anderer Organe und Amtsträger regeln.

Zu den anderen Föderalen Gesetzen gehört nicht nur der bereits dargestellte Zivilprozesskodex der RF[158], sondern insbesondere auch die Arbitragegerichtsprozessordnung der RF[159], das Zivilgesetzbuch der RF[160], der Kodex der RF „Über die Ordnungswidrigkeiten“[161] und einige weitere Föderale Gesetze,[162] die

157 Verfassung der Russischen Föderation vom 12. Dezember 1993 abrufbar unter www.garant.ru und die deutsche Übersetzung unter www.costitution.ru – Dass das Zwangsvollstreckungsverfahren auf der Grundlage der Verfassung basiert, war in dem entsprechenden Art. 2 VVG von 1997 noch nicht enthalten und stellt somit eine Neuerung gegenüber dem alten Recht dar.

158 Vgl. § 1 III. 3, S. 24.

159 Arbitragegerichtsprozessordnung der RF (APO RF) vom 24. Juli 2002, Nr. 95-FZ, SZ 2002, Nr. 30, Pos. 3112. (Арбитражный процессуальный кодекс Российской Федерации от 24.07.2002 N 95-ФЗ) – Regelungen über das Vollstreckungsverfahren befinden sich im Kap. 7 (Zwangsvollstreckung in Streitigkeiten, die mit der Vollstreckung von Arbitragegerichtsentscheidungen in Zusammenhang stehen).

160 Das Zivilgesetzbuch der RF (Teil 1) (ZGB RF) vom 30. November 1994, Nr. 51-FZ, SZ 1994, Nr. 32, Pos. 3301. (Гражданский кодекс Российской Федерации - часть первая от 30.11.1994 N 51-ФЗ) – Regelungen zum Vollstreckungsverfahren z.B. in Art. 348-350 (Zwangsvollstreckung in das verpfändete Vermögen), 448, 449 (Organisation und Verfahren der Versteigerung).

161 Kodex der RF „Über die Ordnungswidrigkeiten“ (KoAP RF) vom 30. Dezember 2001, Nr. 195-FZ, SZ 2002, Nr. 1, Pos. 1. (Кодекс Российской Федерации об административных правонарушениях от 30.12.2001 N 195-ФЗ) – Art. 17.14 (Verstoß der Gesetzgebung über das Vollstreckungsverfahren), 17.15 (Nichtbefolgung der nichtvermögensrechtlichen Aufforderung im Vollstreckungsdokument).

162 Wie z.B. die Strafprozessordnung der RF (Уголовно-процессуальный кодекс Российской Федерации от 18.12.2001 N 174-ФЗ), das Familienkodex der RF (Семейный кодекс Российской Федерации от 29.12.1995 N 223-ФЗ) oder Föderales Gesetz „Über den Wertpapiermarkt“ (Федеральный закон „О рынке ценных бумаг“ от 22.04.1996 N 39-ФЗ) - abrufbar jeweils unter www.garant.ru oder www.consultant.ru

einzelne Normen zum Vollstreckungsverfahren enthalten. Zu den Quellen der Zwangsvollstreckung gehören daneben auch normative Rechtsakte zu Fragen der Sicherung des Vollstreckungsverfahrens, die von dem Präsidenten der RF oder der Regierung der RF auf der Grundlage und in Ausführung des VVG verabschiedet werden (Art. 3 Abs. 3 VVG).

Erstmals hat der russische Gesetzgeber in Art. 3 Abs. 2 VVG den Vorrang des VVG gegenüber anderen, die Zwangsvollstreckung regelnden Normen, bestimmt. Die in anderen Gesetzen enthaltenen Regelungen müssen nun den Normen des VVG entsprechen. Damit wurde das bis zum Erlass des VVG bestehende Kollisionsproblem[163] endgültig beseitigt. Nur die in einem internationalen Vertrag der RF aufgestellten Regeln haben bei einer Abweichung gegenüber den Normen des VVG einen Anwendungsvorrang (Art. 3 Abs. 4 VVG).

An dieser Stelle erfolgt eine kurze Anmerkung zu den Lehrbüchern und Kommentaren der russischen Literatur zu den jeweiligen Gesetzen. Die russische juristische Literatur unterscheidet sich grundlegend von der deutschen. Zwar gibt es mittlerweile auch in Russland eine Vielzahl an Lehrbüchern, Kommentaren und Aufsätzen zu den einzelnen Gesetzen, der Inhalt des überwiegenden Teils dieser Publikationen beschränkt sich jedoch meistens nur auf die Wiedergabe des Wortlauts des Gesetzestextes, wobei sich das Gesetz selbst teilweise wie ein Lehrbuch lesen lässt.[164] Eine eingehende kontroverse Diskussion über etwaige Lücken und Ungereimtheiten der Gesetzestexte findet immer noch nur vereinzelt statt.[165] Das mag insbesondere daran liegen, dass viele Autoren der Lehrbücher und Kommentare an der Erarbeitung der Gesetze mitgewirkt haben und sich somit selbst kommentieren.[166] In Bezug auf das Zwangsvollstreckungsrecht ließ sich zwar eine deutliche Kritik an dem Gesetz von 1997 beobachten. Nach dem Erlass des neuen VVG scheint die Rechtswissenschaft aber wieder in das gängige Schema verfallen zu sein, nach dem allein der Wortlaut des Gesetzes die Lehrbücher und Kommentare zum größten Teil beherrscht. Es lassen sich zwar zunehmend kritische Äußerungen zu den einzelnen Gesetzesnormen vernehmen. Diese kommen jedoch zumeist aus der Praxis und bleiben einzelnen Aufsätzen vorbehalten. Der Großteil der Aufsätze beschäftigt sich mit der

163 Vgl. § 1 III 3, S. 24.

164 So auch *Nußberber*, Arbeitspapiere und Materialien der Forschungsstelle Osteuropa Bremen Nr. 62, S. 55.

165 So auch zu dem Problem der russischen Literatur *Kettler*, Eigentumsvorbehalt und Sicherungsübereignung, S. 46.

166 So auch *Steininger*, Das russische Kaufrecht, S. 47.

Darstellung der Neuerungen im VVG von 2007, ohne jedoch eine ausführliche Bewertung dieser vorzunehmen.

IV. Systematik des russischen Zwangsvollstreckungsrechts

In dem russischen Zwangsvollstreckungsrecht wird zwischen der Vollstreckung wegen Vermögensforderungen und Nichtvermögensforderungen unterschieden.[167] Zu den Vermögensforderungen gehören in erster Linie alle Arten von Geldforderungen, aber auch Forderungen auf die Herausgabe einer bestimmten Sache. Zu den Nichtvermögensforderungen zählen alle Forderungen, die auf ein Handeln oder Unterlassen des Schuldners gerichtet sind.

Die Zwangsvollstreckung wegen Vermögensforderungen geschieht durch die Vollstreckung in das Vermögen des Schuldners, Art. 69 ff. VVG. Das Vermögen des Schuldners umfasst dabei die finanziellen Mittel, die zuerst der Zwangsvollstreckung unterliegen,[168] und das sonstige Vermögen, zu dem Wertpapiere, Forderungen, bewegliches und unbewegliches Vermögen gehören. Die Vollstreckung in die Einkünfte des Schuldners ist dabei in einem besonderen Kapitel geregelt.[169]

Gegenstand der Vollstreckung wegen Nichtvermögensforderungen sind neben dem Handeln oder Unterlassen des Schuldners, das jedoch nicht in der Herausgabe von Sachen oder Geldmittel liegt,[170] auch die speziell geregelten Ansprüche des Gläubigers auf Räumung von Wohnungen (Art. 107 VVG) oder dessen Einweisung in eine Wohnung (Art. 108 VVG), der Anspruch auf Wiedereinstellung des zu Unrecht entlassenen Arbeitnehmers (Art. 106 VVG), die verwaltungsrechtliche Aussetzung einer Tätigkeit (Art. 109 VVG) und die verwaltungsrechtliche Abschiebung eines ausländischen Staatsbürgers oder eines Staatenlosen aus der Russischen Föderation (Art. 109.1 VVG[171]). Eine Regelung zur Vollstreckung der Abgabe einer Willenserklärung fehlt jedoch auch in dem neuen VVG.

---

167 Insofern hat sich an der eigentlichen Systematik im Vergleich zum VVG von 1997 nichts geändert, vgl. zur Systematik auch *Kenk*, Die Zwangsvollstreckung in der Russischen Föderation, S. 20 f; *Grub/Turbanowa*, WiRO 1998, S. 96.

168 Aufgrund der im russischen Recht zu beachtenden Reihenfolge („gradus executionis“) des Zugriffs auf die Vollstreckungsgegenstände, siehe dazu § 3 II 1 b, S. 58.

169 Siehe Kapitel 11 VVG.

170 Näher dazu unter § 5, S. 115.

171 Diese Vorschrift ist mit dem Ändrungsgesetz vom 06.12.2011 N 410-FZ zum 01.01.2012 in Kraft getreten.

Besonders zu erwähnen ist, dass die Vollstreckung in das Vermögen einer juristischen Person eine ganze Reihe besonderer Regelungen enthält, z.B. Art. 94 ff. VVG. Dadurch ergibt sich im Rahmen der Zwangsvollstreckung eine Unterscheidung zwischen Privatpersonen und juristischen Personen, die das deutsche Recht nicht kennt.

§ 3 Prinzipien der Zwangsvollstreckung

Die Prinzipien sind für ein Rechtsgebiet und das Rechtssystem von entscheidender Bedeutung.[172] Sie stellen die Grundlage für das Gebot der Gerechtigkeit dar, indem sie Gewähr für die Einzelfalllösung und die Rechtsgleichheit geben.[173]

Das russische Zwangsvollstreckungsrecht ist genau wie das deutsche Recht[174] von bestimmten Verfahrensgrundsätzen geprägt.[175] Eine Besonderheit im russischen Zwangsvollstreckungsrecht gegenüber dem deutschen Recht ist die ausdrückliche Regelung einiger Prinzipien in Art. 4 VVG.[176] Wegen der expliziten Regelung im Gesetz werden zunächst diese Prinzipien dargestellt, anschließend ist auf weitere Prinzipien der Zwangsvollstreckung einzugehen, die sich dem VVG entnehmen lassen.

I. Gesetzlich verankerte Prinzipien in Art. 4 VVG

Sieht man sich die gesetzlich verankerten Prinzipien in Art. 4 VVG an, so kommt deutlich zum Ausdruck, dass diese ihren Ursprung in den Entscheidungen des Verfassungsgerichts der RF und des EGMR haben[177], in welchen

---

172 Vgl. *Zaharov*, „Sistemnost' principov prava", S. 116 ff.

173 *Stürner*, Prinzipien der Einzelzwangsvollstreckung, ZZP 99 (1986), S. 291, 292.

174 Ausführlich zu den Prinzipien des deutschen Zwangsvollstreckungsrechts *Baur/Stürner/Bruns*, Zwangsvollstreckungsrecht, § 6, Rn. 6.1 ff. und *Stürner*, Prinzipien der Einzelzwangsvollstreckung, ZZP 99 (1986), S. 291 ff.

175 Siehe eine allgemeine Übersicht zu den Prinzipien der russischen Zwangsvollstreckung u.a. in *Il'in*, „Principy ispolnitel'nogo proizvodstva" (Prinzipien der Zwangsvollstreckung), Vestnik Čelâbinskogo gosudarstvennogo universiteta № 1, 2005, S. 71 ff.; *Jarkov*, „Specifičeskie principy ispolnitel'nogo proizvodstva" (Spezifische Prinzipien des Zwangsvollstreckungsrechts), S. 236 ff.; *Valeev*,: „Principy kak processual'nye garantii v ispolnitel'nom proizvodstve" (Prinzipien als prozessuale Garantien im Zwangsvollstreckungsverfahren), Zakon: Mai, 2007, S. 93 ff.

176 Vgl. § 1 III 4, S. 27. – Einen Überblick über die Prinzipien des Art. 4 VVG geben *Maksurov*, „K voprosu o principah graždanskogo ispolnitel'nogo prava" (Zur Frage der Prinzipien des bürgerlichen Vollstreckungsrechts), Ispolnitel'noe pravo № 2, 2009, S. 32 ff.; *Isaenkova*, „Normativnye principy sovremennogo ispolnitel'nogo proizvodstva" (Normative Prinzipien des gegenwärtigen Zwangsvollstreckungsrechts), S. 3 ff.; *Isaenkova*, „Principy ispolnitel'nogo proizvodstva s 1 fevralâ 2008 goda" (Prinzipien der Zwangsvollstreckung seit dem 1. Februar 2008), Zakon Nr. 5, 2008, S. 175 ff.

177 Vgl. § 1 III 3, S. 24.

die Unzulänglichkeit der russischen Zwangsvollstreckung kritisiert und die Verletzung der verfassungsrechtlichen Grundsätze festgestellt wurde. Mit der Aufnahme dieser Prinzipien in das VVG hat der russische Gesetzgeber die Konsequenzen aus den erwähnten Entscheidungen gezogen und die Verknüpfung der Zwangsvollstreckung mit den verfassungsrechtlichen Grundsätzen berücksichtigt. Die in Art. 4 VVG definierten Prinzipien haben teilweise keinen vollstreckungsspezifischen Charakter, sondern stellen allgemein anerkannte Grundsätze der gesamten Rechtsordnung dar. Eingegangen wird hier jedoch nur auf die Bedeutung solcher Grundsätze für das Zwangsvollstreckungsrecht.

1. Gesetzmäßigkeit

Das erste Prinzip ist die Gesetzmäßigkeit[178] (Art. 4 Nr. 1 VVG). Aus Art. 15 Abs. 2 Verf RF geht hervor, dass die Organe der Staatsgewalt, Organe der kommunalen Selbstverwaltung, Amtsträger, Bürger und Vereinigungen die Verfassung der Russischen Föderation und die Gesetze beachten müssen. Für das Zwangsvollstreckungsrecht gilt somit, dass die Gerichtsvollzieher das Gesetz befolgen müssen und darauf achten, dass sich alle involvierten Parteien der Vollstreckung daran halten. Der Gerichtsvollzieher soll nur im Rahmen seiner gesetzlich geregelten Kompetenzen handeln und darf dabei nicht zulassen, dass durch seine Handlungen die Rechte der Bürger und Organisationen verletzt werden (Art. 13 GVG). Daraus resultiert zugleich der auch im russischen Recht existierende Grundsatz des numerus clausus[179] der Vollstreckungsarten und -maßnahmen. Außerdem gewährt das Prinzip der Gesetzmäßigkeit den Parteien einen Rechtsschutz im Falle der Verletzung ihrer Rechte.[180]

2. Rechtzeitigkeit der Vornahme von Vollstreckungshandlungen und der Anwendung von Maßnahmen der Zwangsvollstreckung (Vollstreckungsbeschleunigung)

Ein in Art. 4 Nr. 2 VVG geregeltes Prinzip verlangt die rechtzeitige Vornahme von Vollstreckungshandlungen und Anwendung von Maßnahmen der Zwangsvollstreckung. Dieser Grundsatz stimmt damit mit einer in Art. 2 VVG

178 Die Gesetzmäßigkeit ist außerdem ausdrücklich z.B. in Art. 6 APO RF und Art. 7 der Strafprozessordnung der RF geregelt.

179 Der Begriff des numerus clausus besagt, dass nur die gesetzlich vorgesehenen Vollstreckungsarten benutzt werden dürfen. Vgl. zum deutschen Recht *Baur/Stürner/Bruns*, Zwangsvollstreckungsrecht, § 6, Rn. 6.63 ff.

180 Vgl. *Winnitschenko/Smirnov*, Kommentar, Art. 4 S. 32.

niedergelegten Aufgabe der Zwangsvollstreckung, der Rechtzeitigkeit der Vollstreckung von Gerichts- und anderer Entscheidungen, überein. Aus diesem Prinzip ergibt sich die Verpflichtung der Gerichtsvollzieher und anderer Beteiligter der Zwangsvollstreckung, die Vollstreckungshandlungen in einem bestimmten zeitlichen Rahmen vorzunehmen und dadurch dem Grundsatz des fairen Verfahrens[181] Rechnung zu tragen. Auch in der Zwangsvollstreckung darf sich das Verfahren nicht unbegrenzt in die Länge ziehen, sondern muss so zügig wie möglich durchgeführt werden. In erster Linie bedeutet das für den Gerichtsvollzieher die Beachtung der im Gesetz aufgestellten Fristen für die Vornahme von Vollstreckungsmaßnahmen.[182]

Das VVG zeichnet sich durch eine detailierte Fristenregelung aus. So wurde Kapitel 3 des VVG ausschließlich den Fristen des Vollstreckungsverfahrens gewidmet. In diesem Kapitel sind vor allem die allgemeinen Bestimmungen über die Fristen enthalten. So z.B. die Fristenberechnung, das Fristenende in der Zwangsvollstreckung (Art. 15, 16 VVG), die Folgen einer Fristversäumnis, die Wiederherstellung versäumter Fristen, die Aussetzung und Verlängerung von Fristen (Art. 17, 18, 19, 20). Von Bedeutung ist Art. 21 VVG, der die Fristen für die Vorlage von Vollstreckungsdokumenten zur Vollstreckung regelt. Grundsätzlich müssen gem. Art. 21 Abs. 1 VVG die Vollstreckungsblätter[183], die auf der Grundlage von Gerichtsentscheidungen ausgestellt wurden, innerhalb einer Frist von drei Jahren, beginnend mit dem Tag der Rechtskraft, zur Vollstreckung vorgelegt werden. In Art. 21 Abs. 2, 4 und 7 VVG sind die Ausnahmen von diesem Grundsatz aufgeführt, zu denen z.B. wiederkehrende Leistungen gehören. Die Art. 22 und 23 VVG regeln ergänzend dazu die Unterbrechung und die Wiederherstellung der Frist für die Vorlage von Vollstreckungsdokumenten zur Vollstreckung.

Eine entscheidende Norm für den dargestellten Grundsatz ist der Art. 36 VVG, der die Frist für die Vornahme der Vollstreckungshandlungen (Vollzugsfrist) regelt. Gem. Art. 36 Abs. 1 VVG müssen die in dem Vollstreckungsdokument enthaltenen Forderungen durch den Gerichtsvollzieher grundsätzlich

181 Der Europäische Gerichtshof für Menschenrechte hat in seinen Entscheidungen die Verletzung des Art. 6 Abs. 1 EMRK auch in Hinblick auf eine nichtvorgenommene Vollstreckung einer Gerichtsentscheidung in einem angemessenen Zeitraum bejaht (vgl. Entscheidungen: Burdov gegen Russland, Beschwerde Nr. 59498/00, Rn. 34 f., ECHR 2002-III und Koltsov gegen Russland vom 24. Februar 2005, Beschwerde Nr. 41304/02, Rn. 16 – abrufbar unter www.echr.ru).

182 *Mailjan/Kusbagarov*, „Ispolnitel'noe proizvodstvo" (Vollstreckungsverfahren), S. 49 f.

183 Wörtliche Übersetzung von „Ispolnitelnye listy".

innerhalb von zwei Monaten ab dem Tag der Einleitung der Zwangsvollstreckung (Art. 30 VVG) vollzogen werden. Ausnahmen zu der Zwei-Monats-Frist, wie die unverzügliche Vollstreckung (Abs. 5), sind in Art. 36 Abs. 2 bis 6 VVG aufgeführt. Absatz 7 zählt auf, welche Zeiten von den Fristen nicht erfasst werden und in Abs. 8 hat der russische Gesetzgeber ausdrücklich klargestellt, dass die Überschreitung der Vollzugsfrist nicht zur Einstellung oder Beendigung des Vollstreckungsverfahrens führt. Die folgenden Artikel regeln dann unter anderem die Bewilligung der Aussetzung und der Stundung der Vollstreckung (Art. 37 VVG), den Aufschub von Vollstreckungshandlungen (Art. 38 VVG) und die Aussetzung des Vollstreckungsverfahrens durch das Gericht oder den Gerichtsvollzieher (Art. 39, 40 VVG).

Die Nichtbeachtung der im Gesetz aufgestellten Fristen kann ein Disziplinarverfahren und im Falle eines durch die Verzögerung entstandenen Schadens auch mögliche Schadensersatzansprüche nach sich ziehen.[184]

Das russische Prinzip der Rechtzeitigkeit der Vornahme von Vollstreckungshandlungen und der Anwendung von Maßnahmen der Zwangsvollstreckung entspricht dem deutschen Grundsatz der Vollstreckungsbeschleunigung. Im Gegensatz zu der ausführlichen Fristenregelung im VVG hat der deutsche Gesetzgeber den Vollstreckungsorganen keine Vollzugsfrist gesetzt. Abgesehen von einem Beschleunigungsgebot für die Gerichtsvollzieher gem. § 64 GVGA und einigen Normen, die dem Beschleunigungsinteresse des Gläubigers dienen (§§ 720a, 845 ZPO), sind vor allem viele schuldnerschützende Regelungen vorhanden, die zu einer Verfahrensverzögerung beitragen (wie z.B. §§ 721 Abs. 2, 765a, 813b Abs. 1 ZPO). Insbesondere im Hinblick auf die verfassungsrechtliche Gewährleistung eines fairen Verfahrens hat die unzureichende Regelung zur Vollstreckungsbeschleunigung im deutschen Recht bereits eine nicht zu verachtende Kritik erfahren.[185]

3. Achtung der Ehre und Würde der Bürger

Ein weiterer allgemein anerkannter Grundsatz betrifft die Achtung der Ehre und Würde[186] der Bürger (Art. 4 Nr. 3 VVG) und basiert unmittelbar auf Art. 21

184 Vgl. Art. 123 VVG und Art. 119 Abs. 2 VVG.

185 Vgl. dazu *Stürner*, Prinzipien der Einzelzwangsvollstreckung, ZZP 99 (1986), S. 317 f. und *Baur/Stürner/Bruns*, Zwangsvollstreckungsrecht, § 6, Rn. 6.35 f.

186 Die Würde ist eine unveräußerliche Eigenschaft eines Menschen als die höchste Kostbarkeit, die die Grundlage der Anerkennung und der Ehre all seiner Rechte und Freiheiten bildet. – Beschluss des Verfassungsgerichts der RF vom 27. Juni 2000 „In der Sache zur Prüfung der Verfassungsmäßigkeit von Art. 42 I und 52 II

Verf RF[187]. Dieser Grundsatz steht in einem engen Zusammenhang mit dem Prinzip der Gesetzmäßigkeit.[188] Nur durch die strikte Beachtung der gesetzlichen Regelungen bei der Anwendung des Zwanges in der Vollstreckung kann eine Verletzung der Ehre und der Würde der Bürger im Vollstreckungsverfahren vermieden werden. Insbesondere der Gerichtsvollzieher muss sich an die Vorgaben der Verfassung der RF halten und die in Art. 23 Verf RF enthaltenen Rechte[189] der Bürger achten. Die Einschränkung dieser Rechte ist nur aufgrund einer gerichtlichen Entscheidung zulässig.

Eine wichtige Funktion hat dieser Grundsatz somit für den Schuldner der Zwangsvollstreckung, weil er dadurch vor direkten Eingriffen in seine Persönlichkeit geschützt wird. Die Vollstreckung ist in erster Linie auf das Vermögen des Schuldners zu richten, in keinem Fall darf dabei physischer oder psychischer Zwang gegen den Schuldner verübt werden.[190]

4. Unantastbarkeit des für die Existenz des Schuldners und seiner Familienangehörigen erforderlichen Vermögens

Genau wie im deutschen Recht[191] unterliegt das gesamte Schuldnervermögen grundsätzlich der Zwangsvollstreckung. Durch das in Art. 4 Nr. 4 VVG niedergelegte Prinzip wird dem Schuldner und seinen Familienangehörigen ein Existenzminimum garantiert, das sie zu einem menschenwürdigen Leben benötigen. Damit entspricht es dem deutschen Grundsatz des beschränkten Vollstreckungszugriffs, der ebenso den Schutz vor dem Zugriff auf persönliche, existenznotwendige Gegenstände und verschiedene Einkommensarten gewährleistet.[192]

---

der Strafprozessordnung der RSFSR", Vestnik KS RF (Informationsblatt des Verfassungsgerichts der RF), 2000, Nr. 5.

187 Art. 21 Verf RF: 1. Die Würde der Person wird vom Staat geschützt. Nichts kann ihre Schmälerung begründen. 2. Niemand darf der Folter, Gewalt oder einer anderen grausamen oder die Menschenwürde erniedrigenden Behandlung oder Strafe unterworfen werden.

188 Vgl. § 3 I 1, S. 42.

189 Das Recht auf Unverletzlichkeit des Privatlebens, auf Personen- und Familiengeheimnis, auf Schutz der Ehre und des guten Rufes. Das Recht auf das Geheimnis des Schriftverkehrs, von Telefongesprächen, postalischen, telegraphischen und anderen Mitteilungen.

190 *Mailjan/Kusbagarov*, „Ispolnitel'noe proizvodstvo" (Vollstreckungsverfahren), S. 51.

191 Siehe *Baur/Stürner/Bruns*, Zwangsvollstreckungsrecht, § 22, Rn. 22.1, 22.6.

192 Siehe zum deutschen Grundsatz des beschränkten Zugriffs *Stürner*, Prinzipien der Einzelzwangsvollstreckung, ZZP 99 (1986), S. 318 ff. und *Baur/Stürner/Bruns*, Zwangsvollstreckungsrecht, § 6, Rn. 6.66 ff.

Auch mit diesem Prinzip sollen die verfassungsrechtlichen Grundsätze Beachtung finden.[193]

a. *Unpfändbare Gegenstände*

Verwirklicht wird dieses Prinzip zunächst durch Art. 79 Abs. 1 VVG, der festlegt, dass die Vollstreckung nicht in bestimmtes Vermögen, das im persönlichen Eigentum des Schuldners steht, erfolgen darf. Die Aufzählung dieses Vermögens ist in der Zivilprozessordnung der RF geregelt.[194] Die einschlägige Vorschrift ist der Art. 446 ZPO RF, der vergleichbar mit § 811 ZPO einzelne unpfändbare Gegenstände aufführt. Er beinhaltet eine abschließende Aufzählung der genannten Gegenstände, so dass eine entsprechende Anwendung oder eine weitere Auslegung ausscheidet.

Im Gegensatz zum deutschen Recht, wo es nicht darauf ankommt, ob der Schuldner Eigentümer der gepfändeten Sachen ist oder nicht,[195] setzt sowohl Art. 79 VVG[196] als auch Art. 446 ZPO RF Eigentum des Schuldners an den Gegenständen voraus. Zwar gilt wie im deutschen Recht[197] auch im russischen Recht eine gesetzlich jedoch nicht normierte Vermutung, dass die sich im Gewahrsam des Schuldners befindlichen Gegenstände ihm auch eigentumsrechtlich gehören, so dass der Gerichtsvollzieher bei der Durchführung der Pfändung die Eigentumsverhältnisse zunächst nicht abschließend klären muss.[198] Geht es aber um die Unpfändbarkeit der Gegenstände, so müssen die betroffenen Gegenstände im Eigentum des Schuldners stehen. Insofern ergeben sich an dieser Voraussetzung Bedenken, weil es dem Gerichtsvollzieher nicht immer möglich sein wird, das Eigentum des Schuldners zuverlässig festzustellen, weshalb auch grundsätzlich die Vermutung des Eigentums im Falle des Gewahrsams des Schuldners

193 So hat gem. Art. 20 Abs. 1 Verf RF jeder das Recht auf Leben. Dieses Recht wäre verletzt, wenn ein Zugriff in die existenznotwendigen Gegenstände des Schuldners erfolgen würde.

194 Unklar ist, warum der russische Gesetzgeber die allgemeine Formulierung des Art. 79 VVG gewählt hat und nicht direkt im VVG die konkreten Gegenstände aufgezählt hat, wie das in Bezug auf die unpfändbaren Einkommensarten und Bezüge (Art. 101 VVG, siehe 4 b)) geschehen ist.

195 *Baur/Stürner/Bruns*, Zwangsvollstreckungsrecht, § 23, Rn. 23.3.

196 Auch Art. 69 Abs. 4 VVG.

197 § 808 ZPO knüpft an den Gewahrsam des Schuldners an, so dass der Gerichtsvollzieher die Eigentumsverhältnisse nicht prüfen muss.

198 *Jarkov*, Kommentar, Art. 119, Punkt 1, S. 585; *Reschetnikova*, Kommentar, Art. 119, Punkt 1, S. 587.

eingreift. Gehört das zu pfändende Vermögen zu dem Eigentum des Schuldners, obliegt die Feststellung, ob dieses Vermögen auch zu dem unpfändbaren Vermögen gehört, dem Gerichtsvollzieher und im Falle eines Streites dem Gericht.[199]

Genau wie im deutschen Recht können drei Gruppen[200] der Gegenstände des Schuldners[201] gebildet werden, in die gem. Art. 446 Abs. 1 ZPO RF aufgrund von Vollstreckungstiteln nicht vollstreckt werden darf:

aa) „Verbrauchsseite“

Zu den Gegenständen dieser Gruppe gehören zunächst solche, die der Schuldner mit seinen Familienangehörigen zu einer angemessenen Lebensführung braucht.[202] Dazu zählen insbesondere einfache Einrichtungsgegenstände und Gegenstände, die dem persönlichen Gebrauch dienen (Kleidung, Schuhe u.a.). Ausgenommen sind davon jedoch Schmuckstücke und andere Luxusgegenstände, Art. 446 Abs. 1 ZPO RF.

Unpfändbar sind Nahrungsmittel und Geld, die in der Gesamtsumme das Existenzminimum[203] des Schuldners und Personen, die von ihm versorgt werden, nicht überschreiten. Genauso darf Feuerungsmittel, das für die Familie des Schuldners zur Vorbereitung täglicher Nahrung und Beheizung des Wohnraumes in der Heizperiode notwendig ist, nicht gepfändet werden.

---

199 Beschluss des Verfassungsgerichts der RF vom 12. Juli 2007 Nr. 10-P „In der Sache zur Prüfung der Verfassungsmäßigkeit des Art. 446 Abs. 3 ZPO RF“, SZ-RF, 2007, Nr. 30, Pos. 3988, Rn. 4.

200 Die Einteilung wurde aus *Bruns/Peters*, Zwangsvollstreckungsrecht, § 22, IV 1, übernommen.

201 Gemeint ist in Art. 446 Abs. 1 ZPO RF immer der Schuldner als Privatperson. Das unpfändbare Vermögen der juristischen Personen bestimmen andere gesetzliche Regelungen (Art. 79 Abs. 2 VVG, Art. 446 Abs. 2 ZPO RF).

202 Vgl. im deutschen Recht § 811 Abs. 1 Nr. 1-4a, 8 ZPO.

203 Das Existenzminimum wird gem. Art. 4 Abs. 1 des Föderalen Gesetzes vom 24.10.1997 „Über das Existenzminimum in der Russischen Föderation“ Nr. 134-FZ (Федеральный закон от 24.10.1997 N 134-ФЗ „О прожиточном минимуме в Российской Федерации“) jedes Quartal bestimmt. Gem. des Beschlusses der Regierung der RF vom 13.09.2012, Nr. 921 „Über die Bestimmung der Höhe des Existenzminimums für das II Quartal des Jahres 2012“ (Постановление Правительства РФ от 13.09.2012, N 921 „Об установлении величины прожиточного минимума на душу населения и по основным социально-демографическим группам населения в целом по Российской Федерации за II квартал 2012 г.“), betrug das Existenzminimum für die Bevölkerung 6385 Rubel, für die erwerbsfähige Bevölkerung 6913 Rubel, für Rentner 5020 Rubel und für Kinder 6146 Rubel. Ein Euro entspricht dabei etwa 40,17 Rubel (Stand November 2012).

Weiterhin gehören dazu Zucht-, Milch- und Arbeitsvieh, Hirsche, Kaninchen, Geflügel, Bienen, Futter, Ställe und Saatgut. Diese dürfen jedoch nicht zum Zwecke unternehmerischer Tätigkeit genutzt werden, womit zum Ausdruck kommt, dass von Art. 446 Abs. 1 ZPO RF nur privat genutzte Gegenstände geschützt werden sollen. Voraussetzung für die Unpfändbarkeit von Futter und Ställen ist außerdem dessen Notwendigkeit für die Unterhaltung und Unterbringung von Tieren.[204]

Anders als im deutschen Recht[205] gehören auch Wohnräume und Grundstücke, auf denen sich der Wohnraum befindet, zu dem unpfändbaren Vermögen des Art. 446 Abs. 1 ZPO RF. Es wird somit nicht nach beweglichem und unbeweglichem Vermögen differenziert, was der Grundstruktur des VVG entspricht.[206] Die Unpfändbarkeit orientiert sich danach, ob dieser Wohnraum die einzige Möglichkeit einer dauerhaften Unterkunft für den Schuldner und die mit ihm gemeinsam wohnenden Angehörigen ist. Ausgenommen sind jedoch Wohnräume und Grundstücke, für die eine Hypothek besteht und nach dem Föderalen Gesetz „Über die Hypothek“[207] eine Vollstreckung erfolgen kann.

bb) „Erwerbsseite“

Unpfändbar gem. Art. 446 Abs. 1 ZPO RF ist das Vermögen, das für die Erwerbstätigkeit des Schuldners unerlässlich ist.[208] Ausgenommen sind davon nur Gegenstände, deren Wert das Hundertfache des gesetzlich geregelten Mindestlohns[209] überschreitet.

cc) „Höchstpersönlichkeit“

Schließlich unterliegen solche Gegenstände nicht der Zwangsvollstreckung, die zu den höchstpersönlichen Sachen des Schuldners zählen und die er dringend benötigt.[210] Dazu gehören nach Art. 446 Abs. 1 ZPO RF Transportmittel und

---

204 So ist das Futter solange notwendig, bis die Tiere auf die Weide können. Außerdem ist nur das Saatgut unpfändbar, das für die nächste Aussaat notwendig ist.

205 Vgl. § 811 Abs. Nr. 1 2. Halbs. ZPO

206 Vgl. dazu § 2 IV, S. 38 f.

207 Vgl. Art. 50 ff. des Föderalen Gesetzes vom 16.07.1998 „Über die Hypothek“ Nr. 102-FZ.

208 Vgl. im deutschen Recht § 811 Abs. 1 Nr. 4, 5, 6, 9.

209 Der Mindestlohn beträgt gem. Art. 1 des Föderalen Gesetzes vom 19.06.2000 „Über den Mindestlohn“ Nr. 82- FZ (Федеральный закон от 19.06.2000 N 82-ФЗ „О минимальном размере оплаты труда“), seit dem 01.06.2011 4611 Rubel im Monat.

210 Vgl im deutschen Recht § 811 Abs. 1 Nr. 10-13.

andere Gegenstände, auf die der Schuldner aufgrund seiner Behinderung angewiesen ist. Außerdem sind Trophäen, Staatsauszeichnungen, Ehren- und Gedenkmedaillen, mit denen der Schuldner ausgezeichnet wurde, erfasst.

dd) Gegenstände juristischer Personen

Im Gegensatz zu § 811 ZPO, dessen Pfändungsverbote für alle Schuldner gelten, also auch für juristische Personen,[211] ist die Unpfändbarkeit der Gegenstände des Art. 446 Abs. 1 ZPO RF nur zum Schutz des Schuldners als natürliche Person vorgesehen. Der Schutz des Vermögens einer Organisation[212] findet Anklang in Art. 79 Abs. 2 VVG, 446 Abs. 2 ZPO RF. In diesen Absätzen werden zwar keine konkreten Gegenstände aufgeführt, die der Vollstreckung nicht unterliegen, verwiesen wird jedoch allgemein auf Föderale Gesetze, die solche Auflistungen enthalten.[213]

ee) Fazit

Das russische Recht sieht zwar genau wie das deutsche Recht die Unpfändbarkeit bestimmter Gegenstände vor, jedoch ist die Vorschrift des Art. 446 ZPO RF nicht so umfangreich und detailliert wie die des § 811 ZPO, obwohl sie auch eine abschließende Regelung darstellt. Ein Unterschied besteht bei Betrachtung beider Vorschriften auch darin, dass Art. 446 ZPO RF das Eigentum des Schuldners voraussetzt, nicht zwischen beweglichem und unbeweglichem Vermögen unterscheidet und in derselben Vorschrift gleichfalls die Ausnahmen von den unpfändbaren Gegenständen aufstellt.

Nicht vorhanden ist im russischen Recht eine mit den §§ 803 Abs. 2 und 812 ZPO vergleichbare Vorschrift, wonach eine nutzlose oder unverhältnismäßige Pfändung zu unterbleiben hat. Eine solche Pfändung ist aber auch in Russland aufgrund des Prinzips des Wechselverhältnisses des Umfangs der zu vollstreckenden Forderungen und der Maßnahmen[214] nicht zugelassen. Das Institut der Austauschpfändung[215] ist im russischen Recht jedoch nicht vorgesehen.

---

211 Vgl. *Stöber* in *Zöller*, Zivilprozessordnung, § 811, Rn. 4 – Einschränkungen ergeben sich nur insoweit, falls in § 811 ZPO auf bestimmte Personengruppen oder den persönlichen Bedarf einer natürlichen Person abgestellt wird.

212 Auch gleichzusetzen mit juristischen Person.

213 So z.B. Art. 21 Abs. 5 des Föderalen Gesetzes vom 26.09.1997 „Über die Freiheit des Gewissens und religiösen Gemeinschaften" Nr. 125-FZ, SZ-RF 1997, Nr. 39, Pos. 4465. – abrufbar unter www.consultant.ru.

214 Vgl. § 3 I 5, S. 54.

215 § 811a f. ZPO

Der Grund für eine weniger ausführliche Regelung des Pfändungsschutzes von bestimmten Gegenständen könnte die im russischen Recht bestehende Reihenfolge der Zugriffsmöglichkeiten[216] sein. Gem. Art. 69 Abs. 3 VVG wird in erster Linie in finanzielle Mittel und Wertsachen vollstreckt und falls diese nicht vorhanden sind oder nicht ausreichen, erfolgt die Zwangsvollstreckung in das sonstige Vermögen, das im Eigentum des Schuldners steht (Art. 69 Abs. 4 VVG). Daraus ergibt sich grundsätzlich eine Subsidiarität der Zwangsvollstreckung in die Gegenstände des Schuldners.

b. Unpfändbare Einkommensarten

Weitere Ausprägung des Prinzips der Unantastbarkeit des für die Existenz des Schuldners und seiner Familienangehörigen erforderlichen Vermögens sind die Vorschriften über die Unpfändbarkeit von unterschiedlichen Einkommensarten. Unterschieden werden kann im russischen Recht zwischen dem unpfändbaren Teil der Einkünfte und den unpfändbaren Einkommensarten.

aa) Unpfändbarer Teil der Einkünfte

Im Unterschied zum deutschen Recht[217], wo der individuelle Bedarf des Schuldners Berücksichtigung findet und damit den besonderen Verhältnissen des Einzelfalles Rechnung getragen wird, findet sich im russischen Recht nur eine prozentuale Festlegung des unpfändbaren Teils der Einkünfte.

Gem. Art. 99 Abs. 2 VVG dürfen bei der Vollstreckung eines oder mehrerer Vollstreckungsdokumente von dem Schuldner bis zur vollen Tilgung der beizutreibenden Summen nicht mehr als 50 % des Arbeitseinkommens[218] oder anderer Einkünfte, einschließlich der Belohnung für das Ergebnis einer intellektuellen Tätigkeit, einbehalten werden. Grundlage dafür bildet der Betrag, der dem Schuldner nach Abzug der Steuern verbleibt (Art. 99 Abs. 1 VVG). Handelt es sich jedoch um eine Vollstreckung aufgrund einer Forderung aus

216 Vgl. § 3 II 1 b, 58 ff.

217 Vgl. §§ 850c, 850f ZPO

218 Eine Definition des Arbeitseinkommens findet sich in Art. 129 des Arbeitsgesetzbuchs RF (ArbG RF) vom 30.12.2001 Nr. 197-FZ (Трудовой кодекс Российской Федерации (ТК РФ) от 30.12.2001 N 197-ФЗ). Danach gehören zum Arbeitseinkommen nicht nur der Arbeitslohn, sondern auch Kompensationszahlungen (Zulagen für die Arbeit unter besonderen Bedingungen, Gefahrenzulagen) und die Arbeit fördernde Zahlungen (Prämien). Eine ähnliche Regelung zur Höhe der Einbehaltung von Einkünften enthält auch Art. 138 ArbG RF.

Unterhaltszahlungen an Minderjährige[219], wegen Schadensersatzansprüchen aufgrund einer Gesundheitsschädigung, des Todes eines Ernährers und solche, die durch eine Straftat verursacht wurden, so können von dem Einkommen des Schuldners zugunsten des Gläubigers sogar 70 % einbehalten werden (Art. 99 Abs. 3 VVG). Damit verbleiben dem Schuldner in solchen Fällen nur noch 30 % seines Einkommens.

Mit dieser Vorschrift erschöpft sich die Regelung zum pfändungsfreien Betrag des Einkommens des Schuldners. Ebenso wie die individuellen Bedürfnisse des Schuldners, findet auch die Höhe seines Einkommens überhaupt keine Berücksichtigung. Im Vergleich zu den unpfändbaren Gegenständen, wo das Existenzminimum in Bezug auf Nahrungsmittel und Geld garantiert wird, wird hier aufgrund einer solchen fehlenden Grenze, bei zumeist sehr niedrigem Einkommen der russischen Bevölkerung, das Existenzminimum wohl nicht mehr gewährleistet werden können, auch wenn mit der Grenze von 50 % die Verwirklichung des Prinzips der Unantastbarkeit des für die Existenz des Schuldners und seiner Familienangehörigen erforderlichen Vermögens bezweckt werden soll. Ob allein diese Vorschrift somit einen ausreichenden Pfändungsschutz garantiert ist fragwürdig.

Abgeschwächt wird diese pauschale Regelung nur durch die Subsidiarität der Einkommenspfändung gegenüber der Pfändung anderen Vermögens und der Aufstellung bestimmter Voraussetzungen, um eine Einkommenspfändung vornehmen zu können.[220] Um einen umfassenden Pfändungsschutz zu gewährleisten, ist auch im Rahmen der Vorschrift des Art. 99 VVG eine ergänzende Anwendung des Art. 446 ZGB RF geboten, damit dem Schuldner das garantierte Existenzminimum verbleibt.

Mit dem Föderalen Gesetz vom 03.12.2011 N 389-FZ „Über die Einführung von Änderungen in die einzelnen gesetzlichen Akte der Russischen Föderation"[221] wurde Abs. 4 in Art. 99 VVG neu eingeführt. Danach ist die Beschränkung der Einbehaltungen aus dem Einkommen und sonstigen Einkünften eines Schuldners als natürliche Person, die in den Abs. 1 bis 3 aufgestellt ist, nicht bei der Vollstreckung in finanzielle Mittel anzuwenden, die sich auf den Konten des Schudners befinden, auf welche der Arbeitgeber den Arbeitslohn überweist. Ausgenommen

---

219 Siehe auch Art. 112 (Zwangsvollstreckung in das Vermögen desjenigen, der zum Unterhalt verpflichtet ist) des Familienkodex der RF vom 29. 12.1995 Nr. 223-FZ (Семейный кодекс Российской Федерации от 29.12.1995 N 223-ФЗ).

220 Siehe Art. 98 Abs. 1 VVG und § 3 II 1 b, S. 58 ff.

221 Федеральный закон от 03.12.2011 N 389-ФЗ „О внесении изменений в отдельные законодательные акты Российской Федерации".

davon ist die Summe der letzten periodischen Zahlung. Aus dieser Regelung geht somit hervor, dass sofern auf dem Konto des Schuldner bereits vor der letzten periodischen Zahlung, auf die die Beschränkungen der Absätze 1 bis 3 aufgrund der wörtlichen Ausnahme noch Anwendung finden dürfte, finanzielle Mittel bereits vorhanden waren, in diese ohne der Einhaltung der Beschränkung vollstreckt werden kann. Im Umkehrschluss ergibt sich somit die Regelung, dass nur die letzte Lohnzahlung oder eine andere periodische Zahlung auf das Konto des Schuldners von den Regelungen zum pfändungsfreien Betrag betroffen ist.

Die Intention des Gesetzgebers könnte in der Vereinfachung der Pfändung in finanzielle Mittel des Schuldners liegen, die sonst dadurch erschwert werden könnte, dass, sofern sich diese Mittel auf einem Konto des Schuldners befinden, auf welches auch der Arbeitslohn von dem Arbeitgeber überwiesen wird, nicht mehr von dem Arbeitslohn trennen lassen. Nur die letzte Überweisung einer periodischen Zahlung[222] soll von dem Pfändungsschutz noch erfasst sein. Andererseits wird die Vollstreckung in das Einkommen des Schuldners gem Art. 98 Abs. 3 VVG grundsätzlich dadurch bewirkt, dass z.B. der Arbeitgeber verpflichtet wird, ab Erhalt des Vollstreckungsdokumentes den nicht von dem pfändungsfreien Betrag betroffenen Lohn einzubehalten und an den Gläubiger auszuzahlen.[223] Damit wird die Pfändung von dem Einkommen grundsätzlich bereits vorgenommen, bevor es an den Schuldner ausgezahlt wird. Die neue Regelung, die wohl Klarstellung bringen sollte, erweist sich somit eher als überflüssig und verwirrend.

bb) Unpfändbare Einkommensarten

Die unpfändbaren Einkommensarten und Bezüge sind in Art. 101 Abs. 1 VVG abschließend aufgezählt. Im Gegensatz zu dem VVG von 1997 wurde die Liste der einzelnen Einkommensarten erheblich erweitert[224] und somit auch der Pfändungsschutz gestärkt. Die neue Vorschrift ist im Vergleich zum Vorgänger konkreter gestaltet und bietet somit keine hinreichende Grundlage für verschiedene Interpretationsmöglichkeiten mehr.

Alle Bezüge des Art. 101 Abs. 1 VVG haben einen sozialen Charakter und sind grundsätzlich absolut unpfändbar. Zu ihnen gehören beispielsweise Schadensersatzzahlungen aufgrund einer Gesundheitsschädigung oder des Todes eines Ernährers, Kompensationszahlungen für die Opfer einer radioaktiven oder

---

222 Aufgrund der gewählten Wortwahl der periodischen Zahlung dürften neben dem Einkommen auch andere Zahlunge, die regelmäßig gezahlt werden, erfasst sein.

223 Siehe ausführlich zur Einkomennspfändung § 5 I 2 e aa), S. 186 ff.

224 Waren die unpfändbaren Einkommensarten des Art. 69 VVG von 1997 in fünf Nummern zusammengefasst, so sind es nach dem neuen Art. 101 VVG siebzehn!

technogenen Katastrophe, Pflegegelder, Unterhaltszahlungen, Kompensationszahlungen, die von der Gesetzgebung der RF über die Arbeit aufgestellt wurden: Auslösungsgelder, Geld für die Abnutzung des selbstgestellten Arbeitsmaterials, Geburts-, Todes- und Heiratsbeihilfen.[225] Art. 101 Abs. 2 VVG sieht eine Ausnahme von der Unpfändbarkeit des Schadensersatzes aufgrund einer Gesundheitsschädigung und einer Kompensationszahlung für Opfer einer radioaktiven oder technogenen Katastrophe vor. Im Falle einer Forderung auf Unterhaltszahlungen an Minderjährige und eines Schadensersatzanspruchs wegen des Todes eines Ernährers sind die beiden genannten Geldleistungen pfändbar.

Die Intention des russischen Gesetzgebers nur diese beiden Bezugsarten von der absoluten Unpfändbarkeit auszuklammern, basiert auf der Verordnung der Regierung vom 18. Juli 1996 Nr. 814[226], in der unter anderem aus diesen beiden Bezügen zugunsten von Minderjährigen der Unterhalt einbehalten werden kann. Bei der Schaffung des Art. 101 VVG wurde diese Verordnung berücksichtigt und eine Widersprüchlichkeit zwischen den Rechtsnormen vermieden.

Im Unterschied zum deutschen Recht[227] beschränken sich auch die dem Pfändungsschutz unterliegenden Bezüge auf die Regelung in einer einzigen Vorschrift, in der die absolut unpfändbaren Bezüge, mit Ausnahme des Art. 101 Abs. 2 VVG, aufgeführt sind. Auf weitergehende Differenzierungen, Berechnungen und Berücksichtigung von Sonderfällen verzichtet der russische Gesetzgeber komplett. Auch Pfändungsverbote für andere Forderungen[228] außerhalb des Einkommens regelt das VVG nicht, so dass von einer Pfändbarkeit solcher Forderungen auszugehen ist.[229]

---

225 Siehe eine ausführliche Auflistung der unpfändbaren Bezüge in Art. 101 Abs. 1 VVG.

226 Verordnung der Regierung der RF vom 18. Juli 1996 Nr. 841 „Über die Aufzählung des Arbeitseinkommens und anderer Einkünfte, aus denen Unterhalt für Minderjährige einbehalten werden kann", SZ RF 1996, Nr. 31, Pos. 3743 (Постановление Правительства РФ от 18.07.1996 N 841 (ред. от 15.08.2008) „О Перечне видов заработной платы и иного дохода, из которых производится удержание алиментов на несовершеннолетних детей"), zuletzt geändert durch Verordnung der Regierung der RF vom 15. August 2008 Nr. 613.

227 Vgl. die deutschen Regelungen der §§ 850 bis 850k ZPO.

228 Vgl. im deutschen Recht §§ 851 bis 852 ZPO.

229 In Art. 76 Abs. 3 VVG sind bestimmte Fälle geregelt, in denen in die Forderung nicht vollstreckt werden kann. Diese stellen jedoch keinen Pfändungsschutz für den Schuldner dar, weil sie nicht an die Forderung selbst anknüpfen, sondern grundsätzlich an die Situation des Dritten, gegenüber dem der Schuldner die Forderung geltend machen kann. So kann in die Forderung nicht vollstreckt werden, wenn die

5. Wechselverhältnis des Umfangs der zu vollstreckenden Forderungen und der Maßnahmen der Zwangsvollstreckung

Das fünfte ausdrücklich normierte Prinzip (Art. 4 Nr. 5 VVG) richtet sich wiederum in erster Linie an den Gerichtsvollzieher und besagt, dass die Zwangsvollstreckungsmaßnahmen[230] zwar zugunsten der Befriedigung des Gläubigers eingesetzt werden sollen, jedoch das Maß des Erforderlichen nicht überschreiten dürfen. Dadurch soll den Interessen des Gläubigers sowie des Schuldners in gleichem Umfang Rechnung getragen werden.[231] Die Vollstreckung in das Vermögen des Schuldners soll danach nur in dem Umfang erfolgen, der für die Befriedigung des Gläubigers und die sonstigen Kosten der Zwangsvollstreckung notwendig ist (Art. 69 Abs. 2 VVG).[232] Eine darüber hinausgehende Pfändung hat zu unterbleiben. Ist jedoch kein Vermögen des Schuldners vorhanden, das zur Befriedigung führen würde, so ist die Vollstreckung auch in Vermögen zulässig, dass die Forderung dem Wert nach übersteigt.[233]

Vergleichbar ist dieses Prinzip mit dem Grundsatz der Verhältnismäßigkeit des deutschen Rechts. Die Zwangsvollstreckung als hoheitliches Handeln stellt einen Eingriff in das grundgesetzlich geschützte Eigentum des Schuldners dar und unterliegt damit auch den verfassungsmäßigen Schranken.[234] Aus diesem Grund ist der Zugriff durch den Grundsatz der Verhältnismäßigkeit und das

---

Frist der Verjährung für ihre Vollstreckung verstrichen ist, der Dritte sich im Ausland befindet, mit dem die RF kein Rechtshilfeübereinkommen hat, der Dritte sich in einem Abwicklungsverfahren befindet oder seine Tätigkeit als juristische Person aufgegeben hat und aus dem Register der juristischen Personen gelöscht wurde. Ferner wenn im Verhältnis zum Dritten das Insolvenzverfahren eröffnet wurde.

230 Siehe zu den Maßnahmen der Zwangsvollstreckung insbesondere Art. 68 Abs. 3 VVG.

231 Vgl. *Mailjan/Kusbagarov*, „Ispolnitel'noe proizvodstvo" (Vollstreckungsverfahren), S. 57; *Tschaschin*, Kommentar, Art. 4, zum Punkt 5.

232 Wird aufgrund einer geringen Forderung des Gläubigers ein teures Auto oder Immobilie des Schuldners gepfändet und verwertet, so hat der Schuldner ein Beschwerderecht gegen diese Maßnahme auf der Grundlage von Art. 4 Nr. 5 VVG. Eine solche Beschwerdemöglichkeit war in dem früheren Gesetz nicht vorgesehen und damit war diese Maßnahme nicht gesetzeswidrig. – *Tschaschin*, Kommentar, Art. 4, Kommentar zum Punkt 5, S. 24.

233 Das resultiert aus Art. 87 Abs. 12 VVG (siehe § 5 I 2. a. ff). Art. 110 Abs. 6 VVG sieht vor, dass finanzielle Mittel, die nach Abschluss des Verfahrens übrig sind, dem Schuldner zurück zu gewähren sind.

234 *Schuschke* in *Schuschke/Walker*, Vollstreckung und vorläufiger Rechtsschutz, Kommentar, Vorbemerkungen, Rn. 3.

Übermaßverbot zu begrenzen. Der Eigentumseingriff muss somit immer erforderlich und angemessen sein, um das Vollstreckungsziel zu erreichen. Zweck und Mittel müssen dabei in einem vernünftigen Verhältnis stehen.[235]

6. Zusammenfassung

Die ausdrücklich normierten Prinzipien der Zwangsvollstreckung in Art. 4 VVG beinhalten nicht nur vollstreckungsspezifische, sondern auch allgemein anerkannte Grundsätze der gesamten Rechtsordnung. Alle Prinzipien haben ihren Ursprung in der Verfassung und haben in erster Linie den Schutz des Schuldners und seiner Interessen im Vordergrund.

Einige Prinzipien des Art. 4 VVG, wie die Unantastbarkeit der für die Existenz des Schuldners und seiner Familienangehörigen erforderlichen Vermögens sowie das Wechselverhältnis des Umfangs der zu vollstreckenden Forderungen und der Maßnahmen der Zwangsvollstreckung, sind mit entsprechenden Grundsätzen des deutschen Rechts[236] vergleichbar. Das Prinzip der Rechtzeitigkeit der Vornahme von Vollstreckungshandlungen und der Anwendung von Maßnahmen der Zwangsvollstreckung ähnelt zwar dem deutschen Grundsatz der Vollstreckungsbeschleunigung, ist jedoch wegen der geregelten Vollzugsfrist konkreter.[237]

Die Grundsätze der Gesetzmäßigkeit und der Achtung der Ehre und Würde der Bürger gelten nicht nur in Deutschland und haben Verfassungsrang, sondern sind genauso fester Bestandteil der russischen Verfassung. Die Aufnahme dieser Prinzipien in das Vollstreckungsverfahrensgesetz war die Reaktion des russischen Gesetzgebers auf die zahlreichen Entscheidungen des Verfassungsgerichts der RF und des EGMR. Ob die Verdeutlichung dieser Verfassungsgrundsätze im VVG zu einer verfassungskonformen Vollstreckung führen wird, bleibt jedoch abzuwarten.

II. Weitere Prinzipien der Zwangsvollstreckung

1. Dispositionsmaxime /Offizialgrundsatz

Die Dispositionsmaxime bedeutet im deutschen Recht die Herrschaft der Parteien über das „Ob“, den Gegenstand und das „Wie“ des Vollstreckungsverfahrens.

235 *Gottwald*, Zwangsvollstreckung, Kommentar, Rn. 50.

236 Grundsatz des beschränkten Vollstreckungszugriffs und Grundsatz der Verhältnismäßigkeit.

237 Vgl. dazu § 3 I 2, S. 42 ff.

Im Gegensatz dazu steht der Offizialgrundsatz, bei dem nicht die Parteien, sondern die Behörden oder die Gerichte über den Anfang, den Gegenstand und das Ende des Verfahrens bestimmen.[238] Auch das russische Zwangsvollstreckungsrecht ist von der Dispositionsmaxime geprägt.[239] Diese weist jedoch einige Unterschiede und Besonderheiten zum deutschen Recht auf und wird von dem im russischen Recht stärker ausgeprägtem Offizialgrundsatz eingeschränkt.

a. Herrschaft der Parteien über Anfang und Ende der Vollstreckung

Ähnlich wie im deutschen Recht[240] setzt die Einleitung des Vollstreckungsverfahrens grundsätzlich[241] einen Antrag des Gläubigers voraus (Art. 30 Abs. 1 VVG).[242] Der Gläubiger kann somit generell selbst bestimmen, ob er das Verfahren einleiten möchte oder nicht. Er kann aber auch auf die Vollstreckung verzichten, was jedoch zur Einstellung des Verfahrens durch das Gericht führt und eine erneute Einleitung des Verfahrens verhindert.[243] Das Vollstreckungsdokument kann ferner jederzeit von dem Gläubiger zurückgenommen werden. Die Rückgabe des Vollstreckungsdokuments an den Gläubiger verhindert dabei nicht eine erneute Einleitung des Verfahrens innerhalb der von dem Gesetz bestimmten Frist (Art. 21 VVG).[244]

Dem Schuldner steht es frei, das Vollstreckungsverfahren durch freiwillige Befriedigung des Gläubigers zu beenden. Außerdem endet die Vollstreckung mit der gütlichen Einigung zwischen dem Schuldner und dem Gläubiger.[245]

---

238 *Baur/Stürner/Bruns*, Zwangsvollstreckungsrecht, § 6, Rn. 6.5.

239 *Grugorjeva/Scherbakova*, „Deistvija prinzipa dispositivnosti w ispolnitelnom proizvodstve“ (Die Geltung der Dispositionsmaxime im Vollstreckungsverfahren), in *Valeev/Tschelyshev*, Materialsammlungen im Vollstreckungsverfahren, S. 45.

240 Vgl. *Brox/Walker*, Zwangsvollstreckungsrecht, § 2, Rn. 19.

241 Die Einleitung des Verfahrens ist in bestimmten Fällen auch ohne einen Antrag des Gläubigers möglich, was einen Unterschied zum deutschen Recht und die Durchbrechung der Dispositionsmaxime darstellt. Siehe dazu ausführlicher weiter unten.

242 Der Antrag muss schriftlich und unterschrieben eingereicht werden, Art. 30 Abs. 2 VVG.

243 Vgl. Art. 43 Abs. 2 Nr. 2, 44 Abs. 5 VVG, Art. 439 Abs. 3 ZPO RF und Art. 327 APO RF.

244 Vgl. Art. 46 Abs. 4 VVG und siehe zur Frist § 3 I 2, S. 42.

245 Siehe Art. 43 Abs. 2 Nr. 3 VVG. – Der russische Gesetzgeber sieht die Möglichkeit einer gütlichen Einigung auch im Zwangsvollstreckungsverfahren vor, siehe Art. 50 Abs. 1 VVG, Art. 139 Abs. 1 APO RF. Die gütliche Einigung setzt den Eintritt der Rechtskraft der Gerichtsentscheidung voraus und ist bis zum Ende der Zwangsvollstreckung möglich.

Anders als das deutsche Recht sieht das russische Zwangsvollstreckungsrecht ein gewisses Nebeneinander von Dispositionsmaxime und Offizialgrundsatz vor. Das Vollstreckungsverfahren kann in bestimmten, von dem Gesetz vorgesehenen Fällen auch ohne einen Antrag des Gläubigers an den Gerichtsvollzieher eingeleitet werden.[246] Zunächst kann auch das Gericht, ein anderes Organ[247] oder ein Amtsträger aufgrund einer gesetzlichen Vorschrift das Vollstreckungsdokument dem Gerichtsvollzieher übergeben. Zu unterscheiden ist dabei zwischen den Fällen, in denen das Gericht das Vollstreckungsdokument bloß auf die Bitte des Gläubigers direkt dem Gerichtsvollzieher übergibt[248] und den Fällen, in denen die Einleitung des Vollstreckungsverfahrens dem Gericht, einem Organ oder einem Amtsträger auferlegt ist[249] oder die Vollstreckung einen öffentlichen und sozialen Charakter hat.[250] Ferner kann im Falle eines im Vollstreckungsverfahren ergangenen Beschlusses des Gerichtsvollziehers über die Eintreibung von Kosten der Zwangsvollstreckung das Verfahren eingeleitet werden.[251]

Von dem Offizialgrundsatz ist nicht nur der Anfang, sondern auch das Ende der Vollstreckung betroffen. Genau wie der Gläubiger können auch das Gericht, ein anderes Organ oder ein Amtsträger das Vollstreckungsdokument zurück verlangen, welches von denen ausgestellt wurde.[252]

Ein weiterer Ausfluss der nebeneinander geltenden Grundsätze ist in der Vornahme von bestimmten Prozesshandlungen während der Vollstreckung zu

246 Siehe die einzelnen Möglichkeiten in Art. 30 Abs. 5, 6 VVG.

247 Als andere Organe kommen z.B. Kommissionen für Arbeitskonflikte, Organe, die Kontrollfunktionen ausüben und andere in Betracht, also insbesondere die, die neben dem Gericht die Vollstreckungsdokumente ausstellen können. Siehe § 4 I. 3.

248 So z.B. gem. Art. 319 Abs. 3 APO RF oder Art. 130 Abs. 1 ZPO RF – hier verwirklicht sich im Grunde genommen noch die Parteiherrschaft des Gläubigers.

249 So gem. Art. 31.3 Abs. 1 des Kodex der RF „Über die Ordnungswidrigkeiten" vom 30. Dezember 2001, Nr. 195-FZ, SZ 2002, Nr. 1, Pos.

250 *Vstawskaja/Sawtschenko*, „Ispolnitel'noe proizvodstvo. Učebnoe posobie." (Vollstreckungsverfahren-Lehrbuch), S. 77 – Das ist z.B. aufgrund von Unterhaltsforderungen, Schadensersatzforderungen wegen Gesundheitsschädigungen oder der Tötung eines Ernährers, Forderungen der Regierung u.w. der Fall. Hier wird das Vollstreckungsdokument auf die Initiative des Gerichts dem Gerichtsvollzieher zur Vollstreckung übergeben. Der Gläubiger wird jedoch darüber informiert.

251 Art. 30 Abs. 5 i.V.m Abs. 6 VVG.

252 Vorgesehen ist das z.B. in Art. 428 Abs. 4 ZPO RF und Art. 319 Abs. 7 APO RF, wenn ein Vollstreckungsdokument vor der Rechtskraft der Gerichtsentscheidung herausgegeben wurde. Liegt kein Fall der sofortigen Vollziehung vor, ist dieses Dokument nichtig und ist von dem Gericht zurückzurufen.

sehen. So können sich nicht nur der Gläubiger und der Schuldner an das Gericht mit der Beantragung eines Aufschubes der Vollstreckung wenden, sondern genauso der Gerichtsvollzieher.[253] Die Anordnung eines kurzen[254] Aufschubes von Vollstreckungshandlungen und Vollstreckungsmaßnahmen steht auch dem Gerichtsvollzieher zu. Das kann nicht nur auf Antrag des Gläubigers geschehen, sondern auch auf seine eigene Initiative.[255]

b. *Parteiherrschaft über Vollstreckungsart und Vollstreckungsgegenstand/ Gradus executionis*

Das deutsche Recht geht von einer grundsätzlichen Disposition des Gläubigers über die Vollstreckungsart und den Vollstreckungsgegenstand aus.[256] Eine derartige Parteiherrschaft des Gläubigers kennt das russische Zwangsvollstreckungsrecht nicht. Im Gegensatz zum deutschen Recht ist die russische Zwangsvollstreckung von einer bestimmten Reihenfolge („gradus executionis") des Zugriffs auf die Vollstreckungsgegenstände geprägt.

Die Reihenfolge der Vollstreckung in das Vermögen des Schuldners ist in Art. 69 VVG geregelt. In erster Linie wird in finanzielle Mittel und Wertsachen des Schuldners, einschließlich der Mittel und Wertsachen, die sich auf den Konten oder zur Aufbewahrung in Banken oder anderen Kreditinstituten befinden, vollstreckt. Dabei hat die Vollstreckung in nationale Währung Vorrang vor der internationalen Währung.[257] Erst wenn solche Mittel nicht vorhanden sind oder zur Befriedigung der Forderung nicht ausreichen, erfolgt die Zwangsvollstreckung in das sonstige Vermögen, das im Eigentum des Schuldners steht.[258] Die

253 Art. 37 Abs. 1 VVG.

254 Bis zu zehn Tagen.

255 Art. 38 Abs. 1 VVG - *Grugorjeva/Scherbakova*, „Deistvija prinzipa dispositivnosti w ispolnitelnom proizvodstve" (Die Geltung der Dispositionsmaxime im Vollstreckungsverfahren), in *Valeev/Tschelyshev*, Materialsammlungen im Vollstreckungsverfahren, S. 46.

256 So kann der Gläubiger wählen, ob er in bewegliche Sachen, Forderungen oder Immobilien vollstrecken will. An eine bestimmte Reihenfolge muss er sich dabei nicht halten. Auch kann er bei gleicher Vollstreckungsart zwischen verschiedenen Modalitäten wählen. – *Stürner*, Prinzipien der Einzelzwangsvollstreckung, ZZP 99 (1986), S. 301.

257 Art. 69 Abs. 3 VVG.

258 Art. 69 Abs. 4 VVG. – Mit Ausnahme des Vermögens, dass der Zwangsvollstreckung aufgrund eines Föderalen Gesetzes nicht unterliegt, z.B. Art. 446 ZPO RF (vgl. oben).

Vollstreckung in das bewegliche Vermögen hat dabei grundsätzlich Vorrang vor der Vollstreckung in Immobilien.[259] Der Schuldner hat aber auch die Möglichkeit, dem Gerichtsvollzieher anzuzeigen, in welche Gegenstände die Zwangsvollstreckung zuerst erfolgen soll. Die endgültige Entscheidung über die Reihenfolge trifft jedoch der Gerichtsvollzieher, die auch von der Bitte des Schuldners abweichen kann, Art. 69 Abs. 5 VVG.

Eine Sonderregelung ist bei der Vollstreckung in das sonstige Vermögen juristischer Personen und Personen, die als Unternehmer eingetragen sind, zu beachten.[260] Bei der Vollstreckung in dieses Vermögen ist folgende Reihenfolge einzuhalten: Zuerst ist in das bewegliche Vermögen zu vollstrecken, das nicht unmittelbar in den Produktionsprozess einbezogen ist oder zur Ausführung der Arbeit oder Dienstleistung benötigt wird.[261] Zweitens in Vermögensrechte, drittens in unbewegliches Vermögen, und zwar jeweils in das, das wiederum nicht unmittelbar in den Produktionsprozess einbezogen ist oder zur Ausführung der Arbeit oder Dienstleistung benötigt wird. Erst an vierter Stelle ist die Vollstreckung in Vermögen, das unmittelbar in den Produktionsprozess einbezogen ist oder zur Ausführung der Arbeit oder Dienstleistung benötigt wird, zulässig. Durch die aufgestellte Reihenfolge soll das Unternehmen in seiner wirtschaftlichen Tätigkeit zunächst geschützt werden und erst im Falle einer außerordentlichen Notwendigkeit auf die Grundlagen des Betriebes zugegriffen werden.[262]

Neben der dargestellten Reihenfolge des Zugriffs auf die Vollstreckungsgegenstände kennt das russische Recht eine Art Subsidiarität der Vollstreckung in bestimmte Vermögensarten. So ist das Arbeitseinkommen des Schuldners

---

259 Zwar ergibt sich dieser Vorrang nicht explizit aus Art. 69 Abs. 4 VVG, er folgt jedoch aus Art. 66 Abs. 1 VVG, weil die Vollstreckung in das einer Registrierung unterliegendem Vermögen (Immobilien und Rechte betreffend Immobilien) erst erfolgen soll, wenn anderes Vermögen (bewegliches) nicht vorhanden ist oder zur Befriedigung der Forderung nicht ausreicht. – *Tschaschin*, „Ispolnitel'noe proizvodstvo – učebnoe posobie“ (Vollstreckungsverfahren – Lehrbuch), S. 276.

260 Bestehen noch finanzielle Mittel, so ist genau wie bei der natürlichen Person die Zwangsvollstreckung zunächst in diese zu betreiben (Art. 69 Abs. 3 VVG). Auch hier ist das sonstige Vermögen einer juristischen Person erst betroffen, wenn die finanziellen Mittel nicht vorhanden sind oder nicht ausreichen (Art. 94 Abs. 1 VVG). Die Vorschrift ist entsprechend auf Personen anzuwenden, die als Unternehmer eingetragen sind und das Vollstreckungsdokument im Zusammenhang mit der unternehmerischen Tätigkeit ausgestellt wurde (Art. 94 Abs. 2 VVG).

261 Art. 94 Abs. 1 Nr. 1 VVG – Zu solchen Gegenständen gehören fertige Produkte, Wertpapiere, Designobjekte der Büros, wertvolle Metalle und Steine.

262 *Tschaschin*, Kommentar, Art. 94, zum Punkt 1, S. 352.

gem. Art. 98 Abs. 1 VVG nur pfändbar, wenn das Vollstreckungsdokument eine Forderung auf periodische Zahlungen enthält, die geforderte Summe 10000,00 Rubel nicht übersteigt oder wenn finanzielle Mittel und anderes Vermögen des Schuldners zur vollen Befriedung nicht ausreichen. Damit hat die Pfändung des sonstigen Vermögens grundsätzlich Vorrang vor der Pfändung des Einkommens des Schuldners.[263]

Eine Ausnahme vom gradus executionis stellt nur Art. 37 Abs. 1 VVG auf, der die Möglichkeit für den Gläubiger, den Schuldner und den Gerichtsvollzieher vorsieht, die Änderung des Verfahrens der Vollstreckung bei dem Gericht, das das Vollstreckungsdokument ausgestellt hat[264], zu beantragen.

Der Gläubiger hat damit nach russischem Recht keine Disposition über die Vollstreckungsart oder den Vollstreckungsgegenstand. Im Rahmen des Vollstreckungsantrags erfolgt anders als im deutschen Recht[265] somit auch keine Individualisierung des konkreten Vollstreckungsgegenstandes. In dem Antrag kann der Gläubiger neben dem allgemeinen Verlangen, das Vollstreckungsverfahren einzuleiten, gem. Art. 30 Abs. 2 VVG nur die Auferlegung des Arrestes auf das Vermögen des Schuldners mit dem Ziel der Sicherung der in dem Vollstreckungsdokument enthaltenen Forderungen ersuchen und die Auferlegung von gesetzlich bestimmten Verboten[266] gegenüber dem Schuldner begehren.[267] Weitergehende Konkretisierungen muss der Vollstreckungsantrag nicht enthalten.

---

263 Bei der Pfändung des sonstigen Vermögens hat der Gerichtsvollzieher die unpfändbaren Gegenstände des Schuldners (Art. 446 ZPO RF) zu beachten! Besteht das Vermögen des Schuldners nur aus solchen Gegenständen, so muss der Gerichtsvollzieher die Pfändung in das Einkommen des Schuldners vornehmen. – *Jarkov*, Kommentar, § 98, Nr. 5. – Richtet sich hingegen die Forderung des Gläubigers auf periodische Zahlungen, kann sofort in das Einkommen des Schuldners vollstreckt werden. Auf das sonstige Vermögen des Schuldners kann aber zurückgegriffen werden, wenn sein Einkommen zur Befriedigung dieser Forderung nicht ausreicht (Art. 98 Abs. 2 VVG).

264 Siehe Art. 324 APO RF und Art. 434 ZPO RF.

265 Die freie Wahl des Gläubigers über den konkreten Vollstreckungsgegenstand folgt z.B. bei einer Forderungs-/Rechtspfändung und bei der Vollstreckung von Immobilien aus der Notwendigkeit der antragsgemäßen Individualisierung, §§ 828, 829; 16 Abs. 1 ZVG

266 z.B. Art. 67 VVG, Anordnung eines zeitlichen Verbotes zur Ausreise des Schuldners aus der Russischen Föderation.

267 Ein solches Ersuchen kann aber auch in einem gesonderten Dokument eingereicht werden. – *Tschaschin*, „Ispolnitel'noe proizvodstvo – učebnoe posobie" (Vollstreckungsverfahren – Lehrbuch), S. 131.

2. Untersuchungs-/Beibringungsgrundsatz

Von einem Beibringungsgrundsatz spricht man, wenn es Sache der Parteien ist, Tatsachen und Beweismittel in den Prozess einzubringen. Wird der Sachverhalt jedoch von Verfahrensorganen ermittelt, spricht man von dem Untersuchungs- oder Inquisitionsgrundsatz. Während das deutsche Zwangsvollstreckungsrecht grundsätzlich von dem Beibringungsgrundsatz geprägt ist und der Inquisitionsgrundsatz nur ausnahmsweise von Bedeutung ist,[268] hat in der russischen Zwangsvollstreckung der Untersuchungsgrundsatz die grundsätzliche Geltung.

a. Aufklärungsmittel des Gerichtsvollziehers

Während im deutschen Recht generell der Gläubiger die vollstreckungserheblichen Tatsachen und Beweismittel einbringen muss, ist es in Russland grundsätzlich Aufgabe des Gerichtsvollziehers, die geeignete Vollstreckungsmöglichkeit zu erforschen. Dazu sieht das VVG eine ganze Reihe von unterschiedlichen Aufklärungsmitteln vor.

Zunächst stehen dem Gerichtsvollzieher einige Auskunftsrechte zur Verfügung. Der Gerichtsvollzieher hat das Recht von den Parteien selbst Informationen anzufordern oder von Bürgern, juristischen Personen und Organen notwendige Auskünfte für die Sachaufklärung zu verlangen. Der Schuldner ist außerdem verpflichtet, auf Verlangen des Gerichtsvollziehers eine Auskunft über sein vorhandenes Vermögen zu erteilen.[269] Das weist gewisse Ähnlichkeiten zu der eidesstaatlichen Versicherung des deutschen Rechts gem. § 807 i.V.m. §§ 899 ff. ZPO auf, die das russische Zwangsvollstreckungsrecht nicht kennt. Anders als die eidesstaatliche Versicherung ist das Auskunftsersuchen gegenüber dem Schuldner über sein Vermögen an keine weiteren Voraussetzungen gebunden und dient in erster Linie der Sachverhaltsaufklärung.[270]

---

268 *Baur/Stürner/Bruns*, Zwangsvollstreckungsrecht, § 6, Rn. 6.21 ff.; *Stürner*, Prinzipien der Einzelzwangsvollstreckung, ZZP 99 (1986), S. 307 ff.

269 Art. 69 Abs. 7 VVG. – Diese Verpflichtung ist jedoch auf die Höhe der Forderung begrenzt.

270 Die deutsche eidesstaatliche Versicherung ist dagegen ein Hilfsmittel zur Zwangsvollstreckung wegen Geldforderungen und hat bestimmte Voraussetzungen, wie den Antrag des Gläubigers, Zulässigkeit der Zwangsvollstreckung und das Vorliegen einer der Voraussetzungen des § 807 Abs. 1 Nr. 1 bis 4 ZPO. – Vgl. *Thomas/Putzo*, § 807, Rn. 1 ff.

Ein weiteres wichtiges Auskunftsrecht des Gerichtsvollziehers ist das Auskunftsersuchen an die Steuerbehörden und andere Organe und Organisationen.[271] Liegen keine Kenntnisse über das Vermögen des Schuldners vor, so kann sich der Gerichtsvollzieher an die Steuerbehörden und andere Organe mit dem Ersuchen wenden, ihm Auskunft darüber zu erteilen, ob und bei welchen Banken und anderen Organisationen der Schuldner Konten hat, wo sich diese befinden, über die Nummern der Konten, die Geldbewegungen und über andere Wertsachen, die zur Aufbewahrung in Banken und anderen Kreditinstituten vorhanden sind. Die Steuerbehörden und andere Organe müssen die ersuchten Informationen innerhalb einer siebentätigen Frist vorlegen.[272]

Neben den Auskunftsrechten steht dem Gerichtsvollzieher bei unbekanntem Aufenthalt des Schuldners, seines Vermögens oder eines Kindes, das Recht zu, zu deren Auffindung die Fahndung zu veranlassen.[273] Den Fahndungsbeschluss erlässt der Gerichtsvollzieher auf eigene Initiative oder auf Antrag des Gläubigers, wenn ein Fall des Art. 65 Abs. 3 oder 4 VVG vorliegt. Das geschieht somit, wenn der Aufenthaltsort des Schuldners unbekannt ist, das Vollstreckungsdokument eine Forderung zugunsten der Russischen Föderation oder deren Subjekte enthält, bei Unterhaltsforderungen, Schmerzensgeldforderungen aufgrund einer Gesundheitsverletzung oder des Todes eines Ernährers und Forderungen zur Herausgabe eines Kindes.[274] Aufgrund von Vollstreckungsdokumenten, die andere Forderungen enthalten, erlässt der Gerichtsvollzeiher gem. § 65 Abs. 5 VVG auf Antrag des Gläubigers einen Fahndungsbeschluss, falls das Vollstreckungsdokument eine Forderung nichtvermögensrechtlichen Charakters enthält und die Vollstreckung der Forderung aus dem Vollstreckungsdokument ohne den Schuldner nicht möglich ist. Ferner falls das Vollstreckungsdokument

---

271 Art. 69 Abs. 8 VVG – Zu anderen Organen und Organisationen gehören z.B. Registratur, Banken und andere Kreditinstitutionen. Das Auskunftsersuchen bei den genannten Organen kann der Gerichtsvollzieher nur mit einer schriftlichen Erlaubnis des Obergerichtsvollziehers einholen. Der Obergerichtsvollzieher ist der Leiter einer Abteilung/Einheit der Gerichtsvollzieher, Art. 10 GVG.

272 Siehe dazu Art. 69 Abs. 8 bis 10 VVG. – Die Banken können sich gegenüber dem Gerichtsvollzieher nicht auf das Bankgeheimnis berufen, weil der Gerichtsvollzieher als Vollstreckungsorgan zu dem Personenkreis gehört, der entsprechende Informationen verlangen kann, Art. 26 des Föderalen Gesetzes „Über Banken und Bankentätigkeit" vom 02.12.1990, Nr. 395-1(Федеральный закон „О банках и банковской деятельности" от 02.12.1990 N 395-1).

273 Art. 64 Abs. 1 Nr. 10 i.V.m. Art. 65 VVG.

274 Auch hier kommt somit der höhere Schutz und besonderer Stellenwert bestimmter Forderungen zum Tragen.

eine Forderung vermögensrechtlichen Charakters enthält, die Vollstreckung der Forderung aus dem Vollstreckungsdokument ohne den Schuldner nicht möglich ist und die Summe der Forderung gegenüber dem Schuldner 10000,00 Rubel übersteigt. Schließlich ist eine Fahndung des Vermögens des Schuldners auf Antrag des Gläubigers möglich.[275] Diese Norm regelt abschließend die Möglichkeiten einer Fahndung und stellt damit eine Neuerung im Vergleich zum VVG von 1997 dar, der zwar weniger Fälle, aber die Möglichkeit einer Fahndung auch dann vorsah, wenn die Kosten von dem Gläubiger dafür übernommen wurden.[276] Richtete sich vor dem Erlass des Änderungsgesetzes vom 03.12.2011 Nr. 389- FZ die Zuständigkeit für die Durchführung der Fahndung nach dem Fahndungssubjekt und -objekt. Für die Fahndung des Schuldners als natürliche Person und eines Kindes waren die Organe der inneren Angelegenheiten[277] zuständig, wohingegen die Fahndung einer juristischen Person und des Vermögens von dem Gerichtsvollzieherdienst selbst durchgeführt wurde.[278] Ist für die Durchführung der Fahndung aller Subjekte und Objekte nunmehr der Gerichtsvollzieher zuständig. Damit hat sich die bereits sehr weitreichende Zuständigkeit der Gerichtsvollzieher bzw. des Gerichtsvollzieherdienstes nochmals erweitert.

Durch das Gesetz zur Reform der Sachaufklärung in der Zwangsvollstreckung vom 29. Juli 2009[279], welches am 01. Januar 2013 in Kraft trat, hat auch der deutsche Gesetzgeber die Befugnisse des Gerichtsvollziehers ausgeweitet, um die Zwangsvollstreckung noch effektiver zu gestalten. Gem. § 755 ZPO ist auch der deutsche Gerichtsvollzieher nunmehr befugt, im Auftrag des Gläubigers den Aufenthaltsort des Schuldners zu ermitteln, falls dieser nicht bekannt ist. Dazu kann er unter bestimmten Voraussetzungen bei der Meldebehörde, dem Ausländerzentralregister, der Gesetzlichen Rentenversicherung und dem

275 Art. 65 VVG wurde mit dem Föderalen Gesetz vom 03.12.2011 Nr. 389-FZ „Über die Einfügung von Änderung in die einzelnen gesetzlichen Akte der Russischen Föderation" (Федеральный закон от 03.12.2011 N 389-ФЗ „О внесении изменений в отдельные законодательные акты Российской Федерации") neu gefasst und die Möglichkeit der Fahndung von sonstigen Forderung unter den dargestellten Voraussetzungen in Abs. 5 konkretisiert. Ferner wurde die eigentliche Durchführung der Fahndung geregelt, was vorher nicht der Fall war.

276 Siehe Art. 28 Abs. 2 VVG von 1997. – Nach dem neuen Gesetz gehören die Fahndungskosten zu den Kosten der Zwangsvollstreckung, die der Schuldner zu tragen hat, Art. 116 Abs. 2 Nr. 4 VVG und Art. 117 Abs. 1 VVG.

277 Es handelt sich um Organe der Exekutive, die den staatlichen Strafverfolgungsbehörden entsprechen.

278 Art. 65 Abs. 3 und 4 VVG in der Fassung vom 30.11.2011.

279 BGBl. 2009 Teil I Nr. 48, S. 2258 ff. vom 31.07.2009

Kraftfahrt-Bundesamt die gegenwärtigen Anschriften des Schulnders erheben. In diesem Fall wird der Beibringungsgrundsatz, der im deutschen Recht die grundsätzliche Bedeutung hat, durchbrochen. Aufgrund eines Auftrages des Gläubigers ist der Gerichtsvollzieher jetzt auch befugt, zu Beginn des Vollstreckungsverfahrens die Vermögensauskunft beim Schuldner oder bei Dritten einzuholen, § 802a i.V.m. §§ 802c und 802l ZPO.[280] Zu berücksichtigen ist jedoch, dass der Gerichtsvollzieher Informationen über das Vermögen des Schuldners für den Gläubiger beschafft, was Ausfluss des Beibringungsgrundsatzes ist. Insgesamt lässt sich jedoch feststellen, dass durch das Gesetz zur Reform der Sachaufklärung in der Zwangsvollstreckung die neu eingeführten Befugnisse des deutschen Gerichtsvollziehers nunmehr mit denen des Russischen vergleichbar sind, auch wenn das deutsche Zwangsvollstreckungsrecht weiterhin von dem Beibringungsgrundsatz geprägt ist und der Gerichtsvollzieher im Auftrag des Gläubigers handelt.

b. Aufklärungsmittel des Gläubigers

Eine Ergänzung erfahren die Aufklärungsmittel des Gerichtsvollziehers durch die Einräumung selbständiger Aufklärungsmittel an den Gläubiger. So kann sich nicht nur der Gerichtsvollzieher, sondern auch der Gläubiger selbst, falls er im Besitz eines gültigen Vollstreckungsdokumentes ist, an die Steuerbehörden wenden, um entsprechende Informationen zu erhalten.[281] Die von dem Gläubiger auf diese Weise erfahrenen Tatsachen können von ihm in das Verfahren gem. Art. 50 Abs. 1 VVG eingebracht werden. Art. 50 Abs. 1 VVG regelt die Rechte und Pflichten der Parteien der Zwangsvollstreckung und ermöglicht ihnen unter anderem zusätzliche Informationen und Materialien in das Verfahren einzubringen. Daraus ergibt sich, dass neben dem grundsätzlich geltenden Untersuchungsgrundsatz auch der Beibringungsgrundsatz, auch wenn in einer etwas abgeschwächten Form, in dem russischen Recht Anklang findet.

3. Zentralisierung/Dezentralisierung

Entsprechend dem im russischen Zwangsvollstreckungsrecht grundsätzlich geltendem Untersuchungsgrundsatz, verwirklicht das russische Recht die zentrale

280 Das Verfahren zur Abnahme der Vermögensauskunft ist in §§ 802f. ZPO geregelt.

281 Art. 69 Abs. 8 VVG. – Dieses Recht steht dem Gläubiger aber nur gegenüber den Steuerbehörden zur Verfügung. Von anderen Organen kann er im Gegensatz zum Gerichtsvollzieher die Auskunft nicht verlangen.

Verfahrensorganisation. Anders als das deutsche Recht[282], kennt das russische Vollstreckungsrecht nur den Gerichtsvollzieher als Vollstreckungsorgan.[283] Daraus ergibt sich die alleinige Zuständigkeit des Gerichtsvollziehers für die Einleitung des Vollstreckungsverfahrens aufgrund einer entsprechenden Antragsstellung des Gläubigers.[284] Eine Besonderheit zum deutschen Recht und eine Art Abschwächung oder sogar Umgehung der zentralen Verfahrensorganisation kann in Art. 8 bis 9 VVG gesehen werden.[285] Danach kann der Gläubiger außerhalb des eigentlichen Vollstreckungsverfahrens das Vollstreckungsdokument, das die Einziehung eines Geldbetrages enthält, direkt an eine Bank oder ein Kreditinstitut senden und dessen Ausführung verlangen.[286] Dasselbe Recht steht ihm auch gegenüber einem Emittenten oder einer anderen Institution des Wertpapiermarktes zu, wenn es um die Buchung von Wertpapieren geht[287] oder gegenüber demjenigen, der dem Schuldner periodische Zahlungen[288] leistet, wenn sich das Vollstreckungsdokument darauf richtet. Voraussetzung für die eigenständige Einreichung des Vollstreckungsdokuments ist die Kenntnis des Gläubigers von der Bank oder anderen Institutionen des Schuldners und die Erfüllung der im Gesetz jeweils aufgestellten Voraussetzungen des dem Vollstreckungsdokument beizufügendem Ersuchens.[289] Das Recht des Gläubigers, ein

---

282 Im deutschen Recht ist die dezentrale Verfahrensorganisation verwirklicht. Neben dem Gerichtsvollzieher, der bewegliche Sachen pfändet und Herausgabeansprüche (§§ 735 Abs. 1, 803 ff ZPO) vollstreckt, kennt das deutsche Recht auch das Vollstreckungsgericht, das insbesondere für die Pfändung von Forderung und Rechten (§§ 764, 828 ff. ZPO) und die Betreibung von Zwangsversteigerung und Zwangsverwaltung (§ 1 ZVG) zuständig ist, das Prozessgericht, das die Handlungs- und Unterlassungsvollstreckung (§§ 887 ff. ZPO) betreibt und das Grundbuchamt, das insb. für die Eintragung der Sicherungshypothek (§ 867 ZPO) zuständig ist. Eine einheitliche Vollstreckungsleitung existiert im deutschen Zwangsvollstreckungsrecht nicht. – vgl. dazu *Baur/Stürner/Bruns*, Zwangsvollstreckungsrecht, § 6, Rn. 6.48; *Stürner*, Prinzipien der Einzelzwangsvollstreckung, ZZP 99 (1986), S. 311 ff.

283 Art. 5 VVG i.V.m. GVG RF.

284 Art. 30 Abs. 1 VVG.

285 Siehe dazu § 5 I 1 b cc), S. 125 und § 5 I 2 e aa) 3), S. 188.

286 Art. 8 Abs. 1 VVG.

287 Art. 8.1 Abs. 1 VVG.

288 Das können gem. Art. 9 Abs. 1 VVG der Arbeitslohn, Rente, Stipendium und andere periodische Zahlungen oder Geldsummen sein, wenn sie insgesamt 25.000 Rubel nicht übersteigen.

289 Zu solchen Voraussetzungen gehört z.B. die Angabe des Kontos auf das das Geld überwiesen werden soll, Name, Firmenname, Staatsangehörigkeit, Wohnort oder -sitz und Dokumente, die das bestätigen, Art. 8 Abs. 2, 8.1. Abs. 2, 9 Abs. 2 VVG.

Vollstreckungsverfahren durch die Einreichung des Vollstreckungsdokumentes und eines Antrages bei dem Gerichtsvollzieher einzuleiten, bleibt ihm aber erhalten.[290]

a. Gerichtsvollzieher als Vollstreckungsorgan

Die Gerichtsvollzieher der Russischen Föderation sind Amtspersonen[291] und unterstehen, wie bereits erwähnt, nicht dem Gerichtswesen, sondern sind in einem selbständigen Dienst der Gerichtsvollzieher organisiert, der dem russischen Justizministerium untergeordnet ist. Die Organisation der Gerichtsvollzieher ist hierarchisch aufgebaut. An dessen obersten Stelle steht der Hauptgerichtsvollzieher (Direktor des Gerichtsvollzieherdienstes) der RF, der gleichzeitig auch stellvertretender Justizminister der RF ist. Auf regionaler Ebene wird der Gerichtsvollzieherdienst von dem „Hauptgerichtsvollzieher der Subjekte der RF“[292] geleitet, und die einzelnen Einheiten der Gerichtsvollzieher, die unmittelbar die Zwangsvollstreckung ausführen, unterstehen der Leitung des Obergerichtsvollziehers. Zwischen den einzelnen Ebenen besteht insoweit ein Weisungs- und Kontrollrecht des jeweils höheren Gerichtsvollziehers.[293]

Die örtliche Zuständigkeit des Gerichtsvollziehers richtet sich nach dem Ort der vorzunehmenden Zwangsvollstreckungshandlungen und Zwangsvollstreckungsmaßnahmen, der sich grundsätzlich nach dem Wohnort oder –sitz des Schuldners richtet.[294] Hat der Gläubiger keine Kenntnis darüber, welche Einheit der Gerichtsvollzieher für die Einleitung des Verfahrens zuständig ist, kann er

---

290 Das ist insbesondere für den Fall der Nichtleistung durch entsprechende Organisationen wichtig, weil der Gläubiger dann auf die stärkere Position des Gerichtsvollziehers und die ihm zur Verfügung stehenden Mittel zurückgreifen kann. – Vgl. *Tschaschin*, Kommentar, Art. 8, zum Punkt 1.

291 Art. 3 Abs. 2 GVG RF.

292 Das ist die wörtliche Übersetzung von „glavnyi sudebnyi pristav subjekta RF“. Die Russische Föderation besteht gem. Art. 65 Verf RF aus 87 Subjekten. Dazu gehören unterschiedliche Republiken, Regionen, Gebiete, Städte föderalen Ranges und Bezirke.

293 Siehe zu den einzelnen Kompetenzen der leitenden Gerichtsvollzieher Art. 7-10 GVG RF. Vgl. dazu auch *Jarkov*, „Graždanskij process: Učebnik“ (Der Zivilprozess – Lehrbuch), S. 582 und siehe zur territorialen Organisation der Gerichtsvollzieher die Übersicht auf der Internetseite des Gerichtsvollzieherdienstes der RF: www.fssprus.ru

294 Siehe Art. 30 Abs. 3 i.V.m. Art. 33 VVG, der den Ort der Zwangsvollstreckungsmaßnahmen bestimmt. – Siehe zum Ort und Zeitpunkt der Verwirklichung von Vollstreckungshandlungen *Valeev*, „Mesto i vremâ soveršeniâ ispolnitel‘nyh dejstvij“

das Vollstreckungsdokument und seinen Antrag auch an den Hauptgerichtsvollzieher der Subjekte der RF richten, der diesen an die zuständige Einheit weiterleitet.[295]

Der russische Gerichtsvollzieher ist im Vergleich zum deutschen Gerichtsvollzieher mit weitreichenderen und umfassenderen Aufgaben und Kompetenzen ausgestattet, die ihre Grundlage im VVG und dem GVG RF finden.[296] Seine Anweisungen sind für alle staatlichen Organe, Verwaltungsorgane, Bürger und Organisationen bindend und unterliegen der Vollziehung auf dem gesamten Territorium der Russischen Föderation, Art. 6 VVG. Im Falle der Nichtbefolgung wendet der Gerichtsvollzieher die ihm zur Verfügung stehenden Vollstreckungsmaßnahmen an.

Der Gerichtsvollzieher soll gem. Art. 13 GVG RF nur im Rahmen seiner gesetzlich geregelten Kompetenzen handeln. Um die Gesetzmäßigkeit zu gewährleisten, unterliegen die Handlungen des Gerichtsvollziehers nicht nur einer internen Kontrolle durch den jeweiligen Vorgesetzten,[297] sondern auch einer gerichtlichen Kontrolle.[298]

Im Vergleich zum Russischen ist der deutsche Gerichtsvollzieher gem. § 154 GVG ein Beamter der Justizverwaltung und ein selbständiges Organ der Rechtspflege. Gem. § 2 GVO ist die Dienstbehörde des Gerichtsvollziehers das Amtsgericht, bei dem er beschäftigt ist und sein unmittelbarer Dienstvorgesetzter der aufsichtsführende Richter des Amtsgerichts. Damit ist der deutsche

---

(Ort und Zeitpunkt der Verwirklichung von Vollstreckungshandlungen), Praktika ispolnitel'nogo proizvodstva № 5 2008 S. 20 ff.

295 Art. 30 Abs. 4 VVG. – Für die Weiterleitung des Vollstreckungsdokuments und des Antrags ist eine fünftägige Frist vorgesehen, im Falle einer sofortigen Vollziehung sogar nur eine Frist von einem Tag.

296 z.B. Art. 64, 68 VVG, Art. 12-14 GVG RF. Auf die einzelnen Aufgaben und Kompetenzen wird jeweils in dem jeweiligen Zusammenhang eingegangen.

297 Die interne Kontrolle erfolgt aufgrund einer Beschwerde über die Handlungen oder über die Unterlassung von Handlungen der Gerichtsvollzieher, Art. 123 VVG. Weiterhin setzten einige Handlungen und Beschlüsse des Gerichtsvollziehers die Bestätigung des Obergerichtsvollziehers oder seines Vertreters, wie z.B. der Fahndungsbeschluss gem. Art. 65 Abs. 8 VVG oder die Erlaubnis des Obergerichtsvollziehers bei der Wohnungsdurchsuchung gem. Art. 64 Abs. 1 Nr. 6 VVG voraus.

298 Neben den Entscheidungen des Gerichts im Rahmen eines Rechtsmittelverfahrens, Art. 128 VVG, kann das Gericht auch an Stelle des Gerichtsvollziehers z.B. über die Aussetzung des Vollstreckungsverfahrens, Art. 39 VVG, Beendigung der Zwangsvollstreckung, Art. 43 Abs. 1 VVG, entscheiden.

Gerichtsvollzieher, anders als der Russische, immer noch unter die Kontrolle des Gerichts gestellt.[299]

b. Die Rolle des Gerichts in der Zwangsvollstreckung

Neben den Gerichtsvollziehern hat auch das Gericht[300] in dem Zwangsvollstreckungsverfahren eine wichtige Stellung. Auch wenn die Gerichte keine Vollstreckungsorgane sind, haben sie als Subjekte der Zwangsvollstreckung eine ganze Reihe von Kompetenzen, angefangen von der Ausstellung des Vollstreckungsdokumentes bis zu der Beendigung der Zwangsvollstreckung. Letztlich kontrollieren die Gerichte die Maßnahmen und Beschlüsse der Gerichtsvollzieher und anderer Amtsträger des Gerichtsvollzieherdienstes und sind für die Entscheidung über einige der eingelegten Rechtsbehelfe zuständig.[301]

c. Fazit

Der Vorteil der zentralen Verfahrensorganisation liegt in der Gläubigerfreundlichkeit, da keine Probleme mit der Findung des zuständigen Vollstreckungsorgans entstehen. Diese hat aber insbesondere auch im russischen Recht, wo der Gerichtsvollzieher mit einer ganzen Fülle von unterschiedlichen Aufgaben und Kompetenzen ausgestattet ist, nicht zu verkennende Nachteile. So ist der Gerichtsvollzieher für die Vollstreckung von Titeln aller Organe, die sich mittlerweile auf mehr als 50 schätzen lassen, zuständig. Dazu kommt, dass die Gerichtsvollzieher für die ihnen übertragene Arbeit nicht qualifiziert genug sind, weil eine juristische Ausbildung grundsätzlich nicht vorausgesetzt

---

299 In Diskussion ist jedoch die Reform des Gerichtsvollzieherwesens. So sieht der Gesetzesentwurf des Bundesrates (Drucksache 17/1225) vom 24.03.2010 die Übertragung der Aufgaben der Gerichtsvollzieher auf Beliehene vor. Die Gerichtsvollzieher sollen miteinander in Wettbewerb stehen und dem Gläubiger somit eine Auswahl ermöglichen. Gleichzeitig soll die Verantwortung für die ordnungsgemäße Erfüllung der übertragenen Aufgaben beim Staat verbleiben, der durch Aufsicht dafür weiterhin Sorge trägt, dass die Beliehenen die ihnen übertragenen Tätigkeiten richtig ausführen.

300 Unter Gerichten sind auch die Arbitragegerichte zu verstehen.

301 Die einzelnen Kompetenzen des Gerichts sind insbesondere in Kapitel 7 ZPO RF/ Arbitragegerichtsprozessordnung der RF und einer Reihe von Art. des VVG geregelt. Auf diese wird in dem jeweiligen Zusammenhang eingegangen. Siehe zur Stellung der Gerichte im Zwangsvollstreckungsverfahren *Jarkov*, „Graždanskij process: Učebnik" (Der Zivilprozess – Lehrbuch), S. 585 ff.; *Jakovleva*, „Funkcii suda v ispolnitel'nom proizvodstve RF" (Funktion des Gerichts in der Zwangsvollstreckung der Russischen Föderation), S. 44 ff.

wird.[302] Aufgrund einer für die sehr hohe Belastung und Verantwortung niedrigen Bezahlung, lassen sich in der Praxis auch keine qualifizierteren Personen für den Beruf des Gerichtsvollziehers gewinnen. Oft stehen zumeist schlecht ausgebildete und organisierte Gerichtsvollzieher einer ganzen Reihe von Vollstreckungstiteln gegenüber, was eine genaue und präzise Auseinandersetzung mit jedem einzelnen Verfahren erschwert.[303] Die russischen Gerichtsvollzieher sind mit der Durchführung einer sehr großen Zahl von Vollstreckungen grundsätzlich überfordert, was die Effektivität der Zwangsvollstreckung erheblich beeinträchtigt.

4. Formalisierungsgrundsatz

Der Grundsatz der Formalisierung im russischen Recht folgt ähnlich wie im deutschen Recht[304] aus der Zweiteilung in Erkenntnis- und Vollstreckungsverfahren. Nach Abschluss des Erkenntnisverfahrens ist es dem Vollstreckungsorgan verwehrt, die Rechtmäßigkeit des zu vollstreckenden Titels zu prüfen. So wird das Vollstreckungsdokument durch das Gericht erst nach Eintritt der Rechtskraft ausgegeben,[305] was eine erneute Prüfung der materiellen Rechtmäßigkeit durch das Vollstreckungsorgan verhindert. Das russische Zwangsvollstreckungsrecht

302 Gem. Art. 3 Abs. 1 GVG RF kann Gerichtsvollzieher werden, wer das zwanzigste Lebensjahr erreicht hat und die mittlere allgemeine oder berufsspezifische Bildung besitzt. Nur für die Arbeit als Obergerichtsvollzieher ist eine juristische Ausbildung Voraussetzung.

303 Vgl. *Jarkov/Ustjanzev* „Aktualnye problemy ispolnitelnovo proisvodstva" (Aktuelle Probleme der Zwangsvollstreckung) in „Teorititscheskie i praktitscheskie problemy grashdanskovo, arbitrashnovo prozessa i ispolnitelnovo proisvodstva. Sbornik nautschnych statej." (Theoretische und praktische Probleme des Zivil-, Arbitrageprozesses und der Zwangsvollstreckung), S. 297 ff. und *Winnitschenko*, „Voprosy povyšeniâ èffektivnosti ispolnitel'nogo proizvodstva: sovremennoe sostoânie, suŝestvuûŝie problemy i puti ih rešeniâ" (Fragen der Steigerung der Effektivität der Zwangsvollstreckung: Aktuelle Lage, bestehende Probleme und deren Lösungswege) in „Problemy èffektivnosti ispolnitel'nogo proizvodstva: kriterii ocenki, evropejskij opyt. Materialy meždunarodnogo naučno-praktičeskogo simpoziuma (g. Petrozavodsk, 9-10 iûnâ 2005 g.)" (Probleme der Effektivität der Zwangsvollstreckung: Beurteilungskriterien, europäische Erfahrung. Materialsammlung des internationalen Symposiums (Stadt Petrosavodsk, 9-10 Juni 2005), Sbornik, S. 7.

304 vgl. zum deutschen Recht *Baur/Stürner/Bruns*, Zwangsvollstreckungsrecht, § 6, Rn. 6.53; *Stürner*, Prinzipien der Einzelzwangsvollstreckung, ZZP 99 (1986), S. 315 ff.

305 Siehe Art. 428 Abs. 1 ZPO RF und Art. 319 Abs. 3 APO RF – eine Ausnahme besteht nur in den Fällen des sofortigen Vollzugs.

kennt im Gegensatz zum deutschen Recht auch keine Möglichkeit, das Erkenntnisverfahren wieder neu zu eröffnen, weil eine dem § 767 ZPO[306] entsprechende Regelung im VVG nicht existiert.

Der Formalisierungsgrundsatz wirkt sich bei den Vollstreckungsvoraussetzungen aus. Das Vollstreckungsverfahren wird durch den Beschluss des Gerichtsvollziehers gem. Art. 30 Abs. 1 und Abs. 8 VVG eingeleitet. Voraussetzung dafür ist ein Vollstreckungsdokument i.S.v. Art. 12 VVG, das den Mindestinhalt des Art. 13 VVG aufweisen muss, und die Antragsstellung des Gläubigers. Bei der Fassung des Eröffnungsbeschlusses prüft der Gerichtsvollzieher dabei fast nur die formellen[307] Voraussetzungen, die sich insbesondere auf das Vollstreckungsdokument und den Antrag des Gläubigers beziehen.[308] Die Zwangsvollstreckungsmaßnahmen können dann von dem Gerichtsvollzieher nach der Einleitung des Vollstreckungsverfahrens vorgenommen werden und zwar nach dem Ablauf der Frist zur freiwilligen Erfüllung durch den Schuldner, falls eine solche von Gesetzes wegen vorgesehen ist, Art. 68 Abs. 2 VVG.

Der Formalisierungsgrundsatz bezüglich der Zugriffsgegenstände ist im russischen Recht nicht derart ausgeprägt wie im deutschen. Ist in Deutschland die Prüfung der Rechte Dritter formalisiert, so hat der russische Gerichtsvollzieher in vielen Fällen bei der Vollstreckung selbst festzustellen, ob z.B. der Gegenstand mit einem Pfandrecht belastet ist, der Schuldner Eigentümer einer Immobilie ist, die Forderung gegenüber einem Dritten besteht oder die Vollmachten der Parteivertreter wirksam sind.[309]

5. Prioritätsgrundsatz/Verteilungs- und Ausgleichsprinzip

Das russische Zwangsvollstreckungsrecht verwirklicht das Verteilungs- und Ausgleichsprinzip. Anders als bei dem in Deutschland grundsätzlich geltendem Prioritätsprinzip[310], werden die pfändenden Gläubiger generell unabhängig

---

306 § 767 ZPO regelt die Vollstreckungsabwehrklage, die dem Schuldner ermöglicht, materiell-rechtliche Einwendungen gegen den titulierten Anspruch geltend zu machen.

307 Siehe zu dem Prüfungsumfang des Gerichtsvollziehers § 4 II 2, S. 98.

308 Arg. aus § 31 Abs. 1 VVG, der eine abschließende Aufzählung von Gründen enthält, die zur Ablehnung der Einleitung des Vollstreckungsverfahrens führen. Die Ablehnungsgründe können dabei in zwei Gruppen eingeteilt werden, die Behebbaren, nach deren Behebung ein Vollstreckungsverfahren nochmals eingeleitet werden kann und die Unbehebbaren, die ein Vollstreckungsverfahren ausschließen.

309 *Kenk*, Die Zwangsvollstreckung in der Russischen Föderation, S. 30.

310 Das Prioritätsprinzip orientiert sich an der Reihenfolge des Vollstreckungszugriffs, § 804 Abs. 3 ZPO.

von der zeitlichen Reihenfolge des Zugriffs gleichmäßig befriedigt.[311] Mit dem Verteilungs- und Ausgleichsprinzip soll eine proportionale, aber auch gleichzeitig gerechte Verteilung der Vollstreckungsmasse zwischen den Gläubigern unterschiedlicher Ränge gewährleistet werden.[312]

Die Verteilung der erlösten Geldmittel und die Rangfolge der Befriedigung von Forderungen der Vollstreckungsgläubiger sind im 14. Kapitel des VVG ausführlich geregelt. Von den erlösten Geldmitteln, die auf das Konto der Abteilung des Gerichtsvollzieherdienstes aufgrund einer im Vollstreckungsdokument enthaltenen Vermögensforderung eingegangen sind,[313] wird gem. § 110 Abs. 3 VVG in erster Linie die Forderung des Gläubigers in voller Höhe befriedigt, danach folgt die Begleichung der Kosten der Zwangsvollstreckung und der Zwangsvollstreckungsgebühren. Damit hat der russische Gesetzgeber die Reihenfolge der Erlösverteilung grundlegend neu geregelt, nachdem das Verfassungsgericht der RF die vorherige Regelung des VVG von 1997[314] für verfassungswidrig erklärt hatte.[315] Art. 110 Abs. 4 VVG stellt die Reihenfolge der Verteilung von erlösten Geldmittel auf, die aufgrund der Vollstreckung von Nichtvermögensforderungen auf das Konto des Gerichtsvollziehers eingegangen sind. Danach werden zunächst die Kosten der Zwangsvollstreckung und danach die Zwangsvollstreckungsgebühren beglichen. Die Forderungen nachfolgender Ränge werden

---

311 Das Ausgleichsprinzip gilt in Russland ebenso im Insolvenzrecht, siehe Art. 142 Abs. 3 des Föderalen Gesetzes „Über die Insolvenz (Bankrott)" vom 26.10.2002, Nr. 127-FZ. (Федеральный закон „О несостоятельности (банкротстве)" от 26.10.2002 N 127-ФЗ).

312 *Mailjan/Kusbagarov*, „Ispolnitel'noe proizvodstvo" (Vollstreckungsverfahren), S. 60.

313 Gem. Art. 110 Abs. 1 VVG müssen alle finanziellen Mittel, die in der Zwangsvollstreckung von dem Schuldner eingezogen wurden, auf ein Konto der Abteilung der Gerichtsvollzieher überwiesen werden. Diese werden dann innerhalb von fünf Arbeitstagen in der Reihenfolge der Abs. 3 und 4 durch den Gerichtsvollzieher verteilt.

314 Art. 77 Abs. 1 VVG von 1997 sah vor, dass in erster Linie die Zwangsvollstreckungsgebühren, die Geldstrafen und die Kosten der Zwangsvollstreckung beglichen werden. Von der verbleibenden Summe sollte dann der Gläubiger befriedigt werden.

315 Das Verfassungsgericht sah in der Regelung des Art. 77 Abs. 1 VVG einen Verstoß gegen Art. 2 Verf RF, weil durch die vorrangige Begleichung der Gebühren und Strafen ein gerechter Ausgleich zwischen öffentlichen und privaten Interessen nicht erreicht wird. – Entscheidung des russischen Verfassungsgerichts Nr. 13-P vom 30.07.2001 „Überprüfung der Vereinbarkeit der Art. 7 Abs. 1 Nr. 7, Art. 77 Abs. 1und Art. 81 Abs. 1 des Föderalen Gesetzes [vom 21.07.1997 Nr. 119-FZ] „Über das Vollstreckungsverfahren" mit der Verfassung" SZ RF 2001, Nr. 32, Pos. 3412. – Vgl. auch *Gureev/Guschin*, „Ispolnitel'noe proizvodstvo – Učebnik" (Vollstreckungsverfahren – Lehrbuch), S. 209 f.

dabei erst beglichen, wenn die Forderungen der vorangegangenen Ränge vollständig befriedigt wurden, Art. 110 Abs. 5.

Art. 111 Abs. 1 VVG regelt die Rangfolge der Befriedigung von Forderungen mehrerer Gläubiger, falls die von dem Schuldner eingezogene Geldsumme zur vollen Befriedigung aller Gläubiger[316] nicht ausreicht. Durch diese Norm werden Interessen besonders schutzwürdiger Gläubiger berücksichtigt und deren Forderungen Vorrang eingeräumt. So werden in erster Linie die Unterhaltsforderungen und Schadensersatzansprüche befriedigt, die aus Gesundheitsverletzungen, dem Tod eines Ernährers oder einer verübten Straftat resultieren. An zweiter Stelle werden die Forderungen von Beschäftigten aufgrund eines Arbeitsverhältnisses und das Honorar für intellektuelle Tätigkeiten beglichen. Danach folgt die Befriedigung von verpflichtenden Zahlungen an Haushalte und außer budgetären Fonds. Schließlich werden alle anderen Forderungen befriedigt. Die Forderungen nachfolgender Ränge werden auch hier erst beglichen, wenn die Forderungen vorangegangener Ränge vollständig erfüllt wurden, Art. 111 Abs. 2 VVG. Ist die Geldsumme des Schuldners nicht ausreichend, um die Gläubiger eines Ranges vollständig zu befriedigen, wird die Summe zwischen den Gläubigern entsprechend ihrer Forderung im Vollstreckungsdokument proportional verteilt, Art. 111 Abs. 3 VVG.

Mit der Regelung des Art. 111 Abs. 1 VVG hat der russische Gesetzgeber von dem in Art. 78 Abs. 2 VVG von 1997 noch geltendem Prioritätsprinzip bezüglich der Forderungen des letzten Ranges Abstand genommen. War für diese Forderungen nach dem Art. 78 Abs. 2 VVG von 1997 noch der Zeitpunkt des Eingangs des Vollstreckungsdokumentes maßgeblich, so spielt nach dem neuen Art. 111 Abs. 1 VVG der zeitliche Aspekt für die Reihenfolge der Befriedigung keine Rolle mehr.[317] Auch die übrig gebliebenen Forderungen werden nunmehr proportional befriedigt.

Der Prioritätsgrundsatz findet sich in dem russischen Zwangsvollstreckungsrecht jedoch in Art. 111 Abs. 4 VVG, falls die in dem Vollstreckungsdokument enthaltene Forderung durch eine Bank oder ein anderes Kreditinstitut erfüllt wird. Die Reihenfolge der Abbuchungen der finanziellen Mittel von den Konten des Schuldners richtet sich in diesem Fall nach Art. 855 ZGB RF[318]. Bei Vorhandensein von genügend Geldmitteln zur Befriedigung aller Gläubiger,

316 Berücksichtigt werden nur die Gläubiger, die bis zum Zeitpunkt der Erlösverteilung entsprechende Vollstreckungsdokumente eingereicht haben.

317 Vgl. *Reschetnikova*, Kommentar zum Föderalem Gesetz über das Vollstreckungsverfahren und seiner Anwendung in der Praxis, Art. 111, Punkt 3, S. 535 f.

318 Zivilgesetzbuch der RF (Teil 2) vom 26.01.1996, Nr. 14-FZ.

richtet sich die Reihenfolge der Abbuchung nach der zeitlichen Reihenfolge des Dokumenteneingangs zur Abbuchung. Art. 855 Abs. 2 ZGB RF stellt wiederum eine bestimmte Reihenfolge der Befriedigung von unterschiedlichen Forderungen auf, falls die Geldsumme zur vollen Befriedigung der Gläubiger nicht ausreicht. Diese Reihenfolge ähnelt dem Art. 111 Abs. 1 VVG, wobei jedoch innerhalb eines Ranges die Abbuchung in der Reihenfolge der zeitlichen Einreichung des Dokumentes zur Abbuchung erfolgt. Wird die Geldsumme von der Bank auf das Konto der Abteilung der Gerichtsvollzieher[319] überwiesen, ändert das nichts daran, dass die Geldsumme zwischen den Gläubigern in der Reihenfolge des Dokumenteneingangs verteilt wird.[320] In diesem Fall bleibt es bei der Anwendung des Art. 855 ZGB RF, der eine speziellere Regelung zum Art. 111 VVG darstellt.[321]

Das Ausgleichsprinzip des russischen Rechts bringt auf den ersten Blick gegenüber dem Prioritätsprinzip einen entscheidenden Vorteil. Es entspricht eher dem Gleichbehandlungsgebot der einzelnen Gläubiger als das Prioritätsprinzip.[322] Jedoch erweist sich das Ausgleichsprinzip nicht nur als vorteilhaft. So birgt es die Gefahr der Überpfändung des Schuldners in sich.[323] Im Falle von mehreren Gläubigern innerhalb eines Ranges kommt es zwangsläufig zur Schmälerung des jeweiligen Anteils, so dass es für die Gläubiger nicht absehbar ist, ob sie noch aus dem vorhandenen Vermögen des Schuldners befriedigt werden. Die umsichtigen Gläubiger könnten durch die rein vorsorgliche Herbeiführung einer früheren Auseinandersetzung eine voreilige Zerschlagung des gesamten Schuldnervermögens verursachen.[324] Auch ist zu berücksichtigen, dass

---

319 Das geschieht im Falle der Einreichung der Vollstreckungsdokumente durch den Gerichtsvollzieher. Reicht der Gläubiger die Dokumente selbst bei der Bank ein, erfolgt die Überweisung direkt auf das Konto, das von dem Gläubiger angegeben wurde, vgl. Art. 70 Abs. 7 VVG.

320 *Reschetnikova*, Kommentar, Art. 111, Punkt 2, S. 535.

321 *Jarkov*, Kommentar, Art. 111, Punkt 3.

322 Siehe zu der Kritik an dem Prioritätsprinzip und dessen Vereinbarkeit mit dem Gleichbehandlungsgrundsatz *Schlosser*, Vollstreckungsrechtliches Prioritätsprinzip und verfassungsrechtlicher Gleichheitssatz, ZZP 97 (1984), S. 121 ff., vgl. dazu auch die Gegenmeinung von *Stürner*, Prinzipien der Einzelzwangsvollstreckung, ZZP 99 (1986), S. 326 ff. und auch *Stamm*, Prinzipien und Grundstrukturen des Zwangsvollstreckungsrechts, S. 172 ff.

323 *Gaul*, Rechtsverwirklichung durch Zwangsvollstreckung aus rechtsgrundsätzlicher und rechtsdogmatischer Sicht, ZZP 112 (1999), 135, 165, genauso bereits *Schmidt*, in Festschrift für Lehmanns, S. 334.

324 *Stamm*, Prinzipien und Grundstrukturen des Zwangsvollstreckungsrechts, S. 176 f.

die Gleichheit des Ausgleichsprinzips dort beeinträchtigt wird, wo bestimmte Gläubiger durch die ihnen eingeräumten Vorrechte anderen Gläubigen gegenüber privilegiert sind.[325] Letztlich stößt das Ausgleichsprinzip im Rahmen der Naturalvollstreckung auf seine Grenzen, weil diese aus der Natur der Sache nur dem Prioritätsprinzip unterworfen sein kann.[326] Zu erwähnen ist an dieser Stelle, dass das russische Recht in diesem Zusammenhang in Art. 87 Abs. 11 VVG das Prioritätsprinzip verwirklicht, indem das nicht realisierte Vermögen dem Gläubiger zur Verfügung gestellt wird, der zuerst das Vollstreckungsdokument bei dem Gerichtsvollzieherdienst eingereicht hat. Die gepfändeten Gegenstände unterliegen im russischen Vollstreckungsrecht der Verwertung durch Verkauf oder Versteigerung gem. Art. 87 VVG. Damit kennt das russische Recht grundsätzlich[327] keine Befriedigung einer Geldforderung des Gläubigers durch Übergabe des Vermögens des Schuldners in natura. Eine solche Übergabe ist gem. Art. 88 VVG auf bestimmte, in dem Vollstreckungstitel genannte Gegenstände beschränkt.

6. Weitere Verfahrensgrundsätze

Dem russischen Zwangsvollstreckungsrecht lassen sich noch einige weitere Verfahrensgrundsätze entnehmen. So gilt auch hier der numerus clausus der Vollstreckungsarten. Der Gläubiger und der Gerichtsvollzieher können danach nur die gesetzlich vorgesehenen Vollstreckungsarten benutzen, die der Schuldner seinerseits erdulden muss. Das VVG lässt außerdem den Grundsatz effektiver Verwertung erkennen. So darf z.B. gem. Art. 87 Abs. 8 VVG der Preis des zu verkaufenden Vermögens grundsätzlich nicht unter seinem Wert liegen und gem. Art. 89 Abs. 2 VVG darf das Mindestgebot im Rahmen einer Versteigerung nicht den geschätzten Wert unterschreiten.

In der russischen Literatur[328] werden außerdem das Prinzip der Gerechtigkeit und der Gleichheit vor dem Gesetz, der nationalen Sprache und das Prinzip der

325 Vgl. oben zu § 111 Abs. 1 VVG.

326 *Stürner*, Prinzipien der Einzelzwangsvollstreckung, ZZP 99 (1986), S. 328.

327 Ausnahmen ergeben sich z.B. aus Art. 87 Abs. 11-14 VVG und Art. 92 Abs. 3, 4 VVG.

328 Vgl. *Valeev*, „Ispolnitel'noe proizvodstvo" (Vollstreckungsverfahren), S. 79 ff.; *Gureev/Guschin*, „Ispolnitel'noe proizvodstvo – Učebnik" (Vollstreckungsverfahren – Lehrbuch), S. 23 f.; *Maljuschin*, „Sistema principov graždanskogo ispolnitel'nogo prava Rossijskoj Federacii" (System der Prinzipien des bürgerlichen Zwangsvollstreckungsrechts der Russischen Föderation), AGP Nr. 12, 2008, S. 33 ff.; *Grizai*, „Principy sovremennogo ispolnitel'nogo proizvodstva" (Prinzipien des gegenwärtigen

Unantastbarkeit der Person des Schuldners genannt. Diese Prinzipien zählen zu den allgemeinen Verfahrensgrundsätzen und resultieren unmittelbar aus der Verfassung.[329]

III. Zusammenfassung

Die russische Zwangsvollstreckung weist im Hinblick auf die Grundsätze und Prinzipien des Zwangsvollstreckungsrechts nicht nur bestimmte Unterschiede, sondern auch einige Gemeinsamkeiten zum deutschen Zwangsvollstreckungsrecht auf. Die ausdrückliche Regelung einiger Prinzipien des russischen Zwangsvollstreckungsrechts in Art. 4 VVG stellt zwar eine Besonderheit zum deutschen Recht dar, jedoch sind die darin geregelten Prinzipien mit den geltenden Grundsätzen des deutschen Rechts vergleichbar. Insbesondere die in der Verfassung verankerten Grundsätze, wie die Gesetzmäßigkeit und die Achtung der Ehre und Würde der Bürger, haben eine allgemein anerkannte Gültigkeit in der gesamten Rechtsordnung, der russischen sowie der deutschen. Ebenso finden im russischen Recht die Grundsätze des beschränkten Vollstreckungszugriffs, der Verhältnismäßigkeit und der Vollstreckungsbeschleunigung, auch wenn nur mit einigen Abweichungen im Detail, entsprechende Geltung.

Genauso wie im deutschen Recht ist auch die russische Zwangsvollstreckung von der Dispositionsmaxime geprägt. So haben es zum größten Teil die Parteien selbst in der Hand, ob das Verfahren eingeleitet oder beendet wird, da auch hier die Einleitung des Zwangsvollstreckungsverfahren grundsätzlich einen Antrag des Gläubigers voraussetzt und dieses durch ihn oder durch die freiwillige Leistung des Schuldners wieder beendet werden kann. Im Vergleich zum deutschen Recht ist jedoch der Offizialgrundsatz im russischen Recht viel ausgeprägter, weil auch die Behörden und Gerichte in bestimmten Fällen den Anfang und das Ende des Verfahrens bestimmen können. Aufgrund der im russischen Recht geltenden Reihenfolge des Zugriffs auf die Vollstreckungsgegenstände („gradus executionis") kann auch nicht von einer Parteiherrschaft über die Vollstreckungsart oder -gegenstände gesprochen werden.

Während der Formalisierungsgrundsatz auch im russischen Zwangsvollstreckungsrecht zum größten Teil gilt, hat hier nicht der Beibringungsgrundsatz, sondern der Untersuchungsgrundsatz die grundsätzliche Geltung. Das resultiert

---

Zwangsvollstreckungsrechts), AGP Nr. 6, 2002, S. 36 ff.; *Selesnev*, „Suŝnost', zadači i principy ispolnitel'nogo proizvodstva" (Wesen, Aufgaben und Prinzipien des Zwangsvollstreckungsrechts), SP Nr. 5, 2009, S. 99 ff.

329 Das Prinzip der nationalen Sprache ergibt sich aus Art. 9 ZPO RF.

insbesondere aus der im russischen Recht verwirklichten zentralen Verfahrensorganisation durch das einzige Vollstreckungsorgan, den Gerichtsvollzieher. Einen weiteren wesentlichen Unterschied zum deutschen Recht stellt auch das Ausgleichsprinzip des russischen Rechts dar, das auf eine gleichmäßige Befriedigung der Gläubiger gerichtet ist. Das in Deutschland geltende Prioritätsprinzip wird dagegen nur in einigen Ausnahmefällen verwirklicht.

Insgesamt lassen sich viele Parallelen zu den deutschen Verfahrensgrundsätzen erkennen, wobei teilweise eine andere Gewichtung innerhalb der einzelnen Prinzipien zu beobachten ist. Aufgrund der Umsetzung der zahlreichen Entscheidungen des EGMR und des russischen Verfassungsgerichts durch den russischen Gesetzgeber, ist auch die Ausgestaltung des Zwangsvollstreckungsverfahrens als verfassungskonform anzusehen.

Im Zusammenhang mit der Betrachtung der geschichtlichen Entwicklung des russischen Zwangsvollstreckungsrechts, ist im Hinblick auf die Ausgestaltung der Prinzipien und Verfahrensgrundsätze somit eine deutliche Stärkung der Rechte und Interessen der Parteien der Zwangsvollstreckung zu beobachten. Wie das jedoch in der Praxis umgesetzt wird, wird sich erst zeigen müssen.

Teil III
Voraussetzungen und Arten der Zwangsvollstreckung

§ 4 Allgemeine Voraussetzungen der Zwangsvollstreckung

I. Die Vollstreckungsdokumente in der russischen Zwangsvollstreckung

Die Einleitung des Vollstreckungsverfahrens durch den zuständigen[330] Gerichtsvollzieher setzt gem. Art. 30 Abs. 1 VVG neben einem entsprechenden Antrag des Gläubigers[331] die Einreichung eines Vollstreckungsdokumentes voraus. Nur auf der Grundlage eines solchen Dokumentes können das Vollstreckungsverfahren eingeleitet, Vollstreckungsmaßnahmen und -handlungen vorgenommen werden.[332] Um ein Verständnis dafür zu bekommen, was unter einem russischen Vollstreckungsdokument zu verstehen ist, wird im Folgenden auf die Funktion und Form solcher Dokumente eingegangen und die verschiedenen Arten der russischen Vollstreckungsdokumente dargestellt. Abschließend erfolgt ein Vergleich zur deutschen Vollstreckungsklausel.

1. Das Vollstreckungsdokument und seine Funktion

Das Vollstreckungsdokument ist ein offizielles Dokument, das die Forderung des Gläubigers gegen den Schuldner bestätigt. Nur das Vollstreckungsdokument stellt die Grundlage für die Einleitung des Vollstreckungsverfahrens dar und nicht die Entscheidung selbst, womit es ein selbständiges Dokument im prozessualen Sinne ist. Grundlage des Vollstreckungsdokuments ist jedoch die gerichtliche oder außergerichtliche Entscheidung, also der Vollstreckungstitel.[333]

---

330 Siehe zu der örtlichen Zuständigkeit des Gerichtsvollziehers § 3 II 3 a, S. 66.

331 In bestimmten Fällen kann auch aufgrund der Einreichung des Vollstreckungsdokumentes bei dem Gerichtsvollzieher durch das Gericht, ein anderes Organ oder einen Amtsträger das Verfahren eingeleitet werden, Art. 30 Abs. 5 VVG – vgl. dazu § 3 II 1 a, S. 56 ff.

332 *Reschetnikova*, Kommentar, Art. 12, Nr. 1, S. 46.

333 Im Gegensatz zum deutschen Recht spricht das gesamte VVG nur von Vollstreckungsdokumenten, nicht von Vollstreckungstiteln. In der russischen Zwangsvollstreckung hat der eigentliche Vollstreckungstitel keine große Bedeutung, weil nur das auf seiner Grundlage ausgestellte Vollstreckungsdokument für die Einleitung des Verfahrens notwendig ist.

Genau wie im deutschen Recht[334] unterliegen im russischen Recht nur solche Entscheidungen der Vollstreckung, die einen vollstreckungsfähigen Inhalt haben. Der Tenor einer gerichtlichen oder außergerichtlichen Entscheidung muss die Erbringung einer bestimmten Leistung durch den Schuldner enthalten. Das ergibt sich insbesondere aus der in Art. 13 Abs. 1 Nr. 6 VVG geregelten Anforderung an den Inhalt eines Vollstreckungsdokumentes, der ausdrücklich aufführt, dass der übernommene Tenor der Entscheidung die Verpflichtung des Schuldners zur Zahlung einer Geldsumme, Herausgabe von sonstigem Vermögen, Handlungen oder Unterlassungen enthalten muss. Damit sind nur Leistungsurteile vollstreckungsfähig, nicht jedoch Feststellungs- oder Gestaltungsurteile.

2. Form und Inhalt der Vollstreckungsdokumente

Die Vollstreckungsdokumente lassen sich ihrer Form nach in zwei Gruppen einteilen, in diejenigen, die eine grundlegend andere Form im Vergleich zur Entscheidung haben,[335] und diejenigen, wo die Entscheidung selbst praktisch das Vollstreckungsdokument darstellt.[336] Die Vollstreckungsdokumente der ersten Gruppe müssen gem. Art. 13 Abs. 1 VVG bestimmte Formalien aufweisen, wie die Bezeichnung und Adresse des Gerichts oder eines anderen Organs, das das Vollstreckungsdokument ausgestellt hat, Name und Initialen des Amtsträgers; Bezeichnung der Sache und des Materials, auf dessen Grundlage das Vollstreckungsdokument ausgestellt wurde, sowie deren Aktenzeichen; Datum der Fällung der Entscheidung, sowie Datum des Inkrafttretens der Entscheidung oder der Hinweis auf die sofortige Vollziehung. Weiterhin müssen bestimmte Informationen über den Schuldner und den Gläubiger enthalten sein, wie z.B. Name, Wohnort oder Aufenthaltsort. Bei Organisationen die Bezeichnung und juristische Adresse und bei der Russischen Föderation oder Gemeinden, die Bezeichnung und Adresse des Organs, welches in ihrem Namen das Recht verwirklichen und die Pflichten des Vollstreckungsverfahrens erfüllen kann. Wichtig ist außerdem die Angabe des vollstreckungsfähigen Tenors der Entscheidung.[337] Das Vollstreckungsdokument, das auf der Grundlage der Gerichtsentscheidung

334 Vgl. *MünchKomm ZPO, Krüger*, § 704 Rn. 5 f.

335 Hier wird die vollstreckungsfähige Entscheidung in einem gesonderten Dokument ausgefertigt. Das betrifft die Vollstreckungsdokumente gem. Art. 12 Abs. 1 Nr. 1, 4, 5 VVG.

336 Es handelt sich hier nur um ein zweites Exemplar der Entscheidung. Das sind die Vollstreckungsdokumente des Art. 12 Abs. 1 Nr. 2, 3, 6, 7, 9 VVG.

337 Siehe oben § 4 I 1, S. 79.

ausgestellt wurde, wird vom Richter unterschrieben und mit einem Wappensiegel des Gerichtes beglaubigt. Entsprechendes gilt auch für außergerichtliche Entscheidungen, Art. 13 Abs. 3 und 4 VVG. Für die Vollstreckungsdokumente zweiter Gruppe reicht bereits eine entsprechende Unterschrift und Beglaubigung auf einem zweiten Exemplar der Entscheidung aus. Welchen Inhalt eine solche Entscheidung haben muss, richtet sich dabei nach den entsprechenden Föderalen Gesetzen, Art. 13 Abs. 5 VVG.[338]

3. Verschiedene Arten der russischen Vollstreckungsdokumente

Art. 12 VVG listet insgesamt acht verschiedene Vollstreckungsdokumente auf, auf deren Grundlage die Zwangsvollstreckung eingeleitet werden kann. Diese Aufzählung ist jedoch im Gegensatz zu §§ 704, 794 ZPO nicht abschließend. In Art. 12 Abs. 1 Nr. 8 VVG wird ausdrücklich klargestellt, dass auch weitere Entscheidungen zu den Vollstreckungsdokumenten gehören können, wenn das durch die Föderalen Gesetze vorgesehen ist. Zu den in Art. 12 Abs. 1 VVG genannten Vollstreckungsdokumenten gehören folgende:

a. Vollstreckungsblätter

aa) Begriff

Zu den Vollstreckungsdokumenten gehören zunächst gem. Art. 12 Abs. 1 Nr. 1 VVG die Vollstreckungsblätter[339] oder die vollstreckbaren Ausfertigungen, die von Gerichten ordentlicher Gerichtsbarkeit und von Wirtschaftsgerichten auf der Grundlage der von ihnen gefällten Entscheidungen ausgestellt werden. Die Vollstreckungsblätter gehören zu den Vollstreckungsdokumenten, die im Vergleich zu der Entscheidung eine andere Form aufweisen.[340] Zu den Entscheidungen, die die Grundlage für die Vollstreckungsblätter darstellen, zählen Urteile,

---

338 So ist der Inhalt einer gerichtlichen Anordnung (Gerichtsbefehls) in Art. 127 ZPO RF geregelt und der Inhalt einer notariell beglaubigten Einigung über die Zahlung von Unterhalt in Art. 99, 100 des Familienkodex RF.

339 „Vollstreckungsblätter" ist die wörtliche Übersetzung von „ispolnitelnye listy". Diese kann man jedoch auch als vollstreckbare Ausfertigung übersetzen, weil dieser Begriff der Form eines solchen Vollstreckungsblattes am ehesten entspricht.

340 Die Form, Herstellung, Aufbewahrung und Vernichtung von Vollstreckungsblättern wird durch die Regierung der Russischen Föderation bestimmt. So durch Beschluss der Regierung RF vom 31.07.2003 Nr. 579 „Über die Form der Vollstreckungsblätter" (Постановление Правительства РФ от 31.07.2008 № 579 „О бланках исполнительных листов").

Beschlüsse und sonstige Akte der Gerichte.[341] Weiterhin können Vergleiche, die vor einem Gericht geschlossen wurden, Grundlage für die Vollstreckungsblätter sein. Vollstreckungsblätter können auch zur Vollstreckung einer vor einem Schiedsgericht getroffenen Entscheidung ausgestellt werden. Für die Ausstellung dieser Vollstreckungsblätter ist das Gericht am Wohnort des Schuldners oder dem Aufenthalt seines Vermögens zuständig. Das Gericht wird nur auf Antrag des Gläubigers tätig.[342]

bb) Vorläufige Vollstreckbarkeit der Gerichtsentscheidungen

Die Zwangsvollstreckung von Gerichtsentscheidungen ist gem. Art. 210 ZPO RF, Art. 318 Abs. 1 APO RF grundsätzlich erst nach dem Eintritt der Rechtskraft möglich,[343] so dass auch das Vollstreckungsdokument durch das Gericht erst nach dem Eintritt der Rechtskraft gem. Art. 130 Abs. 1, 428 Abs. 1 ZPO RF, Art. 319 Abs. 3 APO RF ausgestellt wird. Ein vor dem Rechtskrafteintritt ausgestelltes Dokument ist nichtig und unterliegt gem. Art. 428 Abs. 4 ZPO RF, Art. 319 Abs. 7 APO RF der Einziehung durch das Gericht. Nur im Falle der sofortigen Vollstreckung, die mit der vorläufigen Vollstreckbarkeit des deutschen Rechts vergleichbar ist, wird das Vollstreckungsdokument durch das Gericht sofort ausgehändigt. Der sofortigen Vollstreckung unterliegen dabei Gerichtsbefehle und Entscheidungen, die gem. Art. 211 ZPO RF z.B. die Unterhalts- und Lohnzahlungen oder die Wiedereinstellung eines Arbeitnehmers enthalten. In diesen Fällen muss das Gericht die sofortige Vollstreckung dieser Entscheidungen anordnen. Das Gericht kann aber auch in anderen Fällen auf Antrag des Klägers gem. Art. 212 Abs. 1 ZPO RF, Art. 182 Abs. 3 APO RF im Rahmen einer mündlichen Verhandlung die sofortige Vollstreckung anordnen, falls der Kläger andernfalls erhebliche Nachteile erleiden oder die Vollstreckung unmöglich werden würde. Gleichzeitig kann das Gericht von dem Kläger eine Sicherheit für den Fall verlangen, dass die Entscheidung wieder aufgehoben wird. Gegen diese

---

341 Vgl. dazu Art. 1 Abs. 3 ZPO RF. Ausgenommen sind von diesen Entscheidungen die Gerichtsbefehle, die jedoch separat als Vollstreckungsdokument aufgeführt sind. Siehe dazu weiter unten.

342 Das Verfahren zur Ausstellung der Vollstreckungsblätter, um Entscheidungen der Schiedsgerichte vollstrecken zu können, ist in Art. 423 ff. ZPO RF geregelt. Die Entscheidung ergeht durch einen Beschluss des Gerichts gem. Art. 427 ZPO RF. Dieses Verfahren ist somit mit dem deutschen Verfahren nach §§ 1060, 1062 ff. ZPO vergleichbar.

343 Der Eintritt der Rechtskraft und die damit verbundenen Rechtsfolgen sind in Art. 209 ZPO RF geregelt.

Anordnung besteht die Möglichkeit eine Beschwerde gem. Art. 212 Abs. 3 ZPO RF einzulegen, die jedoch das Zwangsvollstreckungsverfahren nicht unterbricht.

Damit gilt im russischen Recht der Grundsatz, dass nur die bereits in Rechtskraft erwachsenen Entscheidungen der Gerichte der Zwangsvollstreckung unterliegen. Die sofortige Vollstreckung von Entscheidungen stellt damit nur die Ausnahme dar.[344] Eine den §§ 708 ff. ZPO entsprechende Regelung über die vorläufige Vollstreckbarkeit mit oder ohne Sicherheitsleistung kennt das russische Zwangsvollstreckungsrecht in dieser Form nicht. Es wird nicht zwischen verschiedenen Titeln differenziert, die ohne Sicherheitsleistung oder nur gegen eine Sicherheitsleistung für vorläufig vollstreckbar erklärt werden können. Vielmehr steht dem Gericht das Recht zu, jede Entscheidung unter den Voraussetzungen des Art. 212 Abs. 1 ZPO RF für sofort vollstreckbar zu erklären, weil eine Unterscheidung zwischen unterschiedlichen Entscheidungen in diesem Artikel nicht vorgenommen wird. Auch das Verlangen einer Sicherheitsleistung von dem Kläger ist in das Ermessen des Gerichts gestellt, wobei diese nur in erforderlichen Fällen durch das Gericht verlangt werden kann.[345] Nicht ausdrücklich geregelt ist außerdem die Frage, wie im Falle einer bereits erfolgten Vollstreckung zu verfahren ist, wenn die Entscheidung des Gerichts aufgehoben wird.[346] In Betracht kommen insoweit allgemeine Regelungen über Schadensersatzansprüche, die über Art. 119 Abs. 2 VVG Anwendung finden.[347]

Die Regelung des russischen Gesetzgebers zur vorläufigen Vollstreckbarkeit von Gerichtsentscheidungen ist im Vergleich zum deutschen Recht sehr begrenzt ausgestaltet. Der Gläubiger hat danach grundsätzlich nur die Möglichkeit seinen Anspruch vorläufig zu vollstrecken, falls dieser zu einem in Art. 211 ZPO RF abschließend geregelten Fällen gehört. In allen anderen Fällen muss er dagegen

---

344 Im Gegensatz dazu wird im deutschen Recht jedes zivilrechtliche Urteil grundsätzlich von Amts wegen für vorläufig vollstreckbar erklärt, entweder mit oder ohne Sicherheitsleistung. – Vgl. *Baur/Stürner/Bruns*, Zwangsvollstreckungsrecht, § 15, Rn. 15.2.

345 Vgl. dazu die Erläuterung zu der Gerichtsentscheidung in Punkt 11 des Beschlusses des Plenums des Obersten Gerichts der RF vom 19.12.2003 Nr. 23„Über die Gerichtsentscheidung“ (Постановление Пленума Верховного Суда РФ от 19.12.2003 N 23 „О судебном решении“) – wann ein solcher erforderlicher Fall anzunehmen ist, wird in dem Beschluss jedoch nicht klargestellt, so dass auch insoweit von einem Ermessen des Gerichts auszugehen ist.

346 Im deutschen Recht existiert die Regelung des § 717 Abs. 2 ZPO, die den Kläger zum Ersatz des Schadens verpflichtet, der dem Beklagten durch die Vollstreckung des Urteils entstanden ist.

347 Siehe zu Art. 119 Abs. 2 VVG, § 6 I 2, S. 229.

zunächst darlegen und beweisen, dass er anderenfalls einen erheblichen Nachteil erleiden würde oder die Vollstreckung unmöglich wird. Das wird ihm schwer gelingen können, insbesondere ist auch die Entscheidung diesbezüglich in das Ermessen des Gerichts gestellt. Dadurch wird dem Interesse des Gläubigers zu einer effektiven Rechtsdurchsetzung nicht genügend Beachtung geschenkt, weil der Schuldner durch Rechtsmitteleinlegung die Vollstreckung der Entscheidung auf eine unbestimmte Zeit verzögern kann und damit die Vollstreckung womöglich komplett zu vereiteln vermag. Andererseits ist mangels entsprechender Regelungen bezüglich einer Schadensersatzleistung durch den Gläubiger im Fall der Aufhebung der Entscheidung bei bereits erfolgter Vollstreckung das Risiko des Schuldners erhöht, durch die vorläufige Vollstreckung des Gläubigers einen Schaden zu erleiden. Nach dem geltenden Recht kann zwar eine Sicherheitsleistung von dem Gläubiger verlangt werden, muss jedoch nicht. Mit der bestehenden Regelung wird das Risiko des Schuldners, zumindest was die Fälle außerhalb des Art. 211 ZPO RF angeht,[348] vermindert.

cc) Anerkennung und Vollstreckbarerklärung ausländischer Gerichts- und Schiedsgerichtsentscheidungen[349]

Nicht nur auf der Grundlage der Entscheidungen russischer Gerichte, sondern auch aufgrund ausländischer Gerichts- und Schiedsgerichtsentscheidungen, kann das Vollstreckungsdokument ausgestellt werden. Das setzt jedoch genau wie in Deutschland[350] die Anerkennung und Vollstreckbarerklärung der

---

348 In diesen Fällen kann die sofortige Vollstreckung ohne jegliche Sicherheitsleistungen vorgenommen werden, so dass das Risiko der Entscheidungsaufhebung hier der Schuldner trägt.

349 Siehe dazu ausführliche Darstellungen in *Steinbach*, Anerkennung und Vollstreckung ausländischer Urteile und Schiedssprüche in der Russischen Föderation; *Gerasimchuk*, Die Urteilsanerkennung im deutsch-russischen Rechtsverkehr. Zu der Anerkennung und Vollstreckung ausländischer Schiedsgerichts- und Gerichtsurteile in wirtschaftlichen Streitigkeiten in Russland siehe *Peters/Schumann*, WiRO 2008, S. 289 ff.

350 Siehe §§ 328, 722 ZPO. – Während jedoch im deutschen Recht die Anerkennung die Voraussetzung der Vollstreckbarerklärung ist und das Vollstreckungsurteil gem. § 723 Abs. 2 S. 2 ZPO nicht zu erlassen ist, falls die Anerkennung gem. § 328 ZPO ausgeschlossen ist, geht der russische Gesetzgeber einen umgekehrten Weg und bezeichnet mögliche Versagungsgründe nicht als Anerkennungsvoraussetzungen, sondern als Gründe für die Ablehnung der Vollstreckbarerklärung, obwohl die Anerkennung auch als Voraussetzung der Vollstreckung gilt. Vgl. Art. 412 ZPO RF und *Steinbach*, Anerkennung und Vollstreckung ausländischer Urteile und

ausländischen Entscheidung voraus. Die Anerkennung und Vollstreckbarerklärung ausländischer Gerichts- und Schiedsgerichtsentscheidungen ist im Kapitel 45 ZPO RF geregelt.[351]

1) Ausländische Gerichtsentscheidungen/Urteile

Gem. Art. 409 Abs. 1 ZPO RF werden die ausländischen Urteile in der Russischen Föderation anerkannt und für vollstreckbar erklärt, wenn das in den internationalen Verträgen der Russischen Föderation vorgesehen ist und Versagungsgründe des Art. 412 ZPO RF[352] dem nicht entgegenstehen. Unter ausländischen Urteilen sind gem. Art. 409 Abs. 2 ZPO RF Urteile in Zivilsachen zu verstehen. Ausgenommen sind jedoch Urteile in Wirtschafts- und anderen Sachen, die mit der Ausübung unternehmerischer oder sonstiger wirtschaftlicher Tätigkeit verbunden sind, für welche die §§ 241 ff. APO RF gelten,[353] sowie Urteile, die den Ersatz eines durch die Straftat verursachten Schadens enthalten. Ausnahmen vom Erfordernis internationaler Vereinbarungen über die gegenseitige Anerkennung und Vollstreckbarerklärung gelten jedoch für nicht vollstreckungsfähige Urteile, insbesondere im Bereich des Personen- und Familienrechts. Diese Urteile können im Falle mangelnden Widerspruchs des Betroffenen und bei Fehlen von Versagungsgründen ohne weiteres gem. Art. 413-415 ZPO RF anerkannt werden.[354] Das Verfahren für die Anerkennung und Vollstreckbarerklärung eines ausländischen Urteils wird auf Antrag des Gläubigers unter Einhaltung einer dreijährigen

---

Schiedssprüche in der Russischen Föderation, § 3 V S. 67; *Gerasimchuk*, Die Urteilsanerkennung im deutsch-russischen Rechtsverkehr, S. 87.

351 Vergleichbare Regelungen finden sich auch im Kapitel 31 des APO RF. – Siehe zu der Anerkennung und Vollstreckung der Entscheidungen ausländischer Gerichte und Arbitragegerichte auch das Dekret des Präsidiums des Obersten Sowjets der UdSSR vom 21. Juni 1988 N 9131-XI „Über die Anerkennung und Vollstreckung Entscheidungen ausländischer Gerichte und Arbitragegerichte in der UdSSR" (Указ Президиума ВС СССР от 21 июня 1988 г. N 9131-XI „О признании и исполнении в СССР решений иностранных судов и арбитражей").

352 Versagungsgründe gem. Art. 412 ZPO RF sind z.B. die fehlende Rechtskraft oder die Unvollstreckbarkeit des Urteils; Verlust der Prozessfähigkeit der Person, gegen die sich das Urteil richtet; die Sache gehört zu der ausschließlichen Zuständigkeit russischer Gerichte; es existiert eine in Rechtskraft erwachsene Entscheidung russischer Gerichte zwischen denselben Parteien und über denselben Streitgegenstand u.w.

353 Zu beachten ist jedoch, dass gem. Art. 241 APO RF die Anerkennung und Vollstreckbarerklärung auch erfolgen kann, falls es durch ein Föderales Gesetz, wie z.B. Art. 1 Abs. 6 S. 2 des Föderalen Gesetzes „Über die Insolvenz (Bankrott)" vorgesehen ist.

354 *Solotych*, Die Vollstreckung von Gerichtsurteilen in Russland, forost Arbeitspapier Nr. 35, Juni 2006, S. 12.

Frist seit dem Eintritt der Rechtskraft der ausländischen Entscheidung eingeleitet, Art. 409 Abs. 3 ZPO RF. Zuständig für das Verfahren sind gem. Art. 410 ZPO RF die ordentlichen Gerichte am Wohnort des Schuldners. Wird dem Antrag stattgegeben, stellt das Gericht einen entsprechenden Titel und ein Vollstreckungsdokument aus. Die Vollstreckung selbst erfolgt dann nach den Regeln des VVG.[355]

Für die Vollstreckbarerklärung einer deutschen Entscheidung fehlt jedoch eine Vereinbarung über die Anerkennung und Vollstreckung von Urteilen zwischen der Russischen Föderation und Deutschland.[356] Auch die Gegenseitigkeit ist nicht verbürgt, womit die Vollstreckung eines deutschen Urteils in Russland und umgekehrt zurzeit nicht möglich ist.[357] Nur nicht vollstreckungsfähige

---

355 Art. 11 VVG bestimmt noch einmal ausdrücklich, dass sich das Verfahren der Vollstreckung ausländischer Gerichte und Schiedsgerichte in der Russischen Föderation nach den entsprechenden internationalen Verträgen, prozessualen Gesetzgebung der Russischen Föderation und dem VVG richtet.

356 Solche Vereinbarungen finden sich zumeist in bilateralen Rechtshilfeabkommen. Diese hat Russland mit fast allen Staaten der ehemaligen Sowjetunion, den meisten Staaten Osteuropas und mit westeuropäischen Staaten wie Spanien, Italien, Griechenland und Finnland abgeschlossen. Die jeweiligen Regelungen haben jedoch teilweise unterschiedlichen Umfang. – Neben den bilateralen Rechtshilfeabkommen stellen in der aktullen russischen Rechtspraxis auch die multilateralen Abkommen, die Minsker Konvention vom 22.01.1993 „Über Rechtshilfe und Rechtsverhältnisse in zivil-, Familien- und Strafsachen“ und das Kiewer Übereinkommen vom 20.03.1992 „Über das Verfahren der Entscheidung von Streitigkeiten, die mit der Ausübung wirtschaftlicher Tätigkeit verbunden sind“ die wichtigste Grundlage für die Anerkennung und Vollstreckung ausländischer Entscheidungen in Russland dar. – siehe dazu *Kurzynsky-Singer*, WiRO 2010, S. 265 ff.

357 In Diskussion ist derzeit jedoch die Frage, ob auch ohne eine entsprechende Vereinbarung eine Anerkennung und Vollstreckung möglich ist. Das resultiert aus der Entscheidung des Föderalen Wirtschaftsbezirksgerichts (Beschluss vom 2.3.2006, IPPrax 2008, 139 f.), das eine erstinstanzliche Entscheidung, die einem englischen Urteil die Vollstreckbarerklärung bewilligte, aufrechterhielt. In dieser Entscheidung wurde die Gegenseitigkeitsverbürgung aus einem Partnerschaftsvertrag zwischen Russland und der EU hergeleitet (dazu eingehend *Laptew/Kopylov*, IPPax 2008, S. 143 ff.). In der Rechtsprechung (OLG Hamburg, Urteil vom 28.10.2004, 6 U 89/04) und Lehre (*Breig/Schröder*, IPPrax 2003, 359 ff.) wird die Gegenseitigkeit jedoch verneint. – siehe dazu zusammenfassend und m.w.N. *Schütze* in *Geimer/Schütze*, EuZVR, E.1, Rn. 224; zur russischen Rechtsprechung diesbezüglich: *Gerasimchuk*, Die Urteilsanerkennung im deutsch-russischen Rechtsverkehr, S. 144 ff. und *Peters/Schumann*, WiRO 2008, S. 291. – Eine Anerkennungspraxis in Bezug auf deutsche Urteile kann noch nicht festgestellt werden, so dass es abzuwarten bleibt, ob sich eine Seite dazu entschließt, mit der gegenseitigen Anerkennung voranzugehen.

Urteile werden gem. Art. 413–415 ZPO RF anerkannt, sofern kein Widerspruch des Betroffenen oder andere Versagungsgründe vorliegen.[358]

2) Ausländische Schiedsgerichtsentscheidungen

Anders verhält es sich mit der Anerkennung und Vollstreckbarerklärung von ausländischen Schiedsgerichtsentscheidungen. Für diese gilt zwar gem. Art. 416 Abs. 1 ZPO RF grundsätzlich das Gleiche wie bei der Anerkennung und Vollstreckbarerklärung von ausländischen Gerichtsurteilen,[359] jedoch wird im Unterschied zu den Gerichtsurteilen die Anerkennung und Vollstreckung von Schiedssprüchen durch das New Yorker Übereinkommen über die Anerkennung und Vollstreckung ausländischer Schiedssprüche vom 10. Juni 1958[360] und das Europäische Übereinkommen über die internationale Handelsschiedsgerichtsbarkeit vom 21. April 1961[361] geregelt, dem sowohl Russland[362] als auch

358 So z.B. gem. Art. 160 Abs. 4 des Familienkodex RF. Ausnahmen bestehen aber auch im Insolvenzrecht, Art. 1 Abs. 6 S. 2 des Föderalen Gesetzes „Über die Insolvenz (Bankrott)".

359 Siehe oben. Zu beachten sind jedoch die besonderen Versagungsgründe für die Anerkennung und Vollstreckbarerklärung gem. Art. 417 ZPO RF und Art. 244 APO RF. Hervorzuheben ist einer der Versagungsgründe dieser beiden Vorschriften, die Verletzung der „öffentlichen Ordnung der Russischen Föderation", des russischen ordre public, durch die Anerkennung und Vollstreckung eines Schiedsspruchs. Siehe zum Begriff des russischen ordre public und dessen Entwicklung *Kurzynsky-Singer/Davydenko*, SchiedsVZ 2010, S. 204 ff.

360 BGBl. 1961 II S. 121 ff.

361 BGBl. 1964 II S. 425 ff. – Im Bereich der internationalen Wirtschaftsschiedsgerichtsbarkeit ist das Internationale Handelsschiedgericht bei der Handels- und Industriekammer der Russischen Föderation die führende Schiedsgerichtsinstitution Russlands. Dessen Tätigkeit wir nicht nur durch die genannten Übereinkommen, sondern auch durch das Gesetz der Russischen Föderation vom 7. Juli 1993 Nr. 5338-1 „Über die Internationale Handelsschiedsgerichtsbarkeit" (Закон РФ от 07.07.1993 N 5338-1 „О международном коммерческом арбитраже") geregelt. – Siehe zum Internationalen Handelsschiedsgericht auch *Komarov/Barth*, Die neue Schiedsordnung des Internationalen Handelsschiedsgerichts bei der Handels- und Industriekammer der Russischen Föderation (MKAS), SchiedsVZ 2007, S. 89 ff; *Komarov*, „Rol' MKAS v praktike meždunarodnogo kommerčeskogo arbitraža v Rossii" (Die Rolle des MKAS in der Praxis der internationalen Handelsschiedgerichtsbarkeit in Russland), Vestnik des Obersten Arbitragegerichts RF, Nr. 10, 2007, S. 4 ff.

362 Russland ist als Rechtsnachfolger der Sowjetunion Vertragspartner des Übereinkommens geworden. – *Steinbach*, Anerkennung und Vollstreckung ausländischer Urteile und Schiedssprüche in der Russischen Föderation, § 7 I 1 S. 191.

Deutschland[363] als Vertragsstaaten angehören.[364] Damit sind auch Entscheidungen deutscher Schiedsgerichte in der Russischen Föderation vollstreckbar.

b. Gerichtsbefehle

Gerichtsbefehle i.S.v. Art. 12 Abs. 1 Nr. 2 VVG sind Gerichtsbeschlüsse, die von einem Richter auf der Grundlage eines Antrags des Gläubigers bezüglich einer Geldforderung oder Herausgabe einer bestimmten Sache des Schuldners erlassen werden, Art. 121 ZPO RF.[365] Der Gerichtsbefehl wird gem. Art. 122 ZPO RF herausgegeben, falls die Forderung in notarieller oder schriftlicher Form vorliegt oder es sich z.B. um Unterhaltsforderungen Minderjähriger, Lohnforderungen oder Forderungen bezüglich Steuerrückständen handelt. Der Gerichtsbefehl wird damit bei unstreitig vorliegenden Forderungen herausgegeben, womit es sich um ein vereinfachtes Verfahren handelt und in etwa mit dem Urkunden- und Wechselprozess des deutschen Rechts[366] verglichen werden kann. Die Form des Gerichtsbefehls wird durch Art. 127 ZPO RF bestimmt. Mit der Aufbringung eines Wappens und der Unterschrift des Richters auf einem zweiten Exemplar nach Ablauf der Beschwerdefrist[367], stellt der Gerichtsbefehl gem. Art. 130 ZPO RF gleichzeitig das Vollstreckungsdokument dar.

c. Notariell beglaubigte Vereinbarungen über die Zahlung von Unterhalt oder deren notariell beglaubigte Kopien

Zu den Vollstreckungsdokumenten gehören gem. Art. 12 Abs. 1 Nr. 3 VVG weiterhin die notariell beglaubigten Vereinbarungen über die Zahlung von

363 Die Geltung des Übereinkommens vom 10. Juli 1958 über die Anerkennung und Vollstreckung ausländischer Schiedssprüche ist in Deutschland in § 1061 ZPO ausdrücklich normiert.

364 Insgesamt gehören dem New Yorker Übereinkommen 145 Staaten an (Stand September 2009). Als weiterer internationaler Vertrag ist die Moskauer Konvention von 1972 (Übereinkommen über die schiedsrichterliche Streitbeilegung bürgerlichrechtlicher Streitigkeiten aus Beziehungen der wirtschaftlichen und wissenschaftlich-technischen Zusammenarbeit) zu erwähnen. Darüber, ob auch das Kiewer Übereinkommen von 1992 im Bereich der Schiedsgerichtsbarkeit Anwendung findet, besteht jedoch Unklarheit. – siehe dazu *Iffland*, Börsenschiedsgerichtsbarkeit in Deutschland und Russland, S. 33 f.

365 Das Gerichtsbefehlsverfahren ist dem Verfahren vor den Wirtschaftsgerichten (Arbitragegerichten) unbekannt.

366 Siehe dazu §§ 592 ff ZPO.

367 Die Beschwerdefrist beträgt gem. Art. 128 ZPO RF zehn Tage und beginnt mit dem Erhalt des Gerichtsbefehls, der dem Schuldner in Kopie zugestellt wird.

Unterhalt oder deren notariell beglaubigten Kopien. Die Vereinbarung über die Unterhaltszahlungen, die sich regelmäßig auf die Höhe, die Bedingungen und das Verfahren der Auszahlung bezieht, wird gem. Art. 99 FamK RF zwischen der Person, die zur Unterhaltszahlung verpflichtet ist und dem Empfänger dieser Zahlungen, oder dem jeweiligen Vertreter, geschlossen. Die Vereinbarung muss gem. Art. 100 Abs. 1 FamK RF schriftlich erfolgen und notariell beglaubigt werden. Die notariell beglaubigte Vereinbarung über die Unterhaltszahlung stellt gleichzeitig das Vollstreckungsdokument dar, so dass keine andere Ausstellung oder Vollstreckbarerklärung mehr erforderlich ist.

Zu berücksichtigen ist, dass die getroffene Vereinbarung von den Parteien gem. Art. 101 Abs. 2 FamK RF jederzeit einverständlich geändert oder wieder aufgehoben werden kann. Die Änderung und die Aufhebung unterliegen dabei derselben Form wie der Abschluss der Vereinbarung. Um diese Tatsachen bei der Einleitung des Vollstreckungsverfahrens zu berücksichtigen, muss sich der Gerichtsvollzieher im Falle der Vorlage einer notariell beglaubigten Kopie der Vereinbarung, das Original vorlegen lassen und dessen Gültigkeit zum Zeitpunkt der Verfahrenseinleitung auf eigene Initiative überprüfen.[368]

d. Bescheinigungen, ausgestellt von Kommissionen für Arbeitskonflikte

Die Kommission[369] für Arbeitskonflikte ist ein Organ, das für die Beurteilung der individuellen Arbeitsstreitigkeiten zuständig ist. Die Arbeitsstreitigkeit wird gem. Art. 385 ArbG RF von der Kommission begutachtet, falls der Arbeitnehmer selbst oder unter Hinzuziehung seines Vertreters, den Streit in einem direkten Gespräch mit dem Arbeitgeber nicht beilegen konnte. Auf Antrag[370] des Arbeitnehmers fällt die Kommission gem. Art. 388 ArbG RF in einer geheimen Wahl durch einfache Mehrheit der anwesenden Mitglieder eine Entscheidung. Nach Ablauf einer zehn-tägigen Beschwerdefrist unterliegt die getroffene Entscheidung dem Vollzug innerhalb einer drei-tägigen Frist. Im Falle der Nichtvollziehung durch den Arbeitsgeber stellt die Kommission für Arbeitskonflikte dem Arbeitnehmer eine Bescheinigung aus, die das Vollstreckungsdokument i.S.v. Art. 12 Abs. 1 Nr. 4 VVG darstellt.

---

368 *Reschetnikova*, Kommentar, Art. 12, Nr. 4, S. 65.

369 Die Kommission für Arbeitskonflikte wird auf Initiative der Arbeitnehmer und/oder Arbeitgeber gegründet und besteht aus der gleichen Zahl der Vertreter der Arbeitnehmer und Arbeitgeber, Art. 384 ArbG RF.

370 Der Arbeitnehmer kann sich innerhalb einer Frist von drei Monaten seit der Bekanntgabe einer Verletzung seines Rechts an die Kommission für Arbeitsstreitigkeiten wenden, Art 386 ArbG RF.

e. Entscheidungen von Organen, die Kontrollfunktionen ausüben

Entscheidungen von Kontrollorganen über die Einziehung finanzieller Mittel stellen Vollstreckungsdokumente i.S.v. Art. 12 Abs. 1 Nr. 5 VVG dar. Diesen Entscheidungen müssen Dokumente beigefügt sein, auf denen sich die Eintragung einer Bank oder eines anderen Kreditinstituts über die offenen Giro- oder andere Konten des Schuldners befindet oder über vollständige oder teilweise Nichterfüllung der Forderungen der erwähnten Organe, weil auf den Konten des Schuldners nicht genügend finanzielle Mittel vorhanden sind, um diese Forderungen zu befriedigen. Zu den Kontrollorganen zählen unter anderem die Steuerbehörden, Zollbehörden, Sozialversicherungsfonds und Pensionsfonds.[371] So kann sich die Steuerbehörde im Falle der Nichtzahlung der Steuer durch Steuerzahler grundsätzlich direkt zur Vollziehung der Forderung an die Bank des Schuldners wenden, Art. 46 Abs. 1 SK RF[372]. Sind jedoch auf den Konten des Schuldners keine oder nicht genügend finanzielle Mittel vorhanden, um die Forderung der Steuerbehörde zu befriedigen, kann diese gem. Art. 46 Abs. 7 i.V.m. Art. 47 Abs. 1 SK RF in sonstiges Vermögen des Schuldners vollstrecken. Dazu erlässt die Steuerbehörde einen Beschluss, der dem Inhalt des Art. 47 Abs. 2 SK RF und Art. 13 Abs. 1 VVG entspricht. Mit der Unterschrift des Geschäftsführers und der Beglaubigung mit einem Amtssiegel wird das erforderliche Vollstreckungsdokument geschaffen.

f. Gerichtsentscheidungen, Entscheidungen anderer Organe und Amtsträger in Ordnungswidrigkeitensachen

Vollstreckungsdokumente sind gem. Art. 12 Abs. 1 Nr. 6 VVG auch Gerichtsentscheidungen, Entscheidungen anderer Organe und Amtsträger in Ordnungswidrigkeitensachen. Die Vollstreckung von ergangenen Entscheidungen in Ordnungswidrigkeitensachen obliegt gem. Art. 31.4. Abs. 1 KoAP RF den Organen, die durch das KoAP RF oder durch andere Föderale Gesetze dazu ermächtigt worden sind. Die Entscheidungen der zuständigen Organe[373] in Ordnungswidrigkeitensachen werden gem. Art. 32.1 f. KoAP RF nach dem Eintritt

371 *Reschetnikova*, „Ispolnitel'noe proizvodstvo – Kratkie učebnye kursy ûridičeskih nauk" (Vollstreckungsverfahren – kurze Übungen der Rechtswissenschaft), S. 31.

372 Steuerkodex der RF Teil 1 vom 31.07.1998 Nr. 146-FZ.

373 Die Auflistung der für die Entscheidungen in Ordnungswidrigkeiten zuständigen Organe ist in Kapitel 23 des Kodex der RF „Über die Ordnungswidrigkeiten" aufgeführt.

der Rechtskraft[374] grundsätzlich von den Organen vollstreckt, die die Entscheidungen erlassen haben.[375] Die Zuständigkeit des Gerichtsvollziehers bei der Vollstreckung der Entscheidungen in Ordnungswidrigkeitensachen beschränkt sich auf drei Fälle. Gem. Art. 32.2. Abs. 5 KoAP RF vollstreckt der Gerichtsvollzieher bei dem Schuldner die ihm auferlegten Geldbußen, falls dieser nach Ablauf einer dreißig-tägigen Frist kein Dokument vorweisen kann, dass er die ihm auferlegte Geldbuße beglichen hat. Des Weiteren obliegt dem Gerichtsvollzieher gem. Art. 32.4 Abs. 1 KoAP RF die Konfiskation der Gegenstände, die Mittel der Ordnungswidrigkeitsverletzung waren[376] und die Unterbrechung der verwaltungsrechtlichen Tätigkeit gem. Art. 32.12 Abs. 1 KoAP RF.[377]

g. *Beschlüsse des Gerichtsvollziehers*

Die Beschlüsse des Gerichtsvollziehers sind als Vollstreckungsdokumente i.S.d. Art. 12 Abs. 1 Nr. 7 VVG anzusehen, wenn sie, genau wie die Entscheidungen anderer Organe oder des Gerichts, den Schuldner zu einer Leistung verpflichten.[378] Zu solchen Beschlüssen gehören damit z.B. der Beschluss über die Zahlung von Vollstreckungsgebühren gem. Art. 112 Abs. 1VVG und der Beschluss über die Zahlung der entstandenen Kosten der Zwangsvollstreckung gem. Art. 117 Abs. 3 VVG. Der Inhalt des Beschlusses und damit auch des Vollstreckungsdokumentes

---

374 Den Eintritt der Rechtskraft regelt Art. 31.1 KoAP RF. Die Entscheidung (Beschluss) tritt grundsätzlich nach dem Ablauf der für die Beschwerde festgelegten Frist in Kraft.

375 Zu solchen Vollstreckungsorganen gehören z.B. die Behörden für die inneren Angelegenheiten (z.B. Art. 32.8 KoAP RF, Vollziehung des Beschlusses über den Arrest von Personen).

376 Zu berücksichtigen ist jedoch, dass die Konfiskation von Waffen in die Zuständigkeit der Behörden der inneren Angelegenheiten gehört. – *Gureev/Guschin*, „Ispolnitel'noe proizvodstvo – Učebnik" (Vollstreckungsverfahren – Lehrbuch), S. 113.

377 Dies geschieht gem. Art. 32.12 Abs. 2 KoAP RF z.B. durch Schließung und Versiegelung von Räumen, Kassen und Bereichen, die zur Lagerung von Waren dienen. – siehe dazu auch § 5 II 4, S. 219.

378 Siehe dazu Rn. 6 der Entscheidung des russischen Verfassungsgerichts vom 30.07.2001 Nr. 13-P, SZ RF 2001, Nr. 32, Pos. 3412 „Überprüfung der Vereinbarkeit der Art. 7 Abs. 1 Nr. 7, Art. 77 Abs. 1und Art. 81 Abs. 1 des Föderalen Gesetzes [vom 21.07.1997 Nr. 119-FZ] „Über das Vollstreckungsverfahren" mit der Verfassung" (Постановление Конституционного Суда РФ от 30.07.2001 N 13-П „По делу о проверке конституционности положений подпункта 7 пункта 1 статьи 7, пункта 1 статьи 77 и пункта 1статьи 81 Федерального закона „Об исполнительном производстве")

richtet sich, da Art. 13 Abs. 1 VVG auf Beschlüsse der Gerichtsvollzieher nicht anwendbar ist, nach Art. 14 Abs. 2 VVG.

h. Vollstreckbarkeitserklärung eines Notars[379]

Während die vorgenannten Vollstreckungsdokumente bereits dem VVG von 1997 bekannt waren,[380] wurde die Vollstreckbarkeitserklärung eines Notars gem. Art. 12 Abs. 1 Nr. 9 VVG als Vollstreckungsdokument neu eingefügt.[381] Die Vollstreckbarkeitserklärung eines Notars stellt einen Vermerk des Notars über die

379 Auch als Vollstreckungsvermerk des Notars übersetzbar.

380 Vgl. Art. 7 VVG von 1997.

381 Die Vollstreckbarkeitserklärung eines Notars war auch vor der ausdrücklichen Regelung in Art. 12 Abs. 1 Nr. 9 VVG als Vollstreckungsdokument anerkannt und dem Art. 12 Abs. 1 Nr. 8 VVG (früher Art. 7 Abs. 1 Nr. 8 VVG) als eine sonstige Entscheidung eines Organs (Amtsträgers) zugeordnet. Vgl. dazu die Entscheidung des Verfassungsgerichts RF vom 06.07.2001 Nr. 150-O (Определения Конституционного Суда Российской Федерации об отказе в принятии к рассмотрению запроса Октябрьского районного суда города Ижевска о проверке конституционности пункта 2 статьи 339 ГПК РСФСР, пункта 13 статьи 35, статей 89 и 93 Основ законодательства Российской Федерации о нотариате от 6 июля 2001 года).

Die Vollstreckung aufgrund einer Vollstreckbarkeitserklärung eines Notars erwies sich jedoch in der Praxis als problematisch, weil dem Gerichtsvollzieher faktisch empfohlen wurde, diese Vollstreckungsdokumente nicht zur Vollstreckung anzunehmen. Das wurde dadurch verursacht, dass der Brief des Ministers der RF vom 26.01.1995 Nr. 09/1600/13 „Über die Vollstreckbarkeitserklärung der Notare" (Письмо Минюста РФ от 26.01.1995 N 09-1600/13 „Об исполнительной надписи органов, совершающих нотариальные действия"), aus dem hervorging, dass die Vollstreckbarerklärung eines Notars zu den Vollstreckungsdokumenten gehört, durch den Befehl des Ministers der RF vom 30.11.1999 Nr. 346 „Über die Außerkraftsetzung der Befehle, Verfügungen und Briefe des Justizministeriums der RF zur Sicherung der Notartätigkeit" (Приказ Минюста РФ от 30.11.1999 N 346 „Об отмене приказов, распоряжений и писем Министерства юстиции Российской Федерации по обеспечению деятельности нотариата") außer Kraft gesetzt wurde. – siehe zu dieser Problematik *Valeev*, „Ispolnitel'noe proizvodstvo" (Vollstreckungsverfahren), S. 134.

Mit Gesetz vom 30.12.2008 Nr. 306-FZ „Über die Eintragung der Änderungen in einige Gesetzesakte der Russischen Föderation im Zusammenhang mit der Optimierung der Vollstreckung in verpfändetes Vermögen" (Федеральный закон от 30.12.2008 N 306-ФЗ (ред. от 19.07.2009) „О внесении изменений в некоторые законодательные акты Российской Федерации в связи с совершенствованием порядка обращения взыскания на заложенное имущество") hat der russische Gesetzgeber durch die Aufnahme der Vollstreckbarkeitserklärung eines Notars, die sich

Einziehung einer konkreten Geldsumme oder das Bestehen einer bestimmten Forderung dar.[382] Die Vollstreckbarkeitserklärung wird auf einem Dokument vorgenommen, das das Vorliegen einer bestehenden und unstreitigen Schuld bestätigt. Damit ist eine wichtige Voraussetzung der Vollstreckbarkeitserklärung gem. Art. 91 Abs. 1 der „Grundlagen der Gesetzgebung der Russischen Föderation zum Notariat" die feststehende und unstreitige Schuld oder andere Verpflichtung des Schuldners, so dass diese bei streitigen Verhältnissen nicht erklärt werden kann. Zu den Dokumenten, die grundsätzlich die Grundlage für ein unstreitiges Verfahren bilden, gehören gem. Art. 90 der „Grundlagen der Gesetzgebung der Russischen Föderation zum Notariat" i.V.m. dem Beschluss des Ministerrats der RSFSR vom 11.03.1976 Nr. 171 „Über die Bestätigung der Dokumente, auf dessen Grundlage die Vollstreckung im unstreitigen Verfahren aufgrund von Vollstreckbarkeitserklärungen der Notare durchgeführt wird"[383] u.a. notariell beglaubigte Vergleiche, Kaufverträge, Kreditverträge, Ratenzahlungsverträge und viele weitere, aus denen sich eine bestimmte geschuldete Geldsumme ergibt. Der notwendige Inhalt einer Vollstreckbarkeitserklärung ist speziell in Art. 92 der „Grundlagen der Gesetzgebung der Russischen Föderation zum Notariat" geregelt. Zu beachten ist jedoch, dass zu den Vollstreckungsdokumenten des Art. 12 VVG nur die Vollstreckbarkeitserklärung des Notars gehört, die sich auf einem Pfandvertrag, der eine Bestimmung über die außergerichtliche Vollstreckung enthält, befindet, oder auf der von den Parteien zusätzlich zum Pfandvertrag abgeschlossenen Vereinbarung über die außergerichtliche Vollstreckung. Somit kann das Zwangsvollstreckungsverfahren nur mit dieser Vollstreckbarkeitserklärung unmittelbar bei dem Gerichtsvollzieher eingeleitet werden. Andere Vollstreckbarkeitserklärungen eines Notars stellen dagegen keine Vollstreckungsdokumente dar.

---

auf einem Pfandvertrag befindet, in die Liste der Vollstreckungsdokumente endlich eine klare Rechtslage geschaffen.

382 Siehe Art. 89 der „Grundlagen der Gesetzgebung der Russischen Föderation zum Notariat" vom 11.02.1993 Nr. 4462-1 (Основы законодательства РФ о нотариате от 11 февраля 1993 года N 4462-1); *Argunova*, Kommentar zu den Grundlagen der Gesetzgebung der Russischen Föderation zum Notariat, Moskau 1996, S. 74 zitiert von *Gureev/Guschin*, „Ispolnitel'noe proizvodstvo – Učebnik" (Vollstreckungsverfahren – Lehrbuch), S. 115.

383 Постановление Совета Министров РСФСР от 11 марта 1976 г. N 171 „Об утверждении Перечня документов, по которым взыскание задолженности производится в бесспорном порядке на основании исполнительных надписей органов, совершающих нотариальные действия", zuletzt geändert durch Beschluss der Regierung der RF vom 30.12.2000 Nr. 1039.

i. weitere Vollstreckungsdokumente

Durch die ausdrückliche Regelung, dass auch Entscheidungen anderer Organe in Fällen, die durch Föderales Gesetz vorgesehen sind, Vollstreckungsdokumente gem. Art. 12 Abs. 1 Nr. 8 VVG sein können, lässt sich der Gesetzgeber die Möglichkeit offen, weitere nicht in Art. 12 VVG geregelte Dokumente als Grundlage für die Vollstreckung zuzulassen.

4. Vollstreckungsklausel

Eine Vollstreckungsklausel, die im deutschen Recht in §§ 724 ff. ZPO geregelt ist, kennt das russische Recht nicht. Auch kann das Vollstreckungsdokument nicht mit der deutschen Vollstreckungsklausel verglichen werden.[384] Die Vollstreckungsklausel bedeutet in der Regel die amtliche Bescheinigung der Vollstreckbarkeit des Titels. Darüber hinaus kann sie der Feststellung dienen, dass bestimmte Bedingungen eingetreten sind[385] und auch z.B. für den Rechtsnachfolger erteilt werden.[386] Sie soll insbesondere den Vollstreckungsorganen die Prüfung abnehmen, ob ein wirksamer Vollstreckungstitel vorliegt und ob dieser zur Vollstreckung geeignet ist.[387] Das Vollstreckungsdokument bestätigt dagegen nur die Forderung des Gläubigers gegen den Schuldner. Für die Erteilung des Vollstreckungsdokumentes ist immer das Gericht oder Organ zuständig, das auch die Entscheidung gefällt hat.[388] Damit gehört die Erteilung des Vollstreckungsdokumentes noch zum Erkenntnisverfahren.

Zur Einleitung des Verfahrens muss der Gerichtsvollzieher im Gegensatz zum deutschen Recht gem. Art. 30 Abs. 8 VVG einen entsprechenden Beschluss erlassen.[389] So hat er bei der Beschlussfassung gem. Art. 31 Abs. 1 Nr. 4 VVG selbst zu prüfen, ob es sich bei dem eingereichten Dokument auch um ein

384 Einen solchen Vergleich ziehen *Grub/Turbanova*, WiRO 1998, S. 95, Fn. 19; *Steinbach*, Anerkennung und Vollstreckung ausländischer Urteile und Schiedssprüche in der Russischen Föderation, § 8 III S. 223, *Lassen*, Die Hypothek nach russischem Recht als Kreditsicherungsmittel, S. 194. – Ein Vergleich kommt nur bezüglich der ähnlichen Form bei einigen Vollstreckungsdokumenten in Betracht.

385 § 726 Abs. 1 ZPO.

386 §§ 727 ff. ZPO.

387 *Baur/Stürner/Bruns*, Zwangsvollstreckungsrecht, § 17, Rn. 17.1, 17.2.

388 Dagegen ist für die Erteilung der Vollstreckungsklausel grundsätzlich der Urkundsbeamte der Geschäftsstelle des Prozessgerichts oder eine andere amtliche Stelle, wie der Notar, zuständig. Bei titelergänzenden oder -übertragenden Klauseln der Rechtspfleger.

389 Siehe zu diesem Beschluss Teil III § 4 II, S. 97 ff.

Vollstreckungsdokument handelt und ob die formellen Voraussetzungen vorliegen, zu denen auch die Geeignetheit des Vollstreckungsdokumentes zur Vollstreckung gehört, Art. 13 Abs. 1 Nr. 6 VVG. Des Weiteren muss er noch einmal selbst überprüfen, ob die gerichtliche oder außergerichtliche Entscheidung in Rechtskraft erwachsen ist, falls nicht ein Fall der sofortigen Vollstreckung vorliegt, Art. 31 Abs. 1 Nr. 7 VVG. Zu beachten ist an dieser Stelle, dass das Vollstreckungsdokument grundsätzlich erst dann ausgegeben wird, wenn die Entscheidung rechtskräftig geworden ist, so z.B. gem. Art. 130 Abs. 1, 428 Abs. 1 ZPO RF, Art. 180 APO RF, Art. 389 Abs. 1, 2 ArbG RF. Die Ausstellung des Vollstreckungsdokumentes setzt damit den Eintritt der Rechtskraft voraus, so dass man geneigt ist zu sagen, dass das Vollstreckungsdokument auch die Funktion hat, die Rechtskraft der Entscheidung zu beweisen.[390] In der Praxis kann jedoch vorkommen, dass ein Vollstreckungsdokument vor dem Eintritt der Rechtskraft herausgegeben wird, so dass sich der Gerichtsvollzieher bei Vorlage des Vollstreckungsdokumentes nicht auf den Eintritt der Rechtskraft der Entscheidung verlassen kann und das Vorliegen der Rechtskraft noch einmal gesondert zu überprüfen hat. Dass es zu solchen Fehlern kommen kann, ergibt sich aus dem Umkehrschluss aus Art. 31 Abs. 1 Nr. 7 VVG[391] und Art. 428 Abs. 4 ZPO RF[392]. Durch die Einführung dieser Vorschriften im Jahre 2007 lässt sich die These, dass das Vollstreckungsdokument die Funktion hat die Rechtskraft zu beweisen, somit nicht mehr halten.

Darüber hinaus obliegt es auch dem Gerichtsvollzieher, über die Rechtsnachfolge zu entscheiden, Art. 52 VVG. Das Vollstreckungsdokument entbindet den Gerichtsvollzieher damit nicht von einer eingehenden Prüfung der Vollstreckbarkeit, was wiederum das Resultat der umfassenden Kompetenz des russischen Gerichtsvollziehers ist und einen entscheidenden Unterschied zum deutschen Recht darstellt. Zuletzt kann das Vollstreckungsdokument in zwei unterschiedlichen Formen erteilt werden,[393] was auch einen Unterschied zu dem amtlichen

390 so *Kenk*, Die Zwangsvollstreckung in der Russischen Föderation, S. 63, die der Meinung Osipovs in *Osipov*, „Grashdanskii prozess utschebnik“ (Lehrbuch zur ZPO), S. 390 folgt.

391 Nach § 31 Abs. 1 Nr. 7 VVG kann die Einleitung des Vollstreckungsverfahrens versagt werden, wenn der Gerichtsakt oder Akt eines anderen Organs, das das Vollstreckungsdokument selbst oder die Grundlage für das Vollstreckungsdokument darstellt, nicht in Rechtskraft erwachsen ist.

392 Siehe § 4 I 3. a. bb), S. 82.

393 Siehe dazu § 4 I 2, S. 80. – Im Falle des Zusammenfallens des Vollstreckungsdokuments mit der eigentlichen Entscheidung in der Form, kann dann nicht mehr von einer vollstreckbaren Ausfertigung gesprochen werden. Eine Differenzierung zwischen

Vermerk i.S.d. § 725 ZPO darstellt. Insofern ist das Vollstreckungsdokument nicht ohne weiteres mit der deutschen Klausel vergleichbar.

5. Zusammenfassung

Das russische Recht kennt eine ganze Reihe von unterschiedlichen Vollstreckungsdokumenten, die eine wichtige Voraussetzung der Zwangsvollstreckung sind. Alle Vollstreckungsdokumente haben ihre Grundlage in den gerichtlichen oder außergerichtlichen Entscheidungen, wobei die Entscheidungen selbst, im Gegensatz zu den Vollstreckungstiteln des deutschen Rechts, für die Vollstreckung nicht von Bedeutung sind. Vollstreckungsfähig sind jedoch, genau wie in Deutschland, nur auf eine Leistung gerichtete Entscheidungen. Die Form der Vollstreckungsdokumente ist durch das VVG und andere Föderale Gesetze genau vorgeschrieben. Welches Gesetz zur Anwendung kommt, bestimmt sich dabei danach, ob das Vollstreckungsdokument in der Form mit der Entscheidung übereinstimmt oder eine komplett andere Form aufweist.

Die Arten der möglichen Vollstreckungsdokumente sind im Unterschied zur ZPO nicht abschließend aufgezählt, so dass weitere, auch noch in der Zukunft gesetzlich geregelte Vollstreckungstitel, Grundlage für die Vollstreckungsdokumente darstellen können. Viele in Art. 12 VVG ausdrücklich geregelten Vollstreckungsdokumente sind der ZPO unbekannt. Dazu zählen insbesondere Bescheinigungen, die von Kommissionen für Arbeitskonflikte ausgestellt wurden, Entscheidungen von Organen, die Kontrollfunktionen ausüben, Entscheidungen in Ordnungswidrigkeitensachen, sowie Beschlüsse des Gerichtsvollziehers. Solche Akte sind entweder dem deutschen Recht fremd oder die Vollstreckung ist in besonderen Gesetzen geregelt.[394] Das wichtigste Vollstreckungsdokument im russischen Recht ist das Vollstreckungsblatt, das von Gerichten aufgrund der von ihnen gefällten Entscheidungen ausgestellt wird. Vergleichbar sind diese Entscheidungen mit den deutschen Urteilen, gerichtlichen Vergleichen und Beschlüssen. Im Unterschied zum deutschen Recht ist das Institut der vorläufigen Vollstreckbarkeit jedoch nicht derart ausgeprägt. Nur in wenigen ausdrücklich geregelten Fällen ist die sofortige Vollstreckung kraft Gesetzes möglich oder bei einer entsprechenden Anordnung des Gerichts, die jedoch einen Antrag des Gläubigers voraussetzt und an strenge Voraussetzungen geknüpft ist.

Vollstreckungsdokumenten, die einerseits mit der deutschen Klausel verglichen werden können und andererseits aber nicht, erscheint insoweit nicht sinnvoll.

394 Wie z.B. in dem Verwaltungs-Vollstreckungsgesetz (VwVG des Bundes oder der Länder) im Falle der Vollstreckung von Bußgeldentscheidungen, §§ 89, 90 OWiG.

Eine Vollstreckungsklausel wie im deutschen Recht existiert in Russland nicht und ist auch nicht mit dem Vollstreckungsdokument zu vergleichen, weil dieses bloß die bestehende Forderung des Gläubigers gegen den Schuldner bestätigt, den Gerichtsvollzieher aber nicht von einer umfassenden Prüfung der Vollstreckbarkeit und weiteren Voraussetzungen, die das Vollstreckungsdokument aufweisen muss, entbindet.

II. Der Beschluss des Gerichtsvollziehers über die Einleitung des Vollstreckungsverfahrens

Vielen Maßnahmen des Gerichtsvollziehers geht grundsätzlich ein entsprechender Beschluss voraus. Der Beschluss des Gerichtsvollziehers über die Einleitung des Vollstreckungsverfahrens (Einleitungsbeschluss) i.S.d. Art. 30 Abs. 1 VVG stellt dabei neben dem Vollstreckungsdokument eine weitere wichtige Voraussetzung für die Vornahme von Vollstreckungsmaßnahmen dar. Insofern ist es eine Besonderheit im Vergleich zum deutschen Zwangsvollstreckungsrecht, das einen gesonderten Beschluss des Gerichtsvollziehers über die Einleitung des Vollstreckungsverfahrens nicht kennt.[395] Voraussetzung für den Erlass eines entsprechenden Beschlusses ist, wie bereits dargestellt, neben dem Vollstreckungsdokument der Antrag des Gläubigers in der von dem Gesetzgeber vorgeschriebenen Form oder der Eingang des Vollstreckungsdokumentes direkt von einem Gericht, einem anderen Organ oder Amtsträger.[396] Erst aufgrund des vorliegenden Antrags und Vollstreckungsdokuments kann der Gerichtsvollzieher einen Beschluss über die Einleitung des Vollstreckungsverfahrens oder dessen Ablehnung erlassen.

1. Einleitung oder Ablehnung des Vollstreckungsverfahrens

Nachdem das Vollstreckungsdokument und grundsätzlich ein Antrag des Gläubigers bei dem zuständigen[397] Gerichtsvollzieherdienst eingegangen sind, werden

395 Der deutsche Gerichtsvollzieher wird auf Antrag des Gläubigers sofort tätig und muss nicht zunächst einen Beschluss über die Einleitung des Vollstreckungsverfahrens erlassen. Die Funktion des Beschlusses des Gerichtsvollziehers übernimmt im deutschen Recht die Vollstreckungsklausel, die einen direkten Zugang zu den Vollstreckungsorganen ermöglicht, vgl. § 4 I 4, S. 94.

396 Vgl. dazu Art. 30 Abs. 1, 2, 5 und 6 VVG und außerdem die ausführlichere Darstellung oben in § 3 II 1 a, S. 56.

397 Die örtliche Zuständigkeit bestimmt sich nach Art. 30 Abs. 3 und 4 i.V.m. Art. 33 VVG, vgl. dazu auch oben unter § 3 II 3 a, S. 66

sie nach Art. 30 Abs. 7 VVG einem Gerichtsvollzieher[398] innerhalb einer Frist von drei Tagen seit deren Eingang übergeben. Nach Erhalt der genannten Dokumente hat der Gerichtsvollzieher innerhalb von drei Tagen einen Beschluss über die Einleitung oder die Ablehnung des Vollstreckungsverfahrens gem. Art. 30 Abs. 8 VVG zu erlassen. Eine Ausnahme von der Beschlussfassung innerhalb der Drei-Tage-Frist ist nur bei den der sofortigen Vollstreckung unterliegenden Dokumenten[399] vorgesehen. In diesem Fall wird es nach dem Eingang in die Abteilung der Gerichtsvollzieher sofort dem Gerichtsvollzieher übergeben, dessen Kompetenz sich auf das Gebiet erstreckt, in dem die Vollstreckung durchgeführt werden muss. Die Frist, in der der Gerichtsvollzieher die Entscheidung über die Einleitung des Vollstreckungsverfahrens oder dessen Ablehnung treffen muss, bemisst sich dann nur noch auf einen Tag, Art. 30 Abs. 10 VVG.

2. Prüfungsumfang des Gerichtsvollziehers

Der Prüfungsumfang des Gerichtsvollziehers bei der Beschlussfassung über die Einleitung des Vollstreckungsverfahrens oder dessen Ablehnung ergibt sich aus dem neu eingeführten Art. 31 VVG, der die einzelnen Gründe für die Ablehnung der Einleitung des Vollstreckungsverfahrens abschließend aufzählt.[400] Der Gerichtsvollzieher hat danach folgende Voraussetzungen zu prüfen:

a. Antrag des Gläubigers

Die erste wichtige Voraussetzung verdeutlicht noch einmal ausdrücklich die Wichtigkeit des Antrags des Gläubigers als Ausfluss der Dispositionsmaxime. Liegt dem Gerichtsvollzieher bei der Beschlussfassung ein entsprechender Antrag nicht vor oder entspricht dieser nicht der vorgeschriebenen Form, fehlt also

---

398 Die Klarstellung des Gesetzes, dass das Vollstreckungsdokument an einen Gerichtsvollzieher zu übergeben ist, resultiert daraus, dass bei dem Gerichtsvollzieherdienst neben den Gerichtsvollziehern auch Gerichtsdiener, vergleichbar mit den deutschen Justizwachtmeistern, tätig sind. Siehe dazu auch Rn. 101.

399 Siehe dazu oben § 4 I 3 a bb), S. 82.

400 Das VVG von 1997 sah keine Regelung vor, nach der es dem Gerichtsvollzieher gestattet war, die Einleitung des Vollstreckungsverfahrens durch einen Beschluss abzulehnen. Er hatte nur die Möglichkeit das Vollstreckungsverfahren in zwei Fällen nicht einzuleiten: wenn das Vollstreckungsdokument den Anforderungen, die an das Vollstreckungsdokument gestellt werden, nicht entsprach oder die Frist zur Vorlage des Vollstreckungsdokuments abgelaufen war, Art. 9 Abs. 1 VVG von 1997. – *Winnitschenko/Smirnov*, Kommentar, Art. 31, S. 96 - Siehe zu den Voraussetzungen nach VVG von 1997 *Kenk*, Die Zwangsvollstreckung in der Russischen Föderation, S. 78 ff.

eine Unterschrift des Gläubigers oder seines Vertreters, erlässt der Gerichtsvollzieher einen Ablehnungsbeschluss[401] und sendet eine Kopie davon nebst anderen eingegangenen Dokumenten an den Gläubiger, sowie an das Gericht, ein anderes Organ oder Amtsträger, von dem das Vollstreckungsdokument ausgestellt wurde, Art. 31 Abs. 2 VVG.[402] Ausgenommen von dem Erfordernis des Antrags sind nur die Fälle, in denen die Einleitung des Verfahrens ohne einen Antrag des Gläubigers möglich ist.[403] Die Voraussetzung des formgerechten Antrags gehört gem. Art. 31 Abs. 3 VVG jedoch zu den behebbaren Mängeln, so dass eine erneute Einreichung des Vollstreckungsdokuments nach der Behebung des Mangels möglich bleibt.[404]

Zu erwähnen ist in diesem Zusammenhang, dass der Gläubiger in seinem Antrag auch die Auferlegung des Arrestes auf das Vermögen des Schuldners und außerdem die Auferlegung von Beschränkungen für den Schuldner, die durch das Gesetz vorgesehen sind,[405] mit dem Ziel der Sicherung der Vollstreckung der Forderung über Vermögenseinziehung, begehren kann. Im Falle einer Ablehnung hat der Gerichtsvollzieher die Gründe und Motive in dem Beschluss aufzuführen, Art. 30 Abs. 9 VVG. Andernfalls führt er die erforderlichen Maßnahmen nach der Einleitung des Verfahrens durch.

b. Örtliche Zuständigkeit

Die Einleitung des Vollstreckungsverfahrens kann von dem Gerichtsvollzieher weiterhin abgelehnt werden, falls das Vollstreckungsdokument nicht an dem Ort der Vornahme der Vollstreckungshandlungen eingereicht wurde, Art. 31 Abs. 1 Nr. 2 i.V.m. Art. 30 Abs. 3 VVG, also die örtliche Zuständigkeit des Gerichtsvollziehers nicht gegeben ist. Maßgebend für die Bestimmung der örtlichen Zuständigkeit ist Art. 33 VVG. Wo die Vollstreckungshandlungen und –maßnahmen vorgenommen werden, richtet sich in erster Linie nach dem Wohnort

401 Art. 31 Abs. 1 Nr. 1 i.V.m. Art. 30 Abs. 1 und 2 VVG.

402 Art. 31 Abs. 2 VVG stellt eine Verfahrensvorschrift dar und gilt immer bei dem Erlass eines Ablehnungsbeschlusses.

403 Vgl. § 3 II 1 a, S. 56.

404 Zu den weiteren behebbaren Mängeln gehören gem. Art. 31 Abs. 3 VVG die örtliche Zuständigkeit, Vorlagefrist, Vollstreckbarkeit und Inhalt des Vollstreckungsdokuments, sowie die Rechtskraft der Entscheidung, Art. 31 Abs. 1 Nr. 2-4 und 7 VVG.

405 Die Auferlegung des Arrestes auf das Vermögen des Schuldners bestimmt sich nach Art. 80 VVG und zu der Auferlegung von Beschränkungen für den Schuldner zählt z.B. vorübergehender Verbot der Ausreise aus der Russischen Föderation gem. Art. 67 VVG.

des Schuldners oder dem Aufenthaltsort seines Vermögens. Ausgenommen von dieser Voraussetzung ist der Fall, der in Art. 30 Abs. 4 VVG vorgesehen ist.[406]

c. *Vorlagefrist*

Gem. Art. 21 VVG muss das Vollstreckungsdokument in einer bestimmten Frist zur Vollstreckung vorgelegt werden.[407] So sind z.B. die Vollstreckungsblätter und die Gerichtsbefehle innerhalb von drei Jahren vorzulegen. Die Vollstreckungsdokumente, die eine Forderung auf periodische Zahlungen enthalten, sind innerhalb der gesamten Zeit, in der die Zahlung zu leisten ist, vorzulegen, außerdem innerhalb von drei Jahren nach dem Ende dieser Zeit. Die Bescheinigungen, die von Kommissionen für Arbeitskonflikte ausgestellt wurden, innerhalb von drei Monaten und die Entscheidungen in Ordnungswidrigkeitensachen innerhalb von zwei Jahren.[408] Ist die Vorlagefrist abgelaufen und eine Wiederherstellung durch das Gericht nicht erfolgt, erlässt der Gerichtsvollzieher einen Ablehnungsbeschluss.[409]

d. *Vollstreckungsdokument und sein Inhalt*

Ein weiterer Ablehnungsgrund und Prüfungspunkt des Gerichtsvollziehers ergibt sich aus der Natur der Sache des Zwangsvollstreckungsverfahrens. Stellt bereits das eingereichte Dokument kein Vollstreckungsdokument i.S.v. Art. 12

406 Siehe dazu § 3 II 3 a, S. 66 f.

407 Siehe zu den Fristen auch § 3 I 2, S. 42 ff.

408 Weitere Vorlagefrist ist für Vollstreckungsblätter vorgesehen, die von Arbitragegerichten ausgestellt und in denen eine versäumte Frist wiederhergestellt wurde. Hier beträgt die Frist drei Monate. Bei Entscheidungen von Kontrollorganen beträgt die Vorlagefrist sechs Monate. – Die Frist beginnt mit dem Tag zu laufen, an dem die Entscheidung rechtskräftig, gefällt oder das Dokument ausgestellt wurde. – Damit erweist sich die Vorlagefristenregelung des VVG als sehr unübersichtlich, weil die jeweilige Frist von der Art des Vollstreckungsdokumentes abhängt. Auch bring die Vorlagefrist, insbesondere die kurze Frist von drei Monaten, nicht unerhebliche Nachteile für den Gläubiger mit sich, weil der Gläubiger dadurch gezwungen wird, das Vollstreckungsverfahren zu diesem Zeitpunkt zu betreiben und keinen Spielraum hat, auf eine bessere wirtschaftliche Situation des Schuldners zu warten.

409 Bei der Berechnung der Vorlagefrist muss der Gerichtsvollzieher insbesondere die möglichen Hemmungen der Frist und Wiederherstellungen der versäumten Vorlagefrist durch das Gericht gem. Art. 22, 23 VVG beachten. Die notwendigen Informationen ergeben sich grundsätzlich aus dem Vollstreckungsdokument selbst. Insbesondere bei den Vollstreckungsblättern ist die Vorlagefrist anzugeben, vgl. Art. 320 Abs. 1 Nr. 7 APO RF.

Abs. 1 VVG dar oder entspricht es nicht den Anforderung, die gem. Art. 13 VVG an das Vollstreckungsdokument gestellt werden,[410] kann bereits mangels eines wirksamen Vollstreckungsdokumentes kein Vollstreckungsverfahren eingeleitet werden.

e. *Einstellung oder Beendigung eines früher durchgeführten Verfahrens*

Der Gerichtsvollzieher hat ferner zu prüfen, ob das Vollstreckungsdokument nicht bereits früher zur Vollstreckung eingereicht wurde und aufgrund dieses Vollstreckungsdokumentes das Vollstreckungsverfahren entweder bereits eingestellt oder beendet wurde. Nach der Einstellung eines Vollstreckungsverfahrens[411] kann ein erneutes Verfahren aufgrund desselben Vollstreckungsdokumentes nicht mehr eingeleitet werden.[412] Dasselbe gilt, falls das Verfahren aufgrund der Befriedigung des Gläubigers oder nach der Begleichung von Strafen durch den Schuldner beendet wurde oder der Schuldner verstorben ist.[413]

f. *Rechtskraft der Entscheidung*

Wie bereits dargestellt, gehört zu den Prüfungspflichten des Gerichtsvollziehers auch die Überprüfung, ob die Entscheidung des Gerichts oder eines anderen Organs, die ein Vollstreckungsdokument darstellt oder auf dessen Grundlage das Vollstreckungsdokument ausgestellt wurde, bereits rechtskräftig geworden ist. Nur eine rechtskräftige Entscheidung unterliegt der Zwangsvollstreckung. Ausgenommen sind nur Entscheidungen, die der sofortigen Vollstreckung unterliegen.[414]

g. *Zuständigkeit des Gerichtsvollzieherdienstes*

Die letzte zu prüfende Voraussetzung ist die sachliche Zuständigkeit des Gerichtsvollzieherdienstes für die beabsichtigte Vollstreckung. Gem. Art. 5 Abs. 1

---

410 Siehe zum Vollstreckungsdokument und seinem Inhalt die ausführliche Darstellung in § 4 I, S. 79 ff.

411 Das Verfahrens kann entweder durch das Gericht gem. Art. 43 Abs. 1 VVG oder den Gerichtsvollzieher gem. Art. 43 Abs. 2 VVG bei Vorliegen von dort genannten Gründen eingestellt werden.

412 Siehe dazu insbes. Art. 44 Abs. 5 VVG.

413 Beendigung des Verfahrens nach Art. 47 Abs. 1 Nr. 2 oder Art. 103 Abs. 15 Nr. 1, 2 und 4 VVG.

414 Siehe zu der Rechtskraft einer Gerichtsentscheidung die ausführliche Darstellung unter § 4 I 3 a bb), S. 82 ff. – Die Rechtskraft von Entscheidungen anderer Organe bestimmt sich entsprechend nach den jeweiligen Föderalen Gesetzen.

VVG i.V.m. Art. 1 Satz 2 GVG RF ist der Gerichtsvollzieherdienst für die Vollstreckung von Gerichtsentscheidungen und Entscheidungen anderer Organe und Amtsträger zuständig, funktionell der Gerichtsvollzieher. Aus dieser uneingeschränkten Regelung ergibt sich damit, dass die Vollstreckung der unterschiedlichsten Entscheidungen grundsätzlich von dem Gerichtsvollzieherdienst auszuführen ist. Das folgt auch aus der Auflistung der unterschiedlichen Vollstreckungsdokumente in Art. 12 VVG, die dem Gerichtsvollzieher zuzuleiten sind und die nicht abschließend geregelt sind. Nur in bestimmten Fällen fällt die Vollstreckung nicht in die Zuständigkeit des Gerichtsvollzieherdienstes, wie z.B. bei den Entscheidungen in Ordnungswidrigkeitensachen, die grundsätzlich der Vollstreckung durch Behörden unterliegen, die diese gefällt haben.[415] Auch die Vollstreckung der Entscheidung über die Einziehung der Geldmittel von der Russischen Föderation, Subjekten der RF und einer Gemeinde zu Lasten des Haushalts gehört nicht in die Zuständigkeit des Gerichtsvollzieherdienstes.[416]

3. Aufforderung zur freiwilligen Erfüllung

Im Rahmen der Beschlussfassung muss der Gerichtsvollzieher nicht nur das Vorliegen der dargestellten Voraussetzungen prüfen, sondern sich auch gem. Art. 30 Abs. 11 VVG mit der Frage beschäftigen, ob er den Schuldner zu einer freiwilligen Erfüllung auffordert.[417] Erst nach dem Ablauf der Frist zur freiwilligen Erfüllung können die Zwangsvollstreckungsmaßnahmen durchgeführt werden.

Der Gerichtsvollzieher hat den Schuldner grundsätzlich zu einer freiwilligen Erfüllung in einer von ihm gesetzten Frist[418] aufzufordern, wenn das

---

415 Siehe dazu § 4 I 3 f., S. 90.

416 *Reschetnikova*, Kommentar, Art. 31, S. 155 f.

417 Eine entsprechende gesetzliche Regelung ist der ZPO fremd. Nur in der Geschäftsanweisung für Gerichtsvollzieher lässt sich eine vergleichbare Regelung finden. Gem. § 105 Abs. 1 GVGA kann der Gerichtsvollzieher einen Schuldner vor der Vornahme einer Zwangsvollstreckung unter Hinweis auf die Kosten der Zwangsvollstreckung auffordern, binnen kurzer Frist zu leisten oder den Leistungsnachweis zu erbringen, wenn die Kosten der Zwangsvollstreckung in einem Missverhältnis zu dem Wert des Vollstreckungsgegenstandes stehen würden und der Gerichtsvollzieher mit gutem Grund annehmen kann, dass der Schuldner der Aufforderung entsprechen wird. Diese Leistungsaufforderung steht im Ermessen des Gerichtsvollziehers, muss somit nicht erfolgen. Eine Aufforderung zur freiwilligen Leistung erfolgt gem. § 105 Abs. 2 GVGA zu Beginn der Zwangsvollstreckung, sofern der Gerichtsvollzieher den Schuldner antrifft.

418 Das deutsche Zwangsvollstreckungsrecht kennt auch einige Fälle, in denen dem Schuldner noch eine Frist zur Erfüllung gewährt wird, wenn auch ohne eine dem

Vollstreckungsdokument zum ersten Mal bei dem Gerichtsvollzieherdienst eingegangen ist. Die Aufforderung zur freiwilligen Erfüllung und die Festlegung der Frist erfolgt dabei direkt im Beschluss über die Einleitung des Vollstreckungsverfahrens, nicht bereits vor der Beschlussfassung. Gleichzeitig weist der Gerichtsvollzieher den Schuldner auf die Zwangsvollstreckung der genannten Forderungen nach Ablauf der zur freiwilligen Erfüllung gesetzten Frist unter Einbehalt einer Vollstreckungsgebühr[419] und der Kosten der Vollstreckungshandlungen[420] hin. Die Frist zur freiwilligen Erfüllung darf gem. Art. 30 Abs. 12 VVG fünf Tage seit dem Tag, an dem der Schuldner die Kopie des Beschlusses über die Einleitung des Vollstreckungsverfahrens bekommen hat, also dem Tag der Zustellung, nicht überschreiten. Etwas anderes gilt nur, falls die Frist bereits im Vollstreckungsdokument bestimmt wurde.[421]

Eine Fristsetzung und damit die Aufforderung zur freiwilligen Erfüllung erfolgt nicht, wenn einer der abschließend geregelten Ausnahmefälle des Art. 30 Abs. 14 VVG eingreift.[422] Dazu gehören die Fälle, bei denen die Einleitung des Vollstreckungsverfahrens entsprechend dem Art. 30 Abs. 16 VVG[423]; aufgrund

russischen Recht entsprechende Aufforderung. So darf eine Zwangsvollstreckung gem. § 750 Abs. 3 ZPO nach § 720a ZPO nur beginnen, wenn das Urteil und die Vollstreckungsklausel mindestens zwei Wochen vorher zugestellt worden sind. Eine Wartefrist von zwei Wochen ist ferner in den Fällen des § 798 ZPO vorgesehen und bei der Räumung von Wohnraum kann dem Schuldner eine angemessene Frist gewährt werden.

419 Die Vollstreckungsgebühr ist gem. Art. 112 Abs. 1 VVG eine Geldstrafe, die dem Schuldner auferlegt wird, falls er die Forderung in der ihm auferlegten Frist zur freiwilligen Erfüllung oder im Falle der sofortigen Vollstreckung nicht innerhalb eines Tages seit dem Erhalt des Beschlusses begleicht. Die Höhe der Vollstreckungsgebühr bestimmt sich nach Art. 112 Abs. 3 VVG und beträgt sieben Prozent der Forderung, jedoch nicht weniger als 500 Rubel bei einem Schuldner-Bürger und nicht weniger als 5000 Rubel bei einer Schuldner-Organisation. Diese Höhe gilt auch im Falle der Nichterfüllung einer Nichtvermögensforderung.

420 Die Kosten der Zwangsvollstreckung sind in Art. 116 VVG geregelt.

421 Dann gilt die angegebene Frist. Falls das Vollstreckungsdokument jedoch erst mit Ablauf der in ihm angegebenen Frist zur Vollstreckung vorgelegt wurde, so darf die zu bestimmende Frist zur freiwilligen Erfüllung fünf Tage vom Tag der Einleitung des Vollstreckungsverfahrens nicht überschreiten, Art. 30 Abs. 13 VVG.

422 Im Vergleich zu dem VVG von 1997 stellt diese Regelung eine Neuerung dar. Im VVG von 1997 waren Ausnahmefälle von der Fristsetzung nicht vorgesehen.

423 Grundsätzlich werden die Beschlüsse des Gerichtsvollziehers über die Einziehung der Kosten der Vollstreckungshandlungen und Vollstreckungsgebühren, ohne der Einleitung eines separaten Vollstreckungsverfahrens bis zur Beendigung des

einer erneuten Vorlage des Vollstreckungsdokumentes; aufgrund eines Vollstreckungsdokumentes über die Wiedereinstellung auf einem Arbeitsplatz; über verwaltungsrechtliche Aussetzung einer Tätigkeit; über die Einziehung des Vermögens (Konfiszierung); aufgrund eines Vollstreckungsdokumentes über Sicherungsmaßnahmen oder die Abschiebung eines ausländischen Staatsbürgers oder eines Staatenlosen aus der Russischen Föderation erfolgt. In diesen Fällen unterliegt die im Vollstreckungsdokument enthaltene Forderung der sofortigen Vollstreckung, so dass der Schuldner diese innerhalb eines Tages seit dem Empfang der Kopie des Beschlusses erfüllen muss.

Die Aufforderung zur freiwilligen Leistung und die damit verbundene Fristenregelung ist nicht ganz unproblematisch. Einerseits ist es zu begrüßen, dass dem Schuldner noch die letzte Möglichkeit gegeben wird, freiwillig zu leisten und dadurch der Zwangsvollstreckung zu entgehen. Durch freiwillige Leistung würden auch weder Vollstreckungsgebühren noch die Kosten der Vollstreckungshandlungen anfallen. Andererseits ist bei einer Bereitschaft des Schuldners freiwillig zu leisten die Frist von höchstens fünf Tagen sehr kurz, so dass es dem Schuldner schwer gelingen wird, die notwendigen Mittel, falls diese nicht schon vorhanden sind, zu beschaffen. Die Fristsetzung ist somit nur sinnvoll, wenn der Schuldner die notwendigen Mittel zur Verfügung hat und nur noch durch die Aufforderung zur Leistung angehalten werden muss.[424] Das wird in der Praxis eher die Ausnahme sein. Die mit der Setzung der First verbundene Gefahr des Missbrauchs durch den Schuldner, insbesondere durch das Beiseiteschaffen noch vorhandenen Vermögens, konnte der Gesetzgeber durch die Einführung des Art. 30 Abs. 14 VVG etwas abmildern. Vor allem im Fall der Einziehung des Vermögens (Konfiszierung) muss der Schuldner sofort leisten und hat somit weniger Zeit, die betroffenen Gegenstände und Geldmittel beiseite zu schaffen.

4. Form des Beschlusses und Zustellung

Alle Entscheidungen des Gerichtsvollziehers ergehen in Form eines Beschlusses, der bestimmten formellen Anforderungen entsprechen muss. In dem Beschluss

---

Vollstreckungsverfahrens, im Rahmen dessen die genannten Beschlüsse erlassen wurden, vollstreckt, Art. 30 Abs. 15 VVG. Ist das jedoch nicht geschehen, so leitet der Gerichtsvollzieher gem. Art. 30 Abs. 16 VVG nach der Beendigung des Hauptvollstreckungsverfahrens ein Vollstreckungsverfahren aufgrund der genannten Beschlüsse ein.

424 So auch *Kenk*, Die Zwangsvollstreckung in der Russischen Föderation, S. 85.

des Gerichtsvollziehers müssen gem. Art. 14 Abs. 2 VVG immer folgende Angaben enthalten sein: Bezeichnung der Abteilung der Gerichtsvollzieher und deren Adresse; Ausstellungsdatum des Beschlusses; Rang und Name der Person, die den Beschluss erlassen hat; Bezeichnung und Aktenzeichen des Vollstreckungsverfahrens, aufgrund dessen der Beschluss erlassen wird; Sache, aufgrund deren der Beschluss erlassen wird; Begründung der gefällten Entscheidung mit Verweis auf die Föderalen Gesetze und andere normative Rechtsakte; Entscheidung, die in der erörterten Frage gefällt wurde sowie die Rechtsbehelfsbelehrung. In dem Beschluss über die Einleitung des Vollstreckungsverfahrens sind darüber hinaus in bestimmten Fällen auch zusätzlich anzugeben: der Grund für die Ablehnung des Begehrens des Gläubigers über die Auferlegung von Arrest auf das Vermögen des Schuldners oder der Beschränkungen für den Schuldner, Aufforderung zur freiwilligen Erfüllung und die dafür bestimmte Frist, weiterhin auch noch mögliche Hinweise auf die mit der Zwangsvollstreckung verbundenen Kosten und Gebühren, sowie strafrechtliche Verantwortlichkeit.[425] Offensichtliche Fehler können von dem Gerichtsvollzieher auf eigene Initiative oder auf Antrag der in dem Zwangsvollstreckungsverfahren beteiligten Personen berichtigt werden. Die dem Gerichtsvollzieher übergeordnete Amtsperson (Vorgesetzter) kann den Beschluss des Gerichtsvollziehers außerdem selbst aufheben oder abändern, falls dieser nicht den Anforderungen der russichen Gesetzgebung entspricht.[426] Ansonsten besteht die Möglichkeit, den Beschluss mit einer Beschwerde anzufechten.[427]

Im Falle der Einleitung des Vollstreckungsverfahrens wird eine Kopie des Beschlusses an den Gläubiger, den Schuldner sowie an das Gericht, ein anderes Organ oder Amtsträger geschickt, von welchem das Vollstreckungsdokument ausgestellt wurde, Art. 30 Abs. 17 VVG. Gemeint ist damit die Bekanntmachung der Entscheidung, also deren Zustellung. Die Voraussetzungen und das Verfahren der Zustellung sowie die Folgen der Verweigerung der Annahme werden in dem neu eingeführten vierten Kapitel des VVG geregelt[428], der für

425 So z.B. im Falle des Art. 30 Abs. 18 VVG.

426 Art. 14 Abs. 5 VVG – Dieser Absatz ist mit dem Föderale Gesetz vom 18.07.2011 N 225-FZ „Über die Einfügung von Änderung in die einzelnen gesetzlichen Akte der Russischen Föderation“ (Федеральный закон от 18.07.2011 N 225-ФЗ „О внесении изменений в отдельные законодательные акты Российской Федерации“) neu eingeführt eingeführt worden und ermöglicht somit eine Berichtigung des Beschlusses von Amts wegen.

427 Siehe dazu S. 104 ff.

428 Neben der Zustellung ist außerdem die Vorladung in dem Kapitel geregelt. Vor der Einführung des Kapitels war nur in einzelnen Normen die Versendung der Kopien

alle Entscheidungen und Vollstreckungsmaßnahmen gilt, die im Rahmen des Vollstreckungsverfahrens getroffen werden. Gem. Art. 24 Abs. 1 VVG wird den beteiligten Personen die Entscheidung zugestellt. Die Zustellung erfolgt grundsätzlich durch ein Einschreiben mit Rückschein auf dem Postwege oder durch persönliche Übergabe durch eine von dem Gerichtsvollzieher beauftragte Person.[429] Nur im Falle der sofortigen Vollstreckung und bei der Auferlegung von Arrest und anderen Sicherungsmaßnahmen[430] kann von dem Gerichtsvollzieher gem. Art. 24 Abs. 2 VVG von der Bekanntgabe der Entscheidung abgesehen werden, um die Zwangsvollstreckung nicht zu gefährden. Damit ist die Zustellung im russischen Recht mit der deutschen vergleichbar.[431]

Insgesamt lässt sich die neue Einführung des Kapitels über Bekanntmachungen und Vorladungen in der Zwangsvollstreckung im VVG[432] begrüßen, weil damit eine genaue und detaillierte Regelung geschaffen wurde, die die Beachtung der Rechte der Beteiligten der Zwangsvollstreckung i.S.v. Art. 50 VVG garantiert.[433] Insbesondere ist es sinnvoll, dem Schuldner im Rahmen der Zwangsvollstreckung eine Gelegenheit zu verschaffen, die Entscheidung zur Kenntnis zu nehmen und sich gegen die bevorstehenden Maßnahmen verteidigen zu können oder aber noch freiwillig zu leisten, um den Zwangsvollstreckungsmaßnahmen zu entgehen. Durch die Möglichkeit der sofortigen Vollstreckung ohne eine entsprechende Bekanntmachung gem. Art. 24 Abs. 2 VVG und die Fiktion der Zustellung bei Verweigerung der Annahme gem. Art. 29 Abs. 2 VVG wird auch das Recht des Gläubigers nicht durch den Schuldner vereitelt, weil ein Missbrauch

---

der Beschlüsse normiert. Das Verfahren der Zustellung war jedoch überhaupt nicht geregelt.

429 Möglich ist jedoch auch die Bekanntgabe durch ein Telegramm oder auf einem elektronischen Weg. – Welche Art der Zustellung für bestimmte Entscheidungen gewählt werden muss, wird in dem VVG nicht geregelt. Hängt jedoch der Fristbeginn von der Zustellung ab, so kommt wohl nur ein Einschreiben oder Übergabe mit der Unterschrift des Schuldners als Bestätigung in Betracht.

430 Solche sind in Art. 140 ZPO RF oder Art. 91 APO RF aufgezählt. Dazu gehören neben der Auferlegung des Arrestes auf das Vermögen des Schuldners auch z.B. das Verbot bestimmte Tätigkeiten auszuführen.

431 Auch wenn diese Regelungen in ihrem Umfang nicht den §§ 166 ff. ZPO entsprechen, sind die einzelnen geregelten Artikel jedoch mit den entsprechenden Paragraphen der ZPO vergleichbar. So z.B. Art. 27 VVG mit §§ 175, 178 ZPO und Art. 29 VVG mit 179 ZPO.

432 Siehe Art. 24 bis 29 VVG.

433 *Reschetnikova*, Kommentar, Art. 24, S. 126.

der Kenntnis von der bestehenden Vollstreckung durch die genannten Normen vermieden wird.

5. Rechtsbehelfe gegen den Beschluss

Gegen alle Beschlüsse des Gerichtsvollziehers oder anderer Amtsträger des Gerichtsvollzieherdienstes[434] und gegen dessen bestimmte Handlungen (Untätigkeiten) besteht für die Beteiligten der Zwangsvollstreckung und für andere Personen, deren Rechte und Interessen durch die Handlungen (Untätigkeiten) verletzt wurden, gem. Art. 121 Abs. 1 VVG die Möglichkeit, eine Beschwerde im Verwaltungswege einzulegen oder vor Gericht anzufechten. Mit der Beschwerde wird der Beschluss oder die Tätigkeit der Amtsperson des Gerichtsvollzieherdienstes auf die Vereinbarung mit dem Gesetz umfänglich überprüft. Der Rechtsbehelf der Beschwerde im Verwaltungswege wurde in dem neuen VVG zum ersten Mal ausführlich und detailliert geregelt.[435] Der Gesetzgeber hat damit eine weitere Möglichkeit geschaffen, gegen alle Entscheidungen und Handlungen der Amtspersonen des Gerichtsvollzieherdienstes vorzugehen und dadurch die Rechte der Beteiligten auf einen Rechtsschutz verstärkt. Durch die zusätzliche interne Kontrolle wird dem Dienst der Gerichtsvollzieher nicht nur ermöglicht die aufgetretenen Fehlentscheidungen oder Handlungen zu beseitigen, sondern stellt auch einen Weg dar, eine ordnungsgemäße Zwangsvollstreckung und damit eine größere Rechtssicherheit der Beteiligten zu gewährleisten.

---

434 Erfasst sind somit nicht nur die Beschlüsse der Gerichtsvollzieher über die Einleitung des Vollstreckungsverfahrens, sondern auch alle anderen Beschlüsse und auch Handlungen oder Unterlassungen, die im Zusammenhang mit dem Zwangsvollstreckungsverfahren (nicht) vorgenommen werden. Aufgrund eines besseren Verständnisses werden die möglichen Rechtsbehelfe gegen Entscheidungen und Handlungen der Gerichtsvollzieher bereits an dieser Stelle im Zusammenhang mit dem Beschluss des Gerichtsvollziehers über die Einleitung des Vollstreckungsverfahrens erörtert.

435 Im Art. 90 VVG von 1997 war nur eine Beschwerde gegen die Handlungen des Gerichtsvollziehers vor Gericht vorgesehen. Nun wird nicht nur zwischen den Beschlüssen und anderen Handlungen ausdrücklich differenziert, sondern auch zwischen der Beschwerde im Verwaltungswege und einer Anfechtung vor Gericht unterschieden. – Die Beschwerde im Verwaltungswege war zwar gem. Art. 19 Abs. 1 GVG RF auch schon vor dem Inkrafttreten des neuen VVG möglich und der Hauptgerichtsvollzieher der RF sowie der Hauptgerichtsvollzieher der Subjekte der RF hatten das Recht die Entscheidungen zu überprüfen. Ihnen fehlte jedoch das entscheidende Recht die Beschlüsse auch vollständig oder teilweise aufzuheben und neue Entscheidung zu treffen.

a. Beschwerde im Verwaltungswege

Die Beschwerde[436] gegen die Beschlüsse oder Handlungen von Amtspersonen des Gerichtsvollzieherdienstes ist innerhalb von zehn Tagen nach Erlass eines entsprechenden Beschlusses oder der Vornahme von Handlungen bei der Amtsperson einzureichen, der die entscheidende oder handelnde Amtsperson unterstellt ist, Art. 122 i.V.m. Art. 123 VVG. Zuständig für die Überprüfung der eingelegten Beschwerde ist somit jeweils der Vorgesetzte der handelnden Amtsperson.[437] Wird die Beschwerde bei dem Gerichtsvollzieher eingereicht, der die Entscheidung erlassen oder die Handlung vorgenommen hat,[438] so ist er gem. Art. 123 Abs. 5 VVG verpflichtet, diese an seinen Vorgesetzten innerhalb von drei Tagen weiter zu leiten.

Bevor sich der zuständige Gerichtsvollzieher mit der Entscheidung in der Sache beschäftigt, prüft er das Vorliegen von in Art. 125 VVG abschließend geregelten Gründen, die zu einer Verweigerung der Überprüfung der Beschwerde führen. Art. 125 VVG regelt damit die Zulässigkeitsvoraussetzungen eines Beschwerdeverfahrens. Zu solchen Voraussetzungen gehören insbesondere die Statthaftigkeit der Beschwerde, die Einhaltung von Fristen und das Rechtsschutzbedürfnis. Gegen den Beschluss über die Verweigerung der Überprüfung der Beschwerde, der innerhalb von drei Tagen seit dem Eingang der Beschwerde erfolgen muss, sind wiederum die Rechtsbehelfe der Beschwerde oder der Anfechtung vor Gericht statthaft.[439]

Die Entscheidung über die Beschwerde, die auch durch einen Beschluss ergeht, ist gem. Art. 126 Abs. 1 VVG innerhalb von zehn Tagen nach dem Eingang der Beschwerde zu fällen. Sie kann gem. Art. 127 Abs. 2 VVG in der Ablehnung der Abhilfe oder der vollständigen oder teilweisen Abhilfe der Beschwerde liegen. Im Falle der Abhilfe hat der entscheidende Amtsträger des Gerichtsvollzieherdienstes vier verschiedene Entscheidungsmöglichkeiten: entweder kann er den angegriffenen Beschluss vollständig oder teilweise aufheben, den Beschluss aufheben und den Gerichtsvollzieher anweisen eine neue gesetzmäßige Entscheidung zu fällen, den Beschluss aufheben und eine neue Entscheidung selbst fällen oder die Handlung oder Untätigkeit des Gerichtsvollziehers als mit dem Gesetz nicht vereinbar feststellen und Maßnahmen bestimmen, die zur

436 Für die Beschwerde ist eine genaue Form (und Inhalt) gem. Art. 124 VVG vorgesehen, die von dem Beschwerdeführer eingehalten werden muss.

437 Vgl. zu der Struktur des Gerichtsvollziehersdienstes § 3 II 3 a, S. 66.

438 Diese Möglichkeit besteht nach Art. 123 Abs. 4 VVG.

439 Art. 125 Abs. 2 und 3 VVG.

Beseitigung der Verstöße notwendig sind.[440] Das Recht der über die Beschwerde entscheidenden Amtsperson geht sogar soweit, dass sie auch Maßnahmen zur Einleitung von Disziplinarmaßnahmen und sonstigen Verantwortlichkeiten des Gerichtsvollziehers, dessen Entscheidung aufgehoben wird, ergreifen kann, Art. 127 Abs. 5 VVG.

Eine Beschwerde im Verwaltungswege ist dem deutschen Zwangsvollstreckungsrecht fremd. Der Unterschied zum deutschen Recht erklärt sich jedoch aus dem grundlegend anderen Aufbau des Gerichtsvollzieherdienstes der Russischen Föderation. Verglichen werden kann diese Beschwerde jedoch mit dem Widerspruchsverfahren gem. §§ 68 ff. VwGO, welches auch einer nochmaligen Überprüfung der behördlichen Entscheidung dient. Im Gegensatz zum deutschen Widerspruchsverfahren handelt es sich bei der Beschwerde im Verwaltungswege jedoch nicht um ein Vorverfahren, das dem gerichtlichen Verfahren vorgeschaltet sein muss, sondern um eine weitere gleichwertige Alternative neben dem gerichtlichen Verfahren. Die Beteiligten haben gem. Art. 121 Abs. 1 VVG die Wahl, ob sie eine Beschwerde im Verwaltungswege einlegen oder die Entscheidung oder Handlung vor Gericht anfechten. Auch einen Suspensiveffekt[441] entfaltet die Einlegung der Beschwerde im Verwaltungswege nicht automatisch,[442] so dass die Vollziehung von getroffenen Entscheidungen oder Zwangsvollstreckungsmaßnahmen weiterhin möglich bleibt. Nur wenn der Hauptgerichtsvollzieher der RF, der Hauptgerichtsvollzieher der Subjekte der RF oder deren Vertreter von ihrem Recht gem. Art. 40 Abs. 3 VVG Gebrauch machen, das Vollstreckungsverfahren durch einen Beschluss auszusetzten, tritt ein Suspensiveffekt ein.[443]

---

440 Art. 127 Abs. 3 VVG.

441 Mit Suspensiveffenkt ist hier nicht die Hemmung der Rechtskraft, sondern die Hemmung der Vollziehung einer Entscheidung gemeint.

442 Im Gegensatz dazu hat die Einlegung eines Widerspruchs nach § 80 Abs. 1 VwGO grundsätzlich eine aufschiebende Wirkung.

443 Die Zwangsvollstreckungsmaßnahmen dürfen dann nicht mehr durchgeführt werden, solange über die Beschwerde nicht entschieden wurde. Die Möglichkeit eines Suspensiveffekts besteht nach dem Wortlaut des Art. 40 Abs. 3 VVG jedoch nicht, wenn über die Beschwerde „nur" der Obergerichtsvollzieher entscheidet. Dieser ist für die Beschwerden gegen Entscheidungen und Handlungen des Gerichtsvollziehers zuständig, die nicht der Bestätigung des Obergerichtsvollziehers bedürfen. Das sind jedoch die meisten Beschlüsse und Handlungen des Gerichtsvollziehers.

b. *Anfechtung vor Gericht*

Neben der Einlegung der Beschwerde haben die Beteiligten gem. Art. 121 Abs. 1 VVG außerdem die Möglichkeit, die Entscheidung oder Handlung einer Amtsperson des Gerichtsvollzieherdienstes vor Gericht anzufechten.[444] Zu vergleichen ist dieser Rechtsbehelf, soweit es die Handlungen der Amtspersonen betrifft, also die Art und Weise der Zwangsvollstreckung, mit der Vollstreckungserinnerung gem. § 766 ZPO. Wie bereits dargestellt, kann die Anfechtung grundsätzlich gleichzeitig mit der Einlegung der Beschwerde erfolgen oder der Beteiligte kann es sich aussuchen, welchen Rechtsbehelf er wahrnehmen möchte. Die Einlegung der Beschwerde ist nicht Voraussetzung für die Anfechtung vor Gericht. Wird jedoch die Anfechtung der Entscheidung von dem Gericht zugelassen, so wird die Überprüfung im Rahmen der Beschwerde im Verwaltungswege gem. Art. 126 Abs. 2 VVG unterbrochen. Dadurch soll eine parallele widersprüchliche Entscheidung in der Sache vermieden werden.

Es gibt jedoch Ausnahmefälle, in denen den Beteiligten nur der Rechtsbehelf der Anfechtung vor Gericht zusteht. So können die Entscheidungen oder Handlungen des Hauptgerichtsvollziehers der RF, Art. 121 Abs. 2 VVG, und die Beschlüsse über die Einziehung von Vollstreckungsgebühren, Art. 121 Abs. 4 VVG, nur vor Gericht angefochten werden. Diese Ausnahmefälle erklären sich daraus, dass es in Bezug auf die Entscheidungen des Hauptgerichtsvollziehers der RF keine weiteren Amtsträger im Gerichtsvollzieherdienst gibt, die ihm übergeordnet wären und die Entscheidung überprüfen könnten.[445] Die Möglichkeit der Anfechtung eines Beschlusses über die Einziehung von Vollstreckungsgebühren oder Geldstrafen nur vor Gericht, korrespondiert mit Art. 112 Abs. 6 VVG, der als Rechtsschutz in diesen Fällen auch nur die Anfechtung vor Gericht vorsieht.[446]

---

444 Die Möglichkeit der Anfechtung des Beschlusses einer Amtsperson des Gerichtsvollzieherdienstes ist daneben in Art. 441 ZPO RF geregelt.

445 Der Hauptgerichtsvollzieher der RF steht an oberster Stelle in der Organisation des Gerichtsvollzieherdienstes und ist gleichzeitig auch der stellvertretende Justizminister der RF.

446 Die Möglichkeit der Anfechtung eines Beschlusses über die Einziehung von Vollstreckungsgebühren nur vor Gericht resultiert aus der Auffassung des Verfassungsgerichts der RF, nach der es sich bei den Gebühren und Strafen um verwaltungsrechtliche Sanktionen handelt, die mit der russischen Verfassung aufgrund ihres Eingriffscharakters vereinbar sein müssen. Die Überprüfung dieser Vereinbarung obliegt somit dem Gericht. – vgl. dazu Rn. 3 der Entscheidung des russischen Verfassungsgerichts vom 30.07.2001 Nr. 13-P, SZ RF 2001.

Im VVG finden sich neben der Statthaftigkeit noch weitere Zulässigkeitsvoraussetzungen einer Anfechtung der Entscheidung vor Gericht. So beträgt die Frist der Anfechtung genau wie bei der Beschwerde zehn Tage. Außerdem regelt Art. 128 Abs. 1 bis 3 VVG die örtliche Zuständigkeit der Gerichte und differenziert zwischen der Zuständigkeit des Arbitragegerichts und der ordentlichen Gerichtsbarkeit. Gefällt wird die Entscheidung in der Sache nach einer mündlichen Verhandlung, wobei sich das Verfahren nach den entsprechenden prozessualen Gesetzen richtet.[447] Wie bei der Beschwerde im Verwaltungswege tritt der Suspensiveffekt auch hier nicht automatisch durch die Einlegung des Rechtsbehelfs ein, sondern erst wenn das Gericht das Vollstreckungsverfahren gem. Art. 39 Abs. 2 Nr. 4 VVG aussetzt. Das Gericht hat diesbezüglich grundsätzlich einen Ermessenspielraum. Die Aussetzung hat jedoch gem. Art. 39 Abs. 1 Nr. 3 VVG zu erfolgen, falls es um die Anfechtung eines Beschlusses über die Einziehung einer Vollstreckungsgebühr geht.

Die den Beteiligten grundsätzlich eingeräumte Möglichkeit der Wahl zwischen der Beschwerde im Verwaltungswege und der Anfechtung vor Gericht ist zu begrüßen, weil es den Betroffenen überlassen wird, sich für das geeignete Rechtsbehelf zu entscheiden. Problematisch ist in diesem Zusammenhang jedoch die zu beachtende Frist zur Einlegung des Rechtsbehelfs von zehn Tagen, die gem. Art. 122 VVG sowohl für die Einlegung der Beschwerde, als auch für die Anfechtung vor Gericht gilt. Nicht geregelt ist dabei der Fall der Versäumung der Frist zur Anfechtung vor Gericht aufgrund einer vorher eingelegten Beschwerde im Verwaltungswege.[448] Der Beschwerdeführer ist nach dem Gesetzeswortlaut gezwungen, um sich die Möglichkeit einer Anfechtung nicht nehmen zu lassen, sowohl bei der Behörde, als auch gleichzeitig bei dem Gericht, den Rechtsbehelf einzulegen. Die Zulassung des Rechtsbehelf vor Gericht führt jedoch gem. Art. 126 Abs. 2 VVG zu einer Unterbrechung des behördlichen Verfahrens, womit die neu eingeführte Möglichkeit der Beschwerde im Verwaltungswege praktisch wieder ausgehebelt wird. Gelöst werden kann dieses Problem nur, wenn man die von Art. 122 VVG aufgestellte Frist nicht als eine prozessuale Frist i.S.v. Art. 107 ZPO RF ansieht und das Verstreichen der Frist die Möglichkeit der Anfechtung nicht verhindert,[449] oder aber die Versäumung der Frist aufgrund der Einlegung der Beschwerde im Verwaltungswege als ein wichtiger Grund zu dessen Wiederherstellung gem. Art. 18 Abs. 5 VVG i.V.m. Art. 112 Abs. 1 ZPO RF angesehen

447 So nach Kap. 25 ZPO RF und Kap. 24 APO RF.

448 Gem. Art. 126 Abs. 1 VVG ist über die Beschwerde im Verwaltungswege auch innerhalb von zehn Tagen zu entscheiden.

449 So auch *Jarkov*, Kommentar, Art. 128, Punkt 4, S. 636.

wird.[450] Die Wiederherstellung setzt jedoch einen entsprechenden Antrag der betroffenen Person voraus, ist also mit einem weiteren Handeln verbunden. Wünschenswert wäre somit eine genaue und klarstellende Regelung durch den Gesetzgeber, damit die Möglichkeit einer Beschwerde im Verwaltungswege auch eine gleichwertige Möglichkeit neben dem gerichtlichen Rechtsschutz bleibt.

6. Zusammenfassung

Der Beschluss des Gerichtsvollziehers über die Einleitung des Vollstreckungsverfahrens stellt neben dem Antrag des Gläubigers und dem Vollstreckungsdokument, die gleichzeitig die Grundlage für die Beschlussfassung bilden, eine wichtige Voraussetzung für die Ergreifung von Vollstreckungsmaßnahmen dar. Das Verfahren der Beschlussfassung ist durch detaillierte und umfassende Fristenregelungen und Formvorschriften geprägt, in denen sich der Beschleunigungs- und Formalisierungsgrundsatz des Vollstreckungsverfahrens verwirklicht.

Im Vorfeld des Beschlusserlasses hat der Gerichtsvollzieher eine ganze Reihe von unterschiedlichen Voraussetzungen zu prüfen, die für den Erlass des Beschlusses über die Einleitung des Vollstreckungsverfahrens vorliegen müssen. Dazu zählen nicht nur formelle Voraussetzungen, wie ein ordnungsgemäßer Antrag und Vollstreckungsdokument, sondern auch z.B. die Prüfung der örtlichen und sachlichen Zuständigkeit und die Rechtskraft der Entscheidung. Ein besonderer Aspekt und Teil des Beschlusses ist die Aufforderung des Schuldners zur freiwilligen Erfüllung, soweit keine Ausnahmegründe eingreifen. Ist eine Frist zur freiwilligen Erfüllung gesetzt worden, so dürfen die Vollstreckungsmaßnahmen auch erst beginnen, wenn die Frist abgelaufen ist, Art. 68 Abs. 2 VVG. Damit zählt auch der Ablauf dieser Frist zu den Voraussetzungen für die Vornahme von Vollstreckungsmaßnahmen.

Gegen die Beschlüsse des Gerichtsvollziehers stehen den Beteiligten zwei Rechtsbehelfe zur Verfügung. Die Beteiligten können entweder eine Beschwerde im Verwaltungswege einlegen oder die Entscheidung vor Gericht anfechten. Welchen Rechtsbehelf sie wählen, steht ihnen grundsätzlich frei. Mit der Einführung des Rechtsbehelfs der Beschwerde im Verwaltungswege, hat der Gesetzgeber den Zweck verfolgt, eine weitere Kotrollmöglichkeit über die gesetzesmäßige Anwendung des VVG durch die Gerichtsvollzieher zu schaffen. Damit ist jedoch die Gefahr verbunden, dass das Vollstreckungsverfahren entgegen den Intentionen

---

450 So *Reschetnikova*, „Ispolnitel'noe proizvodstvo – Kratkie učebnye kursy ûridičeskih nauk" (Vollstreckungsverfahren – kurze Übungen der Rechtswissenschaft), S. 237 f.

des Gesetzgebers unnötigerweise in die Länge gezogen werden kann. Zwar ist für die Fällung einer Entscheidung jeweils eine Frist von zehn Tagen vorgesehen, ist jedoch der Beschwerdeführer mit der Entscheidung nicht einverstanden, kann er gegen diese eine weitere Beschwerde im Verwaltungswege einlegen[451] oder vor Gericht anfechten. Ist die Beschwerde bei dem Hauptgerichtsvollzieher der RF angekommen, besteht nur noch die Möglichkeit der Anfechtung vor Gericht, womit es im Ergebnis immer auf eine Gerichtsentscheidung hinausläuft. Auch die Beachtung der Anfechtungsfrist und die vorrangige Gültigkeit der gerichtlichen vor der behördlichen Entscheidung, stehen der Beschwerde als gleichwertigem Rechtsbehelf neben der gerichtlichen Anfechtung entgegen. Eine Lösung dieser Ungereimtheiten könnte, vergleichbar mit dem Widerspruchsverfahren des deutschen Rechts, die Regelung der Beschwerde als Vorverfahren sein. Dadurch wird dem Gerichtsvollzieherdienst die Chance gelassen, die getroffenen Entscheidungen selbst zu überprüfen und dem Beschwerdeführer wird Klarheit darüber verschafft, wohin er sich zuerst wenden sollte. Um das Verfahren dabei nicht unnötig in die Länge zu ziehen, wäre auch die Begrenzung auf nur eine mögliche Beschwerde im Verwaltungswege wünschenswert.

Abschließend lässt sich somit feststellen, dass neben dem Beschluss des Gerichtsvollziehers über die Einleitung des Vollstreckungsverfahrens, das Vollstreckungsdokument sowie grundsätzlich der Antrag des Gläubigers, die jeweils die Voraussetzungen des Beschlusserlasses darstellen, und das Verstreichen der Frist zur freiwilligen Leistung des Schuldners, zu den allgemeinen Voraussetzungen der Zwangsvollstreckung zählen. Erst wenn diese Voraussetzungen vorliegen, kann mit der Durchführung von Zwangsvollstreckungsmaßnahmen begonnen werden.

451 Dem Wortlaut des Art. 121 Abs. 1 VVG nach ist die Beschwerde gegen alle Beschlüsse der Amtspersonen des Gerichtsvollzieherdienstes möglich, so dass es auch für die Beschlüsse gelten muss, die bereits auf eine Beschwerde hin erlassen wurden. Solche Beschlüsse finden sich auch nicht in den Gründen des Art. 125 Abs. 1 VVG, aus denen die Überprüfung der Beschwerde abgelehnt wird. Allein eine bereits getroffene Entscheidung des Gerichts in dieser Sache stellt einen Ablehnungsgrund dar, Art. 125 Abs. 1 Nr. 4 VVG.

§ 5 Die einzelnen Arten der Zwangsvollstreckung

Das russische Zwangsvollstreckungsrecht unterscheidet zwischen der Zwangsvollstreckung wegen Vermögensforderungen und der Zwangsvollstreckung wegen Nichtvermögensforderungen.[452] Die Zwangsvollstreckung wegen Vermögensforderungen betrifft dabei die Zwangsvollstreckung in das gesamte Vermögen des Schuldners, also sowohl das bewegliche als auch das unbewegliche Vermögen, das in seinem Eigentum steht.[453] In der Regel handelt es sich bei der Vollstreckung wegen Vermögensforderungen um die Zwangsvollstreckung wegen Geldforderungen. Zu beachten ist an dieser Stelle aber, dass die Erwirkung der Herausgabe von Sachen im russischen Recht auch zu der Zwangsvollstreckung wegen Vermögensforderungen gehört.[454] Bei der Zwangsvollstreckung wegen Nichtvermögensforderungen handelt es sich um die Erwirkung oder Unterlassung einer Handlung.

I. Zwangsvollstreckung wegen Vermögensforderungen

Die Zwangsvollstreckung wegen Vermögensforderungen beinhaltet gem. Art. 69 Abs. 1 VVG die Beschlagnahme[455] des Vermögens und zwar gem. Art. 69 Abs. 2

---

452 Das deutsche Recht unterscheidet zwischen der Zwangsvollstreckung wegen Geldforderungen (§§ 803 ff. ZPO) und der Zwangsvollstreckung zur Erwirkung der Herausgabe von Sachen oder anderen Handlungen oder Unterlassungen (§§ 883 ff. ZPO).

453 Siehe Art. 69 Abs. 4 VVG und vgl. zum Gegenstand der Vollstreckung § 3 I 4, S. 45.

454 Die Herausgabe von Sachen, Art. 88 VVG, ist in dem Kapitel zur Zwangsvollstreckung wegen Vermögensforderungen geregelt. Weiterhin ergibt sich das einerseits aus Art. 69 Abs. 1 VVG, der bestimmt, dass die Vollstreckung in das Vermögen des Schuldners in der Beschlagnahme und (oder) aus der zwangsweisen Verwertung oder der Übergabe an den Gläubiger besteht. Außerdem beinhaltet Art. 105 VVG, der die Zwangsvollstreckung zur Erwirkung einer Handlung oder Unterlassung regelt, die Übergabe der Sachen an den Gläubiger nicht: Aus Art. 206 Abs. 1 ZPO RF (Art. 174 Abs. 1 APO RF) ergibt sich, dass das Gericht eine Entscheidung fällen kann, in der der Schuldners zu einer Handlung verpflichtet wird. Es wird jedoch ausdrücklich klargestellt, dass diese Handlung nicht im Zusammenhang mit der Übergabe des Vermögens oder Geldsummen stehen darf. Wird aufgrund dieser Entscheidung ein Vollstreckungsblatt ausgestellt, unterliegt es der Zwangsvollstreckung nach Art. 105 VVG, so dass die Herausgabe der Sachen nicht davon erfasst ist.

455 D.h. die tatsächliche Wegnahme von (arrestierten) Gegenständen und Verbringung an den Ort, wo diese bis zur Verwertung oder der Übergabe an den Gläubiger

VVG in der Höhe, die für die Erfüllung der im Vollstreckungsdokument enthaltenen Forderung, der Kosten der Zwangsvollstreckung und Vollstreckungsgebühren erforderlich ist. Aufgrund der im russischen Recht geltenden Reihenfolge („gradus executionis“) des Zugriffs auf die Vollstreckungsgegenstände,[456] hat die Zwangsvollstreckung in erster Linie in die finanziellen Mittel und Wertgegenstände des Schuldners zu erfolgen. Erst wenn die finanziellen Mittel und Wertgegenstände nicht ausreichen oder nicht vorhanden sind, ist die Vollstreckung in das sonstige Vermögen möglich. Die folgende Darstellung der einzelnen Vollstreckungsarten orientiert sich dementsprechend an dieser Reihenfolge.

1. Die Vollstreckung in finanzielle Mittel (Geldmittel) des Schuldners

Zu dem ersten Zugriffsgegenstand der Zwangsvollstreckung zählen die Geldmittel des Schuldners. Zu den Geldmitteln gehören gem. Art. 69 Abs. 3 VVG neben Bargeld in Rubel oder ausländischer Währung auch Geldmittel, die sich auf den Konten, Depots oder in Verwahrung bei Banken oder anderen Kreditinstitutionen befinden, mit Ausnahme der finanziellen Mittel, die auf Handels- und (oder) Clearingkonten vorhanden sind.[457] Dabei unterscheidet das VVG die Vollstreckung in Bargeld und in Buchungsgeld. Das Verfahren der Vollstreckung in ausländische Währungen, das gegenüber der Vollstreckung in Rubel nachrangig ist, wird durch besondere Vorschriften[458] ausführlich geregelt.

---

verwahrt werden. *Reschetnikova*, Kommentar, Art. 84, Punkt 1, S. 417. – Fraglich ist indes, ob auch der Arrest einen Bestandteil der Zwangsvollstreckung darstellt, weil Art. 69 Abs. 1 VVG im Vergleich zum früheren Art. 46 Abs. 1 VVG von 1997 nicht mehr ausdrücklich von Arrest als einem Bestandteil der Zwangsvollstreckung in das Vermögen des Schuldners spricht. Insgesamt lässt sich feststellen, dass die allgemeine Verwendung der Begrifflichkeiten der Beschlagnahme und des Arrestes im VVG ungenau ist. Auf die vorhandenen Ungereimtheiten im Gesetz und auf die dargestellte Problematik wird bei den betroffenen Artikeln und unter § 5 I 2 a aa), S. 133 eingegangen.

456 Art. 69 Abs. 3 VVG – Siehe dazu § 3 II 1 b, S. 58.

457 Die Zwangsvollstreckung in finanzielle Mittel, die sich auf Handels- oder Clearingkonten befinden, ist mit dem Föderalen Gesetz vom 07.02.2011 Nr. 8-FZ „Über die Einfügung von Änderung in die einzelnen gesetzlichen Akte der Russischen Föderation im Zsammenhand mit dem Erlass des Gesetzes „Über das Clearing und Clearing-Aktivitäten“ (Федеральный закон от 07.02.2011 N 8-ФЗ „О внесении изменений в отдельные законодательные акты Российской Федерации в связи с принятием Федерального закона „О клиринге и клиринговой деятельности“) mit den neuen Artt. 73.2 und 83.1 VVG eingeführt worden und zum 01.01.2012 in Kraft getreten.

458 Siehe dazu weiter unten.

a. Die Zwangsvollstreckung in Bargeld

Der Gerichtsvollzieher hat die Zwangsvollstreckung in erster Linie in die bei dem Schuldner vorgefundene Rubel vorzunehmen. Von dieser Zwangsvollstreckung sind auch Geldmittel erfasst, die in den Kassentresoren der juristischen Personen aufbewahrt werden und sich diese in einem gesonderten Kassenraum oder anderen Räumlichkeiten der juristischen Person oder in Banken oder anderen Kreditorganisationen befinden, Art. 70 Abs. 1 VVG. Um das Bargeld überhaupt ausfindig machen zu können, ist der Gerichtsvollzieher mit umfassenden Kompetenzen ausgestattet. So ist er nicht nur gem. Art. 12 Abs. 2 GVG RF befugt, die genannten Räumlichkeiten zu betreten und zu durchsuchen,[459] sondern er kann von der juristischen Person auch die Vorlage der Buchführung verlangen oder bereits im Vorfeld die notwendigen Informationen bei der Bank oder einer anderen Organisation gem. Art. 69 Abs. 8, 9 VVG einholen.[460]

aa) Beschlagnahme

Die Zwangsvollstreckung in Bargeld, das bei dem Schuldner vorgefunden wird, erfolgt gem. Art. 70 Abs. 1, Art. 84 Abs. 4 VVG durch die Beschlagnahme. D.h. das Bargeld wird dem Schuldner weggenommen,[461] vergleichbar mit der Inbesitznahme durch den deutschen Gerichtsvollzieher gem. § 808 ZPO, und gem. Art. 70 Abs. 1 VVG einer Bank zur Überweisung auf ein Geschäftskonto der

---

459 Im Gegensatz zu Art. 12 Abs. 2 Nr. 5 GVG RF differenziert das VVG zwischen den unterschiedlichen Räumlichkeiten. Das Betreten von nicht bewohnten Räumlichkeiten ist dem Gerichtsvollzieher ebenfalls gem. Art. 64 Abs. 1 Nr. 5 VVG gestattet. Das Betreten von Wohnraum gegen den Willen des Schuldners ist gem. Art. 64 Abs. 1 Nr. 6 VVG nur mit einer schriftlichen Erlaubnis des Obergerichtsvollziehers möglich. Damit stellt diese Regelung eine höhere Anforderung an das Betreten von Wohnraum und einen gesetzlich geregelten Fall im Sinne des Art. 25 Verf. RF dar, der die Unverletzlichkeit der Wohnung regelt.

460 *Reschetnikova*, Kommentar, Art. 70, Punkt 1, S. 350. – siehe auch § 3 II 2 a, S. 61 ff. – zu beachten ist, dass gem. Art. 69 Abs. 8 VVG der Gerichtsvollzieher für die Anfrage bei den Banken einer Erlaubnis des Obergerichtsvollziehers oder seines Vertreters in schriftlicher Form bedarf.

461 Unklar ist jedoch, ob die Wegnahme des Bargelds als Zahlung von Seiten des Schuldners anzusehen ist und somit die Gefahrtragung auf den Gläubiger übergeht. Eine dem § 815 Abs. 3 ZPO vergleichbare Regelung existiert im russischen Recht nicht. Aufgrund der Tatsache, dass bei der Beschlagnahme Zeugen anwesend sein müssen und ein Dokument über den Beschlagnahmeakt zu erstellen ist, in dem insbesondere die Summe des gepfändeten Bargelds angegeben werden muss, dürfte die Gefahrtragung mit der Wegnahme des Geldes auf den Gläubiger übergehen.

Abteilung der Gerichtsvollzieher übergeben. Von diesem Konto erfolgt dann die Überweisung auf ein Konto des Gläubigers gem. Art. 110 VVG.[462] Bei der Beschlagnahme des Bargelds müssen außerdem mindestens zwei unbefangene Zeugen gem. Art. 59 VVG[463] anwesend sein. Durch diese Anwesenheitspflicht soll die Beschlagnahme durch den Gerichtsvollzieher, die einen erheblichen Eingriff in das Eigentum des Schuldners darstellt, kontrolliert und dadurch auch deren Rechtmäßigkeit gewährleistet werden. Über den vorgenommenen Beschlagnahmeakt erstellt der Gerichtsvollzieher ein Dokument, in dem er neben den allgemeinen Daten[464] des Zwangsvollstreckungsverfahrens im Falle der Bargeldpfändung, die gepfändete Gesamtsumme, die Zahl der einzelnen Geldnoten usw. aufführt.[465] Kopien des Beschlusses und des Dokumentes über den Beschlagnahmeakt müssen unverzüglich an die Parteien und andere Beteiligte der Zwangsvollstreckung geschickt werden.[466]

Die Zwangsvollstreckung in Bargeld durch Beschlagnahme ist von dem russischen Gesetzgeber erst mit dem Föderalen Gesetz vom 03.12.2011 Nr. 389-FZ „Über die Einfügung von Änderung in die einzelnen gesetzlichen Akte der Russischen Föderation“[467], welches zum 01.01.2012 in Kraft trat, konkretisiert worden. Vor der Gesetzesänderung war die Wortwahl des Gesetzgebers in Art. 70 Abs. 1 VVG, der die Pfändung des Bargelds durch die Beschlagnahme und den Arrest

---

462 Die Verwertung des Bargelds unterscheidet sich somit etwas von dem deutschen Recht. Gem. § 815 Abs. 1 ZPO ist das gepfändete Geld dem Gläubiger abzuliefern.

463 Art. 59 VVG regelt die notwendige Beteiligung von Zeugen im Rahmen des Zwangsvollstreckungsverfahrens. Zeugen können beliebige Bürger sein, die das achtzehnte Lebensjahr vollendet haben und weder mit den Beteiligten noch mit den Amtsträgern des Zwangsvollstreckungsverfahrens identisch sind.

464 Dazu gehören z.B. die Daten des Gerichtsvollziehers, der die Beschlagnahme durchführt, Aktenzeichen des Vollstreckungsverfahrens, Angaben zum Vollstreckungsdokument auf dessen Grundlage die Beschlagnahme stattfindet, Beginn und Ende der Beschlagnahme u.s.w.

465 *Reschetnikova*, Kommentar, Art. 84, Punkt 1, S. 417 f. – siehe die Form dieses Dokumentes in der Anlage 41 des Befehls des Gerichtsvollziehersdienstes vom 30.01.2008 Nr. 26 (Приказ ФССП РФ от 30.01.2008 N 26 „Об утверждении Методических рекомендаций о порядке использования примерных форм процессуальных документов, необходимых для учета, ведения, формирования и хранения материалов исполнительного производства“) – abrufbar unter http://www.gvir.ru/text2008/n04/gdi04489/index.htm

466 *Jarkov*, Kommentar, Art. 84, Punkt 1, S. 422.

467 Федеральный закон от 03.12.2011 N 389-ФЗ „О внесении изменений в отдельные законодательные акты Российской Федерации“

vorsah, unverständlich, weil die Beschlagnahme eigentlich bereits einen Bestandteil des Arrestes darstellt. Der Arrest, der grundsätzlich aus einem Verfügungsverbot und einer Vermögensauflistung besteht, beinhaltet gem. Art. 80 Abs. 4 VVG im Falle der Notwendigkeit die Nutzungsbeschränkung oder die Beschlagnahme des Vermögens. Gem. Art. 84 Abs. 3 VVG in der Fasssung vom 30.11.2011 unterlag das Bargeld im Falle dessen Arrestes sogar der Beschlagnahmepflicht. Wurde das Bargeld arrestiert, musste es auch beschlagnahmt werden. Da auch Art. 84 Abs. 1 VVG bezüglich des Verfahrens der Beschlagnahme auf das Verfahren des Arrestes gem. Art. 80 VVG verweist, war davon auszugehen, dass die Beschlagnahme des Bargelds oder auch anderer Gegenstände den Arrest als Voraussetzung erfordert.[468] Mit der Einführung des VVG von 2007 stellte sich somit bis zur Änderung des Art. 70 Abs. 1 VVG zum 01.01.2012 die Frage nach dem Sinn des Arrestes des vorgefundenen Bargelds. Im VVG von 1997 wurde die Zwangsvollstreckung in Bargeld allein durch die Beschlagnahme vorgenommen, eines Arrestes bedurfte es insoweit nicht.[469] Art. 70 Abs. 1 VVG in der Fassung vom 30.11.2011 setzte dagegen für die Pfändung des Bargelds, insbesondere dessen Beschlagnahme, den Arrest voraus. Führt man sich den notwendigen Inhalt des Arrestes vor Augen, das Verfügungsverbot, so war die Regelung des Arrestes im Falle der Bargeldpfändung nicht notwendig. Es war entsprechend bereits der alten Rechtslage, des VVG von 1997, ausreichend, wenn der Gerichtsvollzieher das Bargeld des Schuldners nur beschlagnahmt hätte. Mit der Beschlagnahme hat der Schuldner keine Verfügungsgewalt mehr über das Bargeld, so dass er logischerweise auch nicht darüber verfügen kann. Zu berücksichtigen ist auch, dass der Arrest nach dem Wortlaut des Art. 70 Abs. 1 VVG in der Fassung vom 30.11.2011 auf das bei dem Schuldner vorgefundene Bargeld aufelegt werden musste. Der Gerichtsvollzieher konnte somit den Arrestbeschluss erst dann erlassen, wenn er das Bargeld gefunden hatte. Dieses konnte er aber auch gleich beschlagnahmen, so dass ein Verfügungsverbot nicht mehr sinnvoll war.[470] Der einzige sinnvolle Anwendungsbereich konnte

468 Auch gem. Art. 64 Abs. 1 Nr. 7 VVG ist der Gerichtsvollzieher befugt zur Sicherung der Vollstreckung des Vollstreckungsdokumentes Arrest auf das Vermögen aufzuerlegen und dieses zu beschlagnahmen, was für eine Voraussetzung des Arrestes für die Beschlagnahme spricht. – Nur im Falle der Vollstreckung des Vollstreckungsdokumentes, das die Übergabe einer bestimmten Sache an den Gläubiger vorsieht, stellt die Beschlagnahme eine eigene Zwangsvollstreckungsmaßnahme dar und ist von dem Arrest unabhängig. – Vgl. Art. 68 Abs. 3 Nr. 4 VVG.

469 Im Gegensatz zu Art. 70 Abs. 1 VVG in der Fassung vom 30.11.2011 sah der Art. 46 Abs. 2 VVG von 1997 auch nur die Beschlagnahme des Bargelds vor.

470 Für diese Sichtweise spricht auch Punkt 7.6. Nr. 1 des Befehls des Gerichtsvollziehersdienstes vom 30.01.2008 Nr. 26, der angibt, dass die Gerichtsvollzieher im Falle

nur im Zusammenhang mit dem bei der Bank deponiertem Bargeld und dem früheren Art. 57 Abs. 3 VVG von 1997 gesehen werden. Der Gerichtsvollzieher kann zur Auffindung des Bargelds notwendige Informationen bei der Bank oder einer anderen Organisation gem. Art. 69 Abs. 8, 9 VVG einholen. Setzt man die ihm zugestellte Information mit dem Vorfinden des Bargelds bei dem Schuldner gleich, konnte der Gerichtsvollzieher dieses Bargeld sofort arrestieren und dessen Beschlagnahme erst später vornehmen. Bis zur Beschlagnahme wäre es dem Schuldner verwehrt, der neben der Bank eine Kopie des Beschlusses zugeschickt bekommt, über dieses Bargeld zu verfügen. Vorgenommene Verfügungen in Bezug auf das arrestierte Vermögen wären nichtig, weil sie gegen Art. 80 i.V.m. Art. 6 VVG und somit gegen das Gesetz verstoßen würden.[471] Gem. Art. 57 Abs. 3 VVG von 1997 konnte der Gerichtsvollzieher Maßnahmen zur Anordnung des Arrestes in finanzielle Mittel einer juristischen Person ergreifen, die sich zur Aufbewahrung in Banken oder anderen Kreditinstituten befanden. Da der Gesetzgeber entgegen der früheren Regelung des VVG von 1997 sowohl die Vollstreckung in das Bargeld von natürlichen Personen als auch von juristischen Personen in einem Artikel zusammengefasst und die Anordnung des Arrestes in Art. 70 Abs. 1 VVG in der Fassung vom 30.11.2011 mit aufgenommen hatte, war es lediglich sinnvoll, entsprechend der früheren Regelung des Art. 57 Abs. 3 VVG von der Anordnung des Arrestes nur bezüglich des in Banken befindlichen Bargelds auszugehen, von dessen Vorliegen der Gerichtsvollzieher aufgrund der eingeholten Informationen erfuhr.

Der russische Gesetzgeber hat die dargestellte Problematik nunmehr mit der neuen Fassung des Art. 70 Abs. 1 VVG beseitigt und eine eindeutige Regelung

---

des Vorfindens von Bargeld einen Beschlagnahmeakt zu erstellen haben. Von dem Arrest wird hier nicht gesprochen, sondern nur im Zusammenhang mit der Vollstreckung in Geldmittel, die sich bei einer Bank befinden.

471 Die Nichtigkeit ergibt sich aus Art. 168 des ZGB RF (Teil 1), der besagt, dass Rechtsgeschäfte, die den Anforderungen des Gesetzes nicht entsprechen, nichtig sind, soweit sich aus dem Gesetz nichts anderes ergibt. Gem. Art. 6 Abs. 1 VVG sind die gesetzlichen Forderungen des Gerichtsvollziehers bindend und müssen befolgt werden. Damit muss auch der Arrest und das daraus resultierende Verfügungsverbot beachtet werden. Im Falle der Nichtbeachtung ist das Rechtsgeschäft nichtig. Anders als das deutsche kennt das russische Recht kein Trennungs- und Abstraktionsprinzip. Die Übertragung von Eigentum erfolgt im russischen Recht kausal, erfordert also neben dem Kaufvertrag grundsätzlich kein zusätzliches, selbständiges Rechtsgeschäft, nur die tatsächliche Übergabe. Bei Nichtigkeit des Rechtsgeschäfts bleibt der Veräußerer daher immer Eigentümer. – siehe zum Kausalprinzip des russischen Rechts *Kettler*, Eigentumsvorbehalt und Sicherungsübereignung, Rn. 177 ff. – Zum besseren Verständnis wird jedoch von Verfügung gesprochen.

geschaffen, die jetzt im Einklag mit der Systematik des Gesetzes über die Beschlagnahme und des Arrestes im Rahmen der Zwangsvollstreckung steht. Diese Änderung verdeutlicht, dass der Gesetzgeber auch nach der Neufassung des VVG von 2007 weiterhin bemüht ist, ein Gesetz zu schaffen, welches frei von Widersprüchen und Ungereimtheiten ist und somit zu einer effizienteren und rechtmäßigen Zwangsvollstreckung führt.

bb) Verwertung von Geld in ausländischer Währung

Fehlt bei dem Schuldner Bargeld in Rubel oder sind zur Befriedigung des Gläubigers und sonstiger Kosten der Zwangsvollstreckung nicht genug Rubel vorhanden, erfolgt die Pfändung in die vorhandene ausländische Währung. Die Pfändung von Bargeld in ausländischer Währung richtet sich genau wie die Pfändung von Rubel nach Art. 70 Abs. 1 VVG. Insofern bestehen im Rahmen der eigentlichen Pfändung keine Besonderheiten. Die Forderung des Gläubigers wird jedoch der Höhe nach in Rubel bemessen sein und auch die Kosten und Gebühren der Zwangsvollstreckung sind in Rubel zu entrichten. Die gepfändete ausländische Währung muss somit in Rubel umgetauscht werden. Dieses Verfahren hat der Gesetzgeber explizit im VVG geregelt. Gem. Art. 71 Abs. 1 VVG wird das vorgefundene Bargeld in ausländischer Währung von dem Gerichtsvollzieher an eine Bank oder eine Kreditinstitution, die berechtigt ist auf dem russischen Binnenmarkt Fremdwährungen zu verkaufen, zum Verkauf übergeben. Diese verkauft die ausländische Währung zum aktuellen Tageskurs und überweist die durch den Verkauf erhaltenen Rubel auf ein, in dem Beschluss des Gerichtsvollziehers angegebenes, Geschäftskonto der Abteilung der Gerichtsvollzieher. Ähnlich verläuft auch das Verfahren in dem Fall, in welchem laut des Vollstreckungsdokumentes eine bestimmte ausländische Währung geschuldet ist. Die Zwangsvollstreckung erfolgt dann in die entsprechende Währung oder aber in eine andere ausländische Währung oder Rubel, worüber der Gerichtsvollzieher gem. Art. 72 Abs. 1 VVG einen Beschluss zu erlassen hat. Der Verkauf der vorgefundenen ausländischen Währung erfolgt wieder durch die Bank zum Tageskurs. Nach dem Einkauf der im Vollstreckungsdokument angegebenen Währung und der Rubel für die Kosten der Zwangsvollstreckung überweist die Bank die entsprechenden Mittel auf das Geschäftskonto der Abteilung der Gerichtsvollzieher. Die Verwertung des ausländischen Bargelds hat damit im Vergleich zu § 821 ZPO[472] eine sehr ausführliche und detaillierte Regelung erfahren.

---

472 § 821 ZPO regelt zwar die Verwertung von Wertpapieren, diese Norm ist aber auch auf ausländisches Geld anwendbar, weil die ausländischen Banknoten als

b. Die Zwangsvollstreckung in Buchungsgeld

Neben der Vollstreckung in Bargeld ist auch die Vollstreckung in finanzielle Mittel des Schuldners möglich, die sich auf den Konten oder Depots des Schuldners in Banken oder anderen Kreditinstitutionen befinden. Diese Vollstreckungsart ist vergleichbar mit der in Deutschland geregelten Zwangsvollstreckung in Forderungen, und zwar einer Geldforderung, die der Schuldner gegenüber seiner Bank hat.[473] Nach dem eindeutigen Wortlaut des VVG erfolgt die Vollstreckung jedoch nicht in eine Geldforderung, die der Schuldner gegenüber seiner Bank hat, sondern wie bereits dargestellt, wird in das Buchungsgeld selbst vollstreckt, was die besondere Regelung dieser Vollstreckungsart erklärt, jedoch keinen großen Unterschied zur Pfändung einer Geldforderung darstellt.

aa) Abbuchungsverfahren auf Beschluss des Gerichtsvollziehers

Im Gegensatz zur früheren Regelung des Art. 46 Abs. 2 VVG von 1997, nach welchem die Pfändung des Kontoguthabens durch die Auferlegung eines Arrestes bewirkt wurde, ist nunmehr der Arrest des Kontoguthabens durch den Gerichtsvollzieher keine zwingende Voraussetzung der Vollstreckung.[474] Vielmehr reicht für die Vollstreckung des Kontoguthabens gem. Art. 70 Abs. 2 VVG aus, dass der Gerichtsvollzieher das Vollstreckungsdokument oder einen Beschluss zur Abbuchung des Kontoguthabens an die entsprechende Bank sendet,[475] auf Grund dessen die Bank die Überweisung der in dem Vollstreckungsdokument oder dem Beschluss enthaltenen Forderung unverzüglich auf das Geschäftskonto der Abteilung des Gerichtsvollziehersdienstes vornimmt und darüber innerhalb von drei Tagen den Gerichtsvollzieher informiert, Art. 70 Abs. 5, 7

Inhaberpapiere behandelt werden und nicht als bares Geld, das unter § 815 ZPO fällt. – *Stöber* in *Zöller*, Zivilprozessordnung Kommentar, § 821, Rn. 5.

473 Die Pfändung des Geldes auf einem Bankkonto erfolgt in Deutschland nach den allgemeinen Regeln über die Zwangsvollstreckung in Forderungen gem. §§ 828 ff. ZPO.

474 Das ergibt sich insbesondere aus Art. 70 Abs. 4 VVG, der vor der Überweisung des Guthabens zunächst die Aufhebung des Arrestes durch einen Beschluss des Gerichtsvollziehers vorsieht, falls ein solcher bereits besteht. Gemeint ist hier der Arrest, der auch von dem Gerichtsvollzieher selbst gem. Art. 80 Abs. 1, 2, 3 Nr. 1 VVG auferlegt wurde, weil er nur diesen wieder selbst aufheben kann.

475 Die Abrechnungsdokumente, die Grundsätzlich die Grundlage für die Abbuchung von Kontoguthaben darstellen, müssen gem. Art. 70 Abs. 2 S. 2 VVG weder von dem Gläubiger noch von dem Gerichtsvollzieher vorgelegt werden.

VVG.[476] Hat der Gerichtsvollzieher das Guthaben aber vorher bereits arrestiert, muss er in seinem Beschluss gleichzeitig die Aufhebung des Arrestes gem. Art. 70 Abs. 4 VVG in zu überweisender Höhe anordnen, weil die Bank aufgrund des Verfügungsverbotes nicht über das Guthaben verfügen kann.[477] Die Bank muss das Vollstreckungsdokument oder den Beschluss gem. Art. 70 Abs. 8 VVG nicht vollständig erfüllen, falls entsprechendes Guthaben auf den Konten des Schuldners fehlt, das vorhandene Guthaben unter Arrest gestellt ist[478] oder wenn durch ein Verfahren, das durch das Gesetz vorgesehen ist,[479] die Geschäfte mit dem Buchungsgeld ausgesetzt wurden. Im Falle des Vorhandenseins einer geringeren Summe auf dem Konto als in dem Vollstreckungsdokument oder dem Beschluss gefordert, überweist die Bank die vorhandenen Geldmittel und setzt die weitere Erfüllung mit dem Eingang weiterer Geldmittel auf das Konto des Schuldners bis zur vollständigen Befriedigung der in dem Vollstreckungsdokument enthaltenen Forderung fort, Art. 70 Abs. 9 VVG. Weigert sich die Bank trotz vorhandenen Guthabens die im Vollstreckungsdokument enthaltenen Forderungen innerhalb der vom Gesetz vorgegebenen Frist zu erfüllen, stellt dies eine Ordnungswidrigkeit gem. Art. 17.14 Abs. 2 KoAP RF dar. In diesem Fall besteht für den Gerichtsvollzieher die Möglichkeit, ein Protokoll über diese Ordnungswidrigkeit gem. Art. 114 Abs. 1 VVG anzufertigen und dieses an das

---

476 Gem. Art. 854 Zivilgesetzbuch der RF (Teil 2) wird das Guthaben von dem Konto grundsätzlich nur auf Veranlassung des Kontoinhabers von der Bank ausgeführt. Ohne einer solchen Veranlassung kann die Abbuchung nur aufgrund einer gesetzlichen Regelung erfolgen, die hier Art. 70 Abs. 2 VVG darstellt.

477 Die Regelung des Art. 70 Abs. 4 VVG erscheint etwas merkwürdig. Einerseits ist es sinnvoll einen Arrest auf das Kontoguthaben aufzuerlegen, um das Guthaben zu sichern, andererseits muss der Arrest wieder aufgehoben werden, wenn es um die Überweisung des Guthabens auf das Konto des Gerichtsvollzieherdienstes geht. Der Gerichtsvollzieher muss somit seinen eigenen Arrest wieder aufheben, um das Geld auf das Konto der Abteilung des Gerichtsvollzieherdienstes überwiesen zu bekommen. Eine Erklärung dieser Regelung lässt sich nur darin sehen, dass die Banken sich sonst durch die Überweisung eines arrestierten Guthabens strafbar machen würden. – vgl. dazu unten unter Arrest des Kontoguthabens.

478 Hier geht es nicht um den Arrest, den der Gerichtsvollzieher möglicherweise selbst auf das Kontoguthaben vorher auferlegt hat, weil er diesen gem. Art. 70 Abs. 4 VVG wieder aufheben könnte. Gemeint ist hier der Arrest, der entweder aufgrund eines anderen Zwangsvollstreckungsverfahrens oder gem. Art. 80 Abs. 3 Nr. 2 und 3 VVG auferlegt wurde. – *Jarkov*, Kommentar, Art. 70, Punkt 6, S. 353.

479 Das kann z.B. durch die Steuerbehörden gem. Art. 31 Abs. Nr. 5, 76 des Steuerkodex der RF (Teil 1) geschehen.

gem. Art. 114 Abs. 2 VVG zuständige Arbitragegericht zu leiten, welches anschließend ein Ordnungswidrigkeitenverfahren einleitet. Schließlich bestimmt Art. 70 Abs. 11 VVG, dass der Gerichtsvollzieher im Falle des Eingangs eines zu hohen Betrages auf das Geschäftskonto der Abteilung der Gerichtsvollzieher die überflüssige Summe wieder an den Schuldner zurück zu gewähren hat. Hier verwirklicht sich das Prinzip des Wechselverhältnisses des Umfangs der zu vollstreckenden Forderungen und der Maßnahmen der Zwangsvollstreckung (Verhältnismäßigkeitsprinzip) des Art. 4 Nr. 5 VVG.[480]

Das Abbuchungsverfahren ist somit in etwa mit dem deutschen Überweisungsbeschluss gem. § 835 ZPO vergleichbar, stellt somit bereits eine Verwertung des Buchungsgeldes dar, jedoch mit der Möglichkeit ohne einer vorangegangenen Pfändung.

bb) Arrest des Kontoguthabens

Wird die Vollstreckung in Buchungsgeld von einem Gerichtsvollzieher vorgenommen, so wird regelmäßig zur Sicherung des Kontoguthabens und somit der Forderung des Gläubigers auch Arrest auf das Guthaben auferlegt werden. Die Intention des Gesetzgebers, auch in Bezug auf das Buchungsgeld keinen notwendigen Arrest vorauszusetzten, könnte darin liegen, dass sich auch der Gläubiger direkt an die Bank mit dem Vollstreckungsdokument wenden und die Überweisung des Kontoguthabens auf sein Konto verlangen kann.[481] In diesem Fall wäre ein Arrest ohne Hinzuziehung des Gerichtsvollziehers nicht möglich.[482]

Der Arrest des Kontoguthabens wird gem. Art. 81 Abs. 1 i.V.m. Art. 80 VVG durch die Zustellung eines Beschlusses über die Arrestierung dieser Geldmittel durch den Gerichtsvollzieher an die Bank oder ein anderes Kreditinstitut auferlegt. Die Bank hat dem Beschluss des Gerichtsvollziehers sofort nachzukommen und diesem gleichzeitig mitzuteilen, welche Konten des Schuldners vorhanden sind und in welcher Höhe das Guthaben von dem Arrest betroffen ist. Das dient dem Verhältnismäßigkeitsgrundsatz, da der Gerichtsvollzieher gem. Art. 81 Abs. 4 VVG verpflichtet ist, den Arrest wieder insoweit aufzuheben, soweit das

---

480 Siehe dazu § 3 I 5, S. 54.

481 Siehe zu dem Abbuchungsverfahren auf Ersuchen des Gläubigers weiter unten.

482 Der Arrest des Kontoguthabens wäre in diesem Fall nur möglich, wenn der Arrest in Bezug auf dieses Guthaben bereits in dem Vollstreckungsdokument angeordnet wurde. Dann müsste die Bank zur Erfüllung des Vollstreckungsdokuments auch der Auferlegung des Arrestes nachkommen. – siehe weitere Ausführungen dazu unten unter Abbuchungsverfahren auf Ersuchen des Gläubigers.

arrestierte Guthaben die Forderung übersteigt.[483] Da der Arrest ein Verfügungsverbot darstellt, bedeutet es in diesem Fall, dass die Bank keine Buchungen mehr in Bezug auf das betroffene Guthaben vornehmen darf. Gem. Art. 80 Abs. 7 VVG ist auch eine Kopie des Beschlusses an den Schuldner zu senden, so dass davon auszugehen ist, dass ein entsprechendes Verfügungsverbot auch an den Schuldner gerichtet ist. Vergleichbar ist der Arrest des Kontoguthabens somit mit dem Pfändungsbeschluss des deutschen Rechts gem. § 829 Abs. 1 ZPO.[484] Eine von der Bank trotz des Arrestes vorgenommene Buchung zieht anders als im deutschen Recht, wo die Bank lediglich trotz der geleisteten Zahlung an den Schuldner gegenüber dem Gläubiger nicht von der Zahlung frei wird, eine strafrechtliche Verantwortung gem. Art. 312 des Strafgesetzbuches der RF[485] nach sich.

cc) Abbuchungsverfahren auf Ersuchen des Gläubigers[486]

Wie bereits mehrfach dargestellt kann das Abbuchungsverfahren auch auf Ersuchen des Gläubigers selbst durchgeführt werden.[487] Gem. Art. 8 Abs. 1 VVG kann das Vollstreckungsdokument über die Einziehung finanzieller Mittel[488] von

---

483 Siehe dazu § 3 I 5, S. 54 und Art. 69 Abs. 2 VVG, nach welchem die Vollstreckung in das Vermögen des Schuldners erfolgt, die zur Befriedigung der in dem Vollstreckungsdokument enthaltenen Forderung notwendig ist.

484 Der Pfändungsbeschluss des deutschen Vollstreckungsgerichts enthält das gegen den Drittschuldner (z.B. die Bank) gerichtete Verbot, an den Schuldner zu zahlen, sowie das Gebot an den Schuldner, sich jeder Verfügung über die Forderung zu enthalten. – *Musielak*, Grundkurs ZPO, Rn. 676.

485 Strafgesetzbuch der RF vom 13.06.1996 Nr. 63-FZ (Уголовный кодекс Российской Федерации от 13.06.1996 N 63-ФЗ). – Gem. Art. 312 sind die von der Bank vorgenommenen Buchungen trotz eines Arrestes des Kontoguthabens unter Strafe gestellt. Ausnahmen sieht diese Norm nicht vor. Im besten Fall besteht die Strafe aus einer Geldstrafe bis zu 80.000 Rubel und im schlimmsten Fall aus einer Freiheitsstrafe bis zu zwei Jahren. Daraus erklärt sich die Notwendigkeit, die Auferlegung des Arrestes vor der Abbuchung durch den Gerichtsvollzieher wieder aufzuheben, Art. 70 Abs. 4 VVG.

486 In der Literatur wird auch von dem unstreitigen Abbuchungsverfahren gesprochen. – so z.B. auch *Kenk*, Die Zwangsvollstreckung in der Russischen Föderation, S. 95 ff. – Dieses Abbuchungsverfahren stammt noch aus der Zeit der sozialistischen Planwirtschaft, so dass sich die Frage stellt, ob die weitere Geltung den Bedürfnissen der Marktwirtschaft und den Prinzipien eines Rechtsstaates entspricht. *Engel*, Leasing in Rußland und Deutschland, S. 150 f.

487 Siehe dazu insbesondere auch § 3 II 3, S. 64.

488 Oder den Arrest der finanziellen Mittel, der im Vollstreckungsdokument angeordnet wurde und der Sicherung der Forderung dient.

dem Gläubiger unmittelbar an eine Bank oder ein anderes Kreditinstitut gerichtet werden. Daneben muss der Gläubiger ein Ersuchen in der von Art. 8 Abs. 2 VVG vorgeschriebenen Form[489] einreichen. Die Einreichung des Vollstreckungsdokumentes und des Ersuchens bei der Bank stellt jedoch keine Einleitung des Vollstreckungsverfahrens dar, weil dieses einen Beschluss des Gerichtsvollziehers gem. Art. 30 Abs. 1, Abs. 8 VVG voraussetzt, der auch der Ausführung durch den Gerichtsvollzieher vorbehalten ist.[490] Vielmehr handelt es sich um ein selbständiges Verfahren, das dem Gläubiger die Möglichkeit eröffnet, sofort gegen den Schuldner vorzugehen, ohne sich an den Gerichtsvollzieher wenden zu müssen. Weiterhin gehören die Banken nicht zu den Organen der Zwangsvollstreckung, zu denen gem. Art. 5 VVG nur die Gerichtsvollzieher zählen, sondern nur zu den Organen, die im Falle von gesetzlich geregelten Fällen, die Vollstreckung von Vollstreckungsdokumenten ausführen, Art. 7 Abs. 1 VVG.

Das Abbuchungsverfahren auf Ersuchen des Gläubigers verläuft grundsätzlich in derselben Weise wie auch das Abbuchungsverfahren auf Beschluss des Gerichtsvollziehers gem. Art. 70 Abs. 2 VVG.[491] Die Bank muss somit auch dem Ersuchen des Gläubigers nachkommen und das Guthaben in der Höhe, die in dem Vollstreckungsdokument angegeben ist, auf das Konto des Gläubigers überweisen.[492] Eine Besonderheit im Vergleich zu dem Abbuchungsverfahren auf Beschluss

489 Das Ersuchen muss enthalten: die Kontodaten der Bank des Gläubigers, auf das die Geldforderung überwiesen werden soll; den Namen, Vornamen, Vatersname, Staatsangehörigkeit, Daten des Dokumentes, das die Personalien bestätigt, Wohnort oder Aufenthaltsort, Identifikationsnummer des Steuerpflichtigen (falls vorhanden), Daten des Migrationsausweises und Dokumentes, das das Recht des Gläubiger-Bürgers auf Aufenthalt in der Russischen Föderation bestätigt; die Bezeichnung, Identifikationsnummer des Steuerpflichtigen oder Code der ausländischen Organisation, staatliche Registrierungsnummer, Ort der staatlichen Registrierung und juristische Adresse des Gläubigers-juristischen Person.

490 Im Gegensatz dazu erfolgt das Abbuchungsverfahren auf Beschluss des Gerichtsvollziehers im Rahmen des eingeleiteten Zwangsvollstreckungsverfahrens.

491 Vgl. dazu deswegen oben unter Abbuchungsverfahren auf Beschluss des Gerichtsvollziehers.

492 Ist in dem Vollstreckungsdokument ein Arrest des Kontoguthabens angeordnet, bewirkt dessen Einreichung und die Einreichung des Ersuchens des Gläubigers dementsprechend auch ein Verfügungsverbot. Dem Wortlaut des Art. 8 Abs. 1 VVG nach kann, wie bereits ausgeführt, das Vollstreckungsdokument entweder eine Geldforderung enthalten oder einen Arrest der finanziellen Mittel. Denkbar ist das, wenn bereits das Gericht im Verlauf der Verhandlung auf Antrag einer Partei zur Sicherung der möglichen Forderungen einen Arrest auf das Vermögen des Schuldners auferlegt. Dieses Verfahren richtet sich nach Art. 139 ff. ZPO RF.

des Gerichtsvollziehers ergibt sich jedoch aus Art. 70 Abs. 6 VVG. Im Falle von berechtigten Zweifeln über die Echtheit des Vollstreckungsdokuments oder bei Zweifeln im Hinblick auf die Angaben in dem beigefügten Ersuchen, Art. 8 Abs. 2 VVG, ist die Bank berechtigt, zur Prüfung der genannten Zweifel, die Erfüllung des Vollstreckungsdokumentes bis zu sieben Tage auszusetzten.[493] Wie diese Prüfung jedoch auszusehen hat, ist gesetzlich nicht geregelt. Probleme könnten sich in dieser Hinsicht insbesondere mit den Datenschutzbestimmungen[494] ergeben. Gleichzeitig müssen während der genannten Überprüfung alle Vorgänge mit den finanziellen Mitteln in Höhe der zu vollstreckenden Forderung auf dem Konto des Schuldners unverzüglich angehalten werden.[495] Mit der Schaffung dieser Regelung hat der Gesetzgeber der vorher bestehenden Gefahr entgegengewirkt, dass sich die Banken auf die nicht näher definierten Zweifel stützen könnten, um so die ihnen eingeräumte Befugnis zu missbrauchen und möglicherweise dem Schuldner dadurch die Verlagerung des Kontoguthabens zu ermöglichen.[496]

Die Intention des Gesetzgebers, dem Gläubiger das Recht zu gewähren auch ohne eine Inanspruchnahme des Vollstreckungsorgans möglichst schnell seine Forderung durchzusetzen und das Vollstreckungsorgan dadurch zu entlasten, ist grundsätzlich zu begrüßen. Zu berücksichtigen ist jedoch, dass eine wichtige Voraussetzung das Vorhandensein von Informationen über das Kontoguthaben und über die Bank des Schuldners ist, bei der das Ersuchen eingereicht werden soll. Solche Informationen werden dem Gläubiger nicht immer zur Verfügung stehen. Aus diesem Grund hat der Gesetzgeber dem Gläubiger das Recht eingeräumt, entsprechende Informationen[497] gem. Art. 69 Abs. 8 S. 2 VVG bei

---

493 Eine Erfüllungspflicht innerhalb von drei Tagen seit dem Erhalt des Vollstreckungsdokuments gem. Art. 70 Abs. 5 VVG besteht in diesem Fall dann nicht.

494 So z.B. gem. Art. 7 i.V.m. Art. 3 Abs. 1 des Föderalen Gesetzes „Über die persönliche Daten" (Федеральный закон от 27.07.2006 N 152-ФЗ „О персональных данных") und Art. 26 des Föderalen Gesetzes „Über Banken und Bankentätigkeit" (Федеральный закон „О банках и банковской деятельности" от 02.12.1990 N 395-1).

495 Diese Pflicht der Banken ist mit dem Föderalen Gesetz vom 03.12.2011 Nr. 389-FZ „Über die Einfügung von Änderung in die einzelnen gesetzlichen Akte der Russischen Föderation" (Федеральный закон от 03.12.2011 N 389-ФЗ „О внесении изменений в отдельные законодательные акты Российской Федерации") begründet worden.

496 Siehe zu der nunmehr gelösten Problematik dieser Regelung auch die Ausführungen bei *Jarkov*, Kommentar, Art. 70, Punkt 4, S. 351 f.

497 Der Gläubiger kann gem. Art. 69 Abs. 9 VVG auch von Steuerbehörden, wie der Gerichtsvollzieher von der Bank, Auskunft über den Namen und Sitz der Banken und

den Steuerbehörden einzuholen.[498] Diese Regelung erweist sich jedoch als problematisch. Sie stellt eine Art Umgehung der Regelung dar, dass sich nur der Gerichtsvollzieher mit einer schriftlichen Erlaubnis des Obergerichtsvollziehers oder seines Vertreters an die Banken wenden kann. Der Gerichtsvollzieher kann im Gegensatz zum Gläubiger Informationen bei den Banken einholen, weil er als Vollstreckungsorgan zu dem Personenkreis gehört, der entsprechende Informationen verlangen kann. Grundlage dieser Regelung ist das in Art. 26 des Föderalen Gesetzes „Über Banken und Bankentätigkeit" geregelte Bankgeheimnis. Die Steuerbehörden können, genauso wie der Gerichtsvollzieher, die Informationen von den Banken verlangen. Geben sie diese jedoch an den Gläubiger weiter, wozu sie gem. Art. 69 Abs. 8 S. 2, 9, 10 VVG verpflichtet sind, wäre die Norm des Art. 26 des Föderalen Gesetzes „Über Banken und Bankentätigkeit" ausgehöhlt, weil der Gläubiger im Ergebnis immer zu den gewünschten Informationen kommen würde und das sogar unter leichteren Voraussetzungen[499] als der Gerichtsvollzieher. Um ein umfassendes und konsequentes Bankgeheimnis zu gewährleisten, müsste der russische Gesetzgeber diese Regelung dahingehend überarbeiten, dass das Recht des Gläubigers, über die Steuerbehörden an die Daten des Schuldners zu kommen, beschränkt oder an höhere Voraussetzungen geknüpft wird. Das wäre jedoch mit Nachteilen für das Institut des Abbuchungsverfahrens auf Ersuchen des Gläubigers verbunden, weil der Gläubiger dann bereits über entsprechende Informationen verfügen muss, um dieses Verfahren überhaupt betreiben zu können. Bei fehlenden Informationen bliebe ihm nur noch der Weg der Zwangsvollstreckung mit Hilfe des Gerichtsvollziehers offen.

Weiterhin ist im Rahmen des Abbuchungsverfahrens auf Ersuchen des Gläubigers fraglich, ob die Nichterfüllung des Vollstreckungsdokumentes durch die Bank vergleichbare Sanktionen nach sich zieht, wie es beim Abbuchungsverfahren auf

---

anderen Kreditorganisationen, in denen sich die Konten des Schuldners befinden; über die Nummer der Abrechnungskonten, die Höhe und Bewegung der finanziellen Mittel in Rubel und ausländischer Währung sowie über andere Wertsachen des Schuldners, die sich zur Verwahrung in Banken und anderen Kreditinstituten befinden, verlangen.

498 *Goluböva/Salkova/Selionov*, Kommentar, Art. 8, Punkt 4, S. 29 f. – Der frühere Art. 6 Abs. 1 VVG von 1997 sah ausdrücklich als eine Voraussetzung die Kenntnis des Gläubigers von den Bankkonten des Schuldners vor. – vgl. dazu die Ausführungen bei *Kenk*, Die Zwangsvollstreckung in der Russischen Föderation, S. 95 ff. – Die Möglichkeit, sich an die Steuerbehörden zu wenden, wurde erst 2004 in Art. 46 Abs. 3 VVG von 1997 eingefügt.

499 Der Gläubiger muss den Steuerbehörden nur das Vollstreckungsdokument, dessen Vorlagefrist noch nicht abgelaufen ist, vorlegen.

Beschluss des Gerichtsvollziehers der Fall ist. Eine diesbezüglich gesetzliche Regelung findet sich nur in Art. 332 APO RF, der die Auferlegung einer Strafe durch das Arbitragegericht vorsieht, falls die Entscheidung des Arbitragegerichts von den Banken oder anderen Kreditinstitutionen trotz eines Kontoguthabens des Schuldners nicht vollzogen wird. Die Auferlegung der Strafe gilt jedoch, wie sich aus der Norm des Art. 332 VVG ergibt, nur für Entscheidungen von Arbitragegerichten. Entscheidungen ordentlicher Gerichte, die wohl den größten Prozentsatz darstellen werden, sind davon nicht erfasst und eine entsprechende Regelung ist in der ZPO RF nicht vorgesehen. Ferner steht dem Gläubiger auch das Recht nicht zu, ein Ordnungswidrigkeitenverfahren einzuleiten, da nach dem eindeutigen Wortlaut des Art. 114 VVG nur der Gerichtsvollzieher dazu ermächtigt ist. Zu denken wäre daher an eine analoge Anwendung des Art. 114 VVG, um auch die Vollstreckung von Entscheidungen, die nicht von Arbitragegerichten gefällt wurden, dadurch zu ermöglichen, dass die Banken in Anbetracht des Ordnungswidrigkeitenverfahrens das Abbuchungsverfahren auf Ersuchen des Gläubigers entsprechend beachten und ausführen. Im Übrigen ist nicht ersichtlich warum nur die Nichtausführung von Arbitragegerichtsentscheidungen geahndet werden soll, die Entscheidungen der ordentlichen Gerichtsbarkeit jedoch nicht, wodurch Gläubiger mit einem von diesen Gerichten ausgestellten Vollstreckungsdokument benachteiligt wären. Um eine gleichwertige Behandlung unterschiedlicher Entscheidungen und die darauf ausgestellten Vollstreckungsdokumente zu gewährleisten und das Abbuchungsverfahren auf Ersuchen des Gläubigers effektiver zu gestalten, muss Art. 114 VVG in diesem Fall eine analoge Anwendung finden.[500] Dafür spricht auch der neu eingeführte Art. 73.1 Abs. 7 VVG,[501] der im Gegensatz zu Art. 70 VVG im Falle der Nichterfüllung des Vollstreckungsdokumentes durch den Emittenten ausdrücklich auf die Anwendung des Art. 17.14 Abs. 2 KoAP RF und Art. 114 VVG verweist und nicht differenziert, ob das Vollstreckungsdokument von dem Gerichtsvollzieher oder dem Gläubiger eingereicht wurde.[502] Das Institut der Einziehungsklage[503]

---

500 Ähnlich auch *Jarkov*, Kommentar, Art. 8, Punkt 3, S. 35.

501 Siehe dazu ausführlicher unter § 5 I 2 b aa), S. 150.

502 Aus der Regelung des Art. 73.1 Abs. 7 VVG könnte man schließen, dass eine fehlende entsprechende Anpassung in Art. 70 VVG bloß ein Redaktionsversehen sein könnte. Wünschenswert wäre somit eine solche Regelung auch in Art. 70 VVG, um eine einheitliche Sanktionsmöglichkeit zu schaffen, wenn das Vollstreckungsdokument unmittelbar von dem Gläubiger eingereicht wird. – Siehe zu Art. 73.1 Abs. 7 VVG unten unter § 5 I 2 b aa), S. 150.

503 Als Einziehungsklage oder Drittschuldnerklage wird eine Leistungsklage bezeichnet, die von dem Gläubiger gegen den Drittschuldner (hier die Bank) erhoben werden

ist dem russischen Recht unbekannt, was damit zusammenhängt, dass die Bank bereits kraft Gesetzes, Art. 70 Abs. 5 VVG, verpflichtet ist, der im Vollstreckungsdokument enthaltenen Forderung nachzukommen. Dem Gläubiger bleibt aber eine Klage gegen die Bank auf Ersatz des Schadens gem. Art. 1064 ZGB RF[504] möglich, der durch die Nichterfüllung der im Vollstreckungsdokument enthaltenen Forderung entstanden ist.

Schließlich besteht durch dieses Verfahren die Gefahr für den Gläubiger, dass der Schuldner alle verfügbaren Geldmittel von seinen Konten abbucht oder auf ein anderes Konto überweist, weil ein Arrest[505] des Buchungsgeldes im Falle der Einreichung eines Vollstreckungsdokumentes über die Einziehung finanzieller Mittel in diesem Verfahren nicht vorgesehen ist.[506] Wird die Abbuchung durch die Bank entsprechend dem Gesetz unverzüglich durchgeführt, stehen andererseits aber dem Schuldner keine Rechtsbehelfe zur Verfügung, mit denen er die Abbuchung anfechten könnte. Nur gegen die Beschlüsse und Handlungen des Gerichtsvollziehers ist entweder eine Beschwerde gem. Art. 121 Abs. 1 VVG oder eine Anfechtung vor Gericht vorgesehen. Also z.B. gegen den Beschluss des Gerichtsvollziehers über die Abbuchung des Kontoguthabens.[507] Das lässt sich damit erklären, dass es sich bei dem Abbuchungsverfahren auf Ersuchen des Gläubigers nicht um eine Zwangsvollstreckungsmaßnahme handelt und die Banken keine Vollstreckungsorgane sind.[508] Die Rechtsbehelfe des VVG greifen somit nicht ein und für diesen speziellen Fall wurden von dem Gesetzgeber auch keine Normen geschaffen.

dd) Besonderheiten bei der Devisenvollstreckung

Die Verwertung von Devisen erfolgt nach demselben Verfahren wie auch die Verwertung des Bargelds in ausländischer Währung. Auf Grund der Besonderheit, dass sich das Geld in Form von Guthaben bereits auf einem Bankkonto befindet, erfolgt die Anweisung der Bank zum Verkauf und Einkauf anderer

---

muss, wenn sich dieser weigert aufgrund des Pfändungs- und Überweisungsbeschlusses an den Gläubiger zu zahlen. – *Lackmann*, Zwangsvollstreckungsrecht, Rn. 339.

504 Zivilgesetzbuch der RF (Teil 2). – Die Schadensersatzregelung in Art. 1064 ZGB RF ist mit § 823 BGB vergleichbar.

505 Mit den Wirkungen des Arrestatoriums und Inhibitoriums.

506 Zu unterscheiden davon ist die Anordnung des Arrestes, die bereits im Vollstreckungsdokument durch das Gericht vorgenommen wurde. Siehe dazu auch Fn. 493.

507 Im Abbuchungsverfahren auf Beschluss des Gerichtsvollziehers.

508 Vgl. oben.

Währungen in Form eines Beschlusses des Gerichtsvollziehers gem. Art. 71 Abs. 3, 72 Abs. 4, 5, 6 VVG. In diesem Beschluss muss der Gerichtsvollzieher sicherstellen, dass der Verkauf in der Höhe erfolgt, die auch für die Befriedigung des Gläubigers, einschließlich der Kosten der Zwangsvollstreckung, notwendig ist, Art. 69 Abs. 2 VVG.

c. *Zusammenfassung und Bewertung*

Die Zwangsvollstreckung in finanzielle Mittel des Schuldners wurde von dem russischen Gesetzgeber im Gegensatz zum deutschen Recht sowohl in Bezug auf das Bargeld, als auch das Buchungsgeld speziell geregelt. Die Pfändung von Bargeld erfolgt durch die Beschlagnahme. Die vorher geltende Voraussetzung des Arrestes, die zu einer Widersprüchlickeit des Gesetzes führte, wurde von dem Gesetzgeber abgeschafft. Das Bargeld wird dem Schuldner durch den Gerichtsvollzieher weggenommen, um es der Verwertung zuzuführen, was der Pfändung des Bargelds nach deutschem Recht entspricht. Das Buchungsgeld kann im Wege eines Abbuchungsverfahrens durch den Gerichtsvollzieher im Rahmen des Zwangsvollstreckungsverfahrens oder aber durch den Gläubiger selbst, außerhalb des Zwangsvollstreckungsverfahrens, vom Konto des Schuldners abgebucht werden. Voraussetzung dafür ist die Einreichung des Vollstreckungsdokumentes oder des Beschlusses des Gerichtsvollziehers oder des Ersuchens des Gläubigers in die Bank, die die Überweisung aufgrund dieser Dokumente vornimmt. Das Abbuchungsverfahren auf Beschluss des Gerichtsvollziehers ist mit dem Überweisungsbeschluss des deutschen Rechts vergleichbar, setzt aber keinen Pfändungsbeschluss voraus. Dem deutschen Pfändungsbeschluss entspricht im Wesentlichen die Auferlegung des Arrestes auf das Kontoguthaben durch den Gerichtsvollzieher, die im russischen Recht jedoch nicht zwingend vor einer Verwertung erfolgen muss, in der Regel aber aus Sicherungsgründen vorgenommen wird. Es lässt sich somit feststellen, dass das Verfahren der Pfändung und Verwertung von Bargeld und Buchungsgeld trotz der gesonderten Regelung im VVG dem deutschen Recht sehr ähnlich ist.

Eine Besonderheit im Vergleich zum deutschen Recht stellt das Abbuchungsverfahren auf Ersuchen des Gläubigers dar. Dabei handelt es sich um keine Zwangsvollstreckungsmaßnahme im Sinne des VVG, sondern um ein gesondertes Verfahren ohne die Notwendigkeit ein Vollstreckungsorgan einzuschalten. Fraglich bleibt jedoch, ob mit diesem Verfahren eine zügige und effektive Durchsetzung von Forderungen erreicht werden kann. Voraussetzungen dafür wären die Kenntnis des Gläubigers von den Konten des Schuldners und die Bereitschaft der Bank, die Abbuchung aufgrund des Vollstreckungsdokumentes und des Ersuchens des Gläubigers vorzunehmen. Fehlt eine der Voraussetzungen, ergeben sich sowohl im Bereich der Informationsbeschaffung als auch bei der Durchsetzung der Abbuchung durch die Bank einige Schwierigkeiten, die nicht außer Acht gelassen werden können.[509] Der Gläubiger hat in diesem Verfahren eine deutlich schwächere Position um sein Recht durchzusetzen, als mit Hilfe des Gerichtsvollziehers, dem zahlreiche Zwangsmittel und -maßnahmen zur Verfügung stehen. Nach der derzeitigen Gesetzeslage stellt das Abbuchungsverfahren auf Ersuchen des Gläubigers somit keine gleichwertige und schnellere Alternative zum normalen Zwangsvollstreckungsverfahren dar, falls sich die Bank weigert, die Überweisung unverzüglich durchzuführen.

2. Zwangsvollstreckung in sonstiges Vermögen

Sind zur Befriedigung des Gläubigers und der Kosten der Zwangsvollstreckung nicht genügend finanzielle Mittel oder andere Wertsachen[510] vorhanden, erfolgt die Zwangsvollstreckung in das sonstige Vermögen des Schuldners. Zu dem sonstigen Vermögen gehören sowohl die beweglichen und die unbeweglichen Sachen, als auch Forderungen und sonstige Vermögensrechte. Voraussetzung gem. Art. 69 Abs. 4 VVG ist jedoch, dass dieses Vermögen im Eigentum des Schuldners steht oder ihm aufgrund des Rechts der Wirtschaftsführung oder der betrieblichen Steuerung[511] gehört. Ausgenommen davon ist das Vermögen, das aus dem Geschäftsumsatz beschlagnahmt wurde und Vermögen, in das entsprechend dem Föderalen Gesetz[512] nicht vollstreckt werden kann, unabhängig davon, wo und in wessen Gewahrsam oder Gebrauch es sich befindet. Gem. Art. 69 Abs. 5 VVG steht dem Schuldner das Recht zu, das Vermögen zu benennen, in das zuerst vollstreckt werden soll. Die endgültige Entscheidung liegt jedoch bei dem Gerichtsvollzieher.

Eine bestimmte Reihenfolge zwischen der Zwangsvollstreckung in Sachen oder Forderungen ist nicht vorgegeben, so dass der Gerichtsvollzieher grundsätzlich die Wahl hat, ob er zuerst in die Sachen des Schuldners vollstreckt oder in Forderungen. Nur die Pfändung der Lohnforderung erfährt im Vergleich zum

509 Siehe dazu oben unter Abbuchungsverfahren auf Ersuchen des Gläubigers, § 5 I 1 b cc), S. 125.

510 Die Vollstreckung in Wertsachen erfolgt entsprechend der im Folgenden dargestellten Zwangsvollstreckung in bewegliche Sachen.

511 Auch zu übersetzen als Recht der Bewirtschaftung und Recht der operativen Verwaltung.

512 So gem. Art. 79 VVG i.V.m. Art. 446 ZPO RF, siehe dazu § 3 I 4, S. 45 ff.

anderen Vermögen eine Subsidiarität.[513] Geht es um die Sachpfändung, hat diese zuerst in die beweglichen Sachen und anschließend in Immobilien zu erfolgen.[514]

Anlässlich dieser Abfolge soll im Folgenden zuerst die Vollstreckung in das bewegliche Vermögen mit der Besonderheit der Wertpapiervollstreckung und die Zwangsvollstreckung in Immobilien erläutert werden, woran sich die Darstellung der Zwangsvollstreckung in Forderungen mit der Besonderheit der Zwangsvollstreckung in Lohnforderung anschließt. Abschließend wird auf die besonders geregelten Vollstreckungsarten eingegangen, zu denen z.B. die Zwangsvollstreckung in das Vermögen einer Organisation gehört.

a. Die Zwangsvollstreckung in bewegliche Gegenstände

Die Zwangsvollstreckung in das bewegliche Vermögen richtet sich nach der allgemeinen Norm des Art. 69 Abs. 1 VVG. Die Vollstreckung beinhaltet danach die Beschlagnahme und die Zwangsverwertung oder die Übergabe an den Gläubiger.[515] Im Gegensatz zum früheren Art. 46 Abs. 1 VVG von 1997 spricht Art. 69 Abs. 1 VVG nicht mehr ausdrücklich von Arrest des Vermögens als Bestandteil der Zwangsvollstreckung. Fraglich ist somit, welche Intention der Gesetzgeber mit der Streichung des Arrestes aus Art. 69 Abs. 1 VVG verfolgte und wie sich das auf die Zwangsvollstreckung in das sonstige Vermögen des Schuldners auswirkt. Zu untersuchen ist insbesondere, ob der Arrest trotz der Streichung immer noch als Bestandteil der Zwangsvollstreckung angesehen werden kann oder ob er dadurch eine andere Bedeutung gewonnen hat.

aa) Arrest

1) Definition

Aus dem direkten Vergleich des Art. 46 Abs. 1 VVG von 1997 und Art. 69 Abs. 1 VVG ergibt sich anhand der Wortwahl des Gesetzgebers, dass der Arrest im Gegensatz zur früheren Regelung nicht mehr Bestandteil der Zwangsvollstreckung in das Vermögen des Schuldners sein soll. Bei dieser Sichtweise kann der Arrest dem Gesetzeswortlaut nach nur noch entweder als eine selbständige Zwangsvollstreckungsmaßnahme i.S.v. Art. 68 Abs. 3 Nr. 5 VVG oder als

513 Siehe dazu § 3 II 1 b, S. 58 ff.

514 Argument aus Art. 66 Abs. 1 VVG. Außerdem würde es einen Verstoß gegen das Prinzip des Wechselverhältnisses des Umfangs der zu vollstreckenden Forderungen und der Maßnahmen der Zwangsvollstreckung gem. Art. 4 Nr. 5 VVG darstellen, falls der Wert der Immobilie den der Forderung erheblich übersteigt.

515 Siehe dazu bereits § 5 I, S. 115.

Sicherungsmaßnahme i.S.v. Art. 80 Abs. 1 VVG angesehen werden.[516] Arrest als selbständige Zwangsvollstreckungsmaßnahme bedeutet, dass das Vermögen des Schuldners aufgrund einer gerichtlichen Entscheidung über die Anordnung des Arrestes mit Arrest belegt wird. Gem. Art. 80 Abs. 1 VVG ist die Anordnung des Arrestes auf das Vermögen des Schuldners zur Sicherung der Vollstreckung des Vollstreckungsdokumentes in das Ermessen des Gerichtsvollziehers gestellt. Der Arrest i.S.v. Art. 80 Abs. 1 VVG soll damit primär der Sicherung der Zwangsvollstreckung[517] dienen. Das lässt darauf schließen, dass die Zwangsvollstreckung grundsätzlich auch ohne die Auferlegung des Arrestes erfolgen kann und der Arrest somit zur Pfändung der beweglichen Gegenstände oder des sonstigen Vermögens keine Voraussetzung darstellt.

Andererseits ist die Wortwahl des Gesetzgebers in Bezug auf die Beschlagnahme des Vermögens („изъятие имущества") und den Arrest des Vermögens („арест имущества») auch nach der Streichung des Arrestes als Voraussetzung der Vollstreckung in Bargeld aus Art. 70 Abs. 1 VVG[518] nicht eindeutig. So spricht der Verweis in Art. 84 Abs. 1 VVG[519] auf Art. 80 VVG für eine gleichwertige Behandlung der Beschlagnahme und des Arrestes, weil beide nach demselben Verfahren vorzunehmen sind. Aus Art. 80 Abs. 4 VVG ergibt sich aber, dass die Beschlagnahme ein fakultativer Bestandteil des Arrestes sein kann.[520]

---

516 So auch *Jarkov*, Kommentar, Art. 69, Punkt 1, S. 339.

517 Man könnte hier dazu verleitet sein, diesen Arrest mit dem Arrest des § 916 ZPO zu vergleichen. Entscheidender Unterschied besteht jedoch darin, dass der Arrest nach § 916 ZPO zur Sicherung der Zwangsvollstreckung wegen Geldforderung vor oder während des Hauptsacheprozesses zulässig ist, nicht jedoch nach seiner rechtskräftigen Entscheidung. – *Thomas/Putzo*, Vorbem. § 916 Rn. 4. – Der Arrest i.S.v. Art. 80 Abs. 1 VVG ist erst mit der Einleitung des Zwangsvollstreckungsverfahrens möglich, also nach der Rechtskraft der Entscheidung. Vergleichbar ist der Arrest gem. § 916 ZPO jedoch mit der Anordnung des Arrestes durch das Gericht gem. Art. 139 ff. ZPO RF, also wenn bereits das Gericht im Verlauf der Verhandlung auf Antrag einer Partei zur Sicherung der möglichen Forderungen einen Arrest auf das Vermögen des Schuldners auferlegt. Zur Vollstreckung dieser Entscheidung ist ebenfalls der Gerichtsvollzieher zuständig. Dieser Arrest stellt dann eine selbständige Zwangsvollstreckungsmaßnahme gem. Art. 68 Abs. 3 Nr. 5 VVG dar.

518 Dazu bereits ansatzweise unter § 5 I 1 a. aa), S. 117 f.

519 Gem. Art. 84 Abs. 1 VVG richtet sich das Verfahren der Beschlagnahme des Vermögens des Schuldners zur weiteren Verwertung oder Übergabe an den Gläubiger nach dem Verfahren des Art. 80 VVG, der Arrest zur Sicherung der Vollstreckung vorsieht.

520 Die russische Literatur definiert die Beschlagnahme i.S.v. Art. 84 VVG als die Wegnahme und die tatsächliche Verlagerung des arrestierten Vermögens von dem Ort

Zu beachten an dieser Stelle ist ferner, dass die Verwahrung der Gegenstände gem Art. 86 Abs. 1 und 2 VVG nur möglich ist, wenn diese vorher arrestiert wurden. Der Vergleich dieser Gesetzesnormen und die Beachtung der früheren Regelung spricht somit für eine weite Auslegung des Art. 69 Abs. 1 VVG und auch für die Erfassung des Arrestes als Bestandteil der Zwangsvollstreckung in das Vermögen des Schuldners und nicht nur als Sicherungsmaßnahme.[521] Die Intention des Gesetzgebers das Wort „Arrest" aus Art. 69 Abs. 1 VVG zu streichen, lässt sich damit erklären, dass er durch die Einführung des Art. 80 Abs. 1 VVG[522] zwischen dem Arrest als Bestandteil der eigentlichen Zwangsvollstreckung und dem Arrest als Sicherungsmaßnahme differenzieren wollte.[523] Soll der Arrest nur der Sicherung der Zwangsvollstreckung dienen und nicht auch als Bestandteil der Zwangsvollstreckung angesehen werden, wäre insofern eine weitergehende Klarstellung des Gesetzgebers wünschenswert.

In der Praxis wird unabhängig von dieser Unklarheit im Gesetz zur Sicherung der Zwangsvollstreckung die Anordnung des Arrestes durch den Gerichtsvollzieher regelmäßig vor oder gleichzeitig mit der Beschlagnahme erfolgen. Insbesondere spricht Art. 80 Abs. 3 Nr. 1 VVG von der Anwendung des Arrestes zur Sicherung der Unversehrtheit des Vermögens, welches der Aushändigung an den Gläubiger oder der Verwertung unterliegt. Da auch die Beschlagnahme zur weiteren Verwertung oder zur Aushändigung an den Gläubiger erfolgt und somit die Unversehrtheit der Gegenstände sichergestellt werden sollte, ist kein Fall denkbar, bei dem ohne den Arrest vollstreckt wird.[524] Aus diesem Grund werden im Weiteren die einzelnen Voraussetzungen und Merkmale des Arrestes ausführlicher dargestellt. Anschließend werden die Merkmale der Beschlagnahme erörtert, woran sich Ausführungen zur Verwahrung, Schätzung und Verwertung des beweglichen Vermögens anschließen.

---

seines Arrestes zu dem Ort, an dem es bis zur Verwertung oder der Übergabe an den Gläubiger verwahrt werden soll, was für die Notwendigkeit des Arrestes im Vorfeld der Beschlagnahme spricht. – *Reschetnikova*, Kommentar, Art. 84, Punkt 1, S. 417; *Winnitschenko/Smirnov*, Kommentar, Art. 84, S. 289.

521 So auch *Goluböva/Salkova/Selionov*, Kommentar, Art. 69, Punkt 1, S. 181.

522 Der Arrest war früher in Art. 51 VVG von 1997 geregelt, der mit dem geltenden Art. 80 VVG vergleichbar ist. Arrest als Sicherungsmaßnahme war jedoch nicht in der Norm über den Arrest, sondern in Art. 9 Abs. 5 VVG von 1997 normiert, der die Einleitung des Vollstreckungsverfahrens betraf. Mit der Einfügung dieser Regelung in Art. 80 Abs. 1 VVG wurde nunmehr sowohl der Arrest als Sicherungsmaßnahme als auch das Verfahren des Arrestes allgemein in einer Vorschrift zusammengefasst.

523 Ähnlich *Reschetnikova*, Kommentar, Art. 69, Punkt 1, S. 338.

524 So auch *Kenk*, Die Zwangsvollstreckung in der Russischen Föderation, S. 106.

2) Anwendungsbereich und Voraussetzungen des Arrestes

Wie bereits ausgeführt, ist in Art. 80 VVG nicht nur die Auferlegung des Arrestes als Sicherungsmaßnahme, sondern auch das Verfahren des Arrestes geregelt, welches grundsätzlich auf alle Fälle[525] der Arrestauferlegung durch den Gerichtsvollzieher Anwendung findet.

Die Besonderheit des Arrestes als Sicherungsmaßnahme i.S.v. Art. 80 Abs. 1 VVG besteht darin, dass der Gerichtsvollzieher das Vermögen des Schuldners auch bereits innerhalb der dem Schuldner zur freiwilligen Erfüllung gesetzten Frist arrestieren kann. Dabei muss er die gesetzlich geregelte Reihenfolge des Vollstreckungszugriffs in das Vermögen des Schuldners nicht beachten.[526] Die Auferlegung dieses Arrestes ist grundsätzlich in das Ermessen des Gerichtsvollziehers gestellt. Hat der Gläubiger in seinem Antrag auf Einleitung des Vollstreckungsverfahrens um die Auferlegung des Arrestes auf das Vermögen des Schuldners ersucht, muss der Gerichtsvollzieher gem. Art. 80 Abs. 2 VVG über dieses Ersuchen entscheiden. Die Ablehnung des Ersuchens kommt dabei nur in Betracht, falls der Arrest das Vermögen des Schuldners betreffen würde, das gem. Art. 79 VVG der Zwangsvollstreckung oder der Übergabe an den Gläubiger nicht unterliegt. Ferner falls der Arrest eine höhere Summe betreffen würde, als für die Befriedigung des Gläubigers und der Kosten der Zwangsvollstreckung erforderlich wäre, Art. 69 Abs. 2 VVG. Greifen diese Ablehnungsgründe aber nicht ein, müsste Art. 80 Abs. 2 VVG dahingehend verstanden werden, dass der Gerichtsvollzieher dem Ersuchen des Gläubigers entsprechen muss, um einen möglichen Missbrauch der Vorschrift zu verhindern.[527]

Neben dem Sicherungsarrest i.S.v. Art. 80 Abs. 1 VVG sind in Art. 80 Abs. 3 VVG weitere Fälle geregelt, in denen der Gerichtsvollzieher das Vermögen des Schuldners mit Arrest belegt. Der Arrest auf das Vermögen des Schuldners wird danach auferlegt: zur Sicherung der Unversehrtheit des Vermögens, welches der

---

525 Zu beachten sind aber einige Sonderregelungen in Art. 81 bis 83.1 VVG, welche im Rahmen der entsprechenden Zwangsvollstreckungsarten erörtert werden.

526 Das heißt jedoch nicht, dass das auf diese Weise arrestierte Vermögen auch ohne die Beachtung der Reihenfolge der Zwangsvollstreckung verwertet werden kann. Hat der Gerichtsvollzieher durch den Arrest die Forderung des Gläubigers gesichert, hat er weiterhin nach Vermögen des Schuldners zu suchen, das im Rang dem gesicherten Vermögen vorgeht. Erst wenn solches Vermögen nicht aufgefunden wird oder nicht vorhanden ist, kann das gesicherte Vermögen auch realisiert werden. – *Reschetnikova*, Kommentar, Art. 80, Punkt 2, S. 406.

527 Vgl. dazu auch *Jarkov*, Kommentar, Art. 80, Punkt 1, S. 406 f.

Aushändigung an den Gläubiger oder der Verwertung unterliegt,[528] bei der Vollstreckung der gerichtlichen Entscheidung über die Konfiszierung des Vermögens[529] und bei Vollstreckung einer Gerichtsentscheidung über die Anordnung des Arrestes in das Vermögen, das dem Schuldner gehört und sich in seinem Gewahrsam oder in Gewahrsam dritter Personen befindet.[530] In diesen Fällen ist die Auferlegung des Arrestes nicht in das Ermessen des Gerichtsvollziehers gestellt, sondern er muss die Unversehrtheit des Vermögens sichern und die Anordnung des Gerichts ausführen. Eine Auferlegung des Arrestes auf das verpfändete Vermögen, mit dem Ziel der Befriedigung des Gläubigers, der keine vorrangigen Rechte gegenüber dem Pfandgläubiger hat, ist gem. Art. 80 Abs. 3.1. VVG jedoch nicht möglich.

Der Arrest beinhaltet, wie bereits mehrmals erwähnt, ein Verfügungsverbot, kann aber auch eine Vermögensauflistung und in notwendigen Fällen eine Nutzungsbeschränkung oder die Beschlagnahme der Vermögensgegenstände enthalten. Im Folgenden soll auf die genannten Bestandteile des Arrestes näher eingegangen werden.

3) Verfügungsverbot

Dem Eigentümer stehen gem. Art. 209 ZGB RF die Rechte des Besitzes, der Nutzung seines Vermögensgutes und der Verfügung darüber zu. Im Falle eines Arrestes des Vermögens verliert der Schuldner gem. Art. 80 Abs. 4 VVG, aufgrund des im Arrest notwendig enthaltenen Verfügungsverbotes, das Recht über die ihm zustehenden Rechte zu verfügen. Die trotz des Arrestes vorgenommenen Verfügungen sind gem. Art. 168 ZGB RF nichtig, weil sie dem Gesetz widersprechen.[531] Fakultativ zu dem Verfügungsverbot kann bei Notwendigkeit auch eine Nutzungsbeschränkung[532] oder die Beschlagnahme der Vermögensgegenstände durch den Gerichtsvollzieher erfolgen. Die Art, der Umfang und

---

528 Das rechtfertigt den Arrest auch als Bestandteil der Zwangsvollstreckung in bewegliche Sachen anzusehen. – Vgl. oben.

529 Siehe dazu Art. 104 VVG. Die Konfiszierung des Vermögens als staatliche Zwangsmaßnahme wird in Strafverfahren und Ordnungswidrigkeitenverfahren angewendet und ist mit der Einziehung gem. § 74 ff. StGB vergleichbar.

530 Das stellt noch einmal eine Klarstellung des Art. 68 Abs. 3 Nr. 5 VVG dar und betrifft das Verfahren gem. Art. 139 ff. ZPO RF.

531 Vgl. dazu bereits unter § 5 I 1 a aa), S. 117 und Fn. 472 zum Verständnis des Rechtsgeschäfts (Verfügung) und Kausalprinzips des russischen Rechts.

532 Siehe eingehende Ausführung zur Nutzungsbeschränkung des Art. 80 Abs. 4 VVG unter § 5 I 2 a dd), S. 140 ff.

die Frist der Nutzungsbeschränkung bestimmt der Gerichtsvollzieher unter der Berücksichtigung der Umstände des Einzelfalls, zu denen z.B. die Nutzungsart der Vermögensgegenstände und deren Bedeutung für den Eigentümer oder Gewahrsamsinhaber gehören. Darüber macht er einen Vermerk in dem Beschluss über den Arrest des Vermögens des Schulnders oder in der Vermögensauflistung. Die Kopie des Beschlusses über den Arrest des Vermögens wird von dem Gerichtsvollzieher gem. Art. 80 Abs. 7 VVG an die Beteiligten des Zwangsvollstreckungsverfahrens geschickt, damit diese insbesondere von dem Verfügungsverbot Kenntnis nehmen können.

4) Vermögensauflistung[533]

Im Falle der Vollstreckung in Vermögensgegenstände ist neben dem Verfügungsverbot gem. Art. 80 Abs. 5 VVG eine Vermögensauflistung anzufertigen. In dieser Auflistung müssen folgende Angaben enthalten sein: Daten der Personen, die bei dem Arrest des Vermögens anwesend sind, wozu auch die unabhängigen Zeugen[534] gehören; genaue Beschreibung jedes einzelnen Gegenstandes, das arrestiert wird und Dokumente, die die Eigentümerstellung bestätigen; der geschätzte Wert jedes einzelnen Gegenstandes und der Summe der arrestierten Gegenstände; Art, Umfang und Frist der Nutzungsbeschränkung; Vermerk über die Beschlagnahme; Person und deren Adresse, die mit der Verwahrung des arrestierten Vermögensgegenstandes betraut wurde; Vermerk über die Belehrung der Person, der die Gegenstände zur Verwahrung übergeben wurden und deren Unterschrift; sowie Bemerkungen der Personen, die bei dem Arrest anwesend waren. Die Vermögensauflistung muss gem. Art. 80 Abs. 6 VVG von dem Gerichtsvollzieher, den Zeugen, der Person, die die Gegenstände zur Verwahrung übergeben bekommen hat und anderen anwesenden Personen unterschrieben werden. Die Vermögensauflistung hat die Funktion, alle Gegenstände, die arrestiert wurden zu erfassen und damit die Verfügungsgewalt des Schuldners über sie auszuschließen.[535] Sie ist damit in etwa mit dem Pfandsiegel des deutschen Rechts vergleichbar, der in Russland in dieser Form nicht existiert. Die Vermögensauflistung erfolgt auch unabhängig davon, ob die Gegenstände bis

533 Oder auch Arrestprotokoll.

534 Bei dem Arrest müssen genauso wie bei der Beschlagnahme mindestens zwei unabhängige Zeugen anwesend sein, Art. 59 VVG.

535 Aus diesem Grund ist eine Vermögensauflistung gem. Art. 80 Abs. 5 VVG z.B. bei dem Arrest in Buchungsgeld oder in dokumentenlose Wertpapiere nicht anzufertigen. Hier gelten neben Art. 80 VVG die besonderen Vorschriften über den Arrest (Art. 81, 82 VVG).

zur Verwertung in Verwahrung bei dem Schuldner verbleiben oder von dem Gerichtsvollzieher sofort mitgenommen werden.[536]

bb) Beschlagnahme

Werden die arrestierten Vermögensgegenstände nicht zur Verwahrung bei dem Schuldner gelassen,[537] werden sie von dem Gerichtsvollzieher beschlagnahmt. Die Beschlagnahme der beweglichen Sachen wird dadurch bewirkt, dass sie dem Schuldner von dem Gerichtsvollzieher weggenommen werden, also ähnlich dem deutschen § 808 Abs. 1 ZPO von ihm in Besitz genommen werden,[538] um sie der weiteren Verwertung zuzuführen. Die Beschlagnahme des Vermögens des Schuldners richtet sich gem. Art. 84 Abs. 1 VVG nach dem Verfahren des Art. 80 VVG. Der Verweis auf das Verfahren des Arrestes bedeutet, dass bei der Beschlagnahme, genau wie bei dem Arrest des Vermögens, mindestens zwei unabhängige Zeugen, Art. 59 VVG, anwesend sein müssen und über die Beschlagnahme ein Dokument[539] zu erstellen ist, in dem neben den allgemeinen Angaben über das Zwangsvollstreckungsverfahren auch die besonderen Kennzeichen der zu beschlagnahmenden Gegenstände aufzuführen sind.[540] Aufgrund desselben Verfahrens ist es somit sinnvoll, den Arrest und die Beschlagnahme zum selben Zeitpunkt vorzunehmen. Wie bereits erläutert, unterliegen Edelprodukte gem. Art. 84 Abs. 3 VVG der Beschlagnahmepflicht. Gegenstände, die schnell verfallen, werden gem. Art. 84 Abs. 2 VVG sofort nach Ablauf der Frist zur freiwilligen Erfüllung beschlagnahmt und zur Verwertung übergeben.[541] Die Beschlagnahme des Bargeldes richtet gem. Art. 84 Abs. 4 VVG nach Art. 70 Abs. 1 VVG.

Unproblematisch ist die Beschlagnahme auch ohne einen vorangegangenen Arrest möglich, falls sie eine selbständige Zwangsvollstreckungsmaßnahme i.S.v. Art. 68 Abs. 3 Nr. 4 VVG darstellt. Das ist dann der Fall, wenn der Gerichtsvollzieher dem Schuldner einen im Vollstreckungsdokument enthaltenen

536 Im Gegensatz dazu sind nach deutschem Recht die beweglichen Sachen nur mit einem Pfandsiegel zu versehen, wenn sie im Gewahrsam des Schuldners belassen werden, § 808 Abs. 2 S. 2 ZPO.

537 Siehe dazu weiter unten.

538 Gemeint ist hier jedoch nur die tatsächliche Wegnahme der Gegenstände durch den Gerichtsvollzieher, Inbesitznahme durch Siegelung reicht hier nicht aus.

539 Beschlagnahmeprotokoll.

540 *Reschetnikova*, Kommentar, Art. 84, Punkt 1, S. 417.

541 Dies kann auch außerhalb der normalen Arbeitszeiten sowie zur Nachtzeit geschehen, Art. 35 Abs. 3 Nr. 4 VVG.

bestimmten Gegenstand wegnimmt, um diesen direkt dem Gläubiger zu übergeben und damit den Anspruch des Gläubigers auf die Herausgabe eines Gegenstandes gem. Art. 88 VVG zu befriedigen. Auch bei der Beschlagnahme von Bargeld ist eine vorherige Arrestauferlegung nicht mehr erforderlich.[542]

cc) Pfändungspfandrecht

Gem. § 804 Abs. 1 ZPO erwirbt der Gläubiger im deutschen Recht ein Pfandrecht an den gepfändeten Gegenständen, das ihm im Verhältnis zu anderen Gläubigern dieselben Rechte gewährt, wie ein durch Vertrag erworbenes Faustpfandrecht, § 804 Abs. 2 HS. 1 ZPO. Das Pfändungspfandrecht[543] ist insbesondere für die Befriedigung mehrerer Gläubiger von Bedeutung. So hat das Pfändungspfandrecht Vorrang, das gem. § 803 Abs. 1 ZPO früher entstanden ist. Der erste Gläubiger wird vor den anderen voll befriedigt.[544]

Das russische Recht kennt im Vergleich dazu kein Pfändungspfandrecht, das einem Faustpfandrecht gleich gestellt wird. Das erklärt sich aber dadurch, dass in der russischen Zwangsvollstreckung nicht das Prioritäts- sondern das Verteilungs- und Ausgleichsprinzip gilt. Die Rangfolge der Befriedigung der Gläubiger richtet sich nach Art. 111 VVG. So werden bestimmte Arten von Forderungen unabhängig von der Zugriffsreihenfolge vorrangig vor allen anderen befriedigt und innerhalb eines Ranges erfolgt eine proportionale Befriedigung der Gläubiger.[545] Aus diesem Grund bedarf das russische Zwangsvollstreckungsrecht keines mit dem deutschen Pfändungspfandrecht vergleichbaren Instituts.

dd) Verwahrung des beweglichen Vermögens

Bis zur Verwertung der beweglichen Vermögensgegenstände kann der Gerichtsvollzieher diese gem. Art. 86 Abs. 2 VVG zur Verwahrung entweder bei dem Schuldner oder bei einem Familienmitglied des Schuldners belassen oder nach der Beschlagnahme dem Gläubiger oder einer Person[546] übergeben, mit der die örtliche Abteilung des Gerichtsvollzieherdienstes eine entsprechende

---

542 Siehe § 5 I 1 a. aa), S. 117 ff.

543 Die Entstehung und Rechtsnatur des Pfändungspfandrechts ist jedoch umstritten. Im Wesentlichen werden die öffentlich-rechtliche Theorie und die gemischt privat-öffentlich-rechtliche Theorie vertreten. Siehe zum Streitstand *Baur/Stürner/Bruns*, Zwangsvollstreckungsrecht, Rn. 142, *Rosenberg/Gaul/Schilken/Becker-Eberhard*, § 50 III 3 a.

544 sog. Prioritätsprinzip, § 804 Abs. 3 ZPO. – vgl. dazu § 3 II 5, S. 70.

545 Siehe dazu ausführlichere Darstellung unter § 3 II 5, S. 70 ff.

546 Die Stellung dieser Personen ist im VVG nicht näher erläutert, so dass neben anerkannten Verwahrstellen auch natürliche Personen als Verwahrer in Betracht

Vereinbarung[547] hat. Die Verwahrung von Dokumenten, die die Vermögensrechte des Schuldners und deren Umfang bestätigen, sowie des beweglichen Vermögens, kann bei dem Gerichtsvollzieherdienst erfolgen, wenn deren Unversehrtheit gewährleitet ist. Zu beachten ist, dass nur arrestierte Vermögensgegenstände gem. Art. 86 VVG verwahrt werden können. Das spricht wiederum dafür, dass die Pfändung in bewegliche Gegenstände grundsätzlich durch deren Arrest erfolgt, weil sonst eine Verwahrung bis zur Verwertung nach dem eindeutigen Wortlaut des VVG nicht möglich wäre.

Die arrestierten beweglichen Vermögensgegenstände werden an dem Ort des Arrestes, also bei dem Schuldner oder bei einem seiner Familienmitglieder belassen, falls die Verbringung der Gegenstände an einen anderen Ort mit deren Beschädigung oder Wertminderung verbunden wäre oder falls dem Gerichtsvollzieher keine Möglichkeiten zur Verfügung stehen, diese zu transportieren.[548] Die Überlassung erfolgt gegen eine Unterschrift des Verwahrers auf der angefertigten Vermögensauflistung.[549] Können die Vermögensgegenstände bei dem Schuldner aus Sicherungsgründen nicht belassen werden und steht deren Verbringung an einen anderen Ort nichts entgegen, werden sie beschlagnahmt und der von dem Gerichtsvollzieher ausgewählten Person oder dem Gläubiger zur Verwahrung übergeben.[550] Ist ein Wechsel des Verwahrers erforderlich, erlässt der Gerichtsvollzieher darüber einen Beschluss und übergibt den Gegnstand dem neuen Vewahrer, Art. 86 Abs. 5.

Dem Verwahrer ist es gem. Art. 86 Abs. 3 VVG untersagt, die Vermögensgegenstände, die ihm zur Verwahrung überlassen wurden, zu nutzen. Nur mit einer schriftlichen Erlaubnis des Gerichtsvollziehers[551] oder zur Erhaltung der Gegenstände ist eine Nutzung durch ihn möglich. Anzumerken ist an dieser Stelle, dass diese Regelung im Falle der Verwahrung durch den Schuldner der Regelung des Art. 80 Abs. 4 VVG widerspricht. Nach Art. 80 Abs. 4 VVG ist die Nutzungsbeschränkung für den Schuldner neben dem Verfügungsverbot nur in notwendigen Fällen anzuordnen, ansonsten ist der Arrest auch ohne eine Nutzungsbeschränkung

---

kommen, wenn sie eine Verwahrvereinbarung mit der örtlichen Abteilung des Gerichtsvollzieherdienstes haben.

547 Die Verwahrungsvereinbarung bedarf gem. Art 887 ZGB RF der Schriftform.

548 *Reschetnikova*, Kommentar, Art. 86, Punkt 4, S. 430.

549 Vgl. dazu oben unter Vermögensauflistung. Diese ersetzt das deutsche Pfandsiegel.

550 Das erfolgt ebenfalls gegen eine Unterschrift auf der Vermögensauflistung.

551 Eine Erlaubnis darf der Gerichtsvollzieher jedoch nicht in Bezug auf Wertpapiere, die in eine Verwahrstelle übergeben wurden, oder in Bezug auf Gegenstände, bei denen die Nutzung zur Zerstörung oder Wertminderung führen würde, erteilen.

möglich. Nach Art. 86 Abs. 3 VVG unterliegen die arrestierten Gegenstände dagegen der grundsätzlichen Nutzungsbeschränkung, die nur bei einer Erlaubnis des Gerichtsvollziehers nicht eingreift.[552] Verursacht wurde die Widersprüchlichkeit der beiden Normen durch die Verschärfung[553] des früher geltenden Art. 53 Abs. 1 VVG von 1997, der ausdrücklich die Nutzungsmöglichkeit durch den Verwahrer vorsah, solange die Gegenstände dadurch nicht verschlechtert wurden. Eine Anpassung des Art. 80 Abs. 4 VVG ist dagegen unterblieben, so dass man hier von einem Redaktionsversehen sprechen kann und aufgrund des Gesetzeswortlauts von der grundsätzlichen Nutzungsbeschränkung im Falle eines Arrestes auszugehen ist. Ob die grundsätzliche Nutzungsbeschränkung insbesondere für den Schuldner gerecht ist, ist jedoch zweifelhaft, weil ihm bis zur Verwertung der Gegenstände das Recht genommen wird, diese weiterhin ordnungsgemäß zu nutzen.[554] Die Nutzungsmöglichkeit hängt von der schriftlichen Erlaubnis des Gerichtsvollziehers ab, deren Erteilung jedoch in seinem Ermessen steht. Einen gebundenen Anspruch auf Nutzung hat der Schuldner somit nicht.

Dem Verwahrer, ausgenommen dem Gläubiger, dem Schuldner oder seinem Familienmitglied,[555] steht gem. Art. 86 Abs. 4 VVG eine Vergütung oder Erstattung der aufgewendeten Kosten für die Verwahrung zu.[556] Jedoch ist der Verwahrer für den Verlust, den Ausfall und die Beschädigung der ihm zur Verwahrung anvertrauten Vermögensgegenstände nicht nur zivilrechtlich gem. Art. 901 i.V.m. Art. 401 ZGB[557] RF verantwortlich,[558] sondern macht sich im Falle

---

552 Der Erlaubnis bedarf es nur nicht bei Gegenständen, bei denen die Nutzung zu deren Erhalt notwendig ist.

553 Die Verschärfung knüpfte an Art. 892 ZGB RF (Teil 2) an, der die Nutzung von in Verwahrung gegebenen Sachen regelt und ebenso von der grundsätzlichen Nutzungsbeschränkung des Verwahrers ausgeht.

554 Vgl. auch *Jarkov*, Kommentar, Art. 86, Punkt 2, S. 431 f.

555 Dem Schuldner oder seinem Familienmitglied steht eine Vergütung für die Verwahrung nicht zu, weil die Kosten der Verwahrung zu den Kosten der Zwangsvollstreckung gem. Art. 116 Abs. 2 Nr. 1 VVG gehören und diese grundsätzlich von dem Schuldner gem. Art. 117 Abs. 1 VVG zu tragen sind. Der Gläubiger bekommt seine Kosten ebenfalls von dem Schuldner gem. Art. 117 Abs. 1 VVG ersetzt.

556 Die Vergütung und Erstattung der Kosten richtet sich nach Art. 896 und 897 ZGB RF.

557 Art. 901 ZGB RF regelt die Verantwortlichkeit des Verwahrers und verweist auf Art. 401 ZGB RF, der die Verantwortlichkeit für die Pflichtverletzung innerhalb der Schuldverhältnisse regelt und mit § 280 BGB vergleichbar ist.

558 Der Verwahrer wird über die ihm obliegenden Pflichten im Rahmen des Arrestes belehrt, was in die Vermögensauflistung mit aufgenommen wird und von dem

der Unterschlagung, Veräußerung, Vorenthaltung oder gesetzeswidriger Übergabe des arrestierten Vermögens gem. Art. 312 des Strafgesetzbuches der RF[559] auch strafbar.

ee) Schätzung der beweglichen Vermögensgegenstände

Ähnlich wie im deutschen Recht[560] sind die beweglichen Gegenstände des Schuldners bei der Pfändung gem. Art. 85 Abs. 1 VVG auf ihren gewöhnlichen Verkaufswert[561] grundsätzlich von dem Gerichtsvollzieher zu schätzen. Die Schätzung erfolgt in einem Beschluss, dessen Kopie den Beteiligten der Zwangsvollstreckung zuzuleiten ist.[562] Der Gerichtsvollzieher muss[563] aber innerhalb von einem Monat nach dem Auffinden der Gegenstände einen Sachverständigen[564] mit der Schätzung beauftragen, wenn es sich bei den beweglichen Sachen gem. Art. 85 Abs. 2 VVG um Edelmetalle, Edelsteine oder Erzeugnisse aus ihnen, Sammelmünzen in Rubel oder ausländischer Währung, Gegenstände, die einen historischen oder künstlerischen Wert haben, oder Sachen handelt, deren Wert bei der ersten Einschätzung dreißig Tausend Rubel überschreitet.[565] Ebenfalls ist

---

Verwahrer zu unterschreiben ist. – Die Obhutspflicht für die arrestierten Gegenstände wird somit von dem Gerichtsvollzieher auf den Verwahrer übertragen, was einen Unterschied zum deutschen Recht darstellt, wo die Obhutspflicht bei dem Gerichtsvollzieher liegt (§ 139 GVGA) und bei Verlust oder Beschädigung der Sachen der Staat aus Amtspflichtverletzung gem. § 839 BGB i.V.m. Art 34 GG haftet. – *Baur/Stürner/Bruns*, Zwangsvollstreckungsrecht, § 28, Rn. 28.20.

559 Siehe dazu bereits § 5 I 1 b bb), S. 124.

560 Gem. § 813 Abs. 1 S. 1 ZPO muss der Gerichtsvollzieher eine gepfändete Sache auf ihren gewöhnlichen Verkaufswert schätzen, was bei der Pfändung oder gleich danach zum Protokoll geschieht. – *Baumbach/Lauterbach/Albers/Hartmann*, ZPO, § 813, Rn. 3.

561 Wörtlich übersetzt handelt es sich um den Marktpreis des Vermögensgegenstandes.

562 Art. 85 Abs. 6 VVG.

563 Im Gegensatz dazu handelt es sich bei § 813 Abs. 1 S. 2 ZPO um eine Ermessensvorschrift. – *Baumbach/Lauterbach/Albers/Hartmann*, ZPO, § 813, Rn. 5.

564 Die Mitwirkung von Sachverständigen im Zwangsvollstreckungsverfahren ist in Art. 61 VVG geregelt und setzt insbesondere voraus, dass diese besondere Kenntnisse auf dem jeweiligen Gebiet besitzen. Der Sachverständige zur Schätzung des Vermögens wird von dem Gerichtsvollzieher gem. Art. 64 As. 1 Nr. 9 VVG bestellt und führt die Schätzung entsprechend dem Föderalen Gesetz vom 29.07.1998 Nr. 135-FZ „Über das Schätzungsverfahren in der Russischen Föderation" (Федеральный закон от 29.07.1998 N 135-ФЗ „Об оценочной деятельности в Российской Федерации") aus.

565 Art. 85 Abs. 2 VVG enthält noch weiteres Vermögen, bei dem der Sachverständige heranzuziehen ist. Da es sich jedoch nicht um bewegliche Gegenstände handelt, wird darauf bei der jeweils einschlägigen Stelle eingegangen.

ein Sachverständiger gem. Art. 85 Abs. 3 VVG heranzuziehen, falls der Schuldner oder der Gläubiger mit der Schätzung des Gerichtsvollziehers nicht einverstanden ist.[566] Muss der Gerichtsvollzieher einen Sachverständigen hinzuziehen, so gibt er gem. Art. 85 Abs. 4 VVG in der Vermögensauflistung den ungefähren Wert des Vermögensgegenstandes an,[567] bestimmt einen Sachverständigen aus einer bereits aufgestellten Liste von ausgesuchten Sachverständigen und erlässt einen Beschluss über die Schätzung des Vermögensgegenstandes nicht später als drei Tage nach dem Eingang des Sachverständigengutachtens.

Die Beteiligten der Zwangsvollstreckung können sowohl gem. Art. 85 Abs. 4 S. 2 VVG den ermittelten Wert durch den Sachverständigen unter Beachtung einer zehn-Tätigen Frist vor Gericht anfechten, als auch gegen die vorgenommene Schätzung durch den Gerichtsvollzieher eine Beschwerde im Verwaltungswege einlegen[568] oder vor Gericht anfechten,[569] Art. 85 Abs. 7 VVG.

ff) Verwertung der beweglichen Gegenstände

Die Verwertung der beweglichen Vermögensgegenstände erfolgt mit dem Ziel, finanzielle Mittel für die Befriedigung des Gläubigers zu gewinnen.[570] Das russische Recht kennt grundsätzlich[571] keine Übergabe der Vermögensgegenstände in natura zur Befriedigung einer Geldforderung des Gläubigers, so dass eine Verwertung notwendig ist.[572]

---

566 Die Norm des Art. 85 Abs. 2 und 3 VVG stellt eine Verschärfung des früher geltenden Art. 52 VVG von 1997 dar, der die Hinzuziehung eines Sachverständigen nur bei Komplikationen der Schätzung und bei Einwenden des Gläubigers oder des Schuldners vorsah.

567 Vgl. dazu auch Art. 80 Abs. 5 Nr. 3 VVG.

568 Die Schätzung durch den Gerichtsvollzieher stellt eine Zwangsvollstreckungshandlung dar (vgl. dazu den Beschluss der Beschwerdeinstanz des Arbitragegerichts vom 25.03.2009, AZ: A62-6237/2008, abrufbar unter www.arbitr.ru, Praxisübersicht AAC (Обзоры судебной практики 20 AAC)), gegen die gem. Art. 121 Abs. 1 VVG der Rechtsbehelf der Beschwerde statthaft ist.

569 Die Anfechtung richtet sich nach Art. 128 VVG. – Vgl. zu den Rechtsbehelfen auch § 4 II 5, S. 107 ff.

570 *Reschetnikova*, Kommentar, Art. 87, Punkt 1, S. 435. – Die Verwertung gehört gem. Art. 69 Abs. 1 VVG explizit zu einem wichtigen Bestandteil der Zwangsvollstreckung.

571 Eine Ausnahme stellen die Fälle des Art. 87 Abs. 11 bis 14 und Art. 92 Abs. 3 VVG dar.

572 Einer Verwertung bedürfen aus der Natur der Sache dagegen die Gegenstände nicht, die der Übergabe dem Gläubiger aufgrund einer Entscheidung gem. Art. 205 ZPO RF, Art. 171 Abs. 2 APO RF oder der Konfiszierung gem. Art. 104.1 StGB RF, Art. 3.2. Abs. 1 Nr. 4 KoAP RF (auch Art. 87 Abs. 2 VVG) unterliegen.

Anders als im deutschen[573] erfolgt im russischen Recht die Verwertung der gepfändeten beweglichen Gegenstände des Schuldners grundsätzlich nicht durch eine öffentliche Versteigerung, sondern gem. Art. 87 Abs. 1 VVG[574] durch deren Verkauf.[575] Zuständig für den Verkauf der beweglichen Gegenstände sind die darauf spezialisierten Organisationen, insbesondere die Föderale Agentur zur Verwaltung des föderalen Vermögens.[576] Die Zusammenarbeit zwischen dem Gerichtsvollzieher und der Föderalen Vermögensagentur ist zur Steigerung der Effektivität in dem Befehl des Föderalen Gerichtsvollzieherdienstes Nr. 347 und der Agentur Nr. 149, vom 25.07.2008 ausführlich geregelt.[577] Der Gerichtsvollzieher hat die gepfändeten Gegenstände der Agentur innerhalb von zehn Tagen nach der Schätzung des Verkaufswertes zu übergeben und einen Beschluss über die Übergabe zur Verwertung zu erlassen,[578] der die Grundlage der Realisierung darstellt. Die Föderale Vermögensagentur nimmt den Verkauf entweder selbst vor

---

573 Vgl. dazu §§ 814 ff. ZPO. Es besteht aber die Möglichkeit auf Antrag des Gläubigers oder des Schuldners gem. § 825 ZPO die gepfändeten Sachen auf eine andere Weise als die Versteigerung zu verwerten, wozu auch der Verkauf gehören kann.

574 Das Verfahren der Verwertung von Vermögensgegenständen wurde in dem neuen Art. 87 VVG viel ausführlicher und detaillierter geregelt als im früheren Art. 54 VVG von 1997.

575 Zu beachten ist an dieser Stelle aber, dass auch das russische Recht die Verwertung durch eine öffentliche Versteigerung kennt. Art. 87 Abs. 3, 4 VVG nennt dabei das Vermögen des Schuldners, dessen Verwertung durch eine öffentliche Versteigerung erfolgt, z.B. Immobilien, Vermögensrechte, historische Gegenstände, Kunstgegenstände und Gegenstände, deren Wert fünfhundert Tausend Rubel übersteigt. Vermögen, das von Art. 87 Abs. 3 VVG oder von einer entsprechenden Regelung in anderen Föderalen Gesetzen nicht erfasst ist, unterliegt der Verwertung durch Verkauf.

576 Im Weiteren Föderale Vermögensagentur. – siehe zu der Zuständigkeit der Föderalen Vermögensagentur den Beschluss der Regierung der RF vom 05.06.2008 Nr. 432 „Über die Föderale Agentur zur Verwaltung des föderalen Vermögens" (Постановление Правительства РФ от 05.06.2008 N 432 „О Федеральном агентстве по управлению государственным имуществом").

577 Приказ ФССП РФ N 347, Росимущества N 149 от 25.07.2008 – abrufbar unter www.consultant.ru. – Im Gegensatz zum Art. 87 VVG, dessen Artikel mit einigen Passagen des Befehls vergleichbar sind, spricht der Befehl ausdrücklich von der Verwertung arrestierten Vermögens, was wiederum dafür spricht, dass die beweglichen Gegenstände grundsätzlich auch des Arrestes bedürfen, um verwertet werden zu können. Genauso sprach der frühere Art. 54 VVG von 1997 von der Verwertung des unter Arrest gestellten Vermögens.

578 Art. 87 Abs. 6, 7 VVG.

oder beauftragt damit eine andere darauf spezialisierte Organisation, wovon sie den Gerichtsvollzieher unterrichtet. Für die handelnde Organisation besteht gem. Art. 87 Abs. 1 S. 2 VVG die Pflicht, die Informationen über das zu verwertende Vermögen in allgemein zugänglichen Informations- und Telekommunikationsnetzen zu veröffentlichen. Der Verkauf erfolgt dabei grundsätzlich auf der Basis eines Kommissionsvertrages i.S.v. Art. 990 ff. ZGB RF. Der Kommissionär (spezialisierte Organisation) verkauft die Gegenstände im eigenen Namen, aber auf Rechnung des Kommittenten (Gerichtsvollzieher).[579] Der Preis, zu dem die Organisation die Gegenstände zum ersten Mal anzubieten hat, darf gem. Art. 87 Abs. 8 VVG den in dem Beschluss über die Schätzung des Vermögens angegebenen Wert nicht unterschreiten. Bei erfolgreichem Verkauf überweist die handelnde Organisation den Erlös auf das Geschäftskonto der Abteilung des Gerichtsvollzieherdienstes. Konnte der Gegenstand aber innerhalb von einem Monat nicht verkauft werden, teilt sie dies dem Gerichtsvollzieher mit, der daraufhin durch einen Beschluss den Preis des Gegenstandes um fünfzehn Prozent herabsetzt.[580]

Für den Fall des erneuten Fehlschlags des Verkaufs zu einem geminderten Preis[581] wurde in dem russischen Zwangsvollstreckungsgesetz die Möglichkeit geschaffen, dem Gläubiger den nicht realisierten Gegenstand anstatt von finanziellen Mitteln zur Befriedigung seiner Geldforderung anzubieten. Dieser Fall stellt somit die Ausnahme von dem oben dargestellten grundsätzlich geltenden Prinzip dar, dass die Geldforderung des Gläubigers durch Geld und nicht durch die Übergabe der Gegenstände des Schuldners in natura zu befriedigen ist. Sind mehrere Gläubiger desselben Ranges vorhanden, wird der Gegenstand zuerst demjenigen angeboten, dessen Vollstreckungsdokument zuerst bei dem Gerichtsvollzieherdienst eingegangen ist.[582] Der nicht realisierte Gegenstand wird dem Gläubiger gem. Art. 87 Abs. 12 VVG zu einem Preis angeboten, der fünfundzwanzig Prozent unter dem geschätzten Wert liegt. Sollte dieser Preis aber noch über dem Wert der Forderung liegen, kann der Gläubiger den Gegenstand unter der Bedingung übernehmen, dass er die Differenz auf das Geschäftskonto der Abteilung des Gerichtsvollzieherdienstes überweist. Nimmt der Gläubiger den Gegenstand nicht an, wird er dem nächstmöglichen Gläubiger angeboten und im Falle der Ablehnung wieder dem Schuldner zurückgegeben. In diesem

579 Vergleichbar somit mit dem Kommissionsvertrag nach §§ 383 ff. HGB.

580 Art. 87 Abs. 10 VVG.

581 Ebenfalls innerhalb eines Monats, Art. 87 Abs. 11 VVG.

582 Hier gilt somit das Prioritätsprinzip, der eine Ausnahme des im russischen Zwangsvollstreckungsrecht grundsätzlich geltendem Verteilungs- und Ausgleichsprinzips darstellt.

Fall wird das Vollstreckungsverfahren gem. Art. 47 Abs. 1 Nr. 3 i.V.m. Art. 46 Abs. 1 Nr. 5 VVG beendet.

gg) Zusammenfassung

Die Pfändung der beweglichen Sachen erfolgt im russischen Recht ähnlich wie im deutschen durch deren Beschlagnahme. Unter der Beschlagnahme ist die tatsächliche Wegnahme von arrestierten Gegenständen und Verbringung an den Ort, wo diese bis zur Verwertung oder der Übergabe an den Gläubiger verwahrt werden, zu verstehen. Über den Beschlagnahmeakt wird in Anwesenheit von Zeugen ein Dokument erstellt, in dem die einzelnen beschlagnahmten Gegenstände ausführlich beschrieben werden. Genau wie im deutschen Recht unterliegen Kostbarkeiten der Beschlagnahmepflicht und sind somit von dem Gerichtsvollzieher wegzuschaffen. Da die russische Beschlagnahme die tatsächliche Wegnahme der Gegenstände bedeutet, ist deren Belassung bei dem Schuldner, wie im deutschen Recht, nach einer Beschlagnahme nicht möglich.

Wie sich bereits aus der Definition der Beschlagnahme ergibt, ist im Rahmen der Zwangsvollstreckung in bewegliche Sachen auch von deren grundsätzlichem Arrest auszugehen, obwohl er dem Gesetzeswortlaut nach für eine Pfändung der beweglichen Gegenstände nicht notwendig und nur zur Sicherung des Vermögens aufzuerlegen ist. Die Arrestauferlegung wird aber immer unproblematisch mit der Sicherung der Unversehrtheit des Vermögens begründet werden können. Sollen die Gegenstände bis zur Verwertung bei dem Schuldner belassen oder bei einer anderen Person verwahrt werden, was grundsätzlich der Fall sein wird, so kommt man ohne die Arrestauferlegung nicht aus, weil diese ausdrücklich als Voraussetzung für die Verwahrung verlangt wird. Nur so kann sichergestellt werden, dass über die gepfändeten Sachen nicht mehr verfügt werden darf.

Die Regelung des Gesetzgebers über die Zwangsvollstreckung in das Vermögen des Schuldners ist somit etwas unklar, weil zum einen die Beschlagnahme zur Pfändung ausreicht, man andererseits aber ohne einen Arrest nicht auskommt, weil dieser oft als Voraussetzung, wie z.B. für die Verwahrung von Gegenständen oder Beschlagnahme von Kostbarkeiten, vorgeschrieben ist. Eine diesbezügliche Klärung durch den Gesetzgeber wäre insoweit wünschenswert.

Die arrestierten Gegenstände können, wie bereits erwähnt, bis zur Verwertung entweder bei dem Schuldner selbst oder einem seiner Familienangehörigen verwahrt oder dem Gläubiger oder einer dritten Person von dem Gerichtsvollzieher übergeben werden, mit der ein Verwahrvertrag geschlossen wird. Die Übergabe zur Verwahrung erfolgt nach einer Belehrung gegen eine Unterschrift auf der Vermögensauflistung. Dem Verwahrer ist es grundsätzlich untersagt, die ihm anvertrauten Gegenstände zu nutzen. Eine Nutzung ist nur mit einer schriftlichen Erlaubnis des Gerichtsvollziehers möglich, deren Erteilung in seinem Ermessen steht. Anders als im deutschen haftet im russischen Recht der Verwahrer für den Ausfall oder die Beschädigung der ihm anvertrauten Gegenstände oder macht sich sogar strafbar, falls er gegen das, dem Arrest zugrunde liegendes, Verfügungsverbot verstößt.

Die Schätzung der beweglichen Gegenstände hat wie im deutschen Recht grundsätzlich der Gerichtsvollzieher selbst vorzunehmen. Diese erfolgt, wie auch viele andere Entscheidungen und Anordnungen des Gerichtsvollziehers, durch den Erlass eines Beschlusses zur Schätzung des Vermögens. Nur in bestimmten, von dem Gesetz vorgeschriebenen Fällen, zu denen z.B. die Schätzung von Kostbarkeiten, Sammelmünzen, historischen oder künstlerischen Gegenständen und hochwertigen Sachen gehört, ist der Gerichtsvollzieher verpflichtet einen Sachverständigen mit der Schätzung zu beauftragen. Dieselbe Pflicht hat er auch, falls der Gläubiger oder der Schuldner mit der Schätzung des Gerichtsvollziehers nicht einverstanden ist. Gegen den ermittelten Wert des Sachverständigen als auch gegen die Schätzung des Gerichtsvollziehers stehen den Beteiligten der Zwangsvollstreckung unterschiedliche Rechtsbehelfe zur Verfügung, wie die Anfechtung vor Gericht oder Einlegung der Beschwerde im Verwaltungswege.

Die Verwertung der gepfändeten Gegenstände erfolgt in Russland grundsätzlich durch deren Verkauf. Zu diesem Zweck schließt der Gerichtsvollzieher mit einer spezialisierten Organisation, die den Verkauf vornimmt, einen Kommissionsvertrag. Die Organisation hat zwei Versuche die Sache jeweils innerhalb eines Monats zu verkaufen. Gelingt der Verkauf im zweiten Versuch zu einem geminderten Preis nicht, bietet der Gerichtsvollzieher dem Gläubiger die Sache zur Befriedigung seiner Forderung an. Wird die Übernahme der Sache durch den Gläubiger abgelehnt, gibt sie der Gerichtsvollzieher dem Schuldner zurück und beendet das Zwangsvollstreckungsverfahren.

Insgesamt lässt sich feststellen, dass abgesehen von einigen Ungereimtheiten im Gesetz, insbesondere in Bezug auf die Beschlagnahme und den Arrest, die Zwangsvollstreckung in bewegliche Gegenstände, speziell aber die Verwahrung, Schätzung und Verwertung, eine detaillierte Regelung erfahren hat. Trotzdem sollte von dem Gesetzgeber erwogen werden, die entstandenen Unklarheiten zu beseitigen.

b. Die Vollstreckung in Wertpapiere

Da Wertpapiere nach Art. 130 Abs. 2 ZGB RF als bewegliches Vermögen anzusehen sind, wird an dieser Stelle auf die Besonderheiten der Vollstreckung in Wertpapiere nach russischem Recht eingegangen.

Das russische Recht enthält im Zivilgesetzbuch einen allgemeinen Teil des Wertpapierrechts, in dem nicht nur das Wertpapier definiert wird, Art. 142 ZGB RF[583], sondern auch die Arten[584], Anforderungen und Übertragungen von Wertpapieren geregelt sind, Art. 143 ff. ZGB. Unterschieden wird grundsätzlich zwischen zwei Formen von Wertpapieren: der dokumentierten und der dokumentenlosen Form[585]. Handelt es sich um Emissionswertpapiere, wird deren Ausgabe und Umlauf durch das WpMG RF[586] geregelt. Ein Emissionswertpapier ist gem. Art. 2 S. 1 WpMG RF jedes Wertpapier, das die Gesamtheit von Vermögens- und Nichtvermögensrechten verbrieft, die der Bescheinigung, Abtretung und unbedingten Erfüllung unterliegen. Zu den Emissionswertpapieren gehören damit u.a. Aktien, Obligationen, Namens-Emissionswertpapiere und Inhaber-Emissionswertpapiere.[587]

Anders als im deutschen Recht, wo die Wertpapiere grundsätzlich wie bewegliche Sachen gem. § 808 ZPO[588] gepfändet werden, hat die Pfändung der Wertpapiere im russischen Recht in Art. 73, 73.1[589] und Art. 82 VVG eine selbständige Regelung erfahren. In Art. 73.1 VVG werden zwei unterschiedliche

583 Ein Wertpapier ist ein Dokument, welches unter Einhaltung der vorgeschriebenen Formen und zwingenden Angaben Vermögensrechte bescheinigt, deren Bestand oder Übergang nur mit dessen Vorlage möglich ist.

584 Siehe einen Überblick über die Arten von Wertpapieren: *Primaczenko*, Treuhänderische Vermögensverwaltung nach russischem Recht, S. 254; *Arzinger/Galander*, Russisches Wirtschaftsrecht, S. 247 f.; *Schramm*, Kapitalmarktrecht in der Russischen Föderation, S. 79 ff.

585 Siehe Art. 149 ZGB RF.

586 Föderales Gesetz vom 22. 04.1006 Nr. 39-FZ „Über den Wertpapiermarkt" (Федеральный закон от 22.04.1996 N 39-ФЗ „О рынке ценных бумаг").

587 Diese Wertpapiere sind in Art. 2 WpMG RF definiert.

588 Alle Wertpapiere, wie Inhaberpapiere, Namenspapiere und Orderpapiere sind nach deutschem Recht grundsätzlich wie bewegliche Sachen nach §§ 821 f., 831 ZPO, § 154 GVGA zu pfänden. Bei den Orderpapieren tritt zur Papierpfändung der gerichtliche Überweisungsbeschluss gem. §§ 835 ff. ZPO, § 175 GVGA hinzu. Nur bei den Legitimationspapieren, wie bei einem Sparbuch, muss die Forderung des Gläubigers gegen die Bank nach § 829 ZPO gepfändet werden. Gem. § 952 Abs. 1 S. 2 BGB erstreckt sich dann das Pfandrecht auch auf die Urkunde. – *Baur/Stürner/Bruns*, Zwangsvollstreckungsrecht, § 28, Rn. 28.4.

589 Art. 73.1 VVG ist eine erst durch das Föderale Gesetz vom 19.07.2009 Nr. 205-FZ „Über die Einfügung von Änderung in die einzelnen gesetzliche Akte der Russischen Föderation" (Федеральный закон от 19.07.2009 N 205-ФЗ „О внесении изменений в отдельные законодательные акты Российской Федерации") neu eingeführte Norm.

Pfändungsarten für Emissionswertpapiere unterschieden, die sich an der Forderung des Gläubigers orientieren. So ist zwischen der Vollstreckung wegen einer im Vollstreckungsdokument enthaltenen Forderung auf Abschreibung der Emissionswertpapiere und der Vollstreckung in Wertpapiere als Teil des Schuldnervermögens wegen einer Geldforderung zu differenzieren.[590] Im letzteren Fall richtet sich die Zwangsvollstreckung nach der für alle Wertpapiere geltenden Norm des Art. 82 VVG.

aa) Vollstreckung aufgrund einer Forderung auf Abschreibung der Emissionswertpapiere

Enthält das Vollstreckungsdokument eine Forderung über die Abschreibung der Wertpapiere von einem persönlichen Konto oder einem Depot des Schuldners und die Einschreibung auf ein persönliches Konto oder Depot des Gläubigers der Emissionswertpapiere, so kann dieses von dem Gerichtsvollzieher oder gem. Art. 8.1. Abs. 1 VVG[591] unmittelbar von dem Gläubiger an die Person gerichtet werden, die die Emissionswertpapiere des Schuldners verwaltet. Voraussetzung für die unmittelbare Einreichung des Vollstreckungsdokumentes durch den Gläubiger ist jedoch die Kenntnis von den vorhandenen Wertpapieren des Schuldners auf bestimmten Konten. Daneben muss der Gläubiger entsprechend dem Art. 8 VVG ein Ersuchen einreichen, das eine bestimmte Form aufweisen muss.[592]

Die Person, die die Emissionswertpapiere verwaltet, hat gem. Art. 73.1 Abs. 2 VVG innerhalb einer drei-Tages-Frist seit dem Erhalt des Vollstreckungsdokumentes von dem Gläubiger oder dem Gerichtsvollzieher, die in dem Vollstreckungsdokument enthaltene Forderung auszuführen. Die Abschreibung der Wertpapiere erfolgt gem. Art. 73.1 Abs. 3 VVG von dem persönlichen Konto (Depotkonto) des Inhabers der Wertpapiere. Die Abschreibung der Wertpapiere, die auf einem persönlichen Konto (Depotkonto) eines nominellen Halters[593] vorhanden sind oder von anderen Konten ist dagegen nicht möglich. Dadurch

---

590 Siehe dazu auch *Winnitschenko/Smirnov*, Kommentar, Art. 73.1. Internetversion abrufbar unter: http://kommentarii.org/isp_proizvod/page84.html

591 Auch Art. 8.1 VVG wurde genauso wie der Art. 73.1 VVG durch das Gesetz vom 19.07.2009 Nr. 205-FZ neu eingeführt.

592 Siehe zu dem Ersuchen gem. Art. 8 VVG und den notwendigen Angaben § 5 I 1. b. cc), S. 125 f.

593 Nomineller Wertpapierhalter ist gem. Art. 8.3 WpMG RF ein Depositar, auf dessen persönlichem Konto (Depotkonto) Wertpapierrechte registriert sind, die dritten Personen gehören.

soll verhindert werden, dass in Wertpapiere vollstreckt wird, die dem Schuldner nicht gehören.

Ähnlich wie auch bei der Überweisung finanzieller Mittel durch die Bank direkt auf ein Konto des Gläubigers[594] kann gem. Art. 73.1 Abs. 4 VVG auch die Person, die die Emissionswertpapiere verwaltet, die Abschreibung bei berechtigten Zweifeln über die Echtheit des von dem Gläubiger eingereichten Vollstreckungsdokumentes oder Zweifeln der Glaubwürdigkeit der Informationen, die in Artikel 8.1 Absatz 2 VVG geregelt sind, zur Überprüfung um bis zu sieben Tage verzögern. Anders als im Falle des Art. 70 VVG[595] ist in dem neu eingefügten Art. 73.1 Abs. 7 VVG die Verantwortlichkeit des Emittenten ausdrücklich geregelt, falls er der im Vollstreckungsdokument enthaltenen Forderung nicht nachkommt. Er kann nach Art. 17.14 Abs. 2.1 KoAP RF zur Verantwortung gezogen werden, wobei sich das Verfahren nach Art. 114 VVG richtet. Da Art. 73.1. Abs. 7 VVG keine Einschränkung enthält, muss dieser Weg sowohl bei der Nichtausführung des Vollstreckungsdokuments, das von dem Gerichtsvollzieher als auch von dem Gläubiger eingereicht wurde, beschritten werden können. Einer analogen Anwendung, wie es im Fall von Art. 70 VVG notwendig ist, bedarf es hier somit nicht.

bb) Vollstreckung in Wertpapiere wegen einer Geldforderung

Die Vollstreckung in Emissionswertpapiere des Schuldners als Teil seines Vermögens wegen einer Geldforderung des Gläubigers richtet sich nach Art. 73.1 Abs. 1 VVG. Danach erfolgt die Pfändung von Namens-Emissionswertpapieren sowie Inhaber-Emissionswertpapieren des Schuldners durch deren Arrest. Das Verfahren zur Auferlegung des Arrestes auf Wertpapiere, das nicht nur für Emissionswertpapiere, sondern für alle Wertpapiere des russischen Rechts gilt, wurde durch den russischen Gesetzgeber zum ersten Mal detailliert im VVG in Art. 82 geregelt und damit der vorher geltende Beschluss der Regierung der RF vom 12.08.1998 Nr. 934 „Über die Anordnung des Arrestes über die Wertpapiere“[596] abgelöst.

---

594 Siehe dazu § 5 I 1 b cc), S. 125 ff.

595 Siehe dazu Ausführungen unter § 5 I 1 b cc), S. 125 ff.

596 Постановление Правительства РФ от 12.08.1998 N 934 „Об утверждении Порядка наложения ареста на ценные бумаги“. Dieser Beschluss ist durch den Beschluss der Regierung der RF vom 14.07.2008 Nr. 517 (Постановление Правительства РФ от 14.07.2008 N 517 „Об изменении и признании утратившими силу некоторых актов Правительства Российской Федерации“) außer Kraft gesetzt worden. – Siehe

1) Arrest der Wertpapiere

Der Gesetzgeber stellt in Art. 82 Abs. 4 VVG ausdrücklich noch einmal klar,[597] dass der Arrest der Wertpapiere für den Schuldner ein Verfügungsverbot bedeutet. Neben dem Verfügungsverbot können jedoch auch weitere Beschränkungen in dem Beschluss des Gerichtsvollziehers über die Auferlegung des Arrestes[598] angeordnet werden, wie z.B. die Beschränkung des Rechts des Schuldners auf den Ertrag (Dividende).[599] Wird eine solche Beschränkung angeordnet, so sind die Erträge (Dividenden) einem Depotkonto der Abteilung des Gerichtsvollzieherdienstes gut zu schreiben, Art. 82 Abs. 7 VVG.

Bei der Beschlussfassung und der Arrestauferlegung muss der Gerichtsvollzieher zwischen den dokumentierten und dokumentenlosen Wertpapieren differenzieren. So hat er nur bei den dokumentierten Wertpapieren eine Vermögensauflistung in Anwesenheit von Zeugen durchzuführen.[600] Auch werden die dokumentierten Wertpapiere an dem Ort ihres Aufenthaltes arrestiert und sogleich von dem Gerichtsvollzieher beschlagnahmt, also von ihm in Besitz genommen, Art. 82 Abs. 1 S. 1, Abs. 3 VVG. Die dokumentenlosen Wertpapiere werden dagegen auf den persönlichen Konten (Depotkonten) des Besitzers der Wertpapiere arrestiert, Art. 82 Abs. 1 S. 2 VVG. Ein Arrest von dokumentenlosen Wertpapieren, die sich auf einem persönlichen Konto (Depotkonto) eines nominellen Halters befinden, ist dagegen nicht möglich, Art. 82 Abs. S. 3 VVG.[601] Eine Beschlagnahme der dokumentenlosen Wertpapiere findet bereits aus der Natur der Sache nicht statt. Für diese Wertpapiere reicht somit der Arrest mit der Anordnung eines Verfügungsverbotes und möglichen anderen Beschränkungen

---

zur früheren Regelung *Kenk*, Die Zwangsvollstreckung in der Russischen Föderation, S. 121 ff.

597 Dass der Arrest notwendigerweise ein Verfügungsverbot beinhaltet ist bereits in der Vorschrift des Art. 80 Abs. 4 VVG normiert. – siehe dazu § 5 I 2 a aa) 3), S. 137.

598 Art. 82 Abs. 2, 3 VVG.

599 Grundsätzlich verhindert die Arrestauferlegung auf Wertpapiere nicht die weitere Handhabung mit ihnen durch den Emittenten oder die Ziehung von Erträgen, Art. 82 Abs. 5 VVG.

600 Vgl. dazu Art. 80 Abs. 5 VVG und siehe § 5 I 2 a aa) 4), S. 138. – *Beresnev*, „Nekotorye aspekty obraŝeniâ vzyskaniâ na cennye bumagi po novomu Federal'nomu zakonu „Ob ispolnitel'nom proizvodstve““ (Einige Aspekte der Vollstreckung in Wertpapiere nach dem Föderalen Gesetz „Über das Vollstreckungsverfahren"), Vestnik Rossijskoj pravovoj akademii Nr. 2, 2008, S. 83.

601 Das ergibt sich bereits daraus, dass Wertpapiere, die auf einem solchen Konto gutgeschrieben sind, eindeutig einer dritten Person gehören. Deshalb soll von vornherein eine Vollstreckung in Rechte Dritter verhindert werden.

aus. Die Kopien des Arrestbeschlusses schickt der Gerichtsvollzieher nicht nur an die Parteien der Zwangsvollstreckung, sondern auch an Personen, die die Wertpapiere ausgegeben haben oder verwalten, wie dem Emittenten oder dem Depositar. Diese Personen sind seit dem Erhalt des Beschlusses nicht mehr befugt den Forderungen des Schuldners nachzukommen und müssen alle Aktionen mit den Wertpapieren einstellen, Art. 82 Abs. 15 VVG.

Die Pfändung der dokumentierten Wertpapiere erfolgt somit grundsätzlich wie die Pfändung von beweglichen Sachen nach dem russischen Recht.[602] Die Pfändung der dokumentenlosen Wertpapiere bedarf dagegen nur eines Arrestbeschlusses, der ähnliche Wirkungen hat wie der deutsche Pfändungsbeschluss. Trotz der besonderen Regelung im VVG ist die Pfändung der Wertpapiere nach russischem Recht im Ergebnis mit der Pfändung nach deutschem Recht vergleichbar.

Zu beachten sind an dieser Stelle jedoch einige ausdrücklich normierte Besonderheiten, in dessen Fall die Zwangsvollstreckung in Wertpapiere nicht erfolgen kann. Zum einen kann gem. Art. 73 Abs. 1 VVG aufgrund von Schulden des professionellen Teilnehmers des Wertpapiermarkts die Zwangsvollstreckung nicht in die finanziellen Mittel seiner Klienten erfolgen, die sich auf einem separaten Bankkonto befinden, welches durch den professionellen Teilnehmer des Wertpapiermarkts in einem Kreditinstitut entsprechend dem WpMG RF eröffnet wurde. Zum anderen kann gem. Art. 73 Abs. 2 VVG aufgrund von Schulden des professionellen Teilnehmers des Wertpapiermarkts[603] die Zwangsvollstreckung nicht in die Wertpapiere seiner Klienten erfolgen, die sich auf persönlichen Konten, im Registersystem und auf Depotkonten der Verwahrer befinden. Auch kann gem. Art. 73 Abs. 3 VVG aufgrund von Schulden einer Kapitalanlagegesellschaft die Zwangsvollstreckung in Wertpapiere der Person, die eine Bestellung auf Erwerb von Investmentfondanteilen aufgegeben hat und sich die Mittel oder Wertpapiere auf separaten Bankkonten und (oder) Depotkonten der Kapitalanlagegesellschaft befinden, bis zur Eintragung des Erwerbs von Investmentfondsanteilen in das Register der Inhaber von Investmentfondsanteilen nicht erfolgen.

---

602 Vgl. dazu unten § 5 I 2 a, S. 133 ff.

603 Professionelle Teilnehmer des Wertpapiermarkts sind gem. Kapitel 2 WpMG RF juristische Personen, die folgende Tätigkeiten ausüben: Brokertätigkeit, Dealertätigkeit, Wertpapierverwaltungstätigkeit, Tätigkeit zur Bestimmung wechselseitiger Verbindlichkeiten (Clearing), Depositartätigkeit, Tätigkeit der Führung eines Registers von Wertpapierbesitzern und Tätigkeit zur Organisation des Handels auf dem Wertpapiermarkt.

2) Verwahrung und Schätzung

Da nur die dokumentierten Wertpapiere von dem Gerichtsvollzieher beschlagnahmt werden können, müssen auch nur diese bis zu der Verwertung an einem anderen Ort als bei dem Schuldner verwahrt werden. Dazu übergibt der Gerichtsvollzieher diese Wertpapiere nach deren Beschlagnahme gegen eine Unterschrift auf der Vermögensauflistung einem Verwahrer oder einem Depositar, Art. 82 Abs. 8 VVG.

Für die Schätzung der Wertpapiere ist maßgebend, ob diese auf dem organisierten Wertpapiermarkt gehandelt werden oder nicht. Werden die Wertpapiere nicht auf dem organisierten Markt gehandelt, muss der Gerichtsvollzieher gem. Art. 85 Abs. 2 Nr. 2 VVG einen Sachverständigen mit der Schätzung beauftragen. Anderenfalls hat der Gerichtsvollzieher den Wert der Wertpapiere selbst zu bestimmen. Dafür hat er gem. Art. 85 Abs. 5 VVG den Wert der Wertpapiere bei dem Verkaufsorganisator des Wertpapiermarkts zu erfragen, bei dem die entsprechenden Wertpapiere in das Verkaufsverzeichnis aufgenommen sind. Handelt es sich um Investmentanteile[604] eines Offenen[605] und Intervall-[606] Investmentfonds,[607] so hat der Gerichtsvollzieher den Wert dieser Anteile bei der entsprechenden Investmentgesellschaft zu erfragen.

3) Verwertung

Eine Grundregel für die Verwertung von Wertpapieren stellt Art. 87 Abs. 3 VVG auf.[608] Danach werden Wertpapiere, sowohl in dokumentierter als auch in dokumentenloser Form, im Gegensatz zu anderen beweglichen Gegenständen[609], nicht durch eine spezialisierte Organisation zum Verkauf angeboten, sondern

604 Wertpapiere, die Anteile an einem Investmentfonds verbriefen. Mit dem Kauf von solchen Anteilscheinen wird man Miteigentümer am Fondsvermögen. – Siehe zu der Definition der Investmentanteile auch Art. 14 des Föderalen Gesetzes vom 29.11.2001 Nr. 156-FZ „Über Investmentfonds" (InvFG RF)(Федеральный закон от 29.11.2001 N 156-ФЗ (ред. от 22.04.2010) „Об инвестиционных фондах").

605 Die Investmentanteile können in der Regel an jedem Börsentag gehandelt werden. Es kann jederzeit in einen solchen Fonds investiert werden.

606 Die Intervall-Investmentfonds werden nur für einen bestimmten Zeitraum für den Ankauf und Verkauf von Investmentanteilen geöffnet.

607 Siehe zu den Formen der Anteilsinvestmentfonds *Spitzweg*, Das russische Föderale Gesetz „Über Investmentfonds", S. 104 ff.

608 Die Verwertung von Wertpapieren vor dem Inkrafttreten des VVG von 2007 war nur unzureichend gesetzlich geregelt. – siehe dazu *Kenk*, Die Zwangsvollstreckung in der Russischen Föderation, S. 123 f.

609 In Bezug auf die dokumentierten Wertpapiere.

öffentlich versteigert. Die Art der Versteigerung richtet sich wiederum danach, ob es sich um Wertpapiere handelt, die auf dem organisierten Wertpapiermarkt gehandelt werden oder nicht. Im ersten Fall erfolgt die Versteigerung gem. Art. 89 Abs. 3 VVG auf dem Wertpapiermarkt durch einen Broker[610] oder einen Verwalter.[611] Das Verfahren der Versteigerung richtet sich dabei nach den Vorschriften des WpmG RF.[612] Der Preis der Wertpapiere, zu dem sie auf dem Wertpapiermarkt angeboten werden, darf gem. Art. 89 Abs. 5 VVG nicht unter dem Durchschnittspreis des letzten Handelstageskurses liegen.[613] Können die Wertpapiere nicht innerhalb von zwei Monaten verwertet werden, werden sie dem Gläubiger von dem Gerichtsvollzieher, vergleichbar mit beweglichen Sachen, zu deren Durchschnittspreis angeboten, Art. 89 Abs. 7 VVG. Im Unterschied dazu werden in Deutschland die Wertpapiere, die einen Börsen- oder Marktpreis haben, gem. § 821 ZPO grundsätzlich[614] von dem Gerichtsvollzieher durch freihändigen Verkauf zum Tageskurs verkauft.

Andere Wertpapiere[615] werden, da es keine ausdrückliche Regelung bezüglich der Versteigerung dieser Wertpapiere gibt und Art. 87 Abs. 3 VVG allgemein von Wertpapieren spricht, wohl ganz normal von Organisationen versteigert, die dazu gem. Art. 89 Abs. 1 VVG gesetzlich befugt sind. Das Verfahren der Versteigerung richtet sich dann nach den Normen der Art. 89 ff. VVG.

---

610 Der Broker handelt im Namen und auf Rechnung seines Klienten. Siehe auch Art. 3 WpmG RF.

611 Berufsmäßiger Teilnehmer des Wertpapiermarkts, der eine Wertpapierverwaltungstätigkeit ausübt, Art. 5 WpmG RF.

612 Art. 11 ff. WpmG RF. Außerdem ist hier der Befehl des Föderalen Dienstes für Finanzmärkte vom 09.10.2007 Nr. 07-102 „Zur Organisation des Handels auf dem Wertpapiermarkt" (Приказ ФСФР РФ от 09.10.2007 N 07-102/пз-н „Об утверждении Положения о деятельности по организации торговли на рынке ценных бумаг") zu beachten. – Aus diesem Grund finden die Vorschriften der Art. 90 ff. VVG auf die Versteigerung auf dem Wertpapiermarkt keine Anwendung.

613 Zu beachten ist, dass im Fall des Verkaufs von Aktien einer geschlossenen Aktiengesellschaft die Aktionäre dieser Gesellschaft ein Vorkaufsrecht an den Aktien gem. Art. 97 ZGB RF und Art. 7 Abs. 3 des Föderalen Gesetzes „Über die Aktiengesellschaften" (AG RF) vom 26.12.1995 Nr. 208-FZ (Федеральный закон „Об акционерных обществах" (Об АО) от 26.12.1995 N 208-ФЗ) haben.

614 Anders ist es bei Wertpapieren, die keinen Börsen- oder Marktpreis haben. Diese sind von dem Gerichtsvollzieher gem. § 814 ZPO öffentlich zu versteigern, und zwar nach den Bestimmungen über die Versteigerung gepfändeter Sachen, §§ 817, 817a ZPO. – *Stöber* in *Zöller*, Zivilprozessordnung, § 821, Rn. 9.

615 Wertpapiere, die nicht auf dem organisierten Markt gehandelt werden.

Zur Verwertung von Investmentanteilen eines Offenen und Intervallen Investmentfonds fordert der Gerichtsvollzieher gem. Art. 87 Abs. 5 VVG die Investmentgesellschaft auf, diese zu tilgen.

cc) Zusammenfassung

Das VVG von 2007 enthält zum ersten Mal eine detaillierte Regelung über die Pfändung von Wertpapieren. Der Gesetzgeber hat die bereits vorhandenen Vorschriften in anderen Gesetzen und Beschlüssen der Regierung der RF in Bezug auf die Wertpapiere in das VVG mit aufgenommen und um neue Normen ergänzt. Insbesondere wurde die Verwertung von Wertpapieren gesetzlich geregelt und im VVG verankert.

Zusammenfassend lässt sich festhalten, dass das russische Recht bei der Pfändung von Wertpapieren wegen einer Geldforderung danach differenziert, ob es sich um dokumentierte oder dokumentenlose Wertpapiere handelt. Beide Formen von Wertpapieren werden zwar mit einem Arrest belegt, der Beschlagnahme unterliegen jedoch nur die dokumentierten Wertpapiere, während es für die dokumentenlosen Wertpapiere bei einem Verfügungsverbot verbleibt. Eine ganz neue Regelung enthalten die Art. 73.1 und 8.1 VVG. Sie ermöglichen dem Gläubiger, neben dem Gerichtsvollzieher, sich unmittelbar an die Verwaltungsperson der Emissionswertpapiere zu wenden und von dieser die Abschreibung der Wertpapiere von dem Konto oder Depot des Schuldners zu verlangen. Voraussetzung dafür ist, dass das Vollstreckungsdokument die Forderung auf Abschreibung der Emissionswertpapiere enthält und der Gläubiger von den Konten des Schuldners Kenntnis hat.

Die Schätzung und Verwertung der Wertpapiere, die durch eine öffentliche Versteigerung zu erfolgen hat, richtet sich in erster Linie danach, ob die Wertpapiere auf dem organisierten Markt gehandelt werden oder nicht. Für die auf dem organisierten Markt gehandelten Wertpapiere ist der Gerichtsvollzieher selbst für die Schätzung zuständig und die Versteigerung erfolgt auf dem Wertpapiermarkt nach den Vorschriften des WpMG RF. Anderenfalls muss ein Sachverständiger mit der Schätzung der Wertpapiere beauftragt werden und die Verwertung wird durch eine zuständige Organisation nach den Vorschriften der Art. 89 ff. durchgeführt. Eine Besonderheit gilt bei der Verwertung von Investmentanteilen eines Offenen und Intervallen Investmentfonds. Zu deren Verwertung hat der Gerichtsvollzieher die Investmentgesellschaft aufzufordern, die Anteile zu tilgen.

Insgesamt lässt sich somit festhalten, dass der russische Gesetzgeber die Pfändung, Schätzung und Verwertung von Wertpapieren im Gegensatz zu der früheren Rechtslage viel detaillierter und überschaubarer geregelt hat. Diese Regelung stellt einen wichtigen Fortschritt im Bereich des Zwangsvollstreckungsrechts dar, weil sie vorhandene Regelungslücken, wie fehlende Vorschriften zur Verwertung von Wertpapieren, beseitigt hat.

c. Die Zwangsvollstreckung in unbewegliches Vermögen (Immobilien)

Reichen finanzielle Mittel oder bewegliche Sachen des Schuldners für die Befriedigung des Gläubigers nicht aus, kann die Vollstreckung in sein unbewegliches Vermögen erfolgen.[616]

aa) Gegenstand des unbeweglichen Vermögens

Zu den unbeweglichen Sachen (unbewegliches Vermögen, Immobilien) zählen nach Art. 130 Abs. 1 ZGB RF Grundstücke, Vorkommen an Bodenschätzen und alles, was dauerhaft mit dem Boden verbunden ist, also Objekte, deren Versetzung ohne unverhältnismäßige Verwendungsbeeinträchtigung unmöglich ist, wozu Gebäude, bauliche Anlagen und Objekte unvollendeter Baumaßnahmen[617] gehören. Außerdem zählen zu den unbeweglichen Sachen nach dem russischen Recht die der staatlichen Registrierung unterliegenden Luft- und Meeresschiffe, Flussschiffe und Raumfahrtobjekte. Zu berücksichtigen ist, dass diese Regelung nicht abschließend ist, weil auch andere Vermögensgegenstände den unbeweglichen Sachen durch ein Gesetz zugeordnet werden können. Die Norm des Art. 130 ZGB RF ist somit etwas weiter gefasst als § 94 BGB. Was das Zubehör betrifft, so folgt es gem. Art. 135 ZGB RF dem Schicksal der Hauptsache, sofern nicht vertraglich ein anderes bestimmt ist.

Zu beachten ist an dieser Stelle, dass Wohnräume und Grundstücke, auf denen sich der Wohnraum befindet, zu dem unpfändbaren Vermögen des Art. 446 Abs. 1 ZPO RF gehören, wenn sie für den Schuldner und die Mitglieder seiner Familie, die mit ihm zusammenleben, den einzigen Wohnraum zur ständigen Nutzung darstellen.[618] Ausgenommen sind davon nur Wohnräume und Grundstücke, für die eine Hypothek besteht und in die nach dem HypG RF eine Vollstreckung erfolgen kann.[619]

---

616 Siehe zu der Reihenfolge der Vollstreckung in Vermögensgegenstände § 3 II 1 b, S. 58. – An dieser Stelle erfolgt die Erörterung der Zwangsvollstreckung in das unbewegliche Vermögen, das nicht verpfändet ist, also z.B. nicht mit einer Hypothek belastet ist. Die Darstellung der Zwangsvollstreckung in verpfändetes Vermögen erfolgt im Anschluss an dieses Kapitel.

617 Nicht fertig gestellte Bauwerke.

618 Siehe dazu bereits in § 3 I 4 a. aa), S. 47.

619 Siehe Art. 68, 78 HypG RF. – Vgl. *Lassen*, Die Hypothek nach russischem Recht als Kreditsicherungsmittel, S. 203. – Eine Darstellung der Voraussetzungen für die

bb) Staatliche Registrierung des Vermögens und der Vermögensrechte

Bei der staatlichen Registrierung des Vermögens und der Vermögensrechte handelt sich um das Recht des Gerichtsvollziehers, Vermögen oder Vermögensrechte bei einem staatlichen Registrierungsorgan zu registrieren.[620] Dieses Institut stellt in der russischen Zwangsvollstreckung eine Regelung dar, die neu in das VVG eingefügt wurde. Die Notwendigkeit dieser Regelung entstand bereits mit dem Inkrafttreten des Föderalen Gesetzes vom 21.07.1997 Nr. 122-FZ „Über die staatliche Registrierung von Immobilienrechten und Immobilienrechtsgeschäften" (StRImm RF).[621] Gem. Art. 4, 12 Abs. 1 StRImm RF unterliegen Immobilienrechte und Immobilienrechtsgeschäfte einer staatlichen Registrierung in einem Einheitlichen staatlichen Register der Rechte.[622] Dasselbe gilt gem. Art. 25 Abs. 2 StRImm RF für Objekte unvollendeter Baumaßnahmen.[623] Die staatliche Registrierung ist ein juristischer Akt und der einzige Beweis für das Vorhandensein entsprechender Rechte, Art. 2 Abs. 1 StRImm RF.[624] Die Eigentumsrechte

---

Vollstreckung nach dem HypG RF erfolgt im Zusammenhang mit der Vollstreckung in verpfändetes Vermögen in § 5 I 2 d, S. 170 ff.

620 Neben dem unbeweglichen kann auch bewegliches Vermögen der Registrierung bei dem Einheitlichen staatlichen Register unterliegen, wie z.B. die Registrierung von Transportmitteln. Da die Registrierung des beweglichen Vermögens aber nur Einzelfälle betrifft und die meisten Registrierungen das unbewegliche Vermögen, insbesondere Immobilien erfassen, wird der Schwerpunkt auch nur auf diese gelegt.

621 Федеральный закон от 21.07.1997 N 122-ФЗ „О государственной регистрации прав на недвижимое имущество и сделок с ним". – Siehe dazu auch *Jarkov*, Kommentar, Art. 66, Punkt 1, S. 319.

622 Zum Aufbau des Registers siehe den Beschluss der Regierung der RF vom 18.02.1998 Nr. 219 „Über die Verabschiedung von Regeln der Führung des Einheitlichen staatlichen Registers für Immobilienrechte und Immobilienrechtsgeschäfte" (Постановление Правительства РФ от 18.02.1998 N 219 „Об утверждении Правил ведения Единого государственного реестра прав на недвижимое имущество и сделок с ним"). – Vergleichbar ist dieses Register in Bezug auf die Immobilien mit dem deutschen Grundbuch. – Siehe einen Überblick zur Erfassung von Immobilien in dem staatlichen Register *Schwarkewitsch*, Hypothek nach russischem Recht und ihre Funktionalität, S. 61 ff.; allgemein zum Register und seinem Inhalt *Arzinger/Galander*, Russisches Wirtschaftsrecht, S. 296 ff.; Siehe auch *Safronova/Gröning*, Staatliche Registrierung der Rechte an unbeweglichem Vermögen in Russland, WiRO 2003, S. 368 ff.

623 Ähnliche Regelung enthält auch Art. 131 ZGB RF. Siehe außerdem Art. 164 ZGB RF, der die Registrierung von Immobilienrechtsgeschäften vorschreibt.

624 Siehe auch *Breig*, Eigentum und andere dingliche Rechte an Grundstücken in Russland, S. 94.

an einer Immobilie entstehen gem. Art. 219 ZGB RF auch erst im Moment einer solchen Registrierung,[625] so dass bis zu der Registrierung eine Vollstreckung und Verwertung der Immobilie nicht möglich ist.[626] Da Immobilien und insbesondere nicht fertig gestellte Bauwerke von den Schuldnern in einem großen Umfang nicht registriert werden, beeinträchtigte die fehlende eindeutige Regelung diesbezüglich die Effektivität der Zwangsvollstreckung,[627] weil der Gerichtsvollzieher mangels eindeutigen Eigentumsverhältnissen auf dieses Vermögen des Schuldners nicht zugreifen konnte. Zwar gab es mehrere Entscheidung der russischen Gerichte zu diesem Problem, wie die des Obersten Arbitragegerichts der RF[628] und des Obersten Gerichtshofs der RF[629]. Die Entscheidungen waren jedoch widersprüchlich, was nicht zu der Klärung der Rechtslage beitrug. So führte das Oberste Arbitragegericht aus, dass auch der Gerichtsvollzieher das Recht hat, die Eigentumsrechte an einem Objekt unvollendeter Baumaßnahmen registrieren zu lassen, weil vorher die Versteigerung im Rahmen der Zwangsvollstreckung nicht möglich ist. Der Oberste Gerichtshof gibt aber an, dass dem Gerichtsvollzieher das Recht, das Eigentum des Schuldners in das staatliche Register eintragen zu lassen, nicht zusteht. Vielmehr muss sich der Gläubiger an das Gericht mit dem Begehren der Zwangsvollstreckung in das unbewegliche Vermögen des Schuldners, das er nicht in das Register einträgt, wenden. Das Ziel wäre die Vollstreckung, die auf die Erfüllung der Gerichtsentscheidung

625 Siehe zur Entstehung des Eigentumsrechts am errichteten Bauobjekt *Hampel*, Das private Bauvertragsrecht im russischen Recht, S. 104 ff.; Zum Eigentumserwerb von Immobilien *Nußberger*, Einführung in das russische Recht, S. 180 f.

626 Vgl. auch *Reschetnikova*, Kommentar, Art. 66, Punkt 2, S. 319. – Es darf nur in das Eigentum des Schuldners vollstreckt werden, vgl. dazu Art. 69 Abs. 4 VVG.

627 *Jarkov*, Kommentar, Art. 66, Punkt 1, S. 319.

628 Siehe dazu Rn. 17 des Informationsbriefes des Obersten Arbitragegerichts der RF vom 16.02.2001 Nr. 59 (Информационное письмо Президиума ВАС РФ от 16.02.2001 N 59 „Обзор практики разрешения споров, связанных с применением Федерального закона „О государственной регистрации прав на недвижимое имущество и сделок с ним“) und Rn. 12 des Informationsbriefes des Obersten Arbitragegerichts der RF vom 22.12.2005 N 101 (Информационное письмо Президиума ВАС РФ от 22.12.2005 N 101 „Обзор практики разрешения арбитражными судами дел, связанных с признанием недействительными публичных торгов, проводимых в рамках исполнительного производства“).

629 Siehe Frage 7 im Überblick über die Gesetzgebung und gerichtliche Praxis des Obersten Gerichtshofs der RF für das dritte Quartal des Jahres 2006 („Обзор законодательства и судебной практики Верховного Суда Российской Федерации за третий квартал 2006 года“) – abrufbar unter www.consultant.ru

gerichtet ist, Art. 105 VVG (Zwangsvollstreckung zur Erwirkung einer Handlung). Mit der Schaffung des Art. 66 VVG[630] hat sich der russische Gesetzgeber den Entscheidungen des Obersten Arbitragererichts der RF angeschlossen und den Gerichtsvollzieher mit Rechten ausgestattet, die ihn neben dem Schuldner berechtigen, Immobilienrechte und Immobilienrechtsgeschäfte in das staatliche Register eintragen zu lassen, um in diese sodann vollstrecken zu können.

Im Rahmen des Art. 66 VVG müssen zwei verschiedene Arten der Registrierung durch den Gerichtsvollzieher unterschieden werden. Art. 66 Abs. 1 VVG beseitigt die oben erläuterte Regelungslücke und ermächtigt den Gerichtsvollzieher die Eintragung eines Rechts zugunsten des Schuldners bei dem staatlichen Register zu veranlassen, um anschließend in das eingetragene Eigentum oder Recht des Schuldners an einer Immobilie vollstrecken zu können. Diese Registrierung stellt eine Zwangsvollstreckungshandlung des Gerichtsvollziehers gem. Art. 64 Abs. 14 VVG dar. Möglich ist die Registrierung der Eigentumsrechte des Schuldners durch den Gerichtsvollzieher aber nur in den Fällen, in denen die Rechte unstreitig auch dem Schuldner zustehen[631] und dieser es bislang bloß unterlassen hat, die Registrierung selbst vorzunehmen. Sind die Rechtsverhältnisse streitig, muss die Rechtslage gerichtlich geklärt werden. Die Vollstreckung kann gem. Art. 66 Abs. 1 VVG in die der Registrierung unterliegenden Rechte,[632] insbesondere das unbewegliche Vermögen, erst dann erfolgen, wenn anderes Vermögen nicht vorhanden ist oder zur Befriedigung des Gläubigers nicht ausreicht.[633]

Der Beschluss des Gerichtsvollziehers über die Durchführung der Registrierung des Eigentumsrechts des Schuldners unterliegt gem. Art. 66 Abs. 3 VVG einer Bestätigung durch den Obergerichtsvollzieher oder seinen Vertreter. Zur Registrierung der Schuldnerrechte in Bezug auf das unbewegliche Vermögen, die Eigentumsrechte oder sonstige Vermögensrechte, muss der Gerichtsvollzieher gem. Art. 66 Abs. 4 VVG neben zwei Exemplaren des erwähnten Beschlusses auch zwei Exemplare der Dokumente, die die Rechte des Schuldners bestätigen, einen Katasterauszug und andere notwendige Papiere für die Registrierung dem

---

630 Eine entsprechende Anpassung erfolgte auch in Art. 551 Abs. 3 ZGB RF und Art. 16 Abs. 1 StRImm RF.

631 *Winnitschenko/Smirnov*, Kommentar, Art. 66, S. 185.

632 Zu den der Registrierung unterliegenden Rechten gehören außer den Eigentumsrechten gem. Art. 4 StRImm RF z.B. das Recht der Wirtschaftsführung und der betrieblichen Steuerung, Dienstbarkeiten, Hypothek, Vermögensverwaltung, Vermietung. - Vgl. auch *Isaenkova*, Kommentar, Art. 66, Punkt 1, S. 198.

633 Siehe dazu auch *Tschaschin*, Kommentar, Art. 66, Zum Abs. 1, S. 249.

Registrierungsorgan vorlegen. Die genannten Dokumente kann der Gerichtsvollzieher dabei von dem Schuldner verlangen, der ihm gem. Art. 69 Abs. 7 VVG zur Vorlage verpflichtet ist.[634]

Nach Art. 66 Abs. 2 VVG kann der Gerichtsvollzieher dagegen die Registrierung der Rechte des Gläubigers an dem unbeweglichen Vermögen durchführen, das bereits zugunsten des Schuldners registriert ist.[635] Von Abs. 2 ist somit die Umregistrierung der Schuldnerrechte auf den Gläubiger erfasst, die zunächst möglich ist, wenn die Forderung der staatlichen Registrierung zugunsten des Gläubigers in einer Gerichtsentscheidung enthalten ist, Art. 66 Abs. 2 Nr. 1 VVG. Das ist der Fall, wenn das Registrierungsorgan sich vorher geweigert hat, die Umregistrierung vorzunehmen. Als Schuldner ist somit in diesem Fall das Registrierungsorgan anzusehen, gegen das sich die Entscheidung richtet, obwohl es um die Umregistrierung der Rechte des Zwangsvollstreckungsschuldners geht.[636] Im Gegensatz zu der Registrierung nach Art. 66 Abs. 1 VVG stellt diese Registrierung aber keine Zwangsvollstreckungshandlung dar, weil sie nicht als solche in Art. 64 VVG aufgeführt ist und bereits die eigentliche Vollstreckung ist.[637] Zu berücksichtigen ist von dem Gerichtsvollzieher bei dieser Art der Registrierung auch das Verfahren nach der Vorschrift des Art. 105 VVG[638], weil die Registrierung zugunsten des Gläubigers dem Grunde nach wie die Zwangsvollstreckung zur Erwirkung einer Handlung zu behandeln ist.

Die Registrierung zugunsten des Gläubigers ist ferner möglich, wenn die Gerichtsentscheidung den Hinweis darauf enthält, dass dem Gläubiger das Vermögen oder die Vermögensrechte gehören, Art. 66 Abs. 2 Nr. 2 VVG. Diese Gerichtsentscheidung stellt somit die Grundlage für die Umregistrierung der Vermögensrechte dar. Grundsätzlich wird der Gläubiger, da es sich bei einer solchen Gerichtsentscheidung um einen Feststellungsurteil handeln wird, selbst darauf angewiesen sein, die Umregistrierung von dem Registrierungsorgan vornehmen zu lassen.[639] Nur im Falle, dass dem Gläubiger ein Vollstreckungsdokument[640] ausgestellt werden würde, könnte er sich an den Gerichtsvollzieher

---

634 Vgl. dazu § 3 II 2 a, S. 61.

635 Dass der Gläubiger Inhaber der Rechte ist, muss somit bereits feststehen.

636 *Jarkov*, Kommentar, Art. 66, Punkt 2, S. 320 f.

637 *Reschetnikova*, Kommentar, Art. 66, Punkt 3, S. 323.

638 Zur Zwangsvollstreckung nach Art. 105 VVG siehe § 5 II 1, S. 214 f.

639 Gem. Art. 16 Abs. 1 StRImm kann sich der Gläubiger als Rechtsinhaber mit den entsprechenden Dokumenten direkt an das Registrierungsorgan wenden.

640 Vollstreckungsdokument ist die grundlegende Voraussetzung für die Einleitung des Vollstreckungsverfahrens, vgl. § 4 I, S. 79.

wenden. Vollstreckungsdokumente aufgrund eines Feststellungsurteils werden jedoch, wie bereits erwähnt, nicht ausgestellt, weil solche Urteile nur das Rechtsverhältnis zwischen den Parteien klären.[641] Unklar bleibt insoweit der Anwendungsbereich dieser Vorschrift. Verweigert nämlich das Registrierungsorgan die Registrierung, wäre nach einem gerichtlichen Verfahren Art. 66 Abs. 2 Nr. 1 VVG einschlägig und somit kein Raum mehr für Abs. 2 Nr. 2. Denkbar wäre hier allein die Anwendung auf den Fall, in dem das Vollstreckungsverfahren aufgrund eines Vollstreckungsdokumentes eingeleitet wird, welches neben der Feststellung der Rechte auch eine Leistungsverpflichtung des Schuldners enthält.

Schließlich ist die Umregistrierung auf den Gläubiger durch den Gerichtsvollzieher auch möglich, wenn der Gläubiger im Rahmen der Zwangsvollstreckung das nicht realisierte Vermögen oder die Vermögensrechte selbst behalten hat.[642]

cc) Arrest des unbeweglichen Vermögens

Der Arrest des unbeweglichen Vermögens richtet sich nach der allgemeinen Vorschrift des Art. 80 VVG[643], so dass sich grundsätzlich die Pfändung des unbeweglichen Vermögens nicht von der Pfändung des beweglichen Vermögens unterscheidet. Eine Besonderheit besteht nur darin, dass die Rechte an dem unbeweglichen Vermögen, insbesondere Immobilienrechte und Immobilienrechtsgeschäfte, einer Registrierungspflicht in dem „Einheitlichen staatlichen Register der Rechte“ unterliegen. Aus diesem Grund muss der Gerichtsvollzieher zur effektiven Vollstreckung in Immobilien eine Kopie des Arrestbeschlusses auch an das Registrierungsorgan schicken,[644] um Rechtsgeschäfte in Bezug auf die registrierten Rechte, wegen des in dem Arrest enthaltenen Verfügungsverbots, zu verhindern. Die Beschlagnahme ist dabei auf die Dokumente, die die entsprechenden Rechte des Schuldners bestätigen, gerichtet.[645]

dd) Schätzung und Sicherung

Die Schätzung des unbeweglichen Vermögens hat gem. Art. 85 Abs. 2 Nr. 1 VVG durch den von dem Gerichtsvollzieher hinzuzuziehenden Sachverständigen zu erfolgen. Dieser führt die Schätzung entsprechend dem Föderalen Gesetz vom

---

641 *Baur/Stürner/Bruns*, Zwangsvollstreckungsrecht, § 2, 2.33; *Brox/Walker*, Zwangsvollstreckungsrecht, Rn. 2. Für das russische Recht Argument aus Art. 13 Abs. 1 Nr. 6 VVG, vgl. § 4 I 1, S. 79.

642 Das kommt in Betracht in den Fällen der Art. 87 Abs. 11-14, 89 Abs. 7 und 92 Abs. 3, 4 VVG. Vgl. auch § 5 I 2 a. ff), S. 144.

643 Siehe zu den Voraussetzungen und dem Inhalt des Arrestes § 5 I 2 a aa), S. 133 ff.

644 Art. 80 Abs. 7 VVG.

645 *Valeev*, „Ispolnitel'noe proizvodstvo“ (Vollstreckungsverfahren), S. 322 f.

29.07.1998 Nr. 135-FZ „Über das Schätzungsverfahren in der Russischen Föderation" aus, wobei er den gewöhnlichen Marktpreis der Immobilie, also den Preis der auf dem offenen Markt erzielt werden kann[646], zu ermitteln hat. Der Sachverständige hat ein Gutachten über die Schätzung des Marktpreises in schriftlicher Form zu erstellen und dem Gerichtsvollzieher zuzuleiten, welcher dann einen Beschluss, in dem der endgültige Marktpreis festgelegt wird, erlässt.[647]

Die Sicherung[648] der Immobilien richtet sich nach Art. 86 Abs. 1 VVG. Danach wird das arrestierte unbewegliche Vermögen dem Schuldner selbst gegen eine Unterschrift in der Vermögensauflistung[649], seinen Familienangehörigen oder einer Person, mit der die territoriale Abteilung des Gerichtsvollzieherdienstes eine entsprechende Vereinbarung hat, anvertraut. Die Dokumente, die die Immobilienrechte des Schuldners bestätigen, können gem. Art. 86 Abs. 2 S. 2 VVG in der Abteilung des Gerichtsvollzieherdienstes aufbewahrt werden, wenn deren Unversehrtheit gewährleistet ist. Im Übrigen gilt auch für die Immobilien Art. 86 Abs. 3 und 4 VVG.[650]

Fraglich ist jedoch, welchen Zweck die Regelung zur Sicherung von Immobilien hat. Immobilien können schon aus der Natur der Sache nicht fortgeschafft werden und der Verkauf oder die anderweitige Übertragung von Rechten wird durch die Auferlegung des Arrestes und die Beschlagnahme der entsprechenden Dokumente verhindert. Der einzige Grund könnte in dem Schutz der Immobilie vor Zerstörung oder Beschädigung[651] liegen und in der aufgrund der durch die Sicherung entstehenden Nutzungsbeschränkung, Art. 86 Abs. 3 VVG.[652]

ee) Verwertung

Die Verwertung des unbeweglichen Vermögens und der Vermögensrechte erfolgt durch eine öffentliche Versteigerung in Form einer Auktion[653], Art. 87

---

646 Art. 3 des Föderalen Gesetzes „Über das Schätzungsverfahren in der Russischen Föderation".

647 *Reschetnikova*, Kommentar, Art. 85, Punkt 2, S. 422. – Siehe außerdem Art. 85 Abs. 4 VVG und nähere Ausführungen dazu in § 5 I 2 a ee), S. 143.

648 Im unterschied zum früheren VVG unterscheidet der Gesetzgeber nunmehr in Art. 86 VVG zwischen der Sicherung des unbeweglichen Vermögens und der Verwahrung des beweglichen Vermögens.

649 Siehe § 5 I 2 a. aa) 4), S. 138.

650 Siehe dazu § 5 I 2 a. dd), S. 140 ff.

651 So auch *Jarkov*, Kommentar, Art. 86, Punkt 1, S. 430 f.

652 Siehe § 5 I 2 a. dd), S. 140 f.

653 An einer offenen Auktion kann jede Person teilnehmen, Art. 448 Abs. 1 ZGB RF. Im Gegensatz dazu können an einer geschlossenen Auktion nur Personen teilnehmen,

Abs. 3 VVG[654]. Durchgeführt wird die Versteigerung durch spezialisierte Organisationen[655], die von dem Gerichtsvollzieher beauftragt werden. Der Anfangspreis darf dabei, wie bereits erwähnt, nicht den Wert unterschreiten, der in dem Schätzungsbeschluss des Gerichtsvollziehers angegeben ist.[656]

1) Vorbereitung der Versteigerung

Die Übergabe des unbeweglichen Vermögens von dem Gerichtsvollzieher an die die Versteigerung durchführende Organisation muss innerhalb einer zehntägigen Frist seit der Schätzung des Vermögens erfolgen. Über diese Übergabe erlässt der Gerichtsvollzieher, wie fast bei jeder seiner Handlungen, einen Beschluss.[657] Bei der Übergabe der Immobilie zur Verwertung muss der Gerichtsvollzieher seinem Beschluss noch folgende Dokumente beilegen: eine Kopie des Arrestauferlegungsaktes auf das Vermögen des Schuldners, rechtsbegründende Dokumente und Dokumente, die die Immobilie beschreiben, außerdem Kopien der Dokumente, die das Recht am Boden beweisen, wenn ein aufstehendes Gebäude verkauft werden soll.[658] Wird ein nicht fertig gestelltes Bauwerk zur

---

die zu dieser speziell eingeladen wurden. Neben der Auktion ist die Versteigerung in Russland auch in Form eines Wettbewerbes (Konkurses oder Ausschreibung) möglich, Art. 447 Abs. 4 ZGB RF. Der Gewinner des Wettbewerbs ist im Gegensatz zu der Auktion nicht der Höchstbietende, sondern derjenige, der nach dem Beschluss einer Kommission, die vorher von dem Organisator des Wettbewerbs ernannt wurde, die besten Bedingungen angeboten hat. Solche Bedingungen beinhalten nicht nur den Preis, sondern z.B. auch ein Investitionsprogramm, Entwicklungskonzept u.a. – vgl. *Schwarkewitsch*, Hypothek nach russischem Recht und ihre Funktionalität, S. 246, Fn. 833.

654 Das Verfahren der Versteigerung im Rahmen der Zwangsvollstreckung war bis zum Inkrafttreten des VVG nicht hinreichend geregelt. Art. 63 Abs. 2 VVG von 1997 enthielt nur den allgemeinen Verweis auf das ZGB RF und möglich war nach VVG von 1997 nur die Versteigerung des unbeweglichen Vermögens. Mit dem Inkrafttreten des VVG wurde die Liste der in Form einer Versteigerung zu realisierenden Vermögens erweitert, ein komplettes Kapitel über die Versteigerung in das VVG eingefügt und die Informationspflicht der spezialisierten Organisation über die Versteigerung erheblich konkretisiert. – *Jurjewna*, „Torgi w ispolnitelnom proisvodstve“ (Versteigerung in der Zwangsvollstreckung), in: *Valeev/Tschelyshev*, Materialsammlungen im Vollstreckungsverfahren, S. 252 ff.

655 Organisiert durch Föderale Vermögensagentur, vgl. § 5 I 2 a. ff), S. 144.

656 Art. 89 Abs. 1 und 2 VVG.

657 Vgl. Art. 87 Abs. 6 und 7 VVG.

658 Art. 89 Abs. 8 VVG – Im Unterschied zum deutschen Recht wird in Russland das Eigentum an Grund und Boden (Grundstück) grundsätzlich isoliert von dem Eigentum

Verwertung übergeben, müssen außerdem eine Kopie der Entscheidung über die Bodenzuteilung und eine Kopie der vom Staatsorgan und/oder dem Organ der örtlichen Selbstverwaltung erteilten Baugenehmigung beigefügt werden.[659]

Die Versteigerung muss innerhalb von zwei Monaten seit dem Erhalt des zu versteigernden Vermögens durch den Organisator durchgeführt werden, Art. 90 Abs. 1 VVG. Das Verfahren der Versteigerung richtet sich gem. Art. 90 Abs. 2 VVG nicht nur nach den Vorschriften des VVG, sondern auch nach den Vorschriften des Zivilgesetzbuches der RF, anderer Föderaler Gesetze[660] und Beschlüssen der Regierung der RF[661]. Die wichtigsten Vorschriften sind dabei die Art. 447 ff. ZGB RF.

Die auf die Versteigerung spezialisierte Organisation muss diese innerhalb von zehn Tagen nach Erhalt des zu versteigernden Vermögens bekannt machen.[662] Die Bekanntmachung darf jedoch nicht weniger als dreißig Tage vor

---

an den mit diesem fest verbundenen Gebäuden betrachtet, vgl. Art. 266, 271 ZGB RF. - *Nußberger*, Einführung in das russische Recht, S. 179. - Im Ergebnis folgt das Recht, wie z.B. die Nutzung, am Grundstück im Falle eines Verkaufs der Immobilie, der Immobilie. Die Rechte der Nutzung des Grundstücks gehen also mit der Immobilie auf den Erwerber über. Ist der Verkäufer auch Eigentümer des Grundstücks, auf dem die Immobilie sich befindet, wird der Käufer auch Eigentümer des Grundstücks, soweit nichts Abweichendes gesetzlich geregelt ist, vgl. Art. 552 ZGB RF und Art. 35 des Bodengesetzbuches der RF vom 21.10.2001 Nr. 136-FZ („Земельный кодекс Российской Федерации" от 25.10.2001 N 136-ФЗ). Der Eigentümer der Immobilie hat im Vergleich zu anderen Personen ein Vorkaufsrecht an dem Grund und Boden, auf dem sich die Immobilie befindet. Durch diese Regelungen soll das Eigentum an Grund und Boden und das Eigentum an den aufstehenden Gebäuden vereinheitlicht werden. – *Wedde*, WiRO 2002, S. 109. Zum Eigentumserwerb von Grund und Boden in Russland siehe auch *Minajewa/Zentner*, WiRO 2007, S. 201 ff.; *Breig*, Eigentum und andere dingliche Rechte an Grundstücken in Russland, S. 97 ff.; *Fleck*, Das Recht auf privates Grundeigentum in Russland, S. 220 ff.

659 Früher gab es eine ähnliche Vorschrift nur für die Verwertung der Immobilien einer juristischen Person (Art. 62 VVG von 1997), nunmehr stellt Art. 89 Abs. 8, 9 VVG eine allgemein zu beachtende Vorschrift für die Verwertung von Immobilien, auch von natürlichen Personen, dar.

660 Dazu zählen insbesondere das Föderale Gesetz vom 16.07.1998 Nr. 102-FZ „Über die Hypothek (Immobilienpfand)" (Федеральный закон от 16.07.1998 N 102-ФЗ „Об ипотеке (залоге недвижимости)") und Gesetz vom 29.05.1992 Nr. 2872-1 „Über den Pfand" (PfandG RF) (Закон РФ от 29.05.1992 N 2872-1 „О залоге").

661 Zurzeit ist der Erlass entsprechender Beschlüsse jedoch nicht bekannt, *Borisov, A. N.*, Kommentar, Art. 90, Punkt 2, S. 360; *Jarkov*, Kommentar, Art. 90, Punkt 2, S. 458.

662 Art. 87 Abs. 1 S. 2 VVG. – Die Bekanntmachung erfolgt über Massenmedien.

dem Versteigerungstermin erfolgen und muss gem. Art. 448 Abs. 2 ZGB RF folgende Angaben enthalten: Zeit, Ort und Form der Versteigerung, deren Gegenstand und Ablauf, Form der Anmeldung für die Teilnahme, Festlegung, wie der Gewinner der Versteigerung ermittelt wird und den Anfangspreis. Die Teilnehmer haben vor der Versteigerung einen Vorschuss in der Höhe, dem Zeitpunkt und in der Form zu leisten, die durch die Bekanntgabe festgelegt wurde, Art. 448 Abs. 4 ZGB RF.

2) Ablauf der Versteigerung und Zuschlag

Die Versteigerung beginnt mit dem von dem Gerichtsvollzieher in dem Schätzungsbeschluss angegebenen Wert als anfänglichem Verkaufspreis. Den Zuschlag erhält derjenige, der das höchste Gebot abgegeben hat, Art. 447 Abs. 4 S. 1 ZGB RF. Der Gewinner der Auktion und die durchführende Organisation unterschreiben an dem Tag der Auktion ein Protokoll über das Ergebnis der Versteigerung, welches die Kraft eines Vertrages[663] hat. Der von dem Gewinner vorher eingebrachte Vorschuss wird auf den von ihm zu zahlenden Preis angerechnet. Die Bieter, die den Zuschlag nicht erhalten haben, erhalten ihren eingebrachten Vorschuss nach der Versteigerung zurück. Dasselbe gilt, falls die Versteigerung nicht durchgeführt wurde.

Weigert sich der Gewinner der Auktion das Protokoll zu unterzeichnen, verliert er seinen eingebrachten Vorschuss. Im Falle der Weigerung durch den Organisator, muss dieser dem Gewinner die doppelte Summe des Vorschusses und die durch die Teilnahme an der Versteigerung entstandenen Aufwendungen, falls sie den Vorschuss übersteigen, erstatten.[664]

Werden die Verfahrensbestimmungen über die Versteigerung verletzt, besteht für die Teilnehmer gem. Art. 93 VVG, Art. 449, 166 ZGB RF die Möglichkeit, innerhalb eines Jahres[665] seit der Kenntniserlangung von den eine Klage begründenden Umständen, eine Nichtigkeitsklage vor Gericht zu erheben. Erklärt das Gericht die Versteigerung für ungültig, erfasst die Ungültigkeit auch den mit dem Gewinner der Auktion geschlossenen Vertrag.

3) Fehlgeschlagene Versteigerung

Die Versteigerung ist fehlgeschlagen und wird gem. Art. 91 VVG von dem Organisator für ausgefallen erklärt, wenn weniger als zwei Personen einen Antrag auf Teilnahme gestellt haben (Nr. 1), die Teilnehmer zur Versteigerung nicht

663 In diesem Fall die Kraft eines Kaufvertrages.

664 Art. 448 Abs. 5 S. 2 u. 3 ZGB RF.

665 Art. 181 Abs. 2 ZGB RF.

erschienen sind oder nur ein Teilnehmer kam (Nr. 2), kein höheres Gebot als der anfängliche Preis geboten wurde (Nr. 3) oder der Gewinner der Auktion nicht innerhalb von fünf Tagen nach der Auktion die komplette Summe bezahlt hat (Nr. 4).

Wird die Versteigerung für ausgefallen erklärt, bestimmt der Organisator eine wiederholte Versteigerung.[666] Die wiederholte Versteigerung wird entsprechend der ersten bekannt gegeben und durchgeführt. Der anfängliche Verkaufspreis wird jedoch durch den Beschluss des Gerichtsvollziehers um fünfzehn Prozent herabgesetzt, falls die wiederholte Versteigerung aus den Gründen des Art. 91 Nr. 1 bis 3 VVG stattfinden muss. Im Falle von Art. 91 Nr. 4 VVG wird der anfängliche Verkaufspreis dagegen beibehalten, Art. 92 Abs. 2 VVG.

Wird auch die wiederholte Versteigerung für ausgefallen erklärt[667], macht der Gerichtsvollzieher dem Gläubiger den Vorschlag, das unbewegliche Vermögen für sich zu behalten. In diesem Fall gelten die Regeln des Art. 87 Abs. 11-14 VVG[668], Art. 92 Abs. 3 VVG.

ff) Zusammenfassung und Vergleich zum deutschen Recht

Die Zwangsvollstreckung in das unbewegliche Vermögen läuft grundsätzlich nach einem ähnlichen Verfahren ab wie auch die Zwangsvollstreckung in das bewegliche Vermögen. Insbesondere im Zusammenhang mit der Pfändung, also dem Arrest von Immobilien, ergeben sich aufgrund der Anwendung des Art. 80 VVG auch auf das unbewegliche Vermögen keine Unterschiede. Mit dem Arrest der Immobilie entsteht für den Schuldner ein Verfügungsverbot, so dass er die Immobilie, wie auch die beweglichen Sachen, nicht mehr verkaufen, verschenken, vermieten oder mit einem Pachtrecht belasten kann.[669] Eine Besonderheit stellt im russischen Recht jedoch die Möglichkeit des Gerichtsvollziehers dar, das unbewegliche Vermögen oder die Vermögensrechte bei einem staatlichen Registrierungsorgan registrieren zu lassen. Ohne eine Registrierung von Immobilienrechten oder Immobilienrechtsgeschäften ist eine Zwangsvollstreckung in diese sonst nicht möglich, weil das Recht erst mit einer Registrierung bei dem

---

666 Die Bestimmung darf nicht früher als zehn und nicht später als einen Monat nach der Erklärung der Versteigerung für ausgefallen erfolgen, Art. 92 Abs. 1 VVG.

667 Hier gelten dieselben Gründe wie bei der ersten Versteigerung, Art. 91 VVG.

668 Siehe dazu Ausführungen unter § 5 I 2 a. ff), S. 144.

669 Im russischen Recht bewirkt der Arrest im Gegensatz zum deutschen Recht, wo die Beschlagnahme des Grundstücks (§ 20 Abs. 1 ZVG), mit der der russische Arrest verglichen werden kann, nur ein relatives Veräußerungsverbot auslöst, *Brox/Walker*, Zwangsvollstreckungsrecht, Rn. 860, ein absolutes Verfügungsverbot.

Einheitlichen staatlichen Register entsteht. Unterlässt es der Schuldner das ihm zustehende und der Registrierung unterliegende Recht zu registrieren, kann der Gerichtsvollzieher die Registrierung in die Wege leiten, um anschließend in das registrierte Recht vollstrecken zu können. Daneben steht dem Gerichtsvollzieher in bestimmten Fällen[670] auch das Recht zu, eine Umregistrierung von dem Schuldner auf den Gläubiger vornehmen zu lassen.

Anders als das deutsche Recht, das insgesamt drei Arten der Vollstreckung in das unbewegliche Vermögen vorsieht: die Sicherungshypothek, die Zwangsversteigerung und die Zwangsverwaltung (§ 866 ZPO)[671], kennt das russische Recht wie oben dargestellt nur den Arrest als Vollstreckungsmaßnahme mit anschließender Zwangsversteigerung. Die Ausgestaltung der Zwangsvollstreckung in die Immobilien ist in Russland eher schuldnerfreundlich. Zum einen darf in die Immobilien aufgrund der im russischen Recht geltenden Reihenfolge des Vollstreckungszugriffs erst vollstreckt werden, wenn anderes Vermögen nicht ausreicht oder nicht vorhanden ist, die Zwangsvollstreckung in Immobilien in Russland also nur als letztes Mittel möglich ist. Zum anderen gehören Wohnräume und Grundstücke, auf denen sich der Wohnraum befindet und die für den Schuldner und seine Familienangehörige den einzigen Wohnraum zur ständigen Nutzung darstellen, zu dem unpfändbaren Vermögen nach Art. 446 ZPO RF und sind damit für die Vollstreckung unzugänglich.

Für die Schätzung des Marktpreises der Immobilie ist ein Sachverständiger zuständig, der von dem Gerichtsvollzieher beauftragt werden muss. Die Immobilien gehören zu den ausdrücklich aufgeführten Vermögensarten, deren Preis nicht durch den Gerichtsvollzieher selbst geschätzt werden darf. Der Gerichtsvollzieher hat jedoch aufgrund des Sachverständigengutachtens einen Schätzungsbeschluss zu erlassen, in welchem der endgültige Marktpreis bestimmt wird und dieser den anfänglichen Verkaufspreis darstellt.

Um die Immobilie vor Beschädigung oder Zerstörung bis zu der Verwertung zu schützen, ist im VVG die Sicherung des arrestierten unbeweglichen Vermögens vorgesehen. Zur Sicherung wird die Immobilie dem Schuldner selbst, seinen Familienangehörigen oder einer Person, mit der der Gerichtsvollzieher eine entsprechende Vereinbarung hat, gegen eine Unterschrift in der Vermögensauflistung anvertraut.

---

670 Siehe zu den einzelnen Fällen § 5 I 2 c. bb), S. 158 ff.

671 Siehe zu den drei Vollstreckungsarten des deutschen Rechts *Brox/Walker*, Zwangsvollstreckungsrecht, Rn. 851 ff.; *Stöber*, Zwangsvollstreckung in das unbewegliche Vermögen, Rn. 9; *Zempel* in *Prütting/Gehrlein*, ZPO Kommentar, § 866 Rn. 2 ff.

Die Verwertung des unbeweglichen Vermögens erfolgt durch eine öffentliche Versteigerung in Form einer Auktion, wobei die Versteigerung anders als im deutschen Recht nicht bei einem Vollstreckungsgericht durch einen Rechtspfleger[672], sondern von einer auf die Versteigerung spezialisierten und von dem Gerichtsvollzieher beauftragten Organisation durchgeführt wird. Ähnlich aber wie im deutschen Recht besteht das Versteigerungsverfahren aus drei Abschnitten: der Bekanntmachung der Versteigerung, der eigentlichen Versteigerung und dem Zuschlag, den derjenige erhält, der das höchste Gebot abgegeben hat. Der Gewinner der Auktion erwirbt das Eigentum an der ersteigerten Immobilie anders als in Deutschland nicht kraft Hoheitsaktes[673], sondern er unterschreibt zusammen mit der die Versteigerung durchführenden Organisation ein Protokoll, das einem Kaufvertrag entspricht. Endgültiges Eigentum erwirbt er jedoch erst, wenn er die gesamte Summe bezahlt hat, weil die Versteigerung ansonsten für ausgefallen erklärt wird, und die Immobilie in das Einheitliche staatliche Register eingetragen wird. Nach einer fehlgeschlagenen Versteigerung wird eine wiederholte Versteigerung mit meist einem niedrigeren anfänglichem Verkaufspreis durchgeführt. Nach einem erneuten Fehlschlag besteht für den Gläubiger die in dem VVG grundsätzlich gängige Möglichkeit, die Immobilie für sich zu behalten.

Insgesamt lässt sich somit festhalten, dass sich die Zwangsvollstreckung in das unbewegliche Vermögen nach russischem und deutschem Recht deutlich unterscheidet. Angefangen bei den besonderen Befugnissen des russischen Gerichtsvollziehers bei der Zwangsvollstreckung in Immobilien, wie das Registrierungsrecht, der gesetzlich geregelten Übergabe des arrestierten unbeweglichen Vermögens an eine auf die Versteigerung spezialisierte Organisation, bis hin zu der eigentlichen Versteigerung, die die einzige Vollstreckungsart von Immobilien in Russland darstellt. Unter Berücksichtigung der Tatsache, dass die Zwangsvollstreckung in Immobilien in Russland erst möglich ist, wenn anderes Vermögen des Schuldners nicht vorhanden ist oder zur Befriedigung des Gläubigers nicht ausreicht, stellt die russische Regelung zur Zwangsvollstreckung in das unbewegliche Vermögen eine solide Gesetzesgrundlage dar. Insbesondere

---

672 Die Zwangsversteigerung eines Grundstücks wird gem. § 15 ZVG von dem Vollstreckungsgericht auf Antrag angeordnet. Funktionell zuständig für die Versteigerung ist der Rechtspfleger, § 3 Nr. 1. i) RPflG.

673 Das Eigentum am Grundstück erwirbt der Ersteher gem. § 90 Abs. 1 ZVG durch Zuschlag als staatlichen Hoheitsakt. BGH, Urteil vom 15.05.1986, Rpfleger 1986, 396; BGH, Urteil vom 04.07.1990 mit Anmerkung von Schwerdtner, JZ 1991, 309; *Brox/Walker*, Zwangsvollstreckungsrecht, Rn. 927.

die neuen Regelungen zur Registrierung des Vermögens bei dem Einheitlichen staatlichen Register durch den Gerichtsvollzieher schließen schon seit langem vorhandene Regelungslücken. Dasselbe gilt auch für die detaillierten Normen zur Verwertung von Immobilien, so dass die neuen Normen im VVG trotz einiger Ungereimtheiten zu begrüßen sind, weil sie eine effektivere Vollstreckung, vor allem in noch nicht registrierte Vermögensrechte des Schuldners, erwarten lassen.

d. Vollstreckung in verpfändetes Vermögen

Das Pfand[674] stellt eines der am meisten verbreiteten und zuverlässigsten Sicherungsmittel für eine Forderung dar. Ist eine Sache, in die vollstreckt werden soll, mit einem Pfand belastet, stellt sich die Frage, wie die Vollstreckung in diesem Fall zu erfolgen hat.

Bevor jedoch auf die eigentliche Vollstreckung in verpfändetes Vermögen eingegangen wird, ist darauf hinzuweisen, dass diese zuletzt durch das Föderale Gesetz vom 30.12.2008 Nr. 306-FZ „Über die Eintragung der Änderungen in einige Gesetzesakte der Russischen Föderation im Zusammenhang mit der Optimierung des Verfahrens der Vollstreckung in verpfändetes Vermögen“[675] erheblich geändert wurde.[676] Dieses Gesetz, das am 11.01.2009 in Kraft trat, änderte nicht nur einige Normen des VVG[677], sondern auch weitere wichtige Gesetze, wie das Zivilgesetzbuch, die Gesetze „Über das Pfand“, „Über die Hypothek“, „Über die Insolvenz (Bankrott)“ und „Über die staatliche Registrierung von Immobilienrechten und Immobilienrechtsgeschäften“. Die Notwendigkeit der Änderungen wurde durch eine unterschiedliche Auslegung der bis zur Änderung geltenden Rechtsvorschriften hervorgerufen, die zu Schwierigkeiten in der Rechtsanwendung führten. Ziel des Gesetzgebers war die Optimierung des Vollstreckungsverfahrens in verpfändetes Vermögen und die Stärkung der Rechte von Pfandgläubigern.

---

674 Das Pfandrecht umfasst nach russischem Verständnis nicht nur das unbewegliche Vermögen, sondern genauso das bewegliche Vermögen.

675 Федеральный закон от 30.12.2008 N 306-ФЗ „О внесении изменений в некоторые законодательные акты Российской Федерации в связи с совершенствованием порядка обращения взыскания на заложенное имущество“.

676 Siehe einen Überblick zu den wichtigsten Änderungen in *Lassen*, WiRO 2009, S. 321 ff.

677 Geändert wurde insbesondere grundlegend Art. 78 VVG, der die Besonderheiten der Vollstreckung in verpfändetes Vermögen regelt.

aa) Allgemeine Voraussetzung für die Vollstreckung in das verpfändete Vermögen

Allgemeine Voraussetzung für die Vollstreckung in das verpfändete Vermögen ist die Fälligkeit der gesicherten Forderung. Im Falle der Hypothek wäre das der Fall, wenn die durch die Hypothek gesicherte Forderung nicht oder nicht ordnungsgemäß erfüllt wird, insbesondere durch die nicht- oder nichtrechtzeitige Zahlung der geschuldeten Summe, Art. 50 Abs. 1 i.V.m. Art. 3 HypG RF. Die Zwangsvollstreckung ist aber trotz des Vorliegens dieser Voraussetzung nicht möglich, wenn die Nichterfüllung der gesicherten Forderung äußerst unerheblich ist und die Höhe der Forderung des Pfandgläubigers außer Verhältnis zum Wert des verpfändeten Vermögens steht,[678] Art. 348 Abs. 2 ZGB RF und Art. 54.1 Abs. 1 HypG RF. Fehlten früher genaue Kriterien zur Definition der „Unerheblichkeit" und „Unverhältnismäßigkeit", werden diese Begriffe nunmehr genau von den Vorschriften des ZGB RF und HypG RF definiert und somit die frühere Unbestimmtheit beseitigt. Die genannten Merkmale liegen danach vor, wenn der Zahlungsverzug weniger als drei Monate und das Volumen der nicht erfüllten Verbindlichkeit weniger als fünf Prozent des Wertes des Pfandgegenstandes beträgt. Die Zwangsvollstreckung bleibt jedoch möglich, falls die Zahlungstermine innerhalb von zwölf Monaten dreimal nicht eingehalten wurden, auch wenn jede einzelne Verletzung für sich unbedeutend wäre.[679]

bb) Besonderheiten bei der Vollstreckung in das verpfändete Vermögen

Das VVG regelt in Art. 78 die Besonderheiten der Vollstreckung in das verpfändete Vermögen. Gem. Art. 78 Abs. 1 VVG können Grundlagen der Vollstreckung in verpfändetes Vermögen nur folgende Vollstreckungsdokumente sein: ein Gerichtsakt, Vollstreckungsblätter[680] und eine Vollstreckbarkeitserklärung eines Notars[681]. Da die Vollstreckungsblätter auf der Grundlage eines Gerichtsaktes ausgegeben werden und der Gerichtsakt selbst eigentlich nicht zu den Vollstreckungsdokumenten nach Art. 12 Abs. 1 VVG gehört, ist fraglich, wie die Terminologie des Abs. 1 zu verstehen ist. Zum einen kann mit dem Gerichtsakt die Entscheidung selbst, so z.B. das Urteil, gemeint sein, die

---

678 *Lassen*, WiRO 2009, S. 321.

679 Diese Regelung war vorher nur im HypG RF (Art. 50 Abs. 2 a.F.) vorhanden. Mit der Übernahme der Regelung in das ZGB RF findet sie jetzt auf alle Pfandverträge Anwendung. – *Lassen*, WiRO 2009, S. 321.

680 Siehe § 4 I 3 a, S. 81 ff.

681 Siehe § 4 I 3 h, S. 92 ff. Die Vollstreckbarerklärung eines Notars gehört zu den wichtigen Änderungen, die durch das Gesetz vom 30.12.2008 neu eingeführt wurden.

ausnahmsweise Grundlage für die Vollstreckung in das verpfändete Vermögen sein soll.[682] Zum anderen wird vorgebracht, dass damit der Gerichtsbefehl i.S.d. Art. 12 Abs. 1 Nr. 2 VVG[683] gemeint ist.[684] Der eindeutige Wortlaut des Art. 78 Abs. 1 VVG spricht jedoch dagegen, unter dem Gerichtsakt nur einen Gerichtsbefehl anzunehmen. Hätte der Gesetzgeber mit der Bezeichnung des Gerichtsaktes nur einen Gerichtsbefehl gemeint, ist nicht ersichtlich, warum er diesen nicht genauso auch bezeichnet hat, da der Begriff aus der Liste der Vollstreckungsdokumente eindeutig bekannt ist. Vielmehr ist die Vorschrift so auszulegen, dass ausnahmsweise ein Gerichtsakt selbst, egal in welcher Form[685], bereits als Vollstreckungsdokument ausreicht. Einer Ausfertigung bedarf es hier insoweit nicht.

Liegen die genannten Vollstreckungsdokumente als Voraussetzung für die Vollstreckung in das verpfändete Vermögen vor, ist danach zu unterscheiden, ob der Pfandgläubiger oder ein ungesicherter Gläubiger in den verpfändeten Vermögensgegenstand vollstreckt. Im Falle der Vollstreckung durch den Pfandgläubiger ist eine Reihe von speziellen Vorschriften zu beachten.

cc) Vollstreckung durch den Pfandgläubiger[686]

Art. 78 Abs. 1.1. bis Abs. 4 VVG stellt zunächst die zu beachtenden Besonderheiten und Grundregeln der Vollstreckung in das verpfändete Vermögen durch den Pfandgläubiger auf. In Art. 78 Abs. 1.1. VVG wird zur Verdeutlichung und als Umsetzung der vorgenommenen Änderungen in der Vollstreckung in verpfändetes Vermögen, die Vollstreckbarkeitserklärung eines Notars als Voraussetzungen der Zwangsvollstreckung in das verpfändete Vermögen durch den Gerichtsvollzieher genannt. Der Pfandgläubiger kann somit, wenn er im Besitz einer Vollstreckbarkeitserklärung des Notars ist,[687] ohne ein vorheriges gerichtliches Verfahren einen Gerichtsvollzieher direkt mit der Vollstreckung in den

682 So auch *Winnitschenko/Smirnov*, Kommentar, Art. 78, Internetversion abrufbar unter: http://kommentarii.org/isp_proizvod/page89.html

683 Siehe § 4 I 3 b, S. 88 f.

684 So *Jarkov*, Kommentar, Art. 78, Punkt 1, S. 387.

685 Erfasst davon sind auch die Gerichtsbefehle.

686 Die im Folgenden Dargestellten allgemeinen Voraussetzungen gelten genauso für den Hypothekengläubiger.

687 Einer Vollstreckbarkeitserklärung, die sich auf einem Pfandvertrag, der eine Bestimmung über die außergerichtliche Vollstreckung enthält, befindet, oder auf der von den Parteien zusätzlich zum Pfandvertrag abgeschlossenen Vereinbarung über die außergerichtliche Vollstreckung. – vgl. § 4 I 3 h, S. 92 ff.

Pfandgegenstand[688] beauftragen.[689] Damit ermöglicht das russische Recht dem Pfandgläubiger zwei Möglichkeiten in die Pfandsache zu vollstrecken: im Wege des gerichtlichen oder außergerichtlichen Zwangsvollstreckungsverfahrens. Reicht der Pfandgläubiger bei dem Gerichtsvollzieher eine Vollstreckbarkeitserklärung des Notars ein, beschlagnahmt oder arrestiert[690] der Gerichtsvollzieher den Pfandgegenstand bei dem Pfandschuldner und übergibt den Pfandgegenstand oder die Dokumente dem Pfandgläubiger zur weiteren Verwertung nach den Vorschriften des ZGB RF, dem HypG RF und dem PfandG RF. Aufgrund einer Vollstreckbarkeitserklärung des Notars erfolgt somit lediglich die Beschlagnahme oder die Auferlegung des Arrestes auf den Pfandgegenstand. Die Verwertung muss sodann durch den Pfandgläubiger selbst vorgenommen werden. Die Durchführung der Beschlagnahme und des Arrestes in den Pfandgegenstand durch den Gerichtsvollzieher erfolgt dabei nach den allgemeinen Regeln über den Arrest und die Beschlagnahme.[691] Liegt ein Antrag des Pfandgläubigers vor, so nimmt der Gerichtsvollzieher auch die Verwertung des Pfandgegenstandes nach den Regeln des VVG vor, Art. 78 Abs. 1.2 VVG. Das gilt jedoch aufgrund der Regelung in einem anderen Absatz nur für Vollstreckungen, die nicht aufgrund einer Vollstreckbarkeitserklärung des Notars vorgenommen werden.

Die Möglichkeit eines außergerichtlichen Verfahrens bei Vorliegen einer entsprechenden Vereinbarung der Parteien stellt eine wesentliche Vereinfachung der Vollstreckung für den Pfandgläubiger dar, da ein kostenintensiveres gerichtliches Verfahren grundsätzlich nicht mehr notwendig ist. Zu beachten ist aber, dass in bestimmten Fällen, aufgezählt in Art. 349 Abs. 3 ZGB RF und Art. 55 Abs. 5 HypG RF, eine Vollstreckung in Pfandgegenstände nur aufgrund einer Gerichtsentscheidung möglich ist. So z.B. wenn das Pfandobjekt eine Wohnung ist, die im Eigentum einer natürlichen Person steht; der Pfandgegenstand einen erheblichen historischen, künstlerischen oder kulturellen Wert für die

688 Bewegliche Pfandgegenstände oder unbewegliches Vermögen, welches mit einer Hypothek belastet ist.

689 *Tischendorf*, Russland: Überblick über die gesetzlichen Änderungen im Hinblick auf die Vollstreckung in Verpfändetes Vermögen, August 2009, S. 3, Newsletter von der Rechtsanwaltsgesellschaft Beiten Burkhardt.

690 Beschlagnahmt werden die beweglichen Pfandgegenstände, arrestiert dagegen das unbewegliche Vermögen, welches verpfändet wurde, vgl. Art. 78 Abs. 1.1 VVG.

691 Siehe zur Zwangsvollstreckung in das bewegliche Vermögen § 5 I 2 a, S. 133 ff. und zur Vollstreckung in Immobilien § 5 I 2 c, S. 157 ff.

Allgemeinheit hat; der Aufenthaltsort des Pfandschuldners nicht feststellbar ist; sowie in weiteren durch die Gesetze vorgesehenen Fällen.[692]

Eine deutliche Verbesserung der Stellung von Pfandgläubigern wurde durch die Grundregel erreicht, dass die Pfandgläubiger in erster Linie in den Pfandgegenstand vollstrecken können, unabhängig davon, ob noch weiteres Vermögen bei dem Schuldner vorhanden ist, Art. 78 Abs. 2 VVG. Insofern stellt diese Regelung eine Ausnahme zu der grundsätzlich im VVG geltenden Reihenfolge des Vollstreckungszugriffs dar. Auch bei der Erlösverteilung werden die Pfandgläubiger gem. Art. 78 Abs. 4 VVG bevorzugt behandelt, weil deren Forderungen direkt nach der Begleichung der Kosten der Zwangsvollstreckung und Versteigerung befriedigt werden.[693] Art. 111 VVG, der die Rangfolge der Befriedigung von Forderungen mehrerer Gläubiger regelt,[694] muss in diesem Fall nicht beachtet werden.

Eine erhebliche Änderung und Erweiterung haben die Vorschriften über die Verwertung des verpfändeten Vermögens erfahren. Insbesondere wurden den Pfandgläubigern durch die neuen Gesetze einige neue Möglichkeiten zur Verwertung des verpfändeten Vermögens eingeräumt. Die Verwertung dieses Vermögens richtet sich gem. Art. 78 Abs. 3 VVG nicht nur nach den Vorschriften des VVG, sondern insbesondere nach den Normen des HypG RF und PfandG RF, die jeweils im Vergleich zum VVG spezielle Regelungen enthalten. Welches Gesetz Anwendung findet, bestimmt sich danach, ob es sich bei dem verpfändeten Vermögen um bewegliche oder unbewegliche Sachen handelt.[695] Weiterhin ist danach zu differenzieren, ob die Verwertung im außergerichtlichen oder gerichtlichen Wege erfolgt.

1) Verwertung von beweglichen Pfandgegenständen

Konnte früher der bewegliche Pfandgegenstand grundsätzlich nur durch eine Versteigerung verwertet werden,[696] ist nunmehr unter bestimmten Bedingungen auch eine Verwertung ohne Durchführung einer Versteigerung möglich.

---

692 Siehe eine weitergehende Aufzählung in *Tischendorf*, Russland: Überblick über die gesetzlichen Änderungen im Hinblick auf die Vollstreckung in Verpfändetes Vermögen, August 2009, S. 3, Newsletter von der Rechtsanwaltsgesellschaft Beiten Burkhardt.

693 Siehe zur Erlösverteilung auch Art. 61 HypG RF.

694 Vgl. § 3 II 5, S. 70 ff.

695 Die Verwertung des verpfändeten unbeweglichen Vermögens richtet sich nach dem HypG RF und die Verwertung des verpfändeten beweglichen Vermögens nach dem PfandG, Art. 350 Abs. 1 ZGB RF.

696 Siehe zur früheren Verwertungsmöglichkeit der beweglichen Pfandgegenstände *Kenk*, Die Zwangsvollstreckung in der Russischen Föderation, S. 160 f.

Zunächst ist festzuhalten, dass die Verwertung des Pfandgegenstandes in der gerichtlichen Vollstreckung immer noch durch eine öffentliche Versteigerung erfolgt, Art. 28.1 Abs. 1 PfandG RF. Das Verfahren der Versteigerung richtet sich dabei nach den Normen des VVG,[697] wobei jedoch zu beachten ist, dass der anfängliche Verkaufspreis durch das Gericht festgelegt wird, Art. 28.2 Abs. 1 PfandG RF.[698] Insofern unterscheidet sich die Verwertung des verpfändeten beweglichen Vermögens im gerichtlichen Verfahren von der Verwertung des nicht verpfändeten beweglichen Vermögens, weil Letzteres nicht durch eine öffentliche Versteigerung, sondern durch einen Kommissionsverkauf[699] verwertet wird.

Für die Verwertung des Pfandgegenstandes in der außergerichtlichen Vollstreckung und somit aufgrund einer Vollstreckbarkeitserklärung des Notars[700] stehen dem Pfandgläubiger mehrere Möglichkeiten zur Verfügung. So kann die Verwertung nach den Art. 447, 448 ZGB RF, aufgrund eines Kommissionsvertrages oder dem PfandG RF und der Vereinbarung der Parteien über die außergerichtliche Vollstreckung erfolgen, Art. 28.1 Abs. 2 PfandG.

Auch bei der außergerichtlichen Vollstreckung ist die Verwertung durch Versteigerung gem. Art. 447, 448 ZGB RF möglich, falls dies von den Parteien vereinbart wurde. Zu beachten sind jedoch einige Besonderheiten, die sich aus dem PfandG RF ergeben. So sind der Pfandgeber und der Schuldner von dem Pfandgläubiger mindestens zehn Tage vor der Versteigerung zu informieren, Art. 28.2 Abs. 4 PfandG RF. Der anfängliche Verkaufspreis richtet sich nach dem in dem Pfandvertrag bzw. der Vereinbarung über die außergerichtliche Vollstreckung festgelegten Anfangspreis oder das darin vorgesehe Verfahren seiner Ermittlung, Art. 28.2 Abs. 12 PfandG RF. Besonders geregelt sind in Art. 28.2 Abs. 13 ff. PfandG außerdem das Verfahren der Schätzung, in Art. 28.5 PfandG RF die Verteilung und in Art. 28.3 PfandG RF die fehlgeschlagene Versteigerung mit ihren Folgen, die sich jedoch nicht wesentlich von dem Verfahren nach den Normen des ZGB RF und VVG unterscheiden.[701]

Anstatt der Verwertung durch Versteigerung kann in der Vereinbarung über die außergerichtliche Vollstreckung der Verkauf des Pfandgegenstandes aufgrund eines Kommissionsvertrages vereinbart werden. In diesem Fall handelt

---

697 Siehe zu der öffentlichen Versteigerung § 5 I. 2. c. ee), S. 163 ff. – Vgl. Art. 78 Abs. 2 VVG.

698 durch den Organisator der Versteigerung erfolgen.

699 Siehe § 5 I 2 a. ff), S. 144 ff.

700 Hier richtet sich die Vollstreckung gem. Art. 78 Abs. 11, 2) VVG nach den Normen des PfandG RF.

701 Siehe dazu eine ausführlichere Darstellung bei *Lassen*, WiRO 2009, S. 324.

der Pfandgläubiger als Kommittent, Art. 28.4 Abs. 1 PfandG RF. Der Kommissionär kann bereits in der Vereinbarung bestimmt werden. Ist das nicht geschehen, wird er von dem Pfandgläubiger selbständig bestimmt. Art. 28.4 Abs. 1 PfandG RF weist außerdem ausdrücklich darauf hin, dass bei einem Kommissionsvertrag zur Zwangsverwertung verpfändeter Gegenstände, die Gegenstände, die der Kommissionär vom Kommittenten erhält, kein Eigentum des Kommittenten sind. Gem. Art. 28.4 Abs. 2 PfandG RF ist als Kommissionspreis der von dem Gutachter ermittelte Marktpreis anzusetzen.

Neben den dargestellten Möglichkeiten kann die Verwertung der Pfandgegenstände außerdem durch den Verkauf des Pfandgegenstandes durch den Pfandgläubiger an eine dritte Person oder durch die Übertragung des Pfandgegenstandes in das Eigentum des Pfandgläubigers selbst erfolgen. Voraussetzung dieser Verwertungsarten ist jedoch eine entsprechende Abrede in der Vereinbarung über die außergerichtliche Vollstreckung, die zwischen juristischen Personen oder Individualunternehmern geschlossen sein muss und es sich um zu sichernde Forderungen aus dem Geschäftsbetrieb handelt, Art. 28.1 Abs. 3 PfandG RF. Die Veräußerung oder die Übertragung hat dabei gem. Art. 28.1 Abs. 5 PfandG RF zu dem Marktpreis des Pfandgegenstandes zu erfolgen.

2) Verwertung von unbeweglichem verpfändeten Vermögen

Bei der Verwertung von Immobilien ist wiederum danach zu differenzieren, ob diese im gerichtlichen oder außergerichtlichen Verfahren statt findet. Bei einer Vollstreckung aufgrund einer Gerichtsentscheidung erfolgt die Verwertung von hypothekarisch belasteten Immobilien[702], wie es bereits auch schon früher der Fall war, durch eine öffentliche Versteigerung, Art. 56 Abs. 1 HypG RF. Die Durchführung der öffentlichen Versteigerung richtet sich insbesondere nach Art. 57, 58 HypG RF und ergänzend nach den Vorschriften des ZGB RF und VVG.

Die Durchführung der Versteigerung von hypothekarisch belasteten Immobilien, die in Art. 57 HypG RF ausführlich geregelt ist, entspricht im Wesentlichen der bereits dargestellten Versteigerung von nicht hypothekarisch belasteten Immobilien. An dieser Stelle sind somit nur die einzelnen Besonderheiten nach dem HypG RF hervorzuheben.

---

702 Das gilt genauso für hypothekarisch belastete Grundstücke (also Grund und Boden, der nach russischem Recht grundsätzlich von den aufstehenden Gebäuden getrennt zu betrachten ist).

Den Anfangspreis der zu versteigernden verpfändeten Immobilie bestimmt auch hier nicht der Gerichtsvollzieher mit Hilfe eines Sachverständigen, sondern das Gericht. Durchgeführt wird die Versteigerung von spezialisierten Organisationen an dem Ort, wo sich die Immobilie befindet. Der Organisator der öffentlichen Versteigerung hat diese nicht später als zehn und nicht früher als dreißig Tage vor der Versteigerung bekannt zu geben, Art. 57 Abs. 3 HypG RF. Damit ist die mögliche Bekanntmachungsfrist kürzer als nach Art. 448 Abs. 2 ZGB RF.[703] Anders als in Art. 448 Abs. 4 ZGB RF, der keine Begrenzung vorsieht, darf die Höhe des Vorschusses, den die Teilnehmer der Versteigerung einzubringen haben, gem. Art. 57 Abs. 4 HypG RF höchstens fünf Prozent des Anfangspreises der zu versteigenden hypothekarisch belasteten Immobilie betragen. Im Falle der Erklärung der Versteigerung aus Gründen des Art. 58 Abs. 1 HypG RF[704] für fehlgeschlagen, hat der Pfandnehmer mit Einverständnis des Pfandgebers die Möglichkeit, innerhalb von zehn Tagen nach dem Fehlschlag der Versteigerung, den Pfandgegenstand zu dem anfänglichen Verkaufspreis unter Anrechnung seiner Forderung zu übernehmen, Art. 58 Abs. 2 HypG RF.[705] Anzuwenden sind in diesem Fall die Regelungen über den Kaufvertrag.[706] Kommt eine Vereinbarung nicht zustande, findet eine wiederholte Versteigerung innerhalb eines Monats statt. Der anfängliche Verkaufspreis wird auch hier um fünfzehn Prozent herabgesetzt.[707] Wird auch die zweite Versteigerung für ausgefallen erklärt, besteht für den Hypothekengläubiger die Möglichkeit, das Objekt um fünfundzwanzig Prozent günstiger gegenüber dem anfänglichen Verkaufspreis der ersten Versteigerung unter Anrechnung seiner Forderungen zu übernehmen, Art. 58 Abs. 4 HypG RF. Ausgenommen davon sind jedoch Grundstücke i.S.d. Art. 62.1 Abs. 1 HypG RF.[708] Nimmt der Pfandgläubiger diese Möglichkeit

---

703 Die Bekanntmachung nach Art. 448 Abs. 2 ZGB RF darf nicht weniger als dreißig Tage vor dem Versteigerungstermin erfolgen.

704 Zur Versteigerung sind weniger als zwei Personen erschienen (Nr. 1); es wurde kein höheres Gebot als der anfängliche Verkaufspreis geboten (Nr. 2); der Gewinner der öffentlichen Versteigerung hat nicht innerhalb der gesetzten Frist den Kaufpreis bezahlt (Nr. 3).

705 Siehe dazu auch *Schwarkewitsch*, Hypothek nach russischem Recht und ihre Funktionalität, S. 243 f.

706 Art. 58 Abs. 2 HypG RF i.V.m. Art. 454 ff. ZGB RF.

707 Art. 58 Abs. 3 HypG RF – Falls die Versteigerung aus Gründen des Art. 58 Abs. 1 Nr. 1 und Nr. 2 HypG RF für fehlgeschlagen erklärt wurde.

708 Grundstücke, die im kommunalen Eigentum stehen und Grundstücke, an denen unbegrenztes staatliches Eigentum besteht und die zum Wohnungsbau oder zur komplexen Erschließung für den Wohnungsbau bestimmt sind und zur Besicherung

innerhalb eines Monats nicht wahr, erlischt die Hypothek, Art. 58 Abs. 5 HypG RF. Die Hypothek erlischt ebenfalls, wenn der Pfandgläubiger das Objekt für sich behalten hat.[709]

Gem. Art. 56 Abs. 2 HypG RF besteht für das Gericht die Möglichkeit, bei der Entscheidungsfällung zu bestimmen, dass die Verwertung des verpfändeten Vermögens nach dem in Art. 59 HypG RF geregelten Verfahren erfolgen soll. Es kann mithin eine andere Verwertungsart wählen, als die im gerichtlichen Verfahren grundsätzlich durchgeführte öffentliche Versteigerung nach Art. 57 HypG RF. Voraussetzung dafür ist jedoch ein Einverständnis des Pfandgebers und des Pfandnehmers und das Fehlen von Versagungsgründen des Art. 55 Abs. 5 HypG RF.[710]

Die Verwertung des verpfändeten Vermögens im außergerichtlichen Verfahren erfolgt gem. Art. 55 Abs. 2 HypG RF grundsätzlich ebenfalls nach der Vorschrift des Art. 56 HypG RF im Wege der öffentlichen Versteigerung.[711] Besteht jedoch eine entsprechende Vereinbarung der Parteien, richtet sich die Verwertung des verpfändeten Vermögens im außergerichtlichen Verfahren, wie im Fall der Anordnung des Gerichts gem. Art. 56 Abs. 2 HypG RF, nach Art. 59 HypG RF. Die Verwertung erfolgt dabei grundsätzlich durch eine öffentliche[712] Auktion, die von einer spezialisierten Organisation[713] durchgeführt wird. Bei der Auktion handelt es sich nach ZGB RF lediglich um eine Art der öffentlichen Versteigerung,[714] während das HypG RF in der Auktion eine Alternative zur öffentlichen Versteigerung sieht.[715] Das Verfahren der Auktion richtet sich jedoch genau wie das Verfahren der Versteigerung nach dem HypG RF[716] und den Art. 447 – 449 ZGB RF. Daneben kann aber auch die Vereinbarung über die

eines Kredits überlassen werden, der von einer Kreditorganisation zur Bebauung dieser Grundstücke durch Errichtung von Objekten der ingenieurtechnischen Infrastruktur gewährt wurde.

709 Art. 58 Abs. 2 HypG RF i.V.m. Art. 352 Abs. 1 Nr. 4 ZGB RF.

710 Siehe oben § 5 I 2 d. cc), S. 172 f.

711 Nach der früheren Regelung des Art. 55 Abs. 3 HypG RF a.F. war das nicht der Regelfall, sondern eine öffentliche Versteigerung konnte von den Parteien als eine Art der Verwertung in der Vereinbarung festgelegt werden.

712 Die geschlossene Auktion ist nur möglich, wenn das gesetzlich vorgesehen ist, Art. 59 Abs. 2 HypG RF.

713 Die Organisation muss in diesem Fall auf die Durchführung von Immobilienversteigerungen spezialisiert sein und eine entsprechende Lizenz besitzen.

714 Neben der Ausschreibung, Art. 447 Abs. 4 ZGB RF.

715 *Schwarkewitsch*, Hypothek nach russischem Recht und ihre Funktionalität, S. 245.

716 Jedoch nach Art. 59 und nicht Art. 57 HypG RF.

außergerichtliche Vollstreckung relevant sein, die über die gesetzlichen Vorgaben des HypG RF und des ZGB RF hinausgehen kann.[717]

Die Besonderheit des Art. 59 HypG RF besteht darin, dass der Pfandnehmer selbst alle zur Verwertung erforderlichen Rechtsgeschäfte vornehmen kann, so den Vertrag mit dem Organisator abschließen, der die Auktion durchführen soll.[718] Vor der Durchführung der Auktion muss der Organisator oder der Pfandnehmer den Pfandgeber per Einschreiben zur Leistung seiner Verpflichtung auffordern. Im Falle der Nichtleistung des Pfandgebers innerhalb einer Frist von zehn Tagen nach Erhalt des Einschreibens durch den Pfandnehmer oder fünfundvierzig Tagen nach dessen Absendung, benachrichtigt der Organisator den Pfandgeber und den Pfandnehmer über die Durchführung der Auktion und veröffentlicht entsprechende Informationen[719] gem. Art. 59 Abs. 7 HypG[720]. Frühestens zehn Tagen nach der ersten Veröffentlichung darf die Auktion durchgeführt werden.[721] Im Übrigen sind die Regelungen über die öffentliche Versteigerung und über die Erklärung der Versteigerung für Ausgefallen weitestgehend auch auf die Auktion anzuwenden, so dass insoweit auf bereits dazu Dargestellte verwiesen werden kann.

Zu erwähnen ist schließlich an dieser Stelle, dass neben der Vereinbarung einer Auktion, die Parteien gem. Art. 55 Abs. 3 HypG RF auch den Erwerb der Immobilie zum Marktpreis unter Abzug der gesicherten Forderung durch den Pfandgläubiger für sich selbst, vereinbaren können. Der Erwerb richtet sich nach den Regeln über den Kaufvertrag.

dd) Vollstreckung durch den ungesicherten Gläubiger

Eine Vollstreckung in das verpfändete Vermögen ist nicht nur durch den Pfandgläubiger selbst, sondern auch durch einen ungesicherten Gläubiger möglich.[722]

---

717 Art. 56 Abs. 2 a.E. HypG RF.

718 *Lassen*, WiRO 2009, S. 325.

719 Art. 59 Abs. 3, 4 HypG RF. *Lassen*, WiRO 2009, S. 325.

720 Die Bekanntmachung über die Durchführung der Auktion muss am Ort des unbeweglichen Vermögens in einem periodisch erscheinenden Blatt, bei welchem es sich um ein offizielles Informationsmittel des Vollstreckungsorgans der Subjekte der RF handelt, veröffentlicht werden.

721 Art. 59 Abs. 9 HypG RF.

722 Dass der ungesicherte Gläubiger auf verpfändetes Vermögen zugreifen kann, ergibt sich aus Art. 87 Abs. 3 VVG, der das allgemeine Verfahren der Verwertung des Vermögens regelt. Außerdem ergibt sich das Verbot einer solchen Vollstreckung nicht aus den Vorschriften der Art. 79 VVG i.V.m. Art. 446 ZPO RF. Vgl. dazu *Gureev*, „Obraŝenie vzyskaniâ na založennoe imuŝestvo: novelly zakonodatel'stva ob

Da der Pfandgegenstand aber in erster Linie die Forderung des Pfandgläubigers gegenüber dem Pfandschuldner absichert, ist das Verfahren der Vollstreckung durch einen ungesicherten Gläubiger zum Schutz des Pfandgläubigers anders ausgestaltet.

Zunächst ist festzuhalten, dass der ungesicherte Gläubiger nur aufgrund eines Gerichtsaktes oder eines Vollstreckungsblattes die Zwangsvollstreckung bei dem Gerichtsvollzieher einleiten kann. Die Vollstreckung aufgrund einer notariellen Vollstreckbarkeitserklärung bleibt ihm naturgemäß verwehrt, weil diese sich nur auf einem Pfandvertrag, der eine Bestimmung über die außergerichtliche Vollstreckung enthält, befinden kann. Aus diesem Grund ist für den ungesicherten Gläubiger auch eine außergerichtliche Vollstreckung in den Pfandgegenstand nicht möglich.

Weiterhin ist zu beachten, dass für den ungesicherten Gläubiger die Reihenfolge des Vollstreckungszugriffs unbegrenzt gilt, so dass der Gerichtsvollzieher die sich aus Art. 69 Abs. 3 und 4 VVG ergebende Reihenfolge zu beachten hat und zuerst die Vollstreckung in Bargeld und Buchungsgeld vornehmen muss, bevor er auf sonstiges Vermögen zugreifen kann. Abzuleiten ist dieser Grundsatz aus der Entstehung des Art. 78 VVG. Die Regelung des früher geltenden Art. 49 Abs. 1 VVG von 1997, nach welchem die Vollstreckung in verpfändete Gegenstände nur im letzten Rang möglich war, also für den ungesicherten Gläubiger das letzte Mittel darstellte, taucht in Art. 78 VVG nicht mehr auf. Aufgrund des Verzichtes des Gesetzgebers auf diese ausdrückliche Regelung, lässt sich darauf schließen, dass nunmehr der allgemeine Grundsatz der Reihenfolge des Vollstreckungszugriffs gelten soll und somit bereits in bewegliche Pfandgegenstände vollstreckt werden kann, wenn Bargeld oder Buchungsgeld nicht vorhanden sind oder nicht ausreichen. Die Pfandgegenstände also mit den nicht verpfändeten Gegenständen gleich zu setzten sind.[723] Die Vollstreckung in Immobilien erfolgt bereits nach der geltenden Reihenfolge des Vollstreckungszugriffs an aller letzter

ispolnitel'nom proizvodstve“ (Zwangsvollstreckung in das verpfändete Vermögen: Neuigkeiten der Gesetzgebung zum Zwangsvollstreckungsverfahren), Sovremennoe pravo Nr. 7, 2009, S. 53.

723 Anders *Lassen*, Die Hypothek nach russischem Recht als Kreditsicherungsmittel, S. 216, der von dem Grundsatz ausgeht, dass die Vollstreckung in verpfändetes Vermögen für den ungesicherten Gläubiger als letztes Mittel möglich ist. Diesen Grundsatz leitete er aus Art. 78 Abs. 2, Abs. 4 a.F. VVG ab. Art. 78 Abs. 4 VVG besteht in dieser Fassung nicht mehr und nur noch aus Abs. 2, der vorschreibt, dass der Pfandgläubiger in erster Linie auf das verpfändete Vermögen zugreifen kann, kann nicht gefolgert werden, dass für den ungesicherten Gläubiger das nur als letztes Mittel in

Stelle, so dass es diesbezüglich bei der Regelung bleibt, dass die Vollstreckung in verpfändete Immobilien als letztes Mittel zu erfolgen hat.

Die Vollstreckung in verpfändetes Vermögen, unabhängig davon ob es sich um bewegliches oder unbewegliches Vermögen handelt, richtet sich nach den Vorschriften des VVG. Einschlägig sind die Art. 87 Abs. 3 und Art. 89 ff. VVG. Damit werden bewegliche als auch unbewegliche Pfandgegenstände durch eine öffentliche Auktion versteigert.[724] Mit dem Erlass des Föderalen Gesetzes „Über die Eintragung der Änderungen in einige Gesetzesakte der Russischen Föderation im Zusammenhang mit der Optimierung des Verfahrens der Vollstreckung in verpfändetes Vermögen", durch welches insbesondere Art. 78 VVG betroffen war, nahm der Gesetzgeber von der noch in Art. 78 Abs. 8 VVG a.F. vorhandenen Regelung Abstand, dass sich die Vollstreckung in Immobilien durch den ungesicherten Gläubiger auch nach dem HypG RF richten sollte.[725] Damit hat der russische Gesetzgeber das zunächst durch VVG von 2007 geschaffene einheitliche Vollstreckungsverfahren in hypothekarisch belastete Immobilien durch Hypothekengläubiger und ungesicherten Gläubiger wieder rückgängig gemacht. Die Intention des russischen Gesetzgebers, von dem zunächst geschaffenen einheitlichen Vollstreckungsverfahren nach dem HypG RF[726] Abstand zu nehmen und wieder zu dem ursprünglichen zweigeteilten Verfahren zurück zu kehren, könnte darin liegen, möglichen Problemen und Unklarheiten der Anwendung des HypG RF auf einen ungesicherten Gläubiger zuvorzukommen. Das Vollstreckungsverfahren nach dem HypG RF ist nur auf die Vollstreckung durch einen Hypothekengläubiger zugeschnitten, der ungesicherte Gläubiger ist dort nicht ausdrücklich erwähnt. Die Anwendung des HypG RF auf den ungesicherten Gläubiger würde zur Folge haben, dass dieser mit einem Pfandgläubiger gleich zu setzten wäre, wenn es um die Vollstreckung in das verpfändete Vermögen geht. Das würde aber gerade der Systematik der russischen Gesetzgebung widersprechen, wonach das Hypothekengesetz nur das Verhältnis zwischen dem

---

Betracht kommt. Vielmehr ist hier für den ungesicherten Vollstreckungsgläubiger von der grundsätzlich geltenden Reihenfolge des Vollstreckungszugriffs auszugehen.

724 Siehe zum Verfahren der Versteigerung § 5 I 2 c. ee), S. 163 ff.

725 Siehe zu der Regelung des Art. 78 Abs. 8 VVG a.F. und der danach zu erfolgenden Vollstreckung in verpfändete Immobilien durch den ungesicherten Gläubiger *Lassen*, Die Hypothek nach russischem Recht als Kreditsicherungsmittel, S. 216.

726 Mit der Schaffung des einheitlichen Vollstreckungsverfahrens sollten die sich aus den unterschiedlichen Verfahren ergebenden Nachteile beseitigt werden, insbesondere die sich daraus ergebenden unterschiedlichen Verteilungsrangfolgen. *Lassen*, Die Hypothek nach russischem Recht als Kreditsicherungsmittel, S. 217.

Pfandgeber und Pfandnehmer regeln soll. Aufgrund der durch das Föderale Gesetz vom 30.12.2008 eingefügten Änderungen, ergeben sich durch die unterschiedlichen Vollstreckungsverfahren auch keine Nachteile mehr für die Hypothekengläubiger[727], weil für eine Stärkung der Hypothekengläubigerrechte nunmehr eine Reihe von neuen Vorschriften sorgt.[728] An dieser Stelle ist auch zu berücksichtigen, dass im Falle der Vollstreckung in eine verpfändete Immobilie durch einen ungesicherten Gläubiger nach den Regeln des VVG, die Norm des Art. 352 Abs. 1 Nr. 4 ZGB RF[729] bei der Verwertung keine Anwendung findet, so dass die Hypothek nicht erlischt. Im Übrigen gilt auch in Russland das Übernahmeprinzip[730], so dass die auf der Immobilie oder der Sache lastenden Pfandrechte gem. Art. 353 ZGB RF, Art. 38 HypG RF und Art. 20 PfandG RF auf den Erwerber übergehen. Anders als das deutsche kennt das russische Recht jedoch kein Deckungsprinzip[731], weil grundsätzlich der Anfangspreis der Immobilie bei der Versteigerung der geschätzte Marktpreis ist. Zwar wird im Falle des verpfändeten Vermögens der Anfangspreis durch das Gericht bestimmt, aufgrund des geltenden Übernahmeprinzips kann die bestehende Belastung jedoch auch zur Minderung des Immobilienpreises führen.[732]

ee) Zusammenfassung

Zusammenfassend lässt sich festhalten, dass sich die Vollstreckung in das verpfändete Vermögen nach russischem Recht deutlich von der Vollstreckung in Pfandgegenstände nach deutschem Recht unterscheidet. Zunächst ist hervorzuheben,

---

727 Das war vor dem VVG von 2007 noch anders, vgl. *Kenk*, Die Zwangsvollstreckung in der Russischen Föderation, S. 163.

728 So insbesondere Art. 78 Abs. 2 und 4 VVG mit der Regelung des Verteilungsverfahrens.

729 Gem. Art. 352 Abs. 1 Nr. 4 ZGB RF erlischt die Hypothek, falls die Verwertung mit dem Ziel der Befriedigung des Pfandgläubigers im Verfahren nach PfandG RF oder HypG RF erfolgt. Das wäre somit bei einer Verwertung aufgrund einer Vollstreckung des ungesicherten Gläubigers nach VVG nicht der Fall.

730 Siehe dazu *Kenk*, Die Zwangsvollstreckung in der Russischen Föderation, S. 131. – Im Vergleich dazu bleibt in Deutschland ein Recht gem. § 52 Abs. 1 S. 1 ZVG insoweit bestehen, als es bei der Feststellung des geringsten Gebots berücksichtigt und nicht durch Zahlung zu decken ist. *Böttcher*, ZVG, § 52, Rn. 1; *Stumpe* in *Kindl/Meller-Hannich/Wolf*, ZVG, § 52, Rn. 2 f.

731 Das Deckungsprinzip des deutschen Rechts besagt, dass bei der Versteigerung nur ein solches Gebot zugelassen wird, durch welches die dem Anspruch des Gläubigers vorgehenden Rechte sowie die aus dem Versteigerungserlös zu entnehmenden Kosten des Verfahrens gedeckt werden, § 44 ZVG.

732 So auch *Kenk*, Die Zwangsvollstreckung in der Russischen Föderation, S. 131.

dass sich das Verfahren der Zwangsvollstreckung in das verpfändete Vermögen in Russland danach richtet, ob der Pfandgläubiger in den Pfandgegenstand vollstreckt oder ein ungesicherter Gläubiger. Vollstreckt der Pfandgläubiger in das verpfändete Vermögen, richtet sich das Verfahren bei beweglichen Sachen nach dem PfandG RF, bei unbeweglichen Sachen nach dem HypG RF. Bei der Vollstreckung durch einen ungesicherten Gläubiger finden die Regeln des VVG Anwendung, wobei auch hier teilweise die Besonderheiten der Normen des HypG RF und PfandG RF zu beachten sind. Gemeinsam haben jedoch die Vorschriften, dass sie jeweils auf die Normen des ZGB RF bezüglich der Durchführung der öffentlichen Versteigerung, also der Verwertung des verpfändeten Vermögens, verweisen, so dass abgesehen von einigen Besonderheiten die Verwertung des verpfändeten Vermögens nach einem im wesentlichen gleichen Schema abläuft. Im Gegensatz dazu gibt es in Deutschland kein getrenntes Verfahren nach der Person des Gläubigers wenn es um die Vollstreckung in verpfändetes Vermögen geht. Unabhängig davon, welcher Gläubiger vollstreckt, richtet sich die Zwangsvollstreckung nach den allgemeinen Regeln der ZPO und des ZVG. Die bessere Stellung der Rechte von gesicherten Pfandgläubigern im Unterschied zu den ungesicherten Gläubigern wird durch die Normen des § 805 ZPO[733] und § 10 ZVG[734] erreicht, die das russische Recht in dieser Form nicht kennt. Zwar wurde die Stellung der Pfandgläubiger gegenüber anderen Gläubigern auch in Russland erheblich verbessert, weil diese nach den Kosten der Zwangsvollstreckung und vor allen anderen Gläubigern zu befriedigen sind, wünschenswert wäre jedoch ein mit dem deutschen Recht vergleichbares einheitliches Zwangsvollstreckungsverfahren, unabhängig von der Person des Gläubigers und unabhängig davon, ob es sich um bewegliche oder unbewegliche Pfandgegenstände oder um nicht verpfändetes Vermögen handelt. Die zahlreichen besonderen Regelungen, nach HypG RF, dem PfandG RF und ZGB RF machen das Zwangsvollstreckungsverfahren unnötig unübersichtlich. Im Ergebnis sind sich die Normen unterschiedlicher Gesetze sehr ähnlich, wenn nicht sogar teilweise in einigen Passagen identisch, was die Unterscheidung zwischen den einzelnen Verfahren zum größten Teil überflüssig macht.

---

733 § 805 ZPO, der die Klage auf Vorzugsweise Befriedigung regelt, sichert die vorrangige Befriedigung eines nichtbesitzenden Pfand- oder Vorzugsgläubigers aus dem Verwertungserlös. – Siehe näher dazu *Gruber* in *MüKo-ZPO*, § 805, Rn. 1 ff.

734 § 10 ZVG regelt die Rangordnung der Rechte auf Befriedigung im Falle der Immobiliarvollstreckung. Die dinglichen Rechte werden danach grundsätzlich in Rang vier befriedigt, vor der Befriedigung der Rechte ungesicherter Gläubiger, die erst in Rang fünf befriedigt werden. – siehe dazu *Kindl/Meller-Hannich/Wolf*, ZVG, § 10, Rn. 40 ff.

Zu beachten ist weiterhin, dass in Russland für den Pfandgläubiger neben der gerichtlichen Vollstreckung auch die Möglichkeit einer außergerichtlichen Vollstreckung besteht, vorausgesetzt, es befindet sich eine Vollstreckbarkeitserklärung des Notars auf einem Pfandvertrag, der eine Bestimmung über die außergerichtliche Vollstreckung enthält. Vergleichbar ist die notarielle Vollstreckbarkeitserklärung mit der notariellen Urkunde i.S.d. § 794 Abs. 1 Nr. 5 ZPO.[735] Für die Verwertung des Pfandgegenstandes in der außergerichtlichen Vollstreckung hat der Pfandgläubiger mehrere Möglichkeiten. Handelt es sich um einen beweglichen Pfandgegenstand, kann die Verwertung nach den Art. 447, 448 ZGB RF, aufgrund eines Kommissionsvertrages oder dem PfandG RF und der Vereinbarung der Parteien über die außergerichtliche Vollstreckung erfolgen.[736] Bei der Verwertung einer Immobilie steht ihm die öffentliche Versteigerung, die Versteigerung durch eine öffentliche Auktion[737] oder der Erwerb der Immobilie zum Marktpreis für sich zur Verfügung, sofern dies zwischen den Parteien vereinbart wurde. Im Unterschied zum Pfandgläubiger hat der ungesicherte Gläubiger nur die Möglichkeit einer gerichtlichen Vollstreckung mit der Verwertung durch eine öffentliche Versteigerung in Form einer Auktion, unabhängig davon, ob es sich um einen beweglichen oder unbeweglichen Pfandgegenstand handelt.

Abschließend lässt sich festhalten, dass es dem russischen Gesetzgeber gelungen ist, die Stellung der Pfandgläubiger gegenüber den ungesicherten Gläubigern deutlich zu verbessern und ihnen auch verschiedene Möglichkeiten einzuräumen in den verpfändeten Gegenstand zu vollstrecken und diesen auf verschiedene Arten im Rahmen der außergerichtlichen Vollstreckung zu verwerten. Insgesamt hat der Gesetzgeber das Verfahren der Vollstreckung in das verpfändete Vermögen detaillierter und ausführlicher geregelt und dadurch eine wichtige Voraussetzung für eine effektivere und schnellere Vollstreckung durch den Pfandgläubiger geschaffen. Zu bemängeln bleibt aber insoweit die unterschiedliche Ausgestaltung des Zwangsvollstreckungsverfahrens, welche aufgrund der Differenzierung zwischen den unterschiedlichen Gläubigern, Pfandgegenständen und möglichen Verwertungsarten unübersichtlich ist. Neben den allgemeinen Regeln über die Vollstreckung müssen immer die jeweiligen Besonderheiten

735 Der Schuldner muss sich in der Urkunde der sofortigen Zwangsvollstreckung unterworfen haben, *Zöller*, § 794, Rn. 28.

736 So die Vereinbarung zwischen den juristischen Personen oder Individualunternehmern, dass der Pfandgegenstand durch den Pfandgläubiger an einen Dritten verkauft wird oder in sein Eigentum übergehen soll. Vgl. o. § 5 I 2 d. cc) 1), S. 172 ff.

737 Siehe die Erklärung zur öffentlichen Versteigerung und öffentlichen Auktion o. unter § 5 I 2 d. cc) 2), S. 176 ff.

und Ausnahmen des Einzelfalls beachtet werden, wodurch sich die richtige Gesetzesanwendung schwierig gestalten könnte.

e. *Die Vollstreckung in Forderungen und andere Vermögensrechte*

Die Möglichkeit der Vollstreckung in Forderungen und sonstige Vermögensrechte des Schuldners stellt aufgrund der Bedeutung von Forderungen und anderen Vermögensrechten im Rechtsverkehr eine wichtige Grundlage für eine effektive Zwangsvollstreckung dar. Der Gläubiger ist nicht darauf beschränkt nur in die dem Schuldner gehörende Vermögensgegenstände zu vollstrecken, sondern kann die Vollstreckung auch in Forderungen betreiben, die der Schuldner aufgrund von Rechtsverhältnissen gegenüber Dritten hat, was für den Gläubiger einen erweiterten Zugriff auf das Vermögen des Schuldners bedeutet.

Die Zwangsvollstreckung in Forderungen und sonstige Vermögensrechte war bis zur Verabschiedung des VVG von 2007 im VVG von 1997 nicht geregelt.[738] Die Vollstreckung in Forderungen war nur im Rahmen der Vollstreckung in das Vermögen einer juristischen Person explizit aufgeführt, und zwar in dem vorläufigen Befehl des Justizministeriums der RF Nr. 76 vom 03.07.1998[739]. Ansonsten galten für die Vollstreckung in Forderungen die allgemeinen Vorschriften zur Vollstreckung in bewegliche Sachen, womit sich die Forderungsvollstreckung als wenig praktikabel erwies. Die Einführung von Vorschriften zur Zwangsvollstreckung in Forderungen und sonstige Vermögensrechte in das VVG stellt somit die wohl wichtigste Neuerung des Zwangsvollstreckungsverfahrens dar.[740] Das

---

738 Nur die Zwangsvollstreckung in Arbeitseinkommen und sonstiges Einkommen des Schuldners war bereits im VVG von 1997 explizit geregelt.

739 Приказ Минюста РФ от 03.07.1998 N 76 „О мерах по совершенствованию процедур обращения взыскания на имущество организаций" (вместе с „Временной инструкцией о порядке ареста и реализации прав (требований), принадлежащих должнику как кредитору по неисполненным денежным обязательствам третьих лиц по оплате фактически поставленных товаров, выполненных работ или оказанных услуг (дебиторской задолженности) при обращении взыскания на имущество организаций-должников"). – Dieser Befehl ist mit dem Befehl des Justizministeriums der RF Nr. 57 vom 14.03.2008 außer Kraft getreten. – Vgl. auch *Kenk*, Die Zwangsvollstreckung in der Russischen Föderation, S. 134.

740 So auch *Kuznecova*, „Obraŝenie vzyskaniâ na debitorskuû zadolžennost' po novomu zakonodatel'stvu ob ispolnitel'nom proizvodstve" (Zwangsvollstreckung in Forderungen nach der neuen Gesetzgebung zum Vollstreckungsverfahren), Pravo i èkonomika Nr. 1, 2008, S. 99 ff. mit einer Übersicht der Neuerungen im Zusammenhang mit der Vollstreckung in Forderungen und anderen Vermögensrechten.

VVG unterscheidet nunmehr zwischen der Zwangsvollstreckung in Forderungen, in sonstige Vermögensrechte und in Arbeitseinkommen und sonstiges Einkommen des Schuldners, die einer besonderen Regelung unterliegt. Aufgrund der Tatsache, dass der Zwangsvollstreckung in das Arbeitseinkommen und sonstiges Einkommen des Schuldners ein eigenständiges Kapitel im VVG gewidmet ist, wird zunächst auf diese Vollstreckungsart eingegangen und anschließend die Vollstreckung in Forderungen und sonstige Vermögensrechte dargestellt.

aa) Vollstreckung in Arbeitseinkommen und sonstiges Einkommen des Schuldners

Die Besonderheiten der Vollstreckung in Arbeitseinkommen und sonstiges Einkommen des Schuldners sind im elften Kapitel des VVG[741] geregelt.

1) Voraussetzungen der Einkommenspfändung

Im Gegensatz zum deutschen Recht, nach welchem die Vollstreckung in das Arbeitseinkommen, als eine Form der Forderungspfändung, grundsätzlich jederzeit möglich ist,[742] ist der Zugriff auf das Arbeitseinkommen[743] oder sonstiges Einkommen[744] des Schuldners nach russischem Recht nur unter bestimmten Voraussetzungen zulässig. Diese Voraussetzungen stellt Art. 98 Abs. 1 VVG auf. Danach ist das Arbeitseinkommen des Schuldners durch den Gerichtsvollzieher nur pfändbar, wenn das Vollstreckungsdokument eine Forderung auf periodische Zahlungen enthält, die geforderte Geldsumme zehn Tausend Rubel[745] nicht

741 Art. 98 ff. VVG.

742 Wegen der Parteiherrschaft des Gläubigers über die Vollstreckungsart und den Vollstreckungsgegenstand im deutschen Recht. – Siehe dazu § 3 II 1 a, s. 40 und *Stürner*, Prinzipien der Einzelzwangsvollstreckung, ZZP 99 (1986), S. 301 f. – Zu beachten sind jedoch die Pfändungsschutzvorschriften der §§ 850 ff. ZPO. *Smid* in *MüKo-ZPO*, § 829, Rn. 1; § 850 Rn. 1.

743 Siehe zur Definition des Arbeitseinkommens Art. 129 ArbG RF und § 3 I 4 b. aa), S. 50.

744 Zum sonstigen Einkommen zählen z.B. das Einkommen aus einer Unternehmenstätigkeit, Belohnung für das Ergebnis einer geistigen Tätigkeit, Honorare, Dividende, Rendite, Renten, Stipendien u.s.w. – *Jarkov*, Kommentar, Art. 98, Punkt 2, S. 494.

745 Im Art. 64 VVG von 1997 waren als Grenze noch zwei Monatslöhne enthalten. Aufgrund der Tatsache, dass die Höhe der Monatslöhne regelmäßigen Änderungen unterliegt, von Einzelfall zu Einzelfall unterschiedlich war und somit von dem Gerichtsvollzieher immer bei der Einleitung des Vollstreckungsverfahrens bestimmt werden musste, sollte mit der neuen Regelung eine einheitliche und genaue Voraussetzung geschaffen werden. – *Jarkov*, Kommentar, Art. 98, Punkt 3, S. 495.

übersteigt oder wenn finanzielle Mittel und anderes Vermögen des Schuldners zur vollen Befriedung der Forderung nicht ausreichen.

Unter periodischen Zahlungen sind wiederkehrende Geldleistungen zu verstehen, die der Schuldner regelmäßig in festgelegten Abständen an den Gläubiger bezahlen muss.[746] Zu solchen Geldleistungen gehören insbesondere die Unterhaltszahlungen und sonstige damit zu vergleichende regelmäßige Zahlungen.[747] Reicht das Einkommen des Schuldners zur Begleichung der regelmäßigen periodischen Geldleistungen nicht aus, ist die Zwangsvollstreckung in das sonstige Vermögen des Schuldners in der festgelegten Reihenfolge des Vollstreckungszugriffs möglich, Art. 98 Abs. 2 VVG. In dieser Norm kommt zum Ausdruck, dass die wiederkehrenden von dem Schuldner geschuldeten Geldleistungen in erster Linie aus dem regelmäßigen und auch wiederkehrenden Einkommen des Schuldners zu begleichen sind, um die Vollstreckung zu vereinfachen und das kompliziertere Verfahren der Vollstreckung in das sonstige Vermögen des Schuldners zu vermeiden. Genauso bezweckt die Begrenzung auf zehn Tausend Rubel eine Vollstreckung unter genau festgelegten Voraussetzungen in einem absehbaren und begrenzten Zeitraum. Handelt es sich nicht um eine Vollstreckung wegen periodischen Zahlungen oder überschreitet die Summe der Forderung zehn Tausend Rubel, kann der Gerichtsvollzieher in das Einkommen des Schuldners nur vollstrecken, wenn sonstiges Vermögen nicht zur vollen Befriedigung der Forderung ausreicht oder nicht vorhanden ist. Die Vollstreckung in das Einkommen des Schuldners ist somit wegen seines hohen Stellenwertes als Existenzgrundlage grundsätzlich subsidiär im Vergleich zur Vollstreckung in anderes Vermögen.

2) Der Ablauf der Zwangsvollstreckung

Liegen die Voraussetzungen für die Vollstreckung in das Einkommen des Schuldners vor, sendet der Gerichtsvollzieher das entsprechende Vollstreckungsdokument[748] den Personen zu, die dem Schuldner das Arbeitseinkommen oder sonstige regelmäßige Geldleistungen auszahlen. Ab dem Tag, an dem der

---

746 *Gureev/Guschin*, „Ispolnitel'noe proizvodstvo – Učebnik" (Vollstreckungsverfahren – Lehrbuch), S. 265.

747 *Jarkov*, Kommentar, Art. 98, Punkt 3, S. 494.

748 Dem Vollstreckungsdokument muss der Gerichtsvollzieher auch eine Kopie des Beschlusses über die Einleitung des Vollstreckungsverfahrens beilegen, in welchem unter anderem z.B. die Angabe enthalten sein kann, wie die einzubehaltende Summe im Falle von mehreren Vollstreckungsdokumenten zu verteilen ist. – Vgl. *Reschetnikova*, Kommentar, Art. 99, Punkt 2, S. 490.

Arbeitsgeber des Schuldners oder ein anderer Leistender das Vollstreckungsdokument erhalten hat, muss er die in dem Vollstreckungsdokument enthaltenen Forderungen einbehalten und innerhalb von drei Tagen seit der Auszahlung des Einkommens an den Schuldner die einbehaltene Summe an den Gläubiger auszahlen oder überweisen. Die Auszahlung oder Überweisung erfolgt dabei auf Kosten des Schuldners, Art. 98 Abs. 3 VVG. Die Nichtbefolgung der Forderungen des Gerichtsvollziehers durch den Arbeitgeber oder eine andere leistende Person zieht ein Straf- oder Ordnungswidrigkeitenverfahren gem. Art. 113 VVG nach sich. Dadurch wird der Arbeitsgeber dazu angehalten, die von ihm geforderten Einbehaltungen und Zahlungen zu bewirken. Vergleichbar ist dieses Verfahren somit mit dem Abbuchungsverfahren auf Beschluss des Gerichtsvollziehers im Rahmen der Vollstreckung in Buchungsgeld.[749]

Neben den Einbehaltungen und Auszahlungen an den Gläubiger ist der Arbeitgeber verpflichtet, im Falle des Wechsels der Arbeitsstelle durch den Schuldner, dieses dem Gerichtsvollzieher und dem Gläubiger unverzüglich mitzuteilen und das Vollstreckungsdokument mit Angaben zu den bereits vorgenommenen Einbehaltungen zurückzusenden, Art. 98 Abs. 4 VVG. Über den Wechsel des Arbeitsplatzes oder des Ortes hat genauso der Schuldner den Gerichtsvollzieher und den Gläubiger selbst zu informieren, Art. 98 Abs. 5 VVG.

3) Vollstreckung auf Ersuchen des Gläubigers

Neben dem Gerichtsvollzieher kann auch der Gläubiger selbst, ähnlich wie bei der Vollstreckung in Buchungsgeld[750], ohne Einschaltung des Ersteren[751] das Vollstreckungsdokument unmittelbar an den Arbeitgeber senden, Art. 98 Abs. 3 i.V.m. Art. 9 Abs. 1 VVG. Voraussetzung dafür ist ein Vollstreckungsdokument, das eine Forderung auf Zahlung periodischer Geldleistungen enthält oder auf eine Geldsumme, die fünfundzwanzig Tausend Rubel nicht übersteigt, Art. 9 Abs. 1 VVG. Auffällig im Vergleich zu der Vollstreckung durch den Gerichtsvollzieher ist jedoch, dass die Summe der Geldforderung, wenn sich der Gläubiger unmittelbar an den Arbeitgeber wendet, um fünfzehn Tausend Rubel höher sein kann, als wenn die Vollstreckung durch den Gerichtsvollzieher vorgenommen werden würde. Fraglich ist somit die Intention des Gesetzgebers zu diesen

---

749 Art. 70 Abs. 2 VVG - Vgl. § 5 I 1 b. aa), S. 122 f.

750 Vgl. § 5 I 1 b. cc), S. 125.

751 Die Vollstreckung durch den Gläubiger selbst ohne die Einschaltung des Gerichtsvollziehers kommt auch hier nur in Betracht, falls der Gläubiger von dem Arbeitgeber oder einem anderen Leistenden Kenntnis hat.

unterschiedlichen Regelungen. Die Einführung des Art. 9 VVG[752] hat offensichtlich den Zweck, den Gerichtsvollzieher zu entlasten und die Vollstreckung für den Gläubiger schneller und effektiver zu gestalten.[753] Die Schaffung der Möglichkeit für den Gläubiger, bis zu einer Summe von fünfundzwanzig Tausend Rubel ohne einer Einschaltung des Gerichtsvollziehers gegen den Schuldner vorgehen zu können, soll für den Gläubiger vermutlich den Anreiz darstellen, auf die Inanspruchnahme des Vollstreckungsorgans zu verzichten und zunächst die Vollstreckung in das Einkommen des Schuldners selbst zu versuchen. Da mit Hilfe des Gerichtsvollziehers die Vollstreckung in das Einkommen des Schuldners nur bis zu einer Geldsumme in Höhe von zehn Tausend Rubel möglich ist, ansonsten eine kostspielegere und langwierigere Vollstreckung in das sonstige Vermögen des Schuldners erfolgen müsste, wird der Gläubiger dazu geneigt sein, zunächst die Vollstreckung selbst vorzunehmen, womit das Ziel, die Entlastung des Gerichtsvollziehers, erreicht wäre. Auch für den Gläubiger ist diese Vollstreckungsart, vorausgesetzt der Schuldner hat genügend Einkommen und der Gläubiger hat davon Kenntnis, eine schnelle und effektive Weise an sein Geld zu kommen.

Gleichzeitig mit dem Vollstreckungsdokument muss der Gläubiger, genauso wie im Falle eines Abbuchungsverfahrens i. S. d. Art. 8 VVG, ein Ersuchen einreichen, in welchem auch ähnliche Angaben enthalten sein müssen.[754] Nach dem Eingang des Vollstreckungsdokumentes bei dem Arbeitgeber gestaltet sich der weitere Ablauf des Verfahrens genauso, wie bei der Einreichung des Vollstreckungsdokumentes durch den Gerichtsvollzieher.

Eine Besonderheit ist jedoch bei der Nichterfüllung der Forderung durch den Arbeitgeber zu beachten. Der Gläubiger kann gem. Art. 118 VVG gegen den Arbeitgeber oder eine andere Person, die an den Schuldner regelmäßige Zahlungen bewirkt[755], eine Klage auf Auszahlung der zu vollstreckenden Summe erheben, wenn der Arbeitgeber diese zwar von dem Lohn einbehalten, aber nicht an den Gläubiger überwiesen hat. Vergleichbar ist diese Klage somit

752 Im Vergleich zu dem VVG von 1997 stellt diese Vorschrift eine Neuerung dar.

753 Ähnlich *Reschetnikova*, Kommentar, Art. 98, Punkt 1, S. 486 f.

754 Gem. Art. 9 Abs. 2 VVG sind es die Kontodaten der Bank, auf das die Geldmittel überwiesen werden sollen oder Adresse, an die die Geldsumme geschickt werden soll; der Name, Vorname, Vatersname, Daten des Dokumentes, das die Personalien bestätigt; die Bezeichnung, Identifikationsnummer des Steuerpflichtigen oder Code der ausländischen Organisation, staatliche Registrierungsnummer, Ort der staatlichen Registrierung und juristische Adresse des Gläubigers-juristischen Person.

755 Dazu zählen Renten, Stipendien und andere vergleichbare regelmäßige Zahlungen.

mit der Einziehungsklage (= Drittschuldnerklage) des deutschen Rechts.[756] Zu beachten ist jedoch, dass eine Klage nach Art. 118 VVG ausdrücklich nur gegen den Arbeitgeber oder Personen möglich ist, die regelmäßige Zahlungen an den Schuldner leisten. Damit ist die Personenzahl, die als Drittschuldner in Betracht kommt, im Gegensatz zum deutschen Recht sehr beschränkt.[757]

Die Nichterfüllung der Forderung durch den Arbeitgeber auf Ersuchen des Gläubigers kann ebenfalls ein Straf- oder Ordnungswidrigkeitenverfahren gem. § 113 VVG nach sich ziehen. Bis zur Änderung des Art. 113 VVG durch das Föderale Gesetz vom 18.07.2011 N 225-FZ „Über die Einfügung von Änderung in den Kodex der RF „Über die Ordnungswidrigkeiten“ und in das Föderale Gesetz „Über das Vollstreckungsverfahren““ war fraglich, ob die Nichterfüllung der Forderung durch den Arbeitgeber auf Ersuchen des Gläubigers ein Ordnungswidrigkeitenverfahren nach sich ziehen konnte, da Art. 113 Abs. 1 VVG a.F. ausdrücklich nur die Auferlegung einer Strafe durch den Gerichtsvollzieher im Falle der Nichterfüllung seiner Forderungen oder der Verletzung des Gesetzes „Über das Vollstreckungsverfahren“ vorsah. Die Nichterfüllung der Forderung des Gläubigers durch den Arbeitgeber stellt eine Verletzung des Gesetzes, hier des Art. 98 Abs. 3 VVG, dar. Unklar blieb jedoch, wie der Gläubiger weiter vorgehen musste, wenn auch ihm das Recht zustehen sollte, den Arbeitgeber durch Auferlegung einer Strafe zur Leistung zu bewegen. Als möglicher Lösungsansatz war zum einen die Einleitung eines Vollstreckungsverfahrens gem. Art. 30 Abs. 1 VVG, im Rahmen dessen der Gerichtsvollzieher die Strafe verhängen konnte. Das entsprach jedoch nicht dem Zweck des Art. 9 VVG, der gerade die Einleitung eines Vollstreckungsverfahrens durch den Gerichtsvollzieher verhindern will. Ein anderer Weg war die Beauftragung des Gerichtsvollziehers mit der Auferlegung der Strafe außerhalb des regulären Vollstreckungsverfahrens.[758] Auf welche Art und Weise das aber geschehen sollte und ob es dem Gläubiger

---

756 Im deutschen Recht berechtigen der Vollstreckungstitel nebst Pfändungs- und Überweisungsbeschluss den Gläubiger nicht zur Zwangsvollstreckung gegen den Drittschuldner, weil er ihm gegenüber nicht mehr Rechte als der Schuldner hat. Erbringt der Drittschuldner die geschuldete Leistung nicht freiwillig, muss sich der Gläubiger einen Vollstreckungstitel gegen den Drittschuldner beschaffen. Das geschieht regelmäßig durch die sog. Einziehungsklage des Gläubigers gegen den Drittschuldner. Vgl. *Becker* in *Musielak*, Kommentar ZPO, § 835, Rn. 18.

757 Nach eindeutigem Wortlaut des Art. 118 VVG könnte sich der Gläubiger somit nicht mit einer Klage auf Leistung gegen eine Bank wenden, obwohl ein Abbuchungsverfahren nach Art. 8 VVG auf sein Ersuchen möglich ist.

758 So *Jarkov*, Kommentar, Art. 9, Punkt 2, S. 38.

überhaupt möglich sein sollte den Gerichtsvollzieher mit einer solchen Handlung außerhalb des Vollstreckungsverfahrens zu beauftragen, war jedoch höchst fraglich, da es an einer eindeutigen Rechtsgrundlage dafür fehlte.[759]

Gegen die Notwendigkeit einer Anwendung des Art. 113 VVG sprach aber die Möglichkeit des Gläubigers, eine Klage gegen den Arbeitgeber gem. Art. 118 VVG erheben zu können. Damit hätte der Gläubiger nicht schutzlos der Nichterfüllung durch den Arbeitgeber gegenüber gestanden. Dafür sprach auch der Vergleich mit Art. 73.1 Abs. 7 i.V.m. Art. 114 VVG, der die Verantwortlichkeit des Emittenten im Falle einer Nichterfüllung der im Vollstreckungsdokument vorgesehenen Forderungen regelt. Eine Unterscheidung zwischen der Einreichung des Vollstreckungsdokumentes durch den Gerichtsvollzieher oder durch den Gläubiger wird hier nicht vorgenommen, so dass die Verantwortlichkeit den Emittenten auch im Verfahren nach Art. 8.1. VVG trifft.[760] Entsprechende Anwendung des Art. 114 VVG wurde aus diesem Grund auch für das vergleichbare Verfahren nach Art. 8 VVG angenommen.[761] Unter Berücksichtigung der Tatsache, dass im Vergleich zu der Nichterfüllung der Forderung im Rahmen des Art. 9 VVG, ein Rechtsbehelf in Form einer „Einziehungsklage" gem. Art. 118 VVG für die Fälle der Nichterfüllung der Forderungen nach Art. 8 und 8.1 VVG nicht vorgesehen ist, sprach die Einführung des Rechtsbehelfs nach Art. 118 VVG für die einzige gesetzlich geregelte Möglichkeit des Gläubigers, sich gegen die Nichterfüllung des Arbeitgebers wehren zu können.

Art. 113 VVG in der neuen Fassung, der nunmehr allgemein eine straf- oder ordnungswidrigkeitenrechtliche Veranwortlichkeit der Person nach sich zieht, die das Föderale Gesetz „Über das Vollstreckungsverfahren" verletzt, spricht dafür, dass entsprechende Verfahren auch eingeleitet werden können, wenn der Arbeitgeber die Forderung auf Ersuchen des Gläubigers nicht erfüllt. Mit der Änderung des Art. 113 VVG ist der Gerichtsvollzieher nicht mehr für die Auferlegung von Strafen zuständig, so dass dessen Einschaltung durch den Gläubiger nicht mehr notwendig ist. Fraglich bleibt jedoch, ob dem Gläubiger dadurch tatsächlich eine Möglichkeit eingeräumt wurde, entsprechende Verfahren gegen den Arbeitgeber einzuleiten, da z.B. der Wortlaut des Art. 17.14. Abs. 3 KoAP RF

---

759 Auch Art. 17.14 Abs. 3 KoAP RF, der über Art. 113 VVG Anwendung findet, setzt die Nichterfüllung der Forderungen des Gerichtsvollziehers voraus, so dass die Nichterfüllung der Forderung des Gläubiger von dem Wortlaut nicht erfasst ist. – Eine unproblematische Anwendung des Art. 17.14 Abs. 3 KoAP RF auch im Fall des Art. 9 VVG sieht aber *Reschetnikova*, Kommentar, Art. 9, Punkt 3, S. 36.

760 Vgl. § 5 I 2 b. aa), S. 150.

761 Vgl. § 5 I 1 b. cc), S. 125 ff.

im Wege der Änderung des Art. 113 VVG nicht entsprechend angepasst wurde und somit immer noch die Nichterfüllung der Forderungen des Gerichtsvollziehers voraussetzt. Insgesamt lässt sich somit festhalten, dass die Gesetzgebung zwar auf dem richtigen Weg ist eine eindeutige Regelung zu schaffen, einige Unklarheiten jedoch noch einer weiteren Bearbeitung bedürfen.

4) Pfändungsschutz

Unabhängig davon ob die Vollstreckung in das Einkommen des Schuldners durch einen Gerichtsvollzieher vorgenommen wird oder das Vollstreckungsdokument unmittelbar durch den Gläubiger selbst eingereicht wird, hat der Gerichtsvollzieher oder der zu leistende Arbeitgeber[762] die Pfändungsschutzvorschriften der Art. 99 ff. VVG zu beachten. Zu unterscheiden ist dabei zwischen dem unpfändbaren Teil der Einkünfte, Art. 99, 100 VVG, und bestimmten Einkommensarten, in die die Zwangsvollstreckung von vornherein nicht erfolgen darf, Art. 101 VVG.[763]

bb) Pfändung von Forderungen

Im Rahmen des Zwangsvollstreckungsverfahrens kann die Vollstreckung nicht nur in bewegliche oder unbewegliche Vermögensgegenstände des Schuldners erfolgen, sondern auch in die dem Schuldner gehörenden Vermögensrechte, die genauso wie die beweglichen und unbeweglichen Sachen zu den Objekten bürgerlicher Rechte gehören.[764] In erster Linie gehören dazu gem. Art. 75 Abs. 1 Nr. 1 VVG die Forderungen des Schuldners gegenüber Dritten, die ihre Geldverpflichtung dem Schuldner gegenüber nicht erfüllt haben. Dazu zählen die Forderungen auf Bezahlung der durch den Schuldner gelieferten Waren, geleisteter Arbeiten oder Dienstleistungen, Forderungen aufgrund von Miete, Pacht und Ähnlichem.[765] Bezüglich dieser Forderungen hat der russische Gesetzgeber besondere Vorschriften zum Ablauf des Vollstreckungsverfahrens geschaffen, auf die im Weiteren näher eingegangen wird. Von der Systematik ähnelt die Forderungspfändung aber der Vollstreckung in bewegliche und unbewegliche Gegenstände.

1) Voraussetzungen und Verfahren der Forderungspfändung

Die Vollstreckung in Forderungen des Schuldners kann aufgrund der geltenden Reihenfolge des Vollstreckungszugriffs dann erfolgen, wenn finanzielle Mittel

---

762 *Reschetnikova*, Kommentar, Art. 9, Punkt 2, S. 35.

763 Siehe dazu § 3 I 4 b, S. 50 ff.

764 Art. 128 ZGB RF. – Vgl. auch *Reschetnikova*, Kommentar, Art. 76, Punkt 1, S. 71.

765 Im Weiteren allgemein – Forderungen.

des Schuldners nicht vorliegen oder nicht zur Befriedigung des Gläubigers ausreichen, Art. 69 Abs. 4 VVG. Der russische Gesetzgeber lässt gem. Art. 76 Abs. 3 VVG die Vollstreckung in Forderungen jedoch in folgenden Fällen nicht zu: wenn die Verjährungsfrist für ihre Vollstreckung verstrichen ist (1); der Dritte sich im Ausland befindet, mit dem die RF kein Rechtshilfeübereinkommen hat (2); der Dritte sich in einem Abwicklungsverfahren befindet (3); er seine Tätigkeit als juristische Person aufgegeben hat und aus dem Register der juristischen Personen gelöscht wurde (4); im Verhältnis zum Dritten das Insolvenzverfahren eröffnet wurde (5). Liegt einer von den abschließend geregelten Fällen vor, muss der Gerichtsvollzieher auf anderes mögliches Vermögen des Schuldners ausweichen. Auffällig ist bei diesen Fällen, dass der Gesetzgeber damit nicht in erster Linie den Schuldner schützt, weil sie nicht an die Forderung selbst anknüpfen, sondern die Möglichkeit der Forderungspfändung grundsätzlich von der Situation des Dritten, gegenüber dem der Schuldner die Forderung geltend machen kann, abhängig macht. Damit soll wohl vermieden werden, eine Vollstreckung in Forderungen zu betreiben, obwohl eine Verjährung vorliegt oder diese aufgrund der Zahlungsunfähigkeit des Dritten nicht sinnvoll und nicht effektiv wäre.

Liegen die genannten Ausschlussgründe der Forderungspfändung nicht vor, erlässt der Gerichtsvollzieher mit Einverständnis des Gläubigers[766] einen Beschluss, in welchem er den Gang des weiteren Verfahrens genau festlegt. Dazu gibt er die Modalitäten an, unter welchen der Dritte die dem Schuldner geschuldete Geldsumme auf ein Konto der Abteilung der Gerichtsvollzieher überweisen soll.[767] Der genannte Beschluss wird sodann dem Dritten und den Parteien der Zwangsvollstreckung zugeschickt, Art. 76 Abs. 4 VVG. Durch den Beschluss des Gerichtsvollziehers wird der Dritte verpflichtet, die in dem Beschluss angegebene Überweisung durchzuführen. Gleichzeitig wird dem Schuldner verboten, das Rechtsverhältnis zu dem Dritten zu ändern, aufgrund dessen seine Forderung entstand. Die Erfüllung der genannten Verpflichtung durch den Dritten zählt als Leistung an den richtigen Gläubiger[768]. Die Rechte des Dritten gegenüber dem Schuldner bleiben dabei aber unverändert bestehen.[769] Hat der Dritte die Überweisung vorgenommen, hat er den Gerichtsvollzieher und den Schuldner unverzüglich darüber zu informieren, Art. 76 Abs. 7 VVG.

---

766 Art. 76 Abs. 2 Nr. 1 VVG, ausführlicher dazu unten unter § 5 I 2 e. bb) 4), S. 196.

767 Weitergehend zu diesem Verfahren unten unter § 5 I 2 e. bb) 4), S. 196 f.

768 Damit ist hier aufgrund von Art. 76 Abs. 1 VVG, wonach bei einer Vollstreckung in Forderung die Forderung des Schuldners auf den Gläubiger übergeht, der Gläubiger der Zwangsvollstreckung gemeint.

769 Art. 76 Abs. 5, 6 VVG.

Da der Beschluss des Gerichtsvollziehers die Verpflichtung des Dritten beinhaltet, die Überweisung der Forderungssumme auf das Konto der Abteilung des Gerichtsvollzieherdienstes vorzunehmen, stellt sich die Frage nach den Rechtsfolgen im Falle einer Nichtleistung. Aus dem Art. 76 VVG folgt, dass die Nichtvornahme der geforderten Überweisung auf das Konto der Abteilung des Gerichtsvollzieherdienstes keine Verantwortlichkeit des Dritten nach KoAP RF nach sich zieht, wie das grundsätzlich die Regel ist.[770] Gem. Art. 76 Abs. 2 Nr. 2 VVG wird die Forderung in einem solchen Fall versteigert.[771] Eine Verantwortlichkeit des Dritten nach Art. 17.14 Abs. 3 KoAP RF kann sich jedoch ergeben, falls er die Summe nicht auf das in dem Gerichtsvollzieherbeschluss angegebene Konto, sondern an den Schuldner überweist.[772] Damit würde der Dritte entgegen der Anordnung im Beschluss des Gerichtsvollziehers handeln und somit gegen das VVG verstoßen.[773]

Im Zusammenhang mit der Nichtleistung des Dritten oder der Leistung an den falschen Gläubiger, den Schuldner der Zwangsvollstreckung, stellt sich die Frage nach den Möglichkeiten des Gläubigers. Im Falle der Nichtüberweisung auf das Konto des Gerichtsvollziehers wird die Forderung versteigert und der Erlös an den Gläubiger ausgekehrt, so dass es einer Einziehungsklage des Gläubigers, wie das im deutschen Recht der Fall ist, nicht bedarf.[774] Zahlt der Dritte trotz des Vorliegens eines Gerichtsvollzieherbeschlusses an den Schuldner, muss aufgrund der Tatsache, dass die Forderung des Schuldners gegenüber dem Dritten im Falle ihrer Vollstreckung gem. Art. 76 Abs. 1 VVG auf den Gläubiger übergeht, der Dritte nicht von seiner Verpflichtung frei geworden sein und weiterhin zur Zahlung der Forderungssumme verpflichtet bleiben.[775]

2) Arrest der Forderung

Zur Sicherung der Forderung des Gläubigers besteht für den Gerichtsvollzieher die Möglichkeit, neben dem Erlass des oben genannten Beschlusses auch

---

770 Siehe dazu z.B. § 5 I 1 b. aa), S. 122 f; § 5 I 2 e. aa) 2), S. 187 f.

771 Siehe dazu ausführlicher unten § 5 I 2 e. bb) 4), S. 196 f.

772 *Jarkov*, Kommentar, Art. 76, Punkt 3, S. 383.

773 Hier Art. 76 Abs. 6 VVG.

774 Im Übrigen würde der Rechtsbehelf des Art. 118 VVG dem Gläubiger hier nicht helfen, weil dieser nur im Falle der Vollstreckung in Einkommen des Schuldners Anwendung findet. Vgl. dazu § 5 I 2 e. aa) 3), S. 188 ff.

775 Das würde dem deutschen Recht entsprechen, wonach der Dritte im Falle der Zahlung an den Schuldner nach Zustellung des Pfändungs- und Überweisungsbeschlusses nicht von seiner Schuld befreit wird. – *Brox/Walker*, Zwangsvollstreckungsrecht, § 17, Rn. 620.

einen Arrest auf die Forderung des Schuldners gegenüber dem Dritten aufzuerlegen. Der Arrest der Forderung besteht in dem Verbot der Vornahme von Handlungen durch den Schuldner und den Dritten, die zu einer Änderung oder Beendigung deren Rechtsverhältnisses, auf Grundlage dessen die Forderung entstanden ist, führen würden.[776] Ausdrücklich erwähnt ist der Verbot, die Forderung an dritte Personen abzutreten, Art. 83 Abs. 1 VVG. Wie bereits im Zusammenhang mit der Vollstreckung in bewegliche Gegenstände erörtert,[777] wird die Auferlegung des Arrestes zur Sicherung der Forderung der Regelfall sein, weil die Voraussetzung des Art. 80 Abs. 3 Nr. 1 VVG grundsätzlich immer vorliegen wird. Besondere Bedeutung wird der Arrest im Rahmen der Vollstreckung in Forderungen aber dann haben, wenn der Dritte die Forderungssumme nicht auf den Beschluss des Gerichtsvollziehers überweist. Mit dem Arrest wird die Einwirkung auf die Forderung durch den Dritten verhindert und die Verwertung der Forderung durch Versteigerung gesichert. Durch den Beschluss des Gerichtsvollziehers zur Forderungsvollstreckung wird nämlich nur der Schuldner verpflichtet, das bestehende Rechtsverhältnis zu dem Dritten nicht zu ändern, Art. 76 Abs. 5 VVG. Eine solche Verpflichtung trifft den Dritten erst mit der Auferlegung des Arrestes auf die Forderung.[778]

Über die Auferlegung des Arrestes erlässt der Gerichtsvollzieher einen Beschluss, dessen Kopie dem Dritten und den Parteien des Vollstreckungsverfahrens zugestellt wird[779], und nimmt die Vermögensauflistung vor, in der die die Forderung bestätigenden Dokumente aufgenommen werden. Erforderlichenfalls führt der Gerichtsvollzieher die Beschlagnahme dieser Dokumente durch, die anschließend zur Verwahrung übergeben werden, Art. 83 Abs. 2 VVG.

3) Verwahrung und Schätzung

Die Verwahrung der die Forderung bestätigenden Dokumente richtet sich genauso wie die Verwahrung beweglicher Gegenstände nach Art. 86 Abs. 2 VVG. Die Dokumente können zum einen dem Schuldner selbst, seinen Familienangehörigen, dem Gläubiger oder einem anderen Verwahrer, mit dem der Gerichtsvollzieherdienst entsprechende Vereinbarung hat, gegen eine Unterschrift auf der Vermögensauflistung übergeben werden. Die Verwahrung von den die

---

776 Also insbesondere die Leistung der gepfändeten Forderung durch den Dritten an den Schuldner oder die Einziehung der Forderung durch den Schuldner. – Vergleichbar mit der Wirkung des Pfändungsbeschlusses des deutschen Rechts.

777 § 5 I 2 a. aa) 1), S. 133.

778 Art. 83 Abs. 4 VVG.

779 Art. 83 Abs. 3 VVG.

Forderung bestätigenden Dokumenten kann aber auch direkt bei dem Gerichtsvollzieherdienst erfolgen, wenn deren Unversehrtheit gewährleitet ist.

Die Vermögensrechte, zu denen die Forderung gehört, sind nicht von dem Gerichtsvollzieher selbst, sondern von einem Gutachter gem. Art. 85 Abs. 2 Nr. 3 VVG auf ihren Marktpreis zu schätzen. Ausgenommen davon sind aber die Forderungen, die nicht versteigert, sondern durch Überweisung des Dritten auf das Konto der Abteilung des Gerichtsvollzieherdienstes verwertet werden, weil hier die Forderungssumme maßgeblich ist, die der Dritte dem Schuldner schuldet. Auf den Ablauf der Schätzung findet die allgemeine Regelung des Art. 85 Abs. 4 VVG Anwendung.[780]

4) Verwertung

Art. 76 Abs. 1 VVG stellt wie bereits erwähnt den Grundsatz auf, dass die Vollstreckung in eine Forderung in dem Übergang der dem Schuldner gehörenden Rechte, der Forderung gegen den Dritten, auf den Gläubiger besteht, und zwar in der Höhe, die der Schuldner dem Gläubiger schuldet,[781] jedoch nicht höher als die zum Zeitpunkt der Vollstreckung bestehende Forderung des Schuldners gegenüber dem Dritten. Die Vollstreckung in eine Forderung stellt somit einen gesetzlichen Übergang der Schuldnerrechte auf den Gläubiger i.S.d. Art. 387 ZGB RF dar.[782] Trotz des aufgestellten Grundsatzes geht der russische Gesetzgeber bei dem Verfahren der Forderungsverwertung, wie bereits angesprochen, etwas anders vor.[783] Gem. Art. 76 Abs. 2 VVG erfolgt die Zwangsvollstreckung in Forderungen, im Falle eines Einverständnisses des Gläubigers, durch die Überweisung der bestehenden Forderungssumme auf das Konto der Abteilung der Gerichtsvollzieher durch den Dritten, und bei fehlendem Einverständnis des Gläubigers[784] oder der fehlenden Überweisung durch den Dritten auf das Konto der Gerichtsvollzieher, durch Verwertung der Forderung auf einer Versteigerung. Von einem Forderungsübergang auf den Gläubiger kann somit nur im ersten Fall gesprochen werden, auch wenn nicht er selbst die Forderung gegenüber dem Dritten geltend machen muss, sondern die Überweisung der Forderungssumme durch Gerichtsvollzieher

---

780 Siehe dazu § 5 I 2 a. ee), S. 143.

781 Zu beachten ist Art. 69 Abs. 2 VVG.

782 Art. 387 ZGB RF regelt den Übergang der Rechte des Kreditgebers auf eine andere Person kraft Gesetzes und ist in etwa mit der deutschen Abtretung gem. §§ 398 ff. BGB vergleichbar.

783 *Jarkov*, Kommentar, Art. 76, Punkt 1, S. 379.

784 Dieses dürfte jedoch grundsätzlich vorliegen, da es für den Gläubiger günstiger ist, wenn die Forderung überwiesen wird und nicht erst versteigert werden muss.

als Zwischenstation geschieht. Im zweiten Fall hingegen wird die Forderung, wie auch anderes Vermögen, in einer öffentlichen Versteigerung verwertet, so dass man von einem Forderungsübergang auf den Gläubiger nicht sprechen kann,[785] weil er nur den Erlös aus der Versteigerung ausgekehrt bekommt. Der Gläubiger kann hier somit überhaupt nicht das auf ihn übergegangene Recht geltend machen, wie man es aus Art. 76 Abs. 1 VVG folgern würde, womit der Übergang der Forderung auf den Gläubiger in diesem Fall obsolet erscheint.

Greift die Verwertungsmöglichkeit in Form der Überweisung der Forderungssumme nicht ein, weil entweder das Einverständnis des Gläubigers fehlt oder die Überweisung durch den Dritten nicht durchgeführt wurde, findet eine Versteigerung der Forderung gem. Art. 87 Abs. 3 und 4 VVG statt. Der Ablauf der Versteigerung richtet sich dabei nach den allgemeinen Regeln der Art. 89 ff. VVG.[786]

cc) Zwangsvollstreckung in sonstige Vermögensrechte

1) Sonstige Vermögensrechte nach Art. 75 VVG

Neben der Möglichkeit in Geldforderungen vollstrecken zu können, zählt der neu eingeführte Art. 75 Abs. 1 VVG auf, in welche sonstigen Vermögensrechte eine Zwangsvollstreckung vorgenommen werden kann. Zu solchen Vermögensrechten gehören ausdrücklich: das Forderungsrecht des Gläubigers aufgrund eines Vollstreckungsdokumentes (Nr. 2)[787], das langfristige Pachtrecht am unbeweglichen Vermögen (Nr. 3)[788], das ausschließliche Recht auf das Ergebnis einer geistigen Tätigkeit[789] und sog. „Mittel der Individualisierung“[790], ausgenommen die Fälle, in denen in diese Rechte entsprechend der Gesetzgebung der Russischen Föderation eine Vollstreckung nicht erfolgen kann (Nr. 4)[791], das

785 *Jarkov*, Kommentar, Art. 76, Punkt 1, S. 379.

786 Siehe zum Ablauf der Versteigerung § 5 I 2 c. ee), S. 163 ff.

787 Hier wird somit von einem anderen Gläubiger in dieses Recht vollstreckt. Der in Nr. 2 genannte Gläubiger ist somit seinerseits gleichzeitig Schulnder eines anderen Gläubigers.

788 Zu verstehen darunter ist das Recht des Pächters, das ihm aufgrund eines Pachtvertrages zusteht, der auf einen längeren Zeitraum als ein Jahr abgeschlossen wurde und der staatlichen Registrierung unterliegt. *Jarkov*, Kommentar, Art. 75, Punkt 1 (3), S. 375.

789 Dazu gehören Immaterialgüterrechte, wie Patent- und Urheberrechte.

790 Mittel der Individualisierung dienen der Unterscheidung von Waren, Dienstleistungen, u.s.w. Dazu gehören z.B. Markenname, Handelsbezeichnung.

791 So ist z.B. gem Art. 1284 Abs. 1 ZGB RF die Zwangsvollstreckung in das ausschließliche Recht des Autors auf das Werk nicht zugelassen. Gem. Art. 1405 Abs. 6 ZGB

Forderungsrecht aufgrund eines Vertrages zur Veräußerung oder Nutzung eines ausschließlichen Rechts auf das Ergebnis einer geistigen Tätigkeit und Mittel der Individualisierung (Nr. 5)[792], das dem Lizenznehmer gehörende Recht auf Nutzung des Ergebnisses der geistigen Tätigkeit und Mittel der Individualisierung (Nr. 6)[793] und sonstige dem Schuldner gehörende Vermögensrechte (Nr. 7). Die aufgezählten Vermögensrechte in Art. 75 Abs. 1 VVG sind somit nicht abschließend,[794] womit die Vollstreckung in andere Vermögensrechte möglich bleibt, sofern eine entsprechende Regelung durch die Regierung der RF geschaffen wird, Art. 75 Abs. 3 VVG.

2) Verfahren der Zwangsvollstreckung in sonstige Vermögensrechte

Die Zwangsvollstreckung in die dem Schuldner gehörenden Vermögensrechte gegenüber Dritten hat zwar unter Beachtung der im ZGB RF aufgestellten Regeln zu erfolgen,[795] das Verfahren richtet sich jedoch nach den Regeln des VVG. So gilt für die Verwahrung der die Vermögensrechte bestätigenden Dokumente Art. 86 Abs. 2 VVG. Die Schätzung erfolgt wie grundsätzlich auch bei der Forderungspfändung durch den Gutachter gem. Art. 85 Abs. 2 Nr. 3 VVG und die Verwertung gem. Art. 87 Abs. 3 VVG durch öffentliche Versteigerung in Form einer Auktion.[796] Unklar bleibt jedoch, nach welcher Norm der Arrest des sonstigen Vermögens zu erfolgen hat. Eine besondere Regelung, wie Art. 83 VVG, die den Arrest der Forderungen regelt, sieht das Gesetz für den Arrest der sonstigen Vermögensrechte nicht vor. Fraglich ist somit, ob der Arrest der sonstigen Vermögensrechte nach der allgemeinen Vorschrift des Art. 80 VVG[797] oder nach der besonderen Norm des Art. 83 VVG zu erfolgen hat. Gegen die analoge Anwendung des Art. 83 VVG spricht der Wortlaut der Vorschrift, da dieser ausdrücklich nur auf die Forderungen beschränkt ist. Andererseits sind die Forderungen nur ein Unterfall der sonstigen Vermögensrechte, so dass man

RF ist die Vollstreckung in das ausschließliche Recht auf eine geheime Erfindung ausgeschlossen.

792 z.B. Einnahmen aus der Veröffentlichung oder Benutzung des Werkes.

793 Im Falle der Versteigerung eines Nutzungsrechts des Lizenznehmers im Rahmen der Zwangsvollstreckung, steht dem Autor das Vorrecht zu, dieses zu erwerben, Art. 1284 Abs. 2 ZGB RF. *Jarkov*, Kommentar, Punkt 1 (6), S. 376.

794 Vgl. auch *Jarkov*, Kommentar, Punkt 1 (6), S. 376.

795 Art. 75 Abs. 2 VVG – Dazu zählen insbesondere Art. 1284 und 1319 ZGB RF.

796 Anwendung finden hier somit auch Art. 89 ff. VVG. – Für die Verwertung von Vermögensrechten sind damit dieselben Regeln anzuwenden, wie für die Verwertung von Immobilien. Vgl. § 5 I 2 c. ee), S. 163 ff.

797 Vgl. § 5 I 2 a. aa), S. 133 ff.

aus der besonderen Regelung des Art. 83 VVG den Schluss ziehen kann, dass Vermögensrechte nicht zu dem Vermögen im Sinne des Art. 80 VVG gehören.[798] Insofern ist sowohl die analoge Anwendung des Art. 80 VVG als auch des Art. 83 VVG hier nicht unproblematisch. Wünschenswert wäre eine Klarstellung durch den Gesetzgeber, nach welcher Vorschrift der Arrest der Vermögensrechte, die Forderungen ausgenommen, erfolgen soll.

dd) Zusammenfassung

Trotzt der Schaffung des Föderalen Gesetzes „Über das Vollstreckungsverfahren" bereits im Jahre 1997, hat der russische Gesetzgeber die Zwangsvollstreckung in Forderungen erst zehn Jahre später ausdrücklich im VVG geregelt. Damit hat er die seit langem bestehende Regelungslücke und die dadurch verursachte Unpraktikabilität der Forderungspfändung beseitigt. An der besonderen Regelung zur Pfändung des Arbeitseinkommens und sonstigen Einkommens des Schuldners, die ihren Ansatz bereits im VVG von 1997 hatte, hat er jedoch trotz der Neuregelungen festgehalten, womit bei der Pfändung von Forderungen und der Pfändung von Einkommen des Schuldner jeweils besondere Vorschriften und damit verbundenen unterschiedliche Pfändungsverfahren zu beachten sind. In diesem Punkt unterscheidet sich die Systematik der russischen Forderungspfändung erheblich von der nach dem deutschen Recht, in welchem das Einkommen des Schuldners als eine Unterart der Forderungen nach dem allgemein gültigen Verfahren der Forderungspfändung abläuft. Unterschiedliche Verfahrensarten sind im deutschen Recht für die Forderungspfändungen nicht vorhanden, was die Pfändung im Gegensatz zum russischen Recht systematischer und überschaubarer macht.

Die Zwangsvollstreckung in das Arbeits- oder sonstige Einkommen des Schuldners folgt ähnlich wie die Vollstreckung in Buchungsgeld einem zweigliedrigen System. Einerseits kann der Gerichtsvollzieher ganz normal im Rahmen der Zwangsvollstreckung in das Einkommen unter bestimmten Voraussetzungen vollstrecken, was durch einen Beschluss erfolgt, der den Dritten zur Überweisung des pfändbaren Betrages auf das Konto des Gläubigers verpflichtet. Andererseits kann sich der Gläubiger außerhalb eines regulären

---

798 Im Ergebnis genauso *Gureev*, „K voprosu ob obraŝenii vzyskaniâ na imuŝestvennye prava: analiz novogo federal'nogo zakona „Ob ispolnitel'nom proizvodstve"" (Zur Frage der Zwangsvollstreckung in Vermögensrechte: Analyse des neuen Föderalen Gesetzes „Über das Vollstreckungsverfahren"), Ûsticiâ. Naučno-praktičeskij žurnal Nr. 4, 2008, S. 20; *Gureev/Guschin*, „Osnovnye novelly Federativnogo zakona „Ob ispolnitel'nom proizvodstve"" (Die wichtigsten Neuerungen des Föderalen Gesetzes „Über das Vollstreckungsverfahren), Zakonodatel'stvo Nr. 1, 2009, S. 78.

Zwangsvollstreckungsverfahrens unmittelbar an den Arbeitgeber des Schuldners wenden und eine Überweisung auf sein Konto verlangen. Im Unterschied zum deutschen Recht bedarf es dabei überhaupt keiner Einschaltung des Vollstreckungsorgans und somit keines mit dem Pfändungs- und Überweisungsbeschluss vergleichbaren Dokuments. Ein ausgestelltes Vollstreckungsdokument genügt also für diese Art der Vollstreckung aus. Sowohl bei der Zwangsvollstreckung durch den Gerichtsvollzieher, als auch bei der Einreichung des Vollstreckungsdokumentes unmittelbar durch den Gläubiger beim Arbeitgeber, ist die Vollstreckung nur unter jeweils besonderen Voraussetzungen zulässig. Die Vollstreckung in das Einkommen durch den Gerichtsvollzieher ist nur möglich, wenn entweder das Vollstreckungsdokument eine Forderung auf periodische Zahlungen enthält, die geforderte Geldsumme zehn Tausend Rubel nicht überschreitet oder die finanziellen Mittel und anderes Vermögen des Schuldners zur vollen Befriedung des Gläubigers nicht ausreichen. Der Gläubiger kann sich unmittelbar an den Arbeitgeber wenden, wenn das Vollstreckungsdokument eine Forderung auf periodische Zahlungen enthält oder auf die Zahlung einer Geldsumme gerichtet ist, die fünfundzwanzig Tausend Rubel nicht übersteigt. Sinn dieser vereinfachten Voraussetzungen soll in erster Linie die Vereinfachung und Beschleunigung des Vollstreckungsverfahrens sowie die Entlastung der Gerichtsvollzieher sein.

Die Pfändung von Forderungen ist im Gegensatz zu der Pfändung von Einkommen zwar nur durch den Gerichtsvollzieher möglich, jedoch kann es auch hier zu zwei unterschiedlichen Verfahrensarten kommen, was einen erheblichen Unterschied zum deutschen Recht darstellt. Grundsätzlich erfolgt auch die Forderungspfändung mit Einverständnis des Gläubigers durch die Überweisung der Forderungssumme, die der Schuldner gegenüber dem Dritten geltend machen kann, auf das Konto der Abteilung des Gerichtsvollziehers. Zwar geht die Forderung im Falle ihrer Vollstreckung auf den Gläubiger über, die Einziehung erfolgt jedoch nicht durch ihn selbst, sondern durch den Gerichtsvollzieher. Das empfangene Geld wird sodann auf das Konto des Gläubigers weitergeleitet. Fehlt ein Einverständnis des Gläubigers zu diesem Verfahren oder überweist der Dritte entgegen der Anordnung des Gerichtsvollziehers die geforderte Summe nicht auf das Konto des Gerichtsvollzieherdienstes, wird die Forderung im Wege einer Versteigerung verwertet und der Erlös an den Gläubiger ausgekehrt. Im Gegensatz zu der Pfändung des Einkommens ist im Rahmen der Forderungspfändung auch die Auferlegung eines Arrestes möglich, was ein Verfügungsverbot sowohl für den Schuldner als auch für den Dritten bedeutet und mit dem Pfändungsbeschluss des deutschen Rechts vergleichbar ist. Insofern unterscheidet sich in diesen Punkten die Forderungspfändung von der Pfändung des Einkommens erheblich.

Durch die unterschiedliche Vorgehens- und Verfahrensweise bei der Pfändung von Forderungen einerseits und der Pfändung von Einkommen, das bloß eine besondere Forderungsart darstellt, andererseits, wurde das Pfändungsverfahren durch den russischen Gesetzgeber unnötig kompliziert gestaltet, was auch durch die unterschiedlichen Vollstreckungsarten innerhalb der jeweiligen Pfändungsverfahren noch verstärkt wird. Die neu eingeführten Regelungen zur Forderungspfändung sind natürlich sehr zu begrüßen. Die in ihrer alten Systematik belassenen Vorschriften zur Einkommenspfändung hätten aber, vergleichbar mit dem deutschen Recht, in die Vorschriften zur Forderungspfändung integriert werden können. Die Regelungen zum Pfändungsschutz hätten dabei weiterhin ihre Geltung behalten können. Die unterschiedlichen Regelungsvorschriften lassen sich nur durch die geschaffenen unterschiedlichen Voraussetzungen der Zulässigkeit der Forderungs- und der Einkommenspfändung erklären. Ob diese jedoch bei der Einkommenspfändung sein müssen ist fraglich, weil der Schutz des Schuldners auch durch die Pfändungsschutzvorschriften ausreichend gewährleistet wird. Will der russische Gesetzgeber durch die Möglichkeit der Vollstreckung unmittelbar durch den Gläubiger den Gerichtsvollzieherdienst entlasten, hätte er das durch eine gemeinsame Sonderregelung sowohl in Bezug auf das Einkommen, als auch auf Forderungen gestalten können. Es ist nicht ersichtlich, warum ein solches Verfahren nur in Bezug auf das Einkommen möglich ist, welches sogar wegen seiner Bedeutung als Existenzgrundlage eigentlich einen größeren Schutz vor Zugriff genießen sollte als andere Geldforderung des Schuldners.

Geregelt wurde außerdem die Möglichkeit der Vollstreckung in sonstige Vermögensrechte mit gleichzeitiger Aufzählung von solchen Rechten. Insbesondere wurde dabei ein Schwerpunkt auf die Rechte, die sich im Zusammenhang mit Ergebnissen geistiger Tätigkeit und sog. „Mitteln der Individualisierung“ ergeben können, gelegt. Die Vollstreckung in sonstige Vermögensrechte erfolgt unter Beachtung besonderer Vorschriften im ZGB RF nach den allgemeinen Regeln des VVG. Das hat zur Folge, dass das Verfahren der Vollstreckung in sonstige Vermögensrechte zwar teilweise bestimmte Übereinstimmungen mit dem Verfahren der Forderungspfändung aufweist, im Grunde aber nach den Vorschriften zur Vollstreckung in Vermögensgegenstände, insbesondere unbewegliches Vermögen, erfolgt. Auch das stellt einen erheblichen Unterschied zum deutschen Recht dar, nach welchem für Zwangsvollstreckung in sonstige Vermögensrechte die Vorschriften zu der Vollstreckung in Forderungen entsprechend gelten.[799]

799 Vgl. § 857 Abs. 1 ZPO.

3. Vollstreckung in Vermögen, das sich bei Dritten befindet

Das dem Schuldner gehörende Vermögen kann sich aus verschiedenen Gründen nicht bei ihm selbst befinden, sondern im Gewahrsam von Dritten sein, die nicht zu den Beteiligten des Zwangsvollstreckungsverfahrens zählen. In diesem Fall kann die Vollstreckung im russischen Recht nur aufgrund eines Gerichtsaktes oder einer Vollstreckbarkeitserklärung eines Notars erfolgen, Art. 77 Abs. 1 VVG. Aufgrund des unbeschränkten Wortlauts des Art. 77 Abs. 1 VVG kann dabei sowohl in das bewegliche, als auch in das unbewegliche Vermögen des Schuldners, das sich im Gewahrsam Dritter befindet, vollstreckt werden, was einen erheblichen Unterschied zu der im deutschen Recht zu findenden Vorschrift des § 809 ZPO darstellt. Aufgrund der Notwendigkeit eines Gerichtsaktes oder einer Vollstreckbarkeitserklärung eines Notars ist es im russischen Recht auch irrelevant, ob der Dritte zur Herausgabe des Vermögens bereit ist oder nicht.[800]

Soll die Zwangsvollstreckung in das bei einem Dritten im Gewahrsam befindliches Vermögen erfolgen, muss der Gläubiger oder der Gerichtsvollzieher gem. Art. 77 Abs. 2 VVG bei dem Gericht ein entsprechendes Ersuchen einreichen, über welches das Gericht[801] innerhalb von zehn Tagen seit dessen Eingang zu entscheiden hat. Dabei hat das Gericht z.B. zu prüfen, ob das Vermögen tatsächlich dem Schuldner gehört, ob in dieses Vermögen vollstreckt werden darf, ob es sich tatsächlich im Gewahrsam des Dritten befindet und den Rechtsgrund des Gewahrsams.[802] Lässt das Gericht die Vollstreckung in dieses Vermögen zu, unterliegt dieser Gerichtsakt, der in Rechtskraft erwachsen sein muss, gem. Art. 77 Abs. 3 VVG der sofortigen Vollstreckung. Insofern ist die Regelung in Art. 77 Abs. 3 VVG eigentlich überflüssig, weil nach der allgemeinen Regel des Zivilprozessrechts die sofortige Vollstreckung für die Gerichtsakte vorgesehen ist, die

---

800 § 809 ZPO findet nur bei der Zwangsvollstreckung in bewegliche Sachen Anwendung. Danach können Sachen, die sich im Gewahrsam eines Dritten befinden von dem Gerichtsvollzieher gepfändet werden, wenn der Dritte zur Herausgabe dieser Sachen bereit ist. Fehlt eine entsprechende Bereitschaft des Dritten, muss der Gläubiger den Herausgabeanspruch des Schuldners gegen den Dritten gem. §§ 846, 847 ZPO pfänden und sich überweisen lassen. – *Baur/Stürner/Bruns*, Zwangsvollstreckungsrecht, § 28, Rn. 28.10.

801 Bei entsprechender Anwendung des Art. 434 ZPO RF ist das Gericht, das bereits das Vollstreckungsdokument erlassen hat oder das Gericht am Ort der Zwangsvollstreckung zuständig. Das Verfahren der Entscheidung über das Ersuchen richtet sich dann nach Art. 203 ZPO RF. – *Reschetnikova*, Kommerntar, Art. 77, Punkt 3, S. 375.

802 *Reschetnikova*, Kommerntar, Art. 77, Punkt 3, S. 375.

gerade noch nicht in Rechtskraft erwachsen sind.[803] Die in Rechtskraft erwachsenen Gerichtsakte können ohne weiteres vollstreckt werden.

Art. 77 Abs. 4 VVG zählt abschließend die Fälle auf, in denen die vorgenannten Regeln keine Anwendung finden. Eines Gerichtsaktes zur Vollstreckung in das im Gewahrsam eines Dritten befindliche Vermögen bedarf es danach nicht bei einer Vollstreckung in finanzielle Mittel, die sich auf Konten oder zur Verwahrung in Banken oder anderen Kreditinstituten befinden, bei der Vollstreckung in Wertpapiere, die sich auf Konten bei den professionellen Teilnehmern des Wertpapiermarktes befinden und bei der Vollstreckung eines Gerichtsaktes, der die Auferlegung eines Arrestes auf das Vermögen des Schuldners enthält. Das Vollstreckungsverfahren für diese Fälle ist von dem russischen Gesetzgeber bereits speziell geregelt worden,[804] so dass Art. 77 Abs. 4 VVG insoweit nur noch der Klarstellung dient.

4. Die Vollstreckung in Gemeinschaftseigentum

Besitzt der Schuldner Vermögen, das zum Gemeinschaftseigentum gehört, wird gem. Art. 69 Abs. 6 VVG in den dem Schuldner gehörenden Anteil vollstreckt. Der betroffene Anteil wird entsprechend den Föderalen Gesetzen bestimmt. Der wichtigste Fall des Gemeinschaftseigentums stellt wohl das Ehegattenvermögen dar, so dass im Folgenden die Zwangsvollstreckung in das Ehegattenvermögen näher erläutert wird. Zum besseren Verständnis der Zwangsvollstreckung in das Ehegattenvermögen ist aber zunächst zu klären, was unter dem gemeinsamen Ehegattenvermögen zu verstehen ist.

a. Das gemeinsame Ehegattenvermögen

Das gemeinsame Vermögen[805] von Ehegatten ist in Art. 256 ZGB RF legal definiert. Es handelt sich dabei um Vermögen, das die Ehegatten während der Ehe erworben haben[806], solange nichts Anderweitiges zwischen ihnen vertraglich vereinbart wurde, Art. 256 Abs. 1 ZGB RF. Das gemeinsame Ehegattenvermögen stellt somit den gesetzlichen Güterstand dar.[807] Vermögen, das dem jeweiligen

---

803 Vgl. Art. 210 ff. ZPO RF und § 4 I 3 a. bb), S. 82 ff.

804 Vgl. Art. 70 ff., Art. 73, und Art. 80 Abs. 3 Nr. 3 VVG.

805 Wörtlich übersetzt: das gemeinsame Eigentum der Ehegatten.

806 Dazu gehört insbesondere das Arbeitsentgelt der Ehegatten und die damit erworbenen beweglichen und unbeweglichen Vermögensgegenstände, Art. 34 Abs. 2 FamK RF.

807 Vgl. Art. 33 Abs. 1 FamK RF. - Das gemeinsame Vermögen der Ehegatten ist in etwa mit der Gütergemeinschaft des deutschen Rechts, §§ 1415 BGB, vergleichbar. Der

Ehegatten vor der Schließung der Ehe gehört hat oder das ein Ehegatte durch Schenkung oder Erbschaft während der Ehe erworben hat, gehört zu dem ausschließlichen Vermögen des jeweiligen Ehegatten. Damit sind das gemeinsame und das ausschließliche Vermögen der Ehegatten voneinander zu unterscheiden. Zum ausschließlichen Vermögen eines Ehegatten gehören darüber hinaus auch Sachen, die zwar während der Ehe angeschafft wurden, jedoch dem persönlichen Gebrauch eines Ehegatten dienen.[808] Ebenfalls gehört das ausschließliche Recht auf das Ergebnis geistiger Tätigkeit nicht zu dem gemeinsamen Vermögen der Ehegatten.[809] Jedoch gehören dazu die Einnahmen aus der Nutzung solcher Ergebnisse, soweit nicht anderes vereinbart wurde. Schließlich kann als gemeinsames Vermögen das Vermögen jeden einzelnen Ehegatten angesehen werden, falls während der Ehe Investitionen getätigt wurden, die im Ergebnis das investierte Vermögen erheblich übersteigen.[810]

b. Die Vollstreckung in das gemeinsame Ehegattenvermögen

Die Grundregeln der Vollstreckung in das gemeinsame Vermögen der Ehegatten stellt Art. 45 FamK RF auf. Nach Art. 45 Abs. 1 FamK RF hat die Vollstreckung aufgrund einer Verbindlichkeit eines Ehegatten grundsätzlich in sein ausschließliches Vermögen zu erfolgen. Erst wenn solches Vermögen zur Befriedigung des Gläubigers nicht ausreicht, ist der Zugriff auf den dem Schuldner gehörenden Anteil an dem gemeinsamen Ehegattenvermögen möglich. Der Gläubiger kann in einem solchen Fall die Aussonderung des Anteils verlangen, der dem Schuldner im Falle der Teilung des gemeinsamen Vermögens[811]

---

gesetzliche Güterstand in Deutschland ist aber gem. § 1363 Abs. 1 BGB die Zugewinngemeinschaft. Vgl. *Koch* in *MüKo-Familienrecht I*, § 1363, Rn. 5 ff.; *Gernhuber/Coester-Waltjen*, Familienrecht, § 34, S. 367 ff.

808 Ausgenommen sind jedoch Schmuckstücke und andere Luxusartikel.

809 Siehe auch die Vorschrift des Art. 36 FamK RF.

810 z.B. die Grundsanierung einer Wohnung. Siehe dazu auch Art. 37 FamK RF.

811 Die Teilung des gemeinsamen Vermögens kann gem. Art. 38 Abs. 1 FamK RF bereits während der Ehe, nach der Scheidung auf Verlangen eines Ehegatten, sowie im Falle der Forderung eines Gläubigers zur Vorbereitung der Vollstreckung in einen Anteil des gemeinsamen Vermögens erfolgen. Die Teilung erfolgt im gerichtlichen Verfahren, falls sich die Ehegatten über die Teilung nicht einigen können, Art. 38 Abs. 3 FamK RF. Das gemeinsame Vermögen wird dabei grundsätzlich gem. Art. 39 Abs. 1 FamK RF zu gleichen Teilen aufgeteilt, falls zwischen den Ehegatten nichts anderes vereinbart wurde. Das Gericht kann von diesem Grundsatz aber abweichen, wenn besondere Interessen, wie z.B. die minderjährigen Kinder oder besondere Verdienste der Ehegatten, zu berücksichtigen sind, Art. 39 Abs. 2 FamK RF. Die

zustehen würde, um in diesen Anteil vollstrecken zu können.[812] Anzumerken ist an dieser Stelle, dass ein solches Recht dem Gerichtsvollzieher mangels einer gesetzlichen Regelung nicht zusteht. Stößt der Gerichtsvollzieher auf das gemeinsame Vermögen, in das eine Vollstreckung erfolgen könnte, müsste er demnach den Gläubiger darüber informieren und dieser könnte dann selbst entscheiden, ob er sich an das Gericht wendet, um die Aussonderung des Anteils seines Schuldners zu verlangen, in welches anschließend vollstreckt werden soll.[813] Insofern ist die Vollstreckung in einen Anteil des gemeinsamen Vermögens der Ehegatten nur aufgrund einer Entscheidung des Gerichtes, das auf Verlangen des Gläubigers tätig wird, und bei fehlendem sonstigem Vermögen des Schuldners möglich.[814]

In das gemeinsame Vermögen der Ehegatten kann aufgrund von gemeinsamen Verbindlichkeiten der Ehegatten[815] vollstreckt werden, Art. 45 Abs. 2 FamK RF. Ebenfalls ist die Vollstreckung in das gemeinsame Vermögen aufgrund einer Verbindlichkeit eines Ehegatten möglich, falls das Gericht feststellt, dass alles, was durch die eingegangene Verpflichtung des Schuldners erhalten wurde, für den Bedarf der Familie genutzt wurde. Reicht das gemeinsame Vermögen in diesen Fällen nicht aus, werden die Ehegatten aus solidarischen Gründen zur Verantwortung mit ihrem jeweiligen ausschließlichen Vermögen herangezogen. In das gemeinsame Vermögen der Ehegatten oder in einen Teil davon kann außerdem vollstreckt werden, falls das Gericht feststellt, dass das gemeinsame Vermögen in einer kriminellen Weise durch einen der Ehegatten erworben oder vermehrt wurde.

---

gemeinsamen Schulden der Ehegatten werden entsprechend der ihnen zustehenden Anteile verteilt.

812 Eine ensprechende Regelung findet sich auch in der allgemein gültigen Vorschrift des Art. 255 ZGB RF, die die Vollstreckung in einen Anteil des gemeinsamen Vermögens regelt (in das Gemeinschaftseigentum außerhalb des Ehegattenvermögens). Art. 255 ZGB RF stellt außerdem fest, dass falls die Aussonderung des Anteils in natura nicht möglich ist oder die anderen Miteigentümer dem widersprechen, der Gläubiger den Verkauf des Anteils an die anderen Miteigentümer des gemeinsamen Vermögens zum Marktpreis verlangen kann. Weigern sich die Miteigentümer diesen Anteil zu erwerben, kann der Gläubiger im Gerichtswege die Versteigerung dieses Anteils verlangen.

813 *Jarkov*, Kommentar, Art. 69, Punkt 6, S. 343.

814 *Reschetnikova*, Kommentar, Art. 69, Punkt 6, S. 345.

815 Ehegatten als Gesamtschuldner.

5. Besonderheiten der Vollstreckung in das Vermögen einer Organisation[816]

Die bereits dargestellten Zwangsvollstreckungsarten bezogen sich in erster Linie auf die Vollstreckung des Gläubigers gegen den Schuldner als natürliche Person. Eine Zwangsvollstreckung gegen eine Organisation[817] erfolgt grundsätzlich auch nach denselben Regeln und Grundsätzen. Zu beachten sind jedoch die von dem russischen Gesetzgeber im Kapitel zehn VVG aufgestellten Besonderheiten, die im Falle der Vollstreckung in das Vermögen einer Organisation eingreifen.

a. Reihenfolge des Vollstreckungszugriffs

Zunächst ist gem. Art. 94 Abs. 1 VVG die Reihenfolge des Vollstreckungszugriffs zu beachten, die von der Reihenfolge des Vollstreckungszugriffs gegen eine natürliche Person gem. Art. 69 Abs. 3 und 4 VVG abweicht.[818] Grundsätzlich gilt auch bei der Vollstreckung in das Vermögen einer Organisation, dass in erster Linie auf die finanziellen Mittel zuzugreifen ist. Das sonstige Vermögen einer juristischen Person ist erst betroffen, wenn die finanziellen Mittel nicht vorhanden sind oder zur Befriedigung des Gläubigers nicht ausreichen. Um die wirtschaftliche Tätigkeit einer Organisation oder eines Unternehmens weiterhin zu gewährleisten und die Grundlagen des Betriebes vorerst zu erhalten[819], hat der russische Gesetzgeber folgende Reihenfolge des Vollstreckungszugriffs aufgestellt: reichen die finanziellen Mittel nicht aus, ist an erster Stelle in das bewegliche Vermögen der Organisation zu vollstrecken, das nicht unmittelbar in den Produktionsprozess einbezogen ist oder zur Ausführung der Arbeit oder Dienstleistung benötigt wird, (Nr. 1). Zu solchen beweglichen Gegenständen gehören u.a. auch Wertpapiere[820], Fertigerzeugnisse, Designobjekte der Büros, wertvolle Metalle und Steine. An zweiter Stelle erfolgt die Vollstreckung in Vermögensrechte (Nr. 2), an dritter in unbewegliches Vermögen (Nr. 3), und zwar jeweils auch in diejenigen, die nicht unmittelbar in den Produktionsprozess einbezogen sind oder zur Ausführung der Arbeit oder Dienstleistung benötigt werden. Erst an vierter

---

816 Siehe zu der Organisation von Unternehmen *Resch*, Unternehmensrecht in Russland zwischen Privatisierung und Staatswirtschaft, S. 83 ff.

817 Dazu gehören insbesondere juristische Personen. Definition juristischer Personen findet sich in Art. 48 ZGB RF.

818 Dazu bereits auch unter § 3 II 1 b, S. 58 ff.

819 Vgl. *Gureev/Guschin*, „Ispolnitel'noe proizvodstvo – Učebnik" (Vollstreckungsverfahren – Lehrbuch), S. 253.

820 Ausgenommen Wertpapiere, die als Geldanlage in Investmentsfonds fundieren.

Stelle ist die Vollstreckung auch in Vermögen, das unmittelbar in den Produktionsprozess einbezogen ist oder zur Ausführung der Arbeit oder Dienstleistung benötigt wird, zulässig (Nr. 4). Dazu gehören insbesondere Rohstoffe, Materialien, Werkzeugmaschinen, Ausrüstungen sowie Wertpapiere, die als Geldanlage in Investmentfonds fundieren.

Die genannte Reihenfolge ist entsprechend auf Personen anzuwenden, die als Unternehmer eingetragen sind und das Vollstreckungsdokument im Zusammenhang mit der unternehmerischen Tätigkeit ausgestellt wurde (Art. 94 Abs. 2 VVG).[821]

b. Zwangsvollstreckung und Insolvenzverfahren[822]

Sind bei der Schuldner-Organisation weder finanzielle Mittel, noch anderes Vermögen, das nicht unmittelbar in den Produktionsprozess einbezogen ist oder zur Ausführung der Arbeit oder Dienstleistung benötigt wird, vorhanden, kann der Gerichtsvollzieher nur noch in das in Art. 94 Abs. 1 Nr. 4 VVG geregelte Vermögen[823] vollstrecken. Dabei stellt sich für ihn die Frage, ob die Organisation mangels anderweitigen Vermögens möglicherweise insolvent ist[824], so dass er in einem solchen Fall die in Art. 95 VVG geregelten besonderen Maßnahmen zu treffen hat, bevor er mit der Vollstreckung fortfahren kann.

Hat der Gerichtsvollzieher auf das in Art. 94 Abs. 1 Nr. 4 VVG genannte Vermögen der Organisation Arrest auferlegt, muss er innerhalb von drei Tagen seit der Vermögensauflistung die Kopien des Arrestbeschlusses, der Vermögensauflistung und die Angabe über die Höhe der Gläubigerforderung an den Föderalen

821 Siehe auch Art. 25 ZGB RF, der die Insolvenz eines Einzelunternehmers regelt. Der Einzelunternehmer ist nach Art. 18, 23 ZGB RF eine natürliche Person. Siehe zum Insolvenzverfahren gegen natürliche Personen *Wedde*, Der Insolvenzverwalter im russischen und deutschen Recht, S. 137 ff. - Zwar sind in dem InsG RF auch Vorschriften zur Insolvenz natürlicher Personen (Privatinsolvenz), die keine Einzelunternehmer sind, vorgesehen, diese treten aber gem. Art. 231 Abs. 2 InsG RF erst in Kraft, wenn das Föderale Gesetz zur Einfügung entsprechender Regelungen in Kraft tritt. Ein solches Gesetz ist jedoch zurzeit noch nicht in Kraft getreten, so dass die Privatinsolvenz in der Russischen Föderation noch nicht möglich ist.

822 Siehe zum russischen Insolvenzverfahren *Wedde*, Der Insolvenzverwalter im russischen und deutschen Recht, S. 64 ff.; *Wedde*, WiRO 2003, S. 195 ff.; *Starrost*, Die juristische Person in der Insolvenz: Ein Vergleich von deutschem und russischem Insolvenzrecht, S. 13 ff.

823 Also in Vermögen, welches unmittelbar in den Produktionsprozess einbezogen ist oder zur Ausführung der Arbeit oder Dienstleistung benötigt wird.

824 Vgl. Art. 3 Abs. 2 InsG RF zu den Anzeichen einer Insolvenz.

Steuerdienst und im Falle, dass der Schuldner eine Bank oder eine andere Kreditorganisation ist, an die Zentralbank der Russischen Föderation senden.[825] Der Föderale Steuerdienst sowie die Zentralbank der Russischen Föderation haben in diesem Fall zu prüfen, ob gegen den Schuldner ein Insolvenzverfahren bei dem Arbitragegericht[826] einzuleiten ist. Innerhalb einer dreißigtägigen Frist seit dem Erhalt des Arrestbeschlusses und der Vermögensauflistung hat der Föderale Steuerdienst oder die Zentralbank der Russischen Föderation dem Gerichtsvollzieher mitzuteilen, ob bei dem Arbitragegericht ein Insolvenzverfahren in Bezug auf die Organisation oder ein Verfahren zum Entzug der Lizenz, die zur Bankentätigkeit berechtigt, eingeleitet wird oder nicht. Bis zu dieser Mitteilung hat der Gerichtsvollzieher Maßnahmen zur Verwertung des arrestierten Vermögens zu unterlassen.[827]

Teilt der Föderale Steuerdienst dem Gerichtsvollzieher mit, dass ein Insolvenzverfahren gegen die Organisation bei dem Arbitragegericht eingeleitet wird, darf der Gerichtsvollzieher die Maßnahmen zur Verwertung des Vermögens der Schuldner-Organisation bis zu der Entscheidung des Arbitragegerichts weiterhin nicht vornehmen. Dasselbe gilt grundsätzlich auch, falls eine entsprechende Mitteilung von der Zentralbank der Russischen Föderation kommt. Ausgenommen davon sind jedoch Fälle, in denen es um eine Vollstreckung aus Vollstreckungsdokumenten geht, die folgende Forderungen enthalten: Vollstreckung in das geschuldete Arbeitsentgelt (Lohnforderungen), Forderungen wegen der Vergütung von Urheberrechten, Herausgabeverlangen des Vermögens von einem unrechtmäßigen Besitzer, Schadensersatzzahlungen aufgrund Lebens- oder Gesundheitsverletzungen, Immaterieller Schadensersatz oder Vollstreckung in geschuldete regelmäßige Zahlungen.[828] Die genannten Forderungen sind somit anderen Forderungen gegenüber privilegiert und können trotz der Einleitung eines Insolvenzverfahrens bei dem Arbitragegericht durch die Zentralbank der

---

825 Art. 95 Abs. 1 VVG. – Die Maßnahmen des Art. 95 VVG muss der Gerichtsvollzieher nicht treffen, falls der Arrest auf das in Art. 94 Abs. 1 Nr. 4 VVG genannte Vermögen lediglich zu dessen Sicherung auferlegt wurde, weil der Arrest gem. Art. 80 Abs. 1 VVG ohne Beachtung der Reihenfolge des Vollstreckungszugriffs auferlegt werden kann. – *Reschetnikova*, Kommentar, Art. 95, Punkt 2, S. 477. – Die Maßnahmen sind zu treffen, falls die eigentliche Vollstreckung in dieses Vermögen stattfinden soll, weil anderes Vermögen zur Realisierung nicht vorhanden ist und der Gerichtsvollzieher somit auf das arrestierte Vermögen des Art. 94 Abs. 1 Nr. 4 VVG zurückgreifen muss.

826 Die Zuständigkeit des Arbitragegerichts ergibt sich aus Art. 6 InsG RF.

827 Art. 95 Abs. 2 VVG.

828 Siehe dazu Art. 95 Abs. 3 und 4 VVG.

Russischen Föderation von dem Gerichtsvollzieher realisiert werden. Lehnt der Föderale Steuerdienst oder die Zentralbank der Russischen Föderation die Einleitung eines Insolvenzverfahrens ab, setzt der Gerichtsvollzieher seine Maßnahmen zur Realisierung des arrestierten Vermögens fort.[829]

Beschließt das Arbitragegericht das Verfahren der Beobachtung[830] der finanziellen Sanierung[831] oder der Fremdverwaltung[832] gegen die Schuldner-Organisation, setzt der Gerichtsvollzieher die Vollstreckung der Vollstreckungsdokumente aus[833] und hebt die im Laufe des Vollstreckungsverfahrens auferlegten Arreste auf. Nur der Arrest, welcher auf das Vermögen auferlegt wurde, dessen Wert die Höhe der Gläubigerforderung nicht übersteigt und auf welches zur Vollstreckung der Vollstreckungsdokumente, die die Vollstreckung weiterhin erlauben, zugegriffen werden soll, kann weiterhin aufrechterhalten werden. Das unter Arrest bleibende Vermögen kann zur Befriedigung der privilegierten Forderungen sodann auch verwertet werden.[834] Nach der Einleitung des finanziellen Sanierungsverfahrens oder des Fremdverwaltungsverfahrens kann neuer Arrest auf das Vermögen des Schuldners nur noch im Rahmen des Insolvenzverfahrens auferlegt werden.[835]

Nach dem Erhalt von Kopien der Entscheidung des Arbitragegerichts über die Erklärung des Schuldners als insolvent, über die Eröffnung des Konkursverfahrens oder über seine Liquidation[836], beendet der Gerichtsvollzieher grundsätzlich das Vollstreckungsverfahren.[837] Gleichzeitig mit der Beendigung des

829 *Reschetnikova*, Kommentar, Art. 95, Punkt 5, S. 479.

830 Art. 62 ff. InsG RF. – Siehe auch *Wedde*, Der Insolvenzverwalter im russischen und deutschen Recht, S. 92 ff.

831 Art. 76 ff. InsG RF. – Siehe auch *Wedde*, Der Insolvenzverwalter im russischen und deutschen Recht, S. 100 ff.

832 Art. 93 ff. InsG RF. – Siehe auch *Wedde*, Der Insolvenzverwalter im russischen und deutschen Recht, S. 105 ff.

833 Ausgenommen sind davon Vollstreckungsdokumente, die auf der Grundlage von Entscheidungen ausgegeben wurden, die vor der Insolvenzeröffnung in Rechtskraft erwachsenen sind und den in Art. 95 Abs. 4 VVG genannten Dokumenten, Art. 96 Abs. 1 VVG.

834 Art. 96 Abs. 2 VVG.

835 Art. 96 Abs. 3 VVG.

836 Siehe zur Liquidation einer juristischen Person Art. 61 ZGB RF.

837 Art. 96 Abs. 4 i.V.m. Art. 47 Abs. 1 Nr. 6, 7 VVG. – Ausgenommen von der Beendigung sind jedoch Vollstreckungsverfahren, die aufgrund folgender Vollstreckungsdokumente eingeleitet wurden: Vollstreckungsdokumente, die aufgrund von Gerichtsakten ausgegeben wurden, die vor der Einleitung entsprechender Verfahren

Zwangsvollstreckungsverfahrens hebt der Gerichtsvollzieher die im Laufe des Vollstreckungsverfahrens auferlegten Arreste und Beschränkungen auf.[838] Die Vollstreckungsdokumente werden sodann zusammen mit der Kopie des Beschlusses über die Beendigung des Vollstreckungsverfahrens an den Insolvenzverwalter[839] oder an die Liquidationskommission (Liquidator)[840] innerhalb einer dreitägigen Frist seit der Beendigung des Vollstreckungsverfahrens geschickt.[841] Auf Antrag des Gläubigers hat der Gerichtsvollzieher aber weiterhin das Recht die Ordnungsmäßigkeit der Erfüllung der Forderungen aus Vollstreckungsdokumenten, die dem Liquidator geschickt wurden, zu überprüfen.[842]

Die Vorschrift des Art. 96 Abs. 1 bis 6 VVG ist entsprechend auf einen Schuldner anzuwenden, der als Unternehmer eingetragen ist und das Vollstreckungsdokument im Zusammenhang mit der unternehmerischen Tätigkeit ausgestellt wurde, Art. 96 Abs. 7 VVG.

Im Falle einer Reorganisation[843] der Schuldner-Organisation erfolgt die Zwangsvollstreckung aus Zwangsvollstreckungsdokumenten in finanzielle

---

rechtskräftig wurden; über die Eigentumsfeststellung; über Ersatz immaterieller Schäden; über Herausgabeverlangen des Vermögens von einem unrechtmäßigen Besitzer; über die Anwendung der Folgen einer Nichtigkeitserklärung des Vertrages oder über die Vollstreckung in geschuldete regelmäßige Zahlungen.

838 Eine ensprechende Regelung findet sich auch in Art. 126 InsG RF.

839 Siehe zu den Aufgaben und Pflichten des Insolvenzverwalters Art. 129 InsG RF und zur Reihenfolge der Befriedigung von Gläubigerforderungen Art. 134 ff. InsG RF. – Übersetzung des Art. 134 InsG RF in *Wedde*, WiRO 2003, S. 200.

840 Siehe zur Liquidationskommission Art. 62 ZGB RF und zum Verfahren der Liquidation und der Reihenfolge der Befriedigung von Gläubigerforderungen im Falle einer Liquidation der juristischen Person Art. 63, 64 ZGB RF.

841 Eine Kopie des Beendigungsbeschlusses erhalten auch die Parteien der Zwangsvollstreckung innerhalb dieser Frist, Art. 96 Abs. 5 VVG.

842 Das Verfahren richtet sich nach Art. 47 Abs. 8 und 9 VVG. Art. 47 Abs. 8 i.V.m. Art. 64 Abs. 1 Nr. 16 VVG ermöglicht dem Gerichtsvollzieher die Einbehaltung und Überweisung von regelmäßigen Zahlungen durch den Liquidator zu überprüfen. Der Liquidator muss ihm die dafür notwendigen Dokumente zur Verfügung stellen. – *Jarkov*, Kommentar, Art. 96, Punkt 6, S. 490. – Gem. Art. 47 Abs. 9 VVG kann der Beendigungsbeschluss des Gerichtsvollzieher durch den Obergerichtsvollzieher aufgehoben werden, falls wiederholte Zwangsvollstreckungshandlungen und -maßnahmen erforderlich sind. – Die Möglichkeit einer Überprüfung der ordnungsgemäßen Durchführung des Insolvenzverfahrens besteht für den Gerichtsvollzieher hingegen nicht.

843 Fusion, Anschluss, Aufteilung, Ausgliederung, grundlegende Umbildung. – Zur Reorganisation einer juristischen Person siehe Art. 57, 58 ZGB RF.

Mittel und sonstiges Vermögen der Organisation, der aufgrund eines Gerichtsaktes die Verantwortung für die Verpflichtungen der Schuldner-Organisation auferlegt ist, Art. 97 VVG.

c. *Zusammenfassung*

Anders als das deutsche Recht[844], unterscheidet das russische zwischen der Vollstreckung in das Vermögen einer natürlichen und einer juristischen Person (Organisation), so dass bei der Vollstreckung in das Vermögen einer Organisation im russischen Recht einige Besonderheiten zu beachten sind. So gilt hier eine etwas andere Reihenfolge des Vollstreckungszugriffs als es bei der Vollstreckung in das Vermögen einer natürlichen Person der Fall ist. Zu erklären ist das insbesondere mit dem Ziel des Gesetzgebers, die Funktionsfähigkeit einer Organisation zunächst solange wie möglich aufrecht zu erhalten. Der Zugriff in Gegenstände, die unmittelbar in den Produktionsprozess einbezogen sind oder zur Ausführung der Arbeit oder Dienstleistung benötigt werden, soll deshalb erst an aller letzten Stelle erfolgen.

Neben der Reihenfolge des Vollstreckungszugriffs sind auch besondere Regelungen zu beachten, die das Verhältnis zwischen dem Zwangsvollstreckungsverfahren und dem Insolvenzverfahren regeln. Ergeben sich für den Gerichtsvollzieher Anzeichen dafür, dass die Organisation insolvent sein könnte, weil nur noch Vermögen der letzten Ordnung vorhanden ist, muss er das Vollstreckungsverfahren unterbrechen und Maßnahmen treffen, die zur Überprüfung der Solvenz der Organisation führen. In einem solchen Fall arbeitet der Gerichtsvollzieher mit dem Föderalen Steuerdienst oder der Zentralbank der Russischen Föderation zusammen, welche die Situation der Organisation überprüfen und darüber entscheiden, ob ein Insolvenzverfahren einzuleiten ist. Wird ein Insolvenzverfahren eingeleitet und die Organisation für insolvent erklärt, beendet der Gerichtsvollzieher grundsätzlich das Zwangsvollstreckungsverfahren und übergibt die Vollstreckungsdokumente an den bestellten Insolvenzverwalter oder einen Liquidator, die die Erfüllung der Gläubigerforderungen übernehmen. Das geschieht in der im Rahmen des Insolvenzverfahrens oder Liquidationsverfahrens aufgestellten Reihenfolge der Befriedigung.

---

844 Das deutsche Recht unterscheidet nicht zwischen der Vollstreckung in das Vermögen einer natürlichen Person und einer juristischen Person, so dass vergleichbare besondere Regelungen, die nur für die Vollstreckung gegen juristische Personen gelten, im Gegensatz zum russischen Recht nicht vorhanden sind. Eine spezielle Regelung enthält die ZPO nur bezüglich der Zwangsvollstreckung gegen juristische Personen des öffentlichen Rechts in § 882 a.

Das im russischen Recht normierte Verhältnis zwischen dem Vollstreckungsverfahren und dem Insolvenzverfahren ähnelt somit dem deutschen Recht. Genau wie im deutschen geht es auch im russischen Insolvenzverfahren um die Befriedigung von Gläubigern aus der Insolvenzmasse, so dass die Einzelvollstreckung nach der Insolvenzeröffnung nicht mehr ohne weiteres stattfinden kann, um das Insolvenzverfahren und die Verteilung der Insolvenzmasse nicht zu beeinträchtigen. Im deutschen Recht begründet die Eröffnung eines Insolvenzverfahrens deshalb ein von Amts wegen zu berücksichtigendes Vollstreckungsverbot für die Dauer des Insolvenzverfahrens, § 89 InsO. Dieses Vollstreckungsverbot muss allerdings mit einer Erinnerung beim Insolvenzgericht durchgesetzt werden, § 89 Abs. 3 InsO,[845] tritt also nicht bereits wie im russischen Recht automatisch mit der Eröffnung des Insolvenzverfahrens ein, welches sogar die Beendigung des Vollstreckungsverfahrens nach sich zieht.

6. Zwangsvollstreckung zur Erwirkung der Herausgabe von Gegenständen

Die Herausgabe eines Gegenstandes[846] gehört im russischen Recht zu der Zwangsvollstreckung wegen Vermögensforderungen[847] und ist in der speziellen Norm des Art. 88 VVG geregelt. Gem. Art. 88 Abs. 1 S. 1 VVG beschlagnahmt der Gerichtsvollzieher die in dem Vollstreckungsdokument konkret bezeichnete Sache[848] bei dem Schuldner und übergibt diese dem Gläubiger, wobei er ein Übergabeprotokoll erstellt. Neben den normalen körperlichen Gegenständen ist auch die Herausgabe von dokumentenlosen Wertpapieren speziell in Art. 88 Abs. 1 S. 2 VVG geregelt worden, um deren Herausgabe an den Gläubiger zu ermöglichen, weil eine Beschlagnahme und tatsächliche Übergabe in diesem Fall ansonsten nicht möglich wäre. Sind an den Gläubiger somit dokumentenlose Wertpapiere herauszugeben, erlässt der Gerichtsvollzieher einen Beschluss über die Abschreibung entsprechender Wertpapiere von dem Konto des Schuldners und der Gutschrift dieser auf dem Konto des Gläubigers.

Zur Sicherung des von dem Schuldner herauszugebenden und an den Gläubiger zu übergebenden Vermögens kann der Gerichtsvollzieher gem. Art. 80

845 *Baur/Stürner/Bruns*, Zwangsvollstreckungsrecht, § 9, Rn. 9.9.

846 Wörtlich übersetzt handelt es sich um die Herausgabe von Vermögen.

847 Vgl. § 5, S. 115.

848 Im Gegensatz zum deutschen § 883 ZPO werden hier nicht nur bewegliche, sondern auch unbewegliche Sachen erfasst, weil Art. 88 VVG allgemein von Vermögen spricht und keine Einschränkungen vorsieht.

Abs. 3 Nr. 1 VVG Arrest auferlegen. Das Verfahren der Arrestauferlegung richtet sich dabei nach der allgemein gültigen Vorschrift des Art. 80 Abs. 4 ff. VVG. Im Falle der Weigerung des Schuldners das Vermögen herauszugeben, kann der Gerichtsvollzieher Maßnahmen nach Art. 112 ff. VVG ergreifen, also insbesondere ein Ordnungswidrigkeitenverfahren wegen Nichtbefolgung seiner Anweisungen einleiten. Ist die Herausgabe des konkreten Gegenstandes unmöglich, hat der Gerichtsvollzieher dies dem Gläubiger mitzuteilen, der anschließend bei Gericht einen Antrag auf Änderung der Zwangsvollstreckungsmaßnahme stellen kann.[849] Beschließt das Gericht eine andere Zwangsvollstreckungsmaßnahme,[850] kann in anderes Vermögen des Schuldners vollstreckt werden. Die Höhe der Forderung richtet sich nach der Höhe des Wertes der untergegangenen Sache.[851]

Weigert sich hingegen der Gläubiger die Sache anzunehmen, die ihm aufgrund des Vollstreckungsdokumentes zusteht, protokolliert der Gerichtsvollzieher die Ablehnung, übergibt die Sache wieder dem Schuldner und wendet sich an das Gericht mit dem Antrag, das Vollstreckungsverfahren bezüglich dieser Sache einzustellen, Art. 88 Abs. 2 VVG.

II. Zwangsvollstreckung wegen Nichtvermögensforderungen

Zu der Zwangsvollstreckung wegen Nichtvermögensforderungen gehört im russischen Recht die Zwangsvollstreckung zur Erwirkung von Handlungen und Unterlassungen des Schuldners, die in der allgemeinen Norm des Art. 105 VVG geregelt ist. Daneben sind im VVG noch Sonderregelungen vorhanden, die insbesondere die Vollstreckung von Forderungen, die auf eine unvertretbare Handlung gerichtet sind, regeln. Dazu zählt die Räumung von Wohnungen (Art. 107 VVG), Einweisung in eine Wohnung (Art. 108 VVG), Wiedereinstellung des zu Unrecht entlassenen Arbeitnehmers (Art. 106 VVG), verwaltungsrechtliche Aussetzung einer Tätigkeit (Art. 109 VVG) und die verwaltungsrechtliche Abschiebung eines ausländischen Staatsbürgers oder eines Staatenlosen aus der Russischen Föderation (Art. 109.1 VVG). Im Gegensatz zum deutschen Recht fehlt jedoch eine Regelung zur Vollstreckung der Abgabe einer Willenserklärung.[852]

---

849 *Reschetnikova*, Kommentar, Art. 88, Punkt 2, S. 445.

850 Art. 37 Abs. 1 VVG, Art. 203 ZPO RF, Art. 324 APO RF.

851 Im Unterschied dazu hat der Gläubiger im deutschen Recht einen Anspruch auf Schadensersatz gem. § 893 Abs. 1 ZPO, der von ihm eingeklagt werden muss. – *Thomas/Putzo*, § 893, Rn. 2 ff.

852 Der Grund für die fehlende Regelung könnte die Tatsache sein, dass das russische Recht Gestaltungsurteile vorsieht, die die Vollstreckung einer Willenserklärung

1. Zwangsvollstreckung zur Erwirkung von Handlungen und Unterlassungen

Die Grundregel der Zwangsvollstreckung zur Erwirkung von Handlungen und Unterlassungen enthält Art. 105 VVG. Dem Wortlaut nach geht die Norm zwar von der Nichtvornahme einer Handlung aus, aufgrund der Überschrift des Art. 105 VVG[853] gilt die Vorschrift jedoch entsprechend auch für Unterlassungen. Ebenso wie im deutschen Recht[854] findet sich in Art. 105 VVG eine Differenzierung zwischen vertretbaren und unvertretbaren Handlungen.[855]

Unabhängig davon, ob es sich um eine vertretbare oder unvertretbare Handlung handelt, hat der Gerichtsvollzieher mit der Einleitung des Vollstreckungsverfahrens den Schuldner zur freiwilligen Erfüllung der im Vollstreckungsdokument enthaltenen Forderung aufzufordern und ihm dafür eine von dem Gesetz vorgegebene Frist zu setzten.[856] Nimmt der Schuldner innerhalb der ihm gesetzten Frist die von ihm geforderten Handlungen nicht vor oder weigert er sich bestimmte Handlungen zu unterlassen, erlässt der Gerichtsvollzieher einen Beschluss, in welchem er von dem Schuldner eine Vollstreckungsgebühr verlangt und ihm eine erneute Frist zur Erfüllung setzt, Art. 105 Abs. 1 VVG.

Handelt es sich um eine unvertretbare Handlung, macht der Gerichtsvollzieher im Falle einer erneuten Weigerung des Schuldners und der Nichterfüllung der Forderung in der erneut gesetzten Frist ohne einen triftigen Grund ein Protokoll über die Ordnungswidrigkeit entsprechend dem KoAP RF und setzt eine erneute Frist[857]. Weigert sich der Schuldner weiterhin die Forderung zu erfüllen,

---

unnötig machen. Siehe insbesondere Art. 450 Abs. 2, 451 Abs. 2 und 453 Abs. 3 ZGB RF. – *Grub/Turbanowa*, WiRO 1998, S. 96.

853 „Allgemeine Bedingungen der Vollstreckung der in Vollstreckungsdokumenten enthaltenen Forderungen gegenüber dem Schuldner, bestimmte Handlungen vorzunehmen (die Vornahme bestimmter Handlungen zu unterlassen)".

854 §§ 887, 888 ZPO.

855 Siehe dazu auch *Isaenkova*, „Ispolnenie neimuŝestvennyh trebovanij po FZ „Ob ispolnitel'nom proizvodstve" ot 2 oktâbrâ 2007 g." (Vollstreckung wegen Nichtvermögensforderungen nach dem Föderalen Gesetz „Über das Vollstreckungsverfahren" vom 2 Oktober 2007), S. 48.

856 Siehe Art. 30 Abs. 10 bis 13 VVG und vgl. § 4 II 3, S. 102 ff.

857 Da der Gerichtsvollzieher seit der Änderung des Art. 113 VVG nicht mehr selbständig eine Strafe verhängen kann, müsste das von den zuständigen Organen aufgrund des angefertigten Protokolls erfolgen. Anwendbar wäre jedoch auch hier Art. 17.15 Abs. 1 KoAP RF, der für die Nichterfüllung einer nichtvermögensrechtlichen Forderung die Auferlegung einer Strafe in Höhe von ein Tausend bis zweieinhalb Tausend

muss entsprechend Art. 115 Abs. 2 VVG von dem Gerichtsvollzieher erneut ein Protokoll über diese Ordnungswidrigkeit erstellt werden.[858] Für die Nichterfüllung der Forderung, eine unvertretbare Handlung vorzunehmen, besteht im russischen Recht somit nur die Möglichkeit eine Strafe zu verhängen, die für jeden einzelnen Fall der Weigerung aufzuerlegen ist. Eine Zwangshaft oder Ordnungshaft, wie sie im deutschen Recht[859] zulässig ist, ist im russischen Recht in Art. 17.15 KoAP RF, der in diesen Fällen Anwendung findet, nicht vorgesehen, was die Zwangsvollstreckung zur Erwirkung von Handlungen und Unterlassungen deutlich erschwert, insbesondere wenn bei dem Schuldner bereits kein Vermögen vorhanden ist, mit welchem er die auferlegten Strafen begleichen kann. Auch die Zwangsvollstreckung der durch die Strafe entstandenen Summe würde sich als erfolglos erweisen. Andererseits ist auch fraglich, ob mit einer Strafe ein hoher Druck auf vermögende Schuldner ausgeübt werden kann, insbesondere wenn die Vornahme der zu unterlassenden Handlung oder Nichtvornahme der geforderten Handlung wirtschaftlich so rentabel ist, dass die Strafe dabei nicht mehr ins Gewicht fällt.

Weigert sich der Schuldner eine Verpflichtung zu erfüllen, die ebenso von dem Gläubiger selbst oder einem Dritten vorgenommen werden kann (vertretbare Handlung), organisiert der Gerichtsvollzieher die Vornahme dieser Handlung.[860] Der Gerichtsvollzieher kann dabei gem. Art. 68 Abs. 3 Nr. 7 VVG im Namen und auf Kosten des Schuldners handeln, um die Erfüllung der im Vollstreckungsdokument enthaltenen Forderung zu verwirklichen.

2. Wiedereinstellung des zu Unrecht entlassenen Arbeitnehmers

Die Wiedereinstellung des zu Unrecht entlassenen Arbeitnehmers oder eines zu Unrecht versetzten Arbeitnehmers an einen anderen Arbeitsplatz stellt eine

---

Rubel für natürliche Personen, zehn Tausend bis zwanzig Tausend für Amtsträger und von dreißig Tausend bis fünfzig Tausend Rubel für juristische Personen vorsieht.

858 Gem. Art. 17.15 Abs. 2 KoAP RF ist die erneut von den zuständigen Organen zu verhängende Strafe dann deutlich höher, als die nach Art. 17.15 Abs. 1 KoAP RF. Allerdings ist in Art. 17.15 Abs. 2 KoAP RF bereits die Höchstgrenze geregelt, so dass bei wiederholten Pflichtverletzungen keine höheren Strafen mehr verhängt werden können.

859 Vgl. § 888, 890 ZPO.

860 Gem. Art. 206 Abs. 1 ZPO RF kann bereits das Gericht in seiner Entscheidung den Gläubiger ermächtigen, die notwendigen Handlungen auf Kosten des Schuldners vorzunehmen, falls der Schuldner nicht innerhalb der gesetzten Frist seiner Verpflichtung nachkommt.

Sonderregelung der Zwangsvollstreckung zur Erwirkung einer unvertretbaren Handlung dar. Eine entsprechende Gerichtsentscheidung ist gem. Art. 211 ZPO RF[861] sofort vollstreckbar und muss von dem Schuldner, also in diesem Fall dem Arbeitgeber, zum ersten möglichen Arbeitstag nach dem Erhalt des Vollstreckungsdokumentes von dem Gerichtsvollzieher erfüllt werden, Art. 36 Abs. 4 VVG[862]. Das Vollstreckungsdokument gilt gem. Art. 106 Abs. 1 VVG als faktisch erfüllt, wenn der Gläubiger, Arbeitnehmer, die Möglichkeit hat, wieder an seinem früheren Arbeitsplatz zu früheren Bedingungen zu arbeiten und die ausgesprochene Kündigung oder Versetzung zurückgenommen wird.

Weigert sich der Arbeitgeber den Gläubiger wieder an seinem früheren Arbeitsplatz zu beschäftigen, kann der Gerichtsvollzieher Maßnahmen entsprechend Art. 105 VVG einleiten. Weiterhin hat der Gerichtsvollzieher den Gläubiger darüber zu belehren, dass ihm die Möglichkeit offen steht, sich an das Gericht oder ein anderes Organ zu wenden, welches die Entscheidung zu der Wiedereinstellung getroffen hat[863], mit dem Antrag, den Schuldner zu verpflichten, das durchschnittliche Gehalt oder die Differenz zwischen dem zustehenden und dem erhaltenen Gehalt auszuzahlen. Die Auszahlung dieses Gehalts soll für den Zeitraum ab der Verkündung der Entscheidung zur Wiedereinstellung bis zu der tatsächlichen Erfüllung des entsprechenden Vollstreckungsdokuments erfolgen, Art. 106 Abs. 2 VVG.[864]

Die Wiedereinstellung des Arbeitnehmers an seinem früheren Arbeitsplatz ist im russischen Recht gem. Art. 394 S. 1 ArbG RF die generelle Folge der Erklärung der Kündigung als gesetzeswidrig oder der gesetzeswidrigen Versetzung des Arbeitnehmers. Daneben spricht das Gericht oder die Kommission für Arbeitskonflikte dem Arbeitnehmer gem. Art. 394 S. 2 ArbG RF das durchschnittliche Gehalt, welches während der Nichtbeschäftigung auszuzahlen gewesen wäre oder die Differenz zwischen dem zustehenden und dem erhaltenen Gehalt zu. Stellt der Arbeitnehmer einen entsprechenden Antrag, kann sich die Entscheidung des Gerichtes oder der Kommission für Arbeitskonflikte auf die Zusprache des Gehaltes oder einer entsprechenden Differenz beschränken, Art. 394 S. 3 ArbG RF. Eine Wiedereinstellung erfolgt in diesem Fall nicht. Auf Antrag des Arbeitnehmers kann das entscheidende

861 Vgl. § 4 I 3 a. bb), S. 82 – Siehe auch Art. 396 ArbG RF.

862 Auch hier verwirklicht sich insoweit das Beschleunigungsgebot des russichen Rechts.

863 Gem. Art. 382 ArbG RF können neben den Gerichten die Kommissionen für Arbeitskonflikte über arbeitsrechtliche Streitigkeiten entscheiden.

864 Eine ähnliche Regelung findet sich auch in Art. 396 ArbG RF.

Organ jedoch den Grund der Kündigung dahingehend umformulieren, dass die Kündigung auf eigene Initialtive des Arbeitnehmers erfolgte. Ferner kann das Gericht auf Antrag des Arbeitnehmers diesem eine Abfindung für den moralischen Schaden, der dem Arbeitnehmer durch die Kündigung zugefügt wurde, zusprechen (Art. 394 a.E. ArbG RF). Die Höhe dieser Abfindung wird von dem Gericht bestimmt.[865]

3. Räumungs- und Einweisungsvollstreckung

Eine Sonderregelung zur Räumungs- und Einweisungsvollstreckung ist in den Art. 107, 108 VVG enthalten. In diesen Normen wird insbesondere das Verfahren der Räumung und der Einweisung geregelt.

Sowohl bei der Räumungs- als auch der Einweisungsvollstreckung muss der Schuldner die Räumung der Wohnung innerhalb der ihm zur freiwilligen Erfüllung gesetzten Frist vornehmen oder dem Gläubiger den Zugang zu der Wohnung nicht mehr verweigern. Zwar spricht das Gesetz in Art. 107 VVG nur von Wohnräumen, denkbar ist jedoch auch die Anwendung auf nicht zu Wohnzwecken gestellten Räumen.[866] Wird die Frist zur Räumung oder Einweisung von dem Schuldner ignoriert, erlässt der Gerichtsvollzieher entsprechend Art. 105 Abs. 1 VVG einen Beschluss, der eine Vollstreckungsgebühr und eine neu gesetzte Frist enthält. Außerdem weist der Gerichtsvollzieher in seinem Beschluss den Schuldner auf die zwangsweise Durchsetzung der Räumung oder Einweisung hin.[867]

Nach erfolglosem Ablauf der erneut gesetzten Frist setzt der Gerichtsvollzieher die Räumung oder Einweisung zwangsweise durch.[868] Die Räumung besteht in der Ausweisung des Schuldners, Befreiung der Wohnung von seinem Vermögen, seinen Haustieren und einem Verbot, die Räumlichkeiten weiterhin zu

---

865 Der moralische Schaden kann von dem Arbeitnehmer auch neben dem Begehren der Wiedereinstellung verlangt werden. *Jarkov*, Kommentar, Art. 106, Punkt 1, S. 540. – Im Gegensatz zum deutschen Recht, beschränkt sich die Abfindung im russischen Recht auf den Ersatz des moralischen Schadens. Regelungen zur Abfindung bei Unzumutbarkeit des Arbeitsverhältnisses entsprechend den §§ 9 f. KSchG sieht das russische Recht nicht vor.

866 *Jarkov*, Kommentar, Art. 107, Punkt 1, S. 544. – Art. 108 VVG sieht im Gegensatz zu Art. 107 VVG auch die Einweisung in Räume vor, die nicht nur den Wohnzwecken dienen. Aus diesem Grund muss auch eine Räumung solcher Räume möglich sein.

867 Art. 107 Abs. 1, 108 Abs. 1 VVG.

868 Gem. Art. 64 Abs. 1 Nr. 6 VVG steht dem Gerichtsvollzieher das Recht zu, die Wohnräume des Schuldners ohne seiner Erlaubnis zu betreten.

benutzen, Art. 107 Abs. 2 VVG. Nicht geregelt in Art. 107 VVG ist jedoch der Fall, falls neben dem Schuldner noch seine Familienangehörige in der Wohnung leben, die keine Beteiligten des Zwangsvollstreckungsverfahrens sind. Da der Schuldner in dem Vollstreckungsdokument genau bezeichnet werden muss, verletzt die Räumung von anderen Personen deren Rechte und macht die Handlungen des Gerichtsvollziehers gesetzeswidrig.[869] Aus diesem Grund kommt die Ausweisung dieser Personen nur in Betracht, wenn der Gläubiger auch gegen sie einen entsprechenden Räumungstitel hat.[870] Die Einweisung des Gläubigers besteht in der Sicherung seines Einzuges oder Zugangs zu den Räumen und seines Aufenthaltes dort durch den Gerichtsvollzieher, Art. 108 Abs. 2 VVG. Sowohl die Räumung als auch die Einweisung muss von dem Gerichtsvollzieher protokolliert werden[871] und hat in Anwesenheit von Zeugen zu erfolgen.[872]

Nimmt der Schuldner bei der Räumungsvollstreckung seine Wohnungsgegenstände nicht mit oder ist er bei der Vollstreckung nicht anwesend, muss der Gerichtsvollzieher die Aufbewahrung dieser Gegenstände sichern, was auf Kosten des Schuldners zu geschehen hat. Holt der Schuldner seine Gegenstände nicht innerhalb von zwei Monaten[873] seit der Räumung ab, werden diese nach einer schriftlichen Mitteilung an den Schuldner zur Verwertung übergeben.[874] Der Erlös aus der Verwertung wird dem Schuldner nach Abzug der Vollstreckungskosten ausgekehrt. Macht der Schuldner die Auskehrung des Erlöses nicht geltend, wird dieser drei Jahre auf dem Konto der Abteilung des Gerichtsvollzieherdienstes aufbewahrt und nach Ablauf dieser Zeit dem Föderalen Budget überwiesen, Art. 107 Abs. 5 VVG.

Im Rahmen der Einweisungsvollstreckung besteht für den Gläubiger innerhalb von drei Jahren seit seiner Einweisung die Möglichkeit, eine wiederholte Einweisung mit Hilfe des Gerichtsvollziehers durchzusetzen, falls der Schuldner erneut seinen Aufenthalt oder Zugang zu den Räumlichkeiten behindert. Wird die Behinderung nicht durch den Schuldner verübt, sondern durch eine in den

---

869 *Jarkov*, Kommentar, Art. 107, Punkt 2, S. 544 f.

870 So auch *Kenk*, Die Zwangsvollstreckung in der Russischen Föderation, S. 156 f.

871 Bei der Räumungsvollstreckung hat außerdem eine Vermögensauflistung der in der Wohnung vorhandenen Gegenstände zu erfolgen.

872 Art. 107 Abs. 3, Art. 108 Abs. 3 VVG.

873 Art. 75 Abs. 5 VVG von 1997 sah dagegen noch eine Aufbewahrungshöchstfrist von drei Jahren vor.

874 Art. 107 Abs. 4 VVG – Die Verwertung richtet sich dann nach der allgemeinen Regel des Art. 87 VVG.

betroffenen Räumlichkeiten lebenden Person, kann die Einweisung des Gläubigers nur in einem Gerichtsverfahren geklärt werden.[875]

4. Verwaltungsrechtliche Aussetzung einer Tätigkeit

Die Regelung des Art. 109 VVG zur verwaltungsrechtlichen Aussetzung einer Tätigkeit des Schuldners ist eine Neuerung im Vergleich zum VVG von 1997. Gem. Art. 109 Abs. 1 VVG besteht die verwaltungsrechtliche Aussetzung einer Tätigkeit in einer vorübergehenden Einstellung der Tätigkeit von Personen, die eine unternehmerische Tätigkeit ausüben ohne juristische Person zu sein, von juristischen Personen, ihrer Filialen, Repräsentanzen, Unterabteilungen, Industrieanlagen, sowie operativen Einheiten, Einrichtungen, Gebäuden oder Strukturen, die Umsetzung der ausgewählten Aktivitäten (Operationen), Erbringung von Dienstleistungen.[876] Da die verwaltungsrechtliche Einstellung der Tätigkeit als Sanktion anzusehen ist, kommt diese nur bei schwerwiegenden Verletzungen in Betracht und wenn eine andere minder schwere Sanktion nicht ausreichen würde. Eine solche Sanktion wird beispielsweise im Falle der Bedrohung des Lebens oder der Gesundheit des Menschen, in Epidemiefällen, Strahlungsunfällen oder einer vom Menschen verursachten Katastrophe, im Falle von Geldwäsche und Terrorismusfinanzierung von einem Richter angeordnet.[877] Die Einstellung der Tätigkeit kann bis zu einem Zeitraum von neunzig Tagen erfolgen[878] und ist gem. Art. 32.12 Abs. 1 KoAP RF sofort vollstreckbar, so dass es keiner Aufforderung zur freiwilligen Erfüllung Seitens des Gerichtsvollziehers bedarf. Vielmehr muss die Tätigkeit von dem Schuldner innerhalb eines Tages seit Erhalt der Kopie des Eröffnungsbeschlusses des Gerichtsvollziehers eingestellt werden.[879]

Um die in dem Vollstreckungsdokument enthaltene verwaltungsrechtliche Aussetzung der Tätigkeit zu verwirklichen, stehen dem Gerichtsvollzieher unterschiedliche Maßnahmen zur Verfügung. So kann er Räume, Lager oder Kassen des Schuldners versiegeln oder andere notwendige Maßnahmen treffen. Nur Maßnahmen, die nicht mehr rückgängig gemacht werden können oder die nicht

---

875 Art. 108 Abs. 4, 5 VVG.

876 Entprechend auch in Art. 3.12 Abs. 1 S. 1 KoAP RF.

877 Siehe eine abschließende Aufzählung in Art. 3.12 Abs. 1 S. 2 KoAP RF, Art. 3.12 Abs. 1 S. 3 KoAP RF i.V.m. Kapitel 5 KoAP RF.

878 Art. 3.12 Abs. 2 KoAP RF. – Eine Aufnahme der Tätigkeit vor Ablauf der angeordneten Frist kann auf Antrag des Schuldners durch das Gericht gestattet werden, falls die zu der Einstellung führenden Gründe beseitigt wurden, Art. 32.12 Abs. 3 KoAP RF.

879 Siehe Art. 105 Abs. 1 VVG.

mehr wiedergutzumachende Folgen für den Herstellungsprozess haben würden, dürfen von dem Gerichtsvollzieher nicht angewandt werden.[880]

Ebenfalls wie im Falle der Räumungs- und Einweisungsvollstreckung müssen bei der verwaltungsrechtlichen Aussetzung der Tätigkeit Zeugen anwesend sein und es muss ein Protokoll angefertigt werden. Nimmt der Schuldner die Tätigkeit vor Ablauf der Frist deren Einstellung wieder auf, besteht auch hier für den Gerichtsvollzieher die Möglichkeit, ein Ordnungswidrigkeitenverfahren einzuleiten.[881]

5. Verwaltungsrechtliche Abschiebung eines ausländischen Staatsbürgers oder eines Staatenlosen aus der Russischen Föderation

Mit dem Föderalen Gesetz vom 06.12.2011 Nr. 410-FZ „Über die Einfügung von Änderung in das Föderale Gesetz „Über die Gerichtsvollzieher" und in die einzelnen gesetzlichen Akte der Russischen Föderation"[882] ist eine weitere Sonderregelung zur Zwangsvollstreckung wegen Nichtvermögensforderung in das VVG eingefügt worden und zum 01. Januar 2012 in Kraft getreten. Der Gerichtsvollzieher ist gem Art. 109.1 VVG nunmehr auch befugt den Beschluss eines Richters über die zwangsweise Abschiebung eines ausländischen Staatsbürgers oder eines Staatenlosen über die Grenzen der Russichen Föderation auszuführen.[883] Die Abschiebung erfolgt gem. Art. 109.1 Abs. 2 VVG durch die Besorgung einer Fahrkarte, der Begleitung der betroffenen Person bis zu dem Punkt, an welchem die Grenze überquert werden soll sowie der offiziellen Übergabe der Personen an die Grenzbehörden. Dabei hat der Gerichtsvollzieher innerhalb eines Tages seit dem Erhalt eines entsprechenden Beschlusses und der notwendigen Papiere von dem Richter einen Beschluss über die Begleitung der betroffenen Person bis zu der Grenze zu erlassen. Dieser Beschluss wird von dem Obergerichtsvollzieher oder seinem Vertreter bestätigt.[884] Über die Begleitung zu der Grenze und die offizielle Übergabe an die Grenzbehörden wird ein entsprechendes Protokoll erstellt. Nach Erhalt von Informationen von den Grenzbehörden, dass die

---

880 Art. 109 Abs. 2 VVG.

881 Art. 109 Abs. 3, 4 VVG.

882 Федеральный закон от 06.12.2011 N 410-ФЗ (ред. от 25.06.2012) „О внесении изменений в Федеральный закон „О судебных приставах" и отдельные законодательные акты Российской Федерации"

883 Gem. Art. 32.9 KoaP RF a.F. waren für diese Aufgabe neben den Grenzbehörden die Behörden der inneren Angelegenheiten zuständig. – Das Verfahren der zwangweisen Abschiebung ist ebenfalls in Art. 32.10 KoaP RF geregelt.

884 Art. 109.1 Abs. 4, 5 VVG.

betroffenen Personen die Grenze überquert haben, erlässt der Gerichtsvollzieher einen Beschluss über die Beendigung der Zwangsvollstreckung und sendet eine Kopie an das Gericht, welches das Vollstreckungsdokument ausgestellt hat, an die Behörden, denen die Funktion der Kontrolle und Aufsicht im Bereich der Migration übertragen wurde sowie an das Organ, welches für Fragen in ausländischen Angelegenheiten zuständig ist.[885]

6. Zusammenfassung

Die Zwangsvollstreckung wegen Nichtvermögensforderungen im russischen Recht ähnelt sehr dem in Deutschland geltenden Recht. Genau wie das deutsche sieht auch das russische Recht eine Möglichkeit der Vollstreckung zur Erwirkung von Handlungen und Unterlassungen des Schuldners vor, wobei eine strikte Trennung zwischen Handlungen und Unterlassungen, wie sie im deutschen Recht[886] stattfindet, nicht erfolgt. Differenziert wird jedoch auch in Russland zwischen einer vertretbaren und unvertretbaren Handlung. Die Zwangsvollstreckung einer vertretbaren Handlung findet genau wie in Deutschland durch Ersatzvornahme und unter Auferlegung der Kosten dem Schuldner statt. Um die Zwangsvollstreckung wegen eines Anspruchs auf Vornahme einer unvertretbaren Handlung durchzusetzen, besteht im russischen Recht nur die Möglichkeit eines Beugemittels und zwar der Einleitung eines Ordnungswidrigkeitenverfahrens mit der Festsetzung einer Strafe, welche dem Ordnungsgeld des deutschen Rechts entspricht. Eine Zwangs- oder Ordnungshaft ist in Russland dagegen nicht vorgesehen, was die Zwangsvollstreckung von unvertretbaren Handlungen deutlich erschwert.

Besonders geregelt sind im VVG außerdem noch weitere Vollstreckungsarten, die auf die Vornahme einer unvertretbaren Handlung gerichtet sind. Dazu gehört zunächst die Wiedereinstellung des zu Unrecht entlassenen Arbeitnehmers. Die Durchsetzung des Anspruchs auf Wiedereinstellung erfolgt entsprechend der Durchsetzung des Anspruchs auf Vornahme einer unvertretbaren Handlung, also durch Einleitung eines Ordnungswidrigkeitenverfahrens. Die Besonderheit der Regelung zur Wiedereinstellung des Arbeitnehmers besteht in der Möglichkeit des Arbeitnehmers, bis zu seiner tatsächlichen Wiedereinstellung

885 Siehe zu den Aufgaben dieser Organe Art. 30, 31 des Föderalen Gesetzes von 31.05.2002 „Über die Staatsbürgerschaft der Russischen Föderation" Nr. 62-FZ (Федеральный закон „О гражданстве РФ" от 31.05.2002 N 62-ФЗ).

886 §§ 887, 888 ZPO regeln die Zwangsvollstreckung wegen eines Anspruchs auf Vornahme einer Handlung, § 890 ZPO auf Duldung oder Unterlassung.

die Auszahlung eines durchschnittlichen Gehalts von dem Arbeitgeber im Wege eines Antrages bei Gericht oder einem anderen Organ, das das Vollstreckungsdokument ausgestellt hat, geltend zu machen.

Sonderregelungen sind außerdem für die Räumungs- und Einweisungsvollstreckung vorgesehen, die mit dem deutschen § 885 ZPO vergleichbar sind. Auch im russischen Recht besteht die Räumung hauptsächlich in der Ausweisung, aus dem Besitz Setzen des Schuldners, und der Wegschaffung von Gegenständen. Die Einweisung, geregelt in einem separaten Artikel, besteht in der Sicherung des Einzuges oder Zugangs des Gläubigers zu den Räumlichkeiten. Sowohl die Räumung als auch die Einweisung muss von dem russischen Gerichtsvollzieher genau protokolliert werden und darf nur unter Hinzuziehung von Zeugen erfolgen. Gegenstände, die der Schuldner nicht mitnimmt, werden von dem Gerichtsvollzieher für zwei Monate auf Kosten des Schuldners in Verwahrung gegeben und anschließend nach schriftlicher Mitteilung an den Schuldner verwertet.

Ferner ist eine Sonderregelung zur Vollstreckung der verwaltungsrechtlichen Aussetzung einer Tätigkeit im VVG vorgesehen. Ordnet das Gericht eine verwaltungsrechtliche Aussetzung der Tätigkeit eines Unternehmens oder einer juristischen Person an, weil bestimmte Gefahren von deren Arbeit ausgehen, muss die Tätigkeit sofort eingestellt werden. Um die Einstellung der Tätigkeit zu gewährleisten, verriegelt und versiegelt der Gerichtsvollzieher die Räume, Lager und Kassen des Schuldners und trifft darüber hinaus noch weitere notwendige Maßnahmen.

Schließlich ist auch die verwaltungsrechtliche Abschiebung eines ausländischen Staatsbürgers oder eines Staatenlosen aus der Russischen Föderation im VVG neu gerelget worden, wofür nunmehr die Gerichtsvollzieher zuständig sind. Insofern ist der Aufgabenkreis der Gerichtsvollzieher erweitert worden.

§ 6 Rechtsbehelfe in der russischen Zwangsvollstreckung

Die Zwangsvollstreckung ist nicht nur mit erheblichen Eingriffen in die Sphäre des Schuldners oder auch Dritter verbunden, sondern dient gleichzeitig auch der Rechtsdurchsetzung des Gläubigeranspruchs. Um die Beachtung der unterschiedlichen Rechte der Beteiligten zu gewährleisten, ist eine ordnungsgemäße Durchführung des Zwangsvollstreckungsverfahrens unerlässlich. Das russische Gesetz „Über das Vollstreckungsverfahren" sieht in seinem siebzehnten Kapitel einige Rechtsbehelfe vor, die dem Schutz der Rechte des Gläubigers, Schuldners und Dritter bei der Ausübung der Vollstreckungshandlungen dienen. Daneben enthält auch die ZPO RF noch einige ergänzende Regelungen in Bezug auf die Rechtsbehelfe im Zwangsvollstreckungsverfahren. Im Folgenden soll ein kurzer Überblick über die einzelnen Rechtsbehelfe gegeben werden.

I. Die Rechtsbehelfe im VVG

Zu den Rechtsbehelfen des VVG zählen die Klage des Gläubigers nach Art. 118 VVG, die Drittwiderspruchsklage nach Art. 119 Abs. 1 VVG, die Schadensersatzklage gem. Art. 119 Abs. 2 VVG, der Regress einer Organisation nach Art. 120 VVG und die Beschwerde und Anfechtung nach Art. 121 VVG. Da die Klage nach Art. 118 VVG sowie die Beschwerde und Anfechtung nach Art. 121 VVG bereits näher erläutert wurden,[887] beschränkt sich die Darstellung hier nur noch auf die Drittwiderspruchsklage, die Schadensersatzklage und den Regress nach Art. 120 VVG.

1. Die Drittwiderspruchsklage gem. Art. 119 Abs. 1 VVG

Im russischen Zwangsvollstreckungsrecht gilt genau wie in Deutschland[888] grundsätzlich die Vermutung, dass die sich im Gewahrsam des Schuldners befindlichen Gegenstände auch in seinem Eigentum stehen.[889] Zu den Kompetenzen des Gerichtsvollziehers gehört deshalb nicht die abschließende Klärung

887 Siehe zur Klage nach 118 VVG § 5 I 2 e. aa) 3), S. 188 ff. und zur Beschwerde und Anfechtung nach Art. 121 VVG § 4 II 5, S. 107 ff.

888 *Baur/Stürner/Bruns*, Zwangsvollstreckungsrecht, § 28, Rn. 28.5 f. und § 46, Rn. 46.1.

889 *Jarkov*, Kommentar, Art. 119, Punkt 1, S. 585; *Reschetnikova*, Kommentar, Art. 119, Punkt 1, S. 587.

der Eigentumsverhältnisse bei der Durchführung der Pfändung,[890] was dazu führen kann, dass auch schuldnerfremde Gegenstände von dem Gerichtsvollzieher arrestiert und beschlagnahmt werden können. Für diese Fälle wurde von dem russischen Gesetzgeber die Drittwiderspruchsklage geschaffen, die dem Schutz des Eigentums dienen soll.[891] Gem. Art. 119 Abs. 1 VVG kann ein Dritter eine Klage auf die Aufhebung des Arrestes oder auf die Streichung des Gegenstandes aus der Vermögensauflistung des Gerichtsvollziehers erheben,[892] falls strittig ist, wer der tatsächliche Eigentümer der betroffenen Gegenstände ist.[893] Ähnlich wie im deutschen Recht[894] ist die russische Drittwiderspruchsklage trotz des engen Wortlauts nicht nur auf die Geltendmachung des Eigentumsrechts[895] beschränkt, sondern der Dritte kann auch sonstige Rechte geltend machen, die ihm an dem Vermögensgegenstand kraft Gesetzes oder Vertrages zustehen.[896]

890 Beschluss des Arbitragegerichts vom 16.08.2007 Nr. F09-6491/07–S6 zu der Sache Nr. A76-30014/2006. (Постановление ФАС Уральского округа от 16.08.2007 N Ф09-6491/07-С6 по делу N А76-30014/2006. Законодателем установлен судебный порядок освобождения имущества от ареста или исключения его из описи, следовательно, в компетенцию судебного пристава не входит правовая оценка представленных документов на соответствие их закону или иному правовому акту.)

891 Siehe auch Art. 12 ZGB RF, der mögliche Mittel zum Schutz des Eigentums aufzählt.

892 Die Rechte des Schuldners und des Gläubigers sind durch Art. 121 VVG geschützt. Siehe dazu § 4 II 5, S. 107 ff.

893 Eine ähnliche Regelung enthält auch Art. 442 Abs. 2 S. 1 ZPO RF. Art. 442 Abs. 1 ZPO RF gibt dagegen dem Schuldner die Möglichkeit gegen die gesetzeswidrige Handlung des Gerichtsvollziehers, welche im Rahmen des Arrestverfahrens vorgenommen wurde, Beschwerde einzulegen. Dieses Beschwerdeverfahren richtet sich dann nach Art. 441 ZPO RF und ist mit der Anfechtung vor Gericht gem. Art. 121 Abs. 1, 2 VVG vergleichbar. Siehe dazu § 4 II 5 b, S. 110 ff.

894 Nach § 771 ZPO ist der Klagegrund des Dritten „ein die Veräußerung hinderndes Recht", wovon nicht nur das Eigentum erfasst ist, sondern auch andere Rechte wie beispielsweise Inhaberschaften an einer Forderung, Treuhandverhältnisse, sonstige dingliche Rechte und schuldrechtliche Ansprüche. – siehe eine nähere Erläuterung der einzelnen Rechte in *Brox/Walker*, Zwangsvollstreckungsrecht, § 44, Rn. 1413 ff.

895 Gem. Art. 301 ZGB RF kann der Eigentümer die Herausgabe seines Eigentums von dem unberechtigten Besitzer verlangen.

896 *Borisov, A. B.*, Kommentar, Art. 119, S. 378. – Zu solchen Rechten gehören z.B. das Rechts der Wirtschaftsführung (Art. 294, 295 ZGB RF), der betrieblichen Steuerung (Art. 296-299 ZGB RF). Vgl. *Guev*, Kommentar, Art. 442, Punkt 3, S. 882.

Zu den Parteien der Drittwiderspruchsklage gehören der Dritte als Kläger und der Schuldner sowie der Gläubiger als Beklagte,[897] nicht jedoch der Gerichtsvollzieher. Örtlich zuständig für die Drittwiderspruchsklage nach Art. 119 Abs. 1 VVG ist ausschließlich entweder das Gericht der ordentlichen Gerichtsbarkeit oder das Arbitragegericht, in dessen Bezirk sich die arrestierten Vermögensgegenstände befinden.[898] Die Einreichung der Drittwiderspruchsklage auf Aufhebung des Arrestes oder die Streichung des Vermögensgegenstandes aus der Vermögensauflistung stellt für das Gericht einen verbindlichen Grund für die Aussetzung des Vollstreckungsverfahrens dar, Art. 39 Abs. 1 Nr. 1 VVG[899]. Damit soll insbesondere verhindert werden, dass der Gegenstand verwertet wird und nicht mehr an den Kläger ausgehändigt werden kann. Steht der Gegenstand bereits kurz vor der Verwertung, kann zur Sicherung der Drittwiderspruchsklage auf Antrag einer der Parteien die Aussetzung der Verwertung angeordnet werden.[900] Die Anordnung der Aussetzung muss von dem Gericht unverzüglich, also ohne mündliche Verhandlung, erfolgen.[901] Stellt sich im Laufe des Verfahrens jedoch heraus, dass der Vermögensgegenstand bereits verwertet wurde, muss die Klage ebenfalls gegen den Erwerber dieses Gegenstandes gerichtet werden.[902] Dem Wortlaut des Art. 442 Abs. 2 S. 4 ZPO RF nach muss die Drittwiderspruchsklage also nur um einen Beklagten erweitert werden, ist aber im Gegensatz zum deutschen Recht[903] auch noch nach der Verwertung des gepfändeten Gegenstandes weiterhin möglich. Schaut man sich jedoch den Wortlaut

897 *Jarkov*, Kommentar, Art. 119, Punkt 1, S. 588; *Reschetnikova*, Kommentar, Art. 119, Punkt 1, S. 588. – Siehe dazu auch Art. 442 Abs. 2 S. 2 ZPO RF.

898 Vgl. Art. 30 Abs. 1 ZPO RF. Eine Vorschrift, die explizit auf die arrestierten Gegenstände abstellt, findet sich in APO RF nicht. Gem. Art. 38 Abs. 1 APO RF gehören zu der ausschließlichen örtlichen Zuständigkeit des Arbitragegerichts jedoch Streitigkeiten, die sich auf das Recht am unbeweglichen Vermögen beziehen.

899 Art. 436 ZPO RF.

900 Art. 139 i.V.m. Art. 140 Abs. 1 Nr. 4 ZPO RF; Art. 90 Abs. 1 i.V.m. Art. 91 Abs. 1 Nr. 6 APO RF.

901 *Jarkov*, Kommentar, Art. 119, Punkt 1, S. 590.

902 Art. 442 Abs. 2 S. 4 ZPO RF. – *Jarkov*, Kommentar, Art. 119, Punkt 1, S. 590.

903 Im deutschen Recht ist die Drittwiderspruchklage nur bis zur Versteigerung des gepfändeten Gegenstandes möglich, danach ist der Dritte auf § 812 Abs. 1 S. 1, 2. Alt. bzw. §§ 823, 286 BGB angewiesen. – *Baur/Stürner/Bruns*, Zwangsvollstreckungsrecht, § 29, Rn. 29.7 – Mit Erlösauskehr an den Gläubiger erlischt das Rechtsschutzbedürfnis bezüglich einer Drittwiderspruchsklage, so dass die Klage auf die Herausgabe des aus der Vollstreckung erlangten Erlöses geändert werden muss (§§ 812 BGB, 264 Nr. 3 ZPO – sog. „verlängerte Drittwiderspruchsklage"). Die geänderte Klage richtet

des Art. 442 Abs. 2 S. 5 ZPO RF an, wo die Rede von der Stattgabe der Klage auf die Herausgabe des verwerteten Vermögens ist, ist davon auszugehen, dass im Falle der abgeschlossenen Verwertung die Klage ähnlich wie im deutschen Recht nur noch auf die Herausgabe des Gegenstandes gerichtet werden kann. Wurde der Gegenstand verwertet, kommt die Aufhebung des Arrestes oder die Streichung aus der Vermögensliste auch nicht mehr in Betracht. Der Unterschied zum deutschen Recht besteht jedoch darin, dass die sog. „verlängerte Drittwiderspruchsklage" nicht auf die Herausgabe des Erlöses durch den Gläubiger gerichtet ist, sondern auf die Herausgabe des verwerteten Gegenstandes durch den Erwerber. Wird der Klage des Dritten auf Herausgabe des verwerteten Vermögens stattgegeben, sind vorhandene Streitigkeiten, die zwischen dem Erwerber, Gläubiger und Schuldner dadurch entstehen, von dem Gericht im Rahmen eines Erkenntnisverfahrens zu entscheiden.[904]

Aufgrund der dargestellten Möglichkeit des Dritten auch gegen den Erwerber vorzugehen und von ihm den verwerteten Gegenstand erfolgreich herauszuverlangen, stellt sich die Frage nach der Stellung des Erwerbers.

Anders als im deutschen Recht erwirbt der Erwerber im Rahmen der Verwertung des Vermögensgegenstandes das Eigentum an diesem nicht kraft Hoheitsaktes[905], sondern aufgrund eines schuldrechtlichen Rechtsgeschäftes, eines Kaufvertrages, der entweder mit dem Kommissionär, einer Organisation, die von dem Gerichtsvollzieher mit der Veräußerung des beweglichen Vermögensgegenstandes beauftragt wurde, oder der Organisation geschlossen wird, die die Versteigerung durchführt.[906] Aufgrund des in Russland geltenden Kausalprinzips[907] hängt die Eigentümerstellung des Erwerbers zunächst davon ab, ob der mit der die Verwertung durchführenden Organisation geschlossene Kaufvertrag wirksam ist oder nicht. Ist der geschlossene Kaufvertrag unwirksam, erwirbt der Erwerber zu keiner Zeit das Eigentum an der von ihm ersteigerten oder gekauften Sache im Rahmen der Verwertung.[908]

---

sich somit nicht gegen den Erwerber, sondern gegen den Gläubiger, der den Erlös ausgekehrt bekommt.

904 Art. 442 Abs. 2 S. 5 ZPO RF.

905 Auf das Eigentum des Schuldners, das Bestehen eines Pfändungspfandrechts oder auf den guten Glauben des Erwerbers kommt es im deutschen Rechts deshalb nicht an. – Vgl. dazu *Baur/Stürner/Bruns*, Zwangsvollstreckungsrecht, § 29, Rn. 29.7 m.w.N.

906 Vgl. dazu S. § 5 I 2 a. ff), S. 144 f. und § 5 I 2 c. ee) 2), S. 166.

907 Siehe Fn. 472.

908 Vgl. *Kettler*, Eigentumsvorbehalt und Sicherungsübereignung, Rn. 179.

Wird eine schuldnerfremde Sache verwertet, ist zunächst die Unwirksamkeit des Kaufvertrages gem. Art. 168 ZGB RF denkbar, weil die Verwertung schuldnerfremder Sachen nicht den Anforderungen eines Gesetzes entsprechen könnte. Gem. Art. 87 Abs. 1 VVG darf nur das Vermögen des Schuldners verwertet werden.[909] Insofern würde der Erwerber kein Eigentum an dem verwerteten, dem Schuldner nicht gehörenden Gegenstand erwerben und dem Eigentümer gem. Art. 301 ZGB RF ein Herausgabeanspruch gegen diesen zustehen. Gegen eine solche Sichtweise spricht jedoch der Umstand, dass ein Eigentumserwerb an schuldnerfremden Sachen im Rahmen der Versteigerung von vornherein nie möglich wäre. Auch wenn der wahre Eigentümer, also der Dritte, seine Rechte nicht geltend machen würde, wäre der Erwerber nicht Eigentümer der erworbenen Sache. Dagegen spricht auch Art. 449 ZGB RF, der die Ungültigkeitserklärung der Versteigerung regelt. Gem. Art. 449 Abs. 2 ZGB RF führt die Ungültigkeitserklärung der Versteigerung zu der Nichtigkeit des aufgrund der Versteigerung geschlossenen Rechtsgeschäfts. Die Versteigerung wird aber erst für ungültig erklärt, wenn die Vorschriften zum Versteigerungsverfahren verletzt wurden. Darauf, ob eine schuldnerfremde Sache versteigert wurde, kommt es danach nicht an. Aufgrund dieser Regelung kann somit der Kaufvertrag nicht bereits gem. Art. 168 ZGB RF nichtig sein, wenn der Schuldner nicht Eigentümer der verwerteten Sache ist. Dagegen spricht ebenfalls die Möglichkeit des gutgläubigen Erwerbs im Rahmen der Verwertung.

Wird die Versteigerung nicht für ungültig erklärt, kann der Eigentumserwerb des Ersteigerers oder des Käufers entweder an dessen Bösgläubigkeit oder daran scheitern, dass die Sache dem wahren Eigentümer oder dem berechtigten Besitzer abhanden gekommen ist. Aufgrund des mit der Organisation geschlossenen Kaufvertrages ist auch im Rahmen der Verwertung die Gutglaubensvorschrift des Art. 302 ZGB RF[910] anwendbar.[911] Anders

---

909 Bereits gem. Art. 69 Abs. 4 VVG darf nur auf das Vermögen des Schuldners zugegriffen werden, welches u.a. in seinem Eigentum steht.

910 Art. 302 Abs. 1 ZGB RF: Wurde ein Vermögensgegenstand entgeltlich von einer Person erworben, welche nicht das Recht hatte, es zu veräußern, was der Erwerber nicht wusste und auch nicht wissen konnte (gutgläubiger Erwerber), so ist der Eigentümer berechtigt, diesen Vermögensgegenstand vom Erwerber herauszuverlangen, wenn das Vermögensgut vom Eigentümer oder der Person, welcher die Sachen vom Eigentümer zum Besitze übergeben worden war, verloren wurde, ihm oder anderen entwendet wurde oder ihren Besitz auf andere Weise gegen ihren Willen verlassen hat.

911 Vgl. Punkt 22 des Informationsbriefes des Präsidiums des Obersten Arbitragegerichts der RF Nr. 13 vom 28.04.1997 „Auswahl der Entscheidungen, verbunden mit der Verteidigung der Eigentumsrechte und anderen Sachenrechten“ (Информационное

als im deutschen Recht[912] muss sich der gute Glaube des Erwerbers auf die Veräußerungsberechtigung des Verkäufers beziehen und nicht auf seine Eigentümerstellung. Bei einer Zwangsverwertung ist es also die Veräußerungsberechtigung des Kommissionärs oder der mit der Durchführung der Zwangsversteigerung beauftragten Organisation. Diese wird im Regelfall aber aufgrund der Beauftragung durch den Gerichtsvollzieher vorliegen, wovon der Erwerber auch ausgehen können wird. Insofern kann der gutgläubige Erwerb im Rahmen der Verwertung nur ausgeschlossen sein, wenn der Gegenstand dem Eigentümer oder dem berechtigten Besitzer abhanden gekommen ist. Ist der Gegenstand dem wahren Eigentümer abhanden gekommen, ist ein gutgläubiger Erwerb des Ersteigerers nicht möglich und der wahre Eigentümer kann von ihm die Herausgabe des Gegenstandes gem. Art. 301, 302 Abs. 1 ZGB RF verlangen. Schwieriger gestaltet sich die Lage, wenn auf das Abhandenkommen bei dem berechtigten Besitzer abzustellen ist. Da der Gegenstand bei dem Schuldner beschlagnahmt wird, sich somit in seinem Besitz befunden haben muss, kann nur die Beschlagnahme als unfreiwilliger Besitzverlust angesehen werden. Würde die Beschlagnahme durch den Gerichtsvollzieher jedoch mit dem unfreiwilligen Besitzverlust i.S.v. Art. 302 Abs. 1 ZGB RF gleichgesetzt werden, wäre ein gutgläubiger Erwerb im Rahmen der Verwertung von vornherein ausgeschlossen. Das würde aber der Intention des Gesetzgebers widersprechen, wonach Art. 302 ZGB RF auch in der Zwangsvollstreckung Anwendung finden soll.[913]

письмо Президиума ВАС РФ от 28.04.1997 N 13 „Обзор практики разрешения споров, связанных с защитой права собственности и других вещных прав"). – Gem. Art. 152 Abs. 2 ZGB RSFSR vom 11.06.1964 war ein Herausverlangen des Gegenstandes von einem gutgläubigen Erwerber im Gegensatz zum neuen Art. 302 ZGB RF nicht möglich, falls die Sache im Rahmen der Zwangsvollstreckung verwertet wurde.

912 Vgl. die Grundregel des § 932 Abs. 2 BGB: „Der Erwerber ist nicht in gutem Glauben, wenn ihm bekannt oder infolge grober Fahrlässigkeit unbekannt ist, dass die Sache nicht dem Veräußerer gehört." Ausnahmweise kann sich der gute Glaube auch die Verfügungsbefugnis betreffen, wenn die Veräußerung durch einen Kaufmann im Betriebe seines Handelsgewerbes vorgenommen wird, § 366 Abs. 1 HGB. – Insofern ist Art. 302 ZGB RF eher mit der Regelung des § 366 Abs. 1 HGB vergleichbar.

913 Gem. Art. 152 Abs. 2 ZGB RSFSR vom 11.06.1964 war ein Herausverlangen auch eines abhanden gekommenen Gegenstandes von einem gutgläubigen Erwerber nicht möglich, falls die Sache im Rahmen der Zwangsvollstreckung verwertet wurde. Die Streichung dieses Absatzes in Art. 302 ZGB RF spricht nun für eine solche Möglichkeit auch im Rahmen der Zwangsvollstreckung. Vgl. ebenfalls Punkt 22 des

Abschließend lässt sich somit festhalten, dass dem Eigentumserwerb des Ersteigerers praktisch nur die Ungültigkeitserklärung der Versteigerung gem. Art. 449 ZGB RF oder das Abhandenkommen des Eigentums bei dem wahren Eigentümer entgegenstehen würden[914]. In beiden Fällen würde sich für den Eigentümer ein Herausgabeanspruch gem. Art. 301 ZGB RF ergeben. Anders als im deutschen Recht ist somit der Erwerb von arrestierten und verwerteten Vermögensgegenständen in Russland nicht vindikationsfest.

2. Schadensersatzklage nach Art. 119 Abs. 2 VVG

Neben einer Drittwiderspruchsklage gem. Art. 119 Abs. 1 VVG sieht Art. 119 Abs. 2 VVG eine weitere Klage vor, die die betroffenen Personen mit dem Begehren einlegen können, die Schäden ersetzt zu bekommen, die ihnen aufgrund der Vornahme von Vollstreckungshandlungen und (oder) -maßnahmen entstanden sind. Aktivlegitimiert sind bei dieser Schadensersatzklage nicht nur die Dritten, in dessen Rechte durch die Handlungen und Maßnahmen des Gerichtsvollziehers eingegriffen wurde, sondern ebenso der Schuldner und der Gläubiger. Die von dem Schutz der Schadensersatzklage erfasste Personengruppe ist somit im Vergleich zu der Drittwiderspruchsklage deutlich weiter gefasst, auch wenn beide Klagearten in einem Artikel geregelt sind. Beklagter dieser Schadensersatzklage ist jedoch nicht direkt der Gerichtsvollzieher, sondern die Russische Föderation[915], die im Gerichtsverfahren von dem Hauptverwalter der Haushaltsmittel des Föderalen Haushalts vertreten wird, Art. 158 Abs. 3 HaushaltsG RF[916]. In diesem Fall ist der Gerichtsvollzieherdienst mit den Funktionen des Hauptverwalters des Föderalen Haushalts betraut.[917]

Informationsbriefes des Präsidiums des Obersten Arbitragegerichts der RF Nr. 13 vom 28.04.1997 „Auswahl der Entscheidungen, verbunden mit der Verteidigung der Eigentumsrechte und anderen Sachenrechten“, wo von der Anwendung des Art. 302 ZGB RF im Rahmen der Zwangsvollstreckung unproblematisch ausgegangen wird.

914 Siehe zu der Stellung des Erwerbers auch *Kenk*, Die Zwangsvollstreckung in der Russischen Föderation, S. 114 f. und 132 f., die zu demselben Ergebnis kommt.

915 Klagegegner ist die Russische Föderation, weil der Gerichtsvollzieher gem. Art. 3 Abs. 2 GVG RF eine Amtsperson des Föderalen Gerichtsvollzieherdienstes ist, der von dem Föderalen Haushalt finanziert wird. *Valeev*, „Ispolnitel'noe proizvodstvo“ (Vollstreckungsverfahren), S. 303 f.

916 Haushaltsgesetzbuch der Russischen Föderation vom 31.07.1998 Nr. 145-FZ (Бюджетный кодекс Российской Федерации (БК РФ) от 31.07.1998 N 145-ФЗ)

917 Vgl. Punkt 6 Nr. 8 des Befehls des Präsidenten der Russischen Föderation vom 13.10.2004 Nr. 1316 „Fragen des Föderalen Gerichtsvollzieherdienstes“. (Указ

Die Schadensersatzklage gem. Art. 119 Abs. 2 VVG ist in einem Erkenntnisverfahren vor den ordentlichen Gerichten oder Arbitragegerichten[918] geltend zu machen. Der Anspruch auf Schadensersatz wird dabei auf Art. 1069 ZGB RF[919] gestützt. Danach hat die Schadensersatzklage Erfolg, wenn der Gerichtsvollzieher gesetzeswidrige Vollstreckungshandlungen oder -maßnahmen vorgenommen oder diese unterlassen hat und dem Kläger dadurch ein Schaden entstanden ist. Der zugesprochene Schaden wird zwar aus der Staatskasse der Russischen Föderation, der Kasse des Subjekts der Russischen Föderation oder aus der Kasse der Gemeinde beglichen, ein Regressanspruch gegen den handelnden Gerichtsvollzieher bleibt jedoch möglich.[920]

3. Der Regress nach Art. 120 VVG

Art. 120 VVG enthält eine Regelung, die nicht unbedingt als Rechtsbehelf des Zwangsvollstreckungsverfahrens angesehen werden kann. Vielmehr wird in dieser Vorschrift der Regressanspruch einer Schuldner-Organisation gegenüber ihren leitenden Mitarbeitern geregelt.

Hintergrund der Regelung ist Art. 106 Abs. 2 VVG.[921] Danach hat der Gerichtsvollzieher im Falle der Weigerung des Schuldners, den Gläubiger wieder an seinem früheren Arbeitsplatz zu beschäftigen, den Gläubiger über die Möglichkeit eines Antrags an das Gericht zu belehren, mit dem Begehren den Schuldner zu verpflichten, das durchschnittliche Gehalt oder die Differenz zwischen dem zustehenden und dem erhaltenen Gehalt auszuzahlen. Macht der Gläubiger von dieser Möglichkeit Gebrauch und wird der Schuldner zu der Zahlung einer entsprechenden Geldsumme verpflichtet,[922] kann der Schuldner, sofern es sich

---

Президента РФ от 13.10.2004 N 1316 «Вопросы Федеральной службы судебных приставов»)

918 Für die sachliche und funktionelle Zuständigkeit der Gerichte gelten die allgemeinen Regeln nach Kapitel 3 ZPO RF oder Kapitel 4 APO RF.

919 Siehe zum Schutz der Rechte des Bürgers im Zusammenhang mit Art. 1069 ZGB RF auch den Beschluss des Verfassungsgerichts der Russischen Föderation vom 20.02.2002 Nr. 22-O (Определение Конституционного Суда РФ от 20.02.2002 N 22-O „По жалобе открытого акционерного общества „Большевик“ на нарушение конституционных прав и свобод положениями статей 15, 16 и 1069 Гражданского кодекса Российской Федерации“).

920 Art. 1081 ZGB RF, Art. 19 Abs. 2 GVG RF. – *Jarkov*, Kommentar, Art. 119, Punkt 2, S. 593.

921 Siehe dazu § 5 II 2, S. 215.

922 Die Entscheidung ergeht durch das Gericht oder ein anderes Organ, das die Entscheidung über die Wiedereinstellung getroffen hat, in demselben Verfahren wie

um eine Organisation handelt, von den leitenden Mitarbeitern, die für die Wiedereinstellung des Gläubigers zuständig waren und diese schuldhaft unterlassen haben[923], gem. Art. 120 VVG die ausbezahlte Summe zurückverlangen. Da die verantwortlichen leitenden Mitarbeiter ebenfalls in einem Arbeitsverhältnis zu der Schuldner-Organisation stehen, ergibt sich die Anspruchsgrundlage ihnen gegenüber aus Art. 238 ArbG RF, der die Verantwortlichkeit für die dem Arbeitgeber durch den Arbeitnehmer verursachten Schäden regelt. Der Regressanspruch kann in einem außergerichtlichen[924] oder in einem gerichtlichen Verfahren[925] geltend gemacht werden, Art. 248 ArbG RF.

4. Weitere Rechtsbehelfe des VVG

Neben den dargestellten Rechtsbehelfen finden sich in dem VVG noch weitere, die dem Schutz der betroffenen Personen im Zwangsvollstreckungsverfahren dienen. Zu erwähnen sind z.B. die Klage gem. Art. 93 VVG zur Erklärung der Versteigerung für nichtig[926], die Klage auf Feststellung der Höhe geschuldeter Unterhaltsforderungen gem. Art. 102 Abs. 4 VVG und die Klage zur Aussetzung der Vollstreckungsgebühren, zur Reduzierung deren Höhe oder von deren Befreiung gem. Art. 112 Abs. 6 VVG.

II. Zusammenfassung

Ähnlich wie das deutsche sieht auch das russische Zwangsvollstreckungsrecht eine Reihe von Rechtsbehelfen vor, die dem Schutz des Schuldners, des Gläubigers und der Dritten im Rahmen des Zwangsvollstreckungsverfahrens dienen sollen. Vergleichbar mit der deutschen Vollstreckungserinnerung gem. § 766 ZPO existieren im russischen VVG die Rechtsbehelfe der Beschwerde im

---

auch die Wiedereinstellungsentscheidung, weil auch hier nur der Gläubiger und Schuldner als Arbeitnehmer und Arbeitgeber betroffen sind. – *Jarkov*, Kommentar, Art. 120, Punkt 1, S. 599.

923 Und somit das vorgelegte Vollstreckungsdokument nicht erfüllt haben.

924 Der Arbeitgeber kann direkt von dem Arbeitnehmer den zu ersetzenden Schaden verlangen und dies auch anordnen, wenn der Schaden nicht höher als ein durchschnittlicher Monatsverdienst des Arbeitnehmers ist, Art. 248 S. 1 ArbG RF.

925 Weigert sich der Arbeitnehmer den Schaden freiwillig zu begleichen oder ist die Summe des Schadens höher als der durchschnittliche Monatsverdienst, kann der Schadensersatz nur in einem gerichtlichen Verfahren geltend gemacht werden, Art. 248 S. 3 ArbG RF. Bei dem Gerichtsverfahren handelt es sich dann um ein nach allgemeinen Regeln stattfindendes Erkenntnisverfahren.

926 Siehe § 5 I 2 c. ee) 2), S. 166.

Verwaltungswege und die Anfechtung vor Gericht, die den Parteien des russischen Zwangsvollstreckungsverfahrens und anderen Personen, dessen Rechte beeinträchtigt werden, die Möglichkeit einräumen, gegen Beschlüsse und Handlungen oder Unterlassungen des Gerichtsvollziehers vorzugehen. Ebenfalls findet sich im russischen Recht die Drittwiderspruchsklage, mit welcher die Dritten insbesondere ihr Eigentumsrecht an der bei dem Schuldner gepfändeten Sache geltend machen können. Der wichtigste Unterschied zu der deutschen Drittwiderspruchsklage besteht jedoch darin, dass die russische Drittwiderspruchsklage auch nach der Verwertung des Gegenstandes möglich bleibt und sich gegen den Erwerber richten kann. Im Unterschied zu Deutschland ist der Eigentumserberb im Rahmen der russischen Verwertung nicht vindikationsfest.

Weiterhin ist im russischen Recht zum Schutz des Gläubigers die Klage nach Art. 118 VVG vorgesehen. Dieser mit der deutschen Einziehungsklage vergleichbare Rechtsbehelf ermöglicht dem Gläubiger gegen den Arbeitgeber oder eine andere Person, die an den Schuldner regelmäßige Zahlungen bewirkt, eine Klage auf Auszahlung der zu vollstreckenden Summe zu erheben, wenn der Arbeitgeber diese zwar von dem Lohn des Schuldners einbehalten, aber nicht an den Gläubiger überwiesen hat.

Die Beteiligten des Zwangsvollstreckungsverfahrens können außerdem den ihnen durch die Handlungen oder Maßnahmen des Gerichtsvollziehers entstandenen Schaden mit der Schadensersatzklage gem. Art. 119 Abs. 2 VVG geltend machen. Ebenfalls im VVG ist der Regressanspruch einer Schuldnerorganisation gegen ihre eigenen leitenden Mitarbeiter geregelt, falls diese schuldhaft die Wiedereinstellung des Gläubigers nicht vorgenommen haben und die Organisation deshalb zur Zahlung des durchschnittlichen Gehalts an den Gläubiger verpflichtet wurde.

Abschließend lässt sich festhalten, dass auch das russische Recht einige Rechtsbehelfe zum Schutz der Rechte und Interessen der Beteiligten des Zwangsvollstreckungsverfahrens vorsieht, die teilweise mit den Rechtsbehelfen des deutschen Rechts vergleichbar sind. Im Vergleich zum VVG von 1997 haben die Rechtsbehelfe, ausgenommen die ausführlichere Regelung der Beschwerde im Verwaltungswege und die Einführung der Anfechtung vor Gericht, jedoch keine relevante weitere Entwicklung erfahren.

§ 7 Resümee und Ergebnis der Untersuchung

Das russische Zwangsvollstreckungsrecht gehört zu den Rechtsgebieten der Russischen Föderation, die einer aktiven Entwicklung unterliegen. Insbesondere seit der Entstehung der Russischen Föderation im Jahre 1991 hat sich der russische Gesetzgeber bemüht ein Zwangsvollstreckungssystem zu schaffen, welches den Anforderungen des Verfassungsgerichts der Russischen Föderation und des Europäischen Gerichtshofs für Menschenrechte gerecht wird. Das letzte Stadium dieser Entwicklung stellt zurzeit das Föderale Gesetz „Über das Vollstreckungsverfahren" vom 02. Oktober 2007 dar. Ob das russische Zwangsvollstreckungsrecht in diesem Gesetz seine endgültige Form erhalten hat, welches jedoch auch nach seinem Inkrafttreten weiterhin einer enormern Entwicklung unterliegt, bleibt abzuwarten, da das bereits im Jahre 1992 entwickelte Projekt zur Schaffung eines Zwangsvollstreckungskodex[927] nie endgültig aufgegeben wurde.

Das Föderale Gesetz „Über das Vollstreckungsverfahren" hat im Vergleich zum gleichnamigen Gesetz von 1997 einige wichtige Ergänzungen und Neuerungen erfahren, die einen wesentlichen Fortschritt in Richtung einer gut organisierten, rechtmäßigen und effektiven Vollstreckung darstellen. Hervorzuheben ist vor allem die explizite Aufnahme der Aufgaben und Prinzipien der Zwangsvollstreckung in das Gesetz, um den Entscheidungen des russischen Verfassungsgerichts und des Europäischen Gerichtshofs für Menschenrechte Rechnung zu tragen. Einer ausführlichen Regelung unterlagen die Zwangsvollstreckung in Bargeld und Buchungsgeld, in Wertpapiere, Vermögensrechte und die dazugehörigen Forderungen. Detaillierter wurde das Verfahren der Schätzung, Verwertung und der Verteilung des Erlöses geregelt. Zur Beschleunigung des Verfahrens wurden die Fristenregelungen erweitert und die Möglichkeit des Gläubigers zur Vollstreckung ohne die Inanspruchnahme des Gerichtsvollziehers in bestimmten Fällen konkretisiert. Zum Schutz des Schuldners als auch des Gläubigers wurde die Beschwerde im Verwaltungswege ausführlicher geregelt und die Möglichkeit einer Anfechtung vor Gericht eingeführt.

Trotz sehr guter und wichtiger Fortschritte sind in dem VVG aber immer noch einige Unklarheiten und Ungereimtheiten geblieben, die sich insbesondere auf der wohl wichtigsten Etappe des Zwangsvollstreckungsverfahrens, der eigentlichen Zwangsvollstreckungshandlung, finden lassen. Durch den Versuch möglichst viele Konstellationen der Zwangsvollstreckung zu regeln und

---

927 Siehe dazu § 1 III 1, S. 21.

zwischen diesen die unterschiedlichen Voraussetzungen herauszuarbeiten ist das gesamte System und insbesondere die einzelnen Voraussetzungen der unterschiedlichen Vollstreckungsarten teilweise zu unübersichtlich und schwer nachvollziehbar. Verstärkt wird die Unübersichtlichkeit auch durch die zahlreichen speziellen Regelungen in anderen Gesetzen, die immer noch neben dem VVG Anwendung finden. Zu nennen sind insbesondere das ZGB RF, die ZPO RF, das HypG RF und weitere, ohne die die Durchführung der Zwangsvollstreckung und die anschließende Verwertung nicht möglich wäre. Einige Verweisungen des VVG erscheinen dabei teilweise etwas überflüssig, weil in diesen Gesetzen zum Teil wortgleich dem VVG die einzelnen relevanten Etappen der Zwangsvollstreckung, deren Durchführung und Verwertung geregelt sind.[928] In der Praxis wird ein nicht sehr gut ausgebildeter Gerichtsvollzieher oft vor dem Problem stehen, zunächst die richtigen Normen zu finden, die einzelnen Voraussetzungen herauszuarbeiten und dabei die vielschichtigen und umfangreichen Besonderheiten zu erkennen und zu beachten, um korrekt im Rahmen des Gesetzes handeln zu können. Besonders wegen der sehr weitreichenden Kompetenzen des russischen Gerichtsvollziehers und der Fülle an Vollstreckungsdokumenten, für die er zuständig ist, wird die ordnungsgemäße Ausführung der Gesetze wohl nur mit einer juristischen oder einer vergleichbar guten Ausbildung des Gerichtsvollziehers möglich sein. Ob die Neuerungen im neuen VVG zu einer effektiveren Vollstreckung führen werden ist zweifelhaft, weil immer noch fast alle Aufgaben im Rahmen der Vollstreckung allein auf dem Gerichtsvollzieher liegen. Die Einführung der Möglichkeit der Vollstreckung auf Ersuchen des Gläubigers mag in einigen wenigen Fällen zu einer Entlastung des Gerichtsvollzieherdienstes führen, eine echte Alternative wird sie jedoch wohl nicht darstellen können.

Zusammenfassend lässt sich somit festhalten, dass das russische Zwangsvollstreckungsrecht in einigen Punkten zwar mit dem deutschen Recht vergleichbar ist, jedoch führen andererseits diejenigen Bereiche, die sich wesentlich von dem deutschen Zwangsvollstreckungsrecht unterscheiden und damit im russischen einen anderen Verfahrensablauf auslösen, nicht unbedingt zu einer effektiveren Vollstreckung.

928 So insbesondere bei der Vollstreckung in das verpfändete Vermögen. Vgl. dazu § 5 I 2 d, S. 170 ff.

Anhang

Föderale Gesetze im Überblick

Föderales Gesetz vom 21.07.1997 Nr. 119-FZ „Über das Vollstreckungsverfahren“ (VVG von 1997) (Федеральный закон Российской Федерации от 21. июля 1997 г. N 119-ФЗ „Об исполнительном производстве“)

Föderales Gesetz vom 02.10.2007 Nr. 229-FZ „Über das Vollstreckungsverfahren“ (VVG) (Федеральный закон Российской Федерации от 2 октября 2007 г. N 229-ФЗ „Об исполнительном производстве“)

Föderales Gesetz vom 21.07.1997 Nr. 118-FZ „Über die Gerichtsvollzieher“ (GVG RF) (Федеральный закон от 21 июля 1997 года N 118-ФЗ „О судебных приставах“)

Zivilprozessordnung der Russischen Föderation (ZPO RF) vom 14.11.2002, Nr. 138-FZ, SZ 2002, Nr. 46, Pos. 4532 (Гражданский процессуальный кодекс РФ от 14 ноября 2002 г. N 138-ФЗ)

Arbitragegerichtsprozessordnung der RF (APO RF) vom 24. Juli 2002, Nr. 95-FZ, SZ 2002, Nr. 30, Pos. 3112. (Арбитражный процессуальный кодекс Российской Федерации от 24.07.2002 N 95-ФЗ)

Das Zivilgesetzbuch der RF (Teil 1) (ZGB RF)vom 30.11.1994, Nr. 51-FZ, SZ 1994, Nr. 32, Pos. 3301. (Гражданский кодекс Российской Федерации - часть первая от 30.11.1994 N 51-ФЗ)

Das Zivilgesetzbuch der RF (Teil 2) (ZGB RF) vom 26.01.1996, Nr. 14-FZ. (Гражданский кодекс Российской Федерации – часть вторая от 26.01.1996 N 14-ФЗ)

Kodex der RF „Über die Ordnungswidrigkeiten“ (KoAP RF) vom 30.12.2001, Nr. 195-FZ, SZ 2002, Nr. 1, Pos. 1. (Кодекс Российской Федерации об административных правонарушениях от 30.12.2001 N 195-ФЗ)

Strafgesetzbuch der RF (StGB RF) vom 13.06.1996 Nr. 63-FZ (Уголовный кодекс Российской Федерации от 13.06.1996 N 63-ФЗ).

Strafprozessordnung der RF vom 18.12.2001 Nr. 174-FZ (Уголовно-процессуальный кодекс Российской Федерации от 18.12.2001 N 174-ФЗ)

Familienkodex der RF vom 29.12.1995 Nr. 223-FZ (FamK RF) (Семейный кодекс Российской Федерации от 29.12.1995 N 223-ФЗ)

Föderales Gesetz vom 22.04.1996 Nr. 39-FZ „Über den Wertpapiermarkt“ (WpMG RF) (Федеральный закон „О рынке ценных бумаг“ от 22.04.1996 N 39-ФЗ)

Verfassung der Russischen Föderation vom 12.12.1993 (Verf RF) (Конституция Российской Федерации (принята всенародным голосованием 12.12.1993))

Föderales Gesetz vom 24.10.1997 Nr. 134-FZ „Über das Existenzminimum in der Russischen Föderation“ (Федеральный закон от 24.10.1997 N 134-ФЗ „О прожиточном минимуме в Российской Федерации“)

Föderales Gesetzes vom 26.10.2002, Nr. 127-FZ „Über die Insolvenz (Bankrott)“ (InsG RF). (Федеральный закон „О несостоятельности (банкротстве)“ от 26.10.2002 N 127-ФЗ).

Gesetz der Russischen Föderation vom 7. Juli 1993 Nr. 5338-1 „Über die Internationale Handelsschiedsgerichtsbarkeit“ (Закон РФ от 07.07.1993 N 5338-1 „О международном коммерческом арбитраже“)

Steuerkodex der RF Teil 1 vom 31.07.1998 Nr. 146-FZ (SK RF) (Налоговый кодекс Российской Федерации - часть первая (НК РФ) от 31.07.1998 N 146-ФЗ)

Arbeitsgesetzbuch RF (ArbG RF) vom 30.12.2001 Nr. 197-FZ (Трудовой кодекс Российской Федерации (ТК РФ) от 30.12.2001 N 197-ФЗ)

Grundlagen der Gesetzgebung der Russischen Föderation zum Notariat vom 11.02.1993 Nr. 4462-1 (Основы законодательства РФ о нотариате от 11 февраля 1993 года N 4462-1)

Föderales Gesetz von 31.12.1996 Nr. 1-FZ „Über das System der Gerichte der Russischen Föderation“ (Федеральный конституционный закон от 31.12.1996 N 1-ФКЗ „О судебной системе Российской Федерации“)

Föderales Gesetz „Über Banken und Bankentätigkeit“ vom 02.12.1990 Nr. 395-1 (Федеральный закон „О банках и банковской деятельности“ от 02.12.1990 N 395-1)

Föderales Gesetz „Über die persönliche Daten“ vom 27.07.2006 Nr. 152-FZ (Федеральный закон от 27.07.2006 N 152-ФЗ „О персональных данных“)

Föderales Gesetz vom 29.07.1998 Nr. 135-FZ „Über das Schätzungsverfahren in der Russischen Föderation“ (Федеральный закон от 29.07.1998 N 135-ФЗ „Об оценочной деятельности в Российской Федерации“)

Föderales Gesetz vom 26.12.1995 Nr. 208-FZ „Über die Aktiengesellschaften“ (AG RF) (Федеральный закон „Об акционерных обществах“ (Об АО) от 26.12.1995 N 208-ФЗ)

Föderales Gesetz vom 29.11.2001 Nr. 156-FZ „Über Investmentfonds“ (InvFG RF) (Федеральный закон от 29.11.2001 N 156-ФЗ „Об инвестиционных фондах“).

Föderales Gesetz vom 30.12.2008 Nr. 306-FZ „Über die Eintragung der Änderungen in einige Gesetzesakte der Russischen Föderation im Zusammenhang mit der Optimierung des Verfahrens der Vollstreckung in verpfändetes Vermögen“ (Федеральный закон от 30.12.2008 N 306-ФЗ „О внесении изменений в некоторые законодательные акты Российской Федерации в связи с совершенствованием порядка обращения взыскания на заложенное имущество“).

Föderales Gesetzes vom 21.07.1997 Nr. 122-FZ „Über die staatliche Registrierung von Immobilienrechten und Immobilienrechtsgeschäften“ (StRImm RF) (Федеральный закон от 21.07.1997 N 122-ФЗ „О государственной регистрации прав на недвижимое имущество и сделок с ним“).

Bodengesetzbuch der RF vom 21.10.2001 Nr. 136-FZ („Земельный кодекс Российской Федерации“ от 25.10.2001 N 136-ФЗ)

Föderales Gesetz vom 16.07.1998 Nr. 102-FZ „Über die Hypothek (Immobilienpfand)“ (HypG RF) (Федеральный закон от 16.07.1998 N 102-ФЗ „Об ипотеке (залоге недвижимости)“)

Gesetz der Russischen Föderation vom 29.05.1992 Nr. 2872-1 „Über das Pfand“ (PfandG RF) (Закон РФ от 29.05.1992 N 2872-1 „О залоге“).

Föderale Gesetz vom 30.12.2008 Nr. 306-FZ „Über die Eintragung der Änderungen in einige Gesetzesakte der Russischen Föderation im Zusammenhang mit der Optimierung des Verfahrens der Vollstreckung in verpfändetes Vermögen“ (Федеральный закон от 30.12.2008 N 306-ФЗ „О внесении изменений в некоторые законодательные акты Российской Федерации в связи с совершенствованием порядка обращения взыскания на заложенное имущество“).

Haushaltsgesetzbuch der Russischen Föderation vom 31.07.1998 Nr. 145-FZ (HaushaltsG RF) (Бюджетный кодекс Российской Федерации (БК РФ) от 31.07.1998 N 145-ФЗ)

Föderales Gesetz vom 24.06.2008 „Über den Mindestlohn“ Nr. 91- FZ (Федеральный закон от 24.06.2008 N 91-ФЗ „О минимальном размере оплаты труда“)

Föderales Gesetz von 31.05.2002 „Über die Staatsbürgerschaft der Russischen Föderation“ Nr. 62-FZ (Федеральный закон от 31.05.2002 N 62-ФЗ „О гражданстве РФ“)

Übersetzung des Föderalen Gesetzes „Über das Vollstreckungsverfahren" vom 02.10.2007 in der Fassung vom 28.07.2012[929] (Auszug)

Федеральный закон „Об исполнительном производстве" от 02.10.2007 N 229-ФЗ	**Föderales Gesetz „Über das Vollstreckungsverfahren" vom 02.10.2007**
Глава 1. Основные положения	**Kapitel 1. Grundsätze**
Статья 1. Сфера действия настоящего Федерального закона	**Artikel 1. Wirkungsbereich dieses Gesetzes**
1. Настоящий Федеральный закон определяет условия и порядок принудительного исполнения судебных актов, актов других органов и должностных лиц, которым при осуществлении установленных федеральным законом полномочий предоставлено право возлагать на физических лиц (далее также – граждане), юридических лиц, Российскую Федерацию, субъекты Российской Федерации, муниципальные образования (далее также – организации) обязанности по передаче другим гражданам,	1. Dieses Gesetz bestimmt die Bedingungen und das Verfahren der Zwangsvollstreckung gerichtlicher Entscheidungen, Entscheidungen anderer Organe und Amtsträger, denen bei der Verwirklichung der gesetzlich festgelegten Kompetenzen das Recht gewährt wird, natürliche Personen (im weiteren – Bürger), juristische Personen, Russische Föderation, Subjekte der Russischen Föderation, kommunale Bildungen (im weiteren – Organisationen) zur Übergabe an andere Bürger, Organisationen oder in die entsprechenden Haushalte finanzieller

929 Die Übersetzung des Gesetzestextes erfolgte nach den vorhandenen sprachlichen Kenntnissen, so dass für die Richtigkeit und Vollständigkeit keine Garantie übernommen werden kann. Soweit es möglich war, wurden einzelne Passagen aus der vorhandenen Übersetzung des Föderalen Gesetzes „Über das Vollstreckungsverfahren" vom 21. 07. 1997, von *A. Steininger/M. Schierhorn*, in *S. Breidenbach*, Handbuch Wirtschaft und Recht Osteuropa, Länderteil Russland, Pos. 930, übernommen. Der Gesetzestext befindet sich auf dem Stand bis zum 8. April 2013.

организациям или в соответствующие бюджеты денежных средств и иного имущества либо совершению в их пользу определенных действий или воздержанию от совершения определенных действий.

Mittel und sonstigen Vermögens zu verpflichten oder zu deren Gunsten bestimmte Handlungen zu unternehmen oder solche Handlungen zu unterlassen.

2. Условия и порядок исполнения судебных актов по передаче гражданам, организациям денежных средств соответствующего бюджета бюджетной системы Российской Федерации устанавливаются бюджетным законодательством Российской Федерации.

2. Die Bedingungen und das Verfahren der Vollstreckung von gerichtlichen Entscheidungen zur Übergabe an Bürger, Organisationen der finanziellen Mittel entsprechend dem Haushalt des Haushaltssystems der Russischen Föderation, werden durch die budgetäre Gesetzgebung der Russischen Föderation bestimmt.

Статья 2. Задачи исполнительного производства

Artikel 2. Aufgaben der Zwangsvollstreckung

Задачами исполнительного производства являются правильное и своевременное исполнение судебных актов, актов других органов и должностных лиц, а в предусмотренных законодательством Российской Федерации случаях исполнение иных документов в целях защиты нарушенных прав, свобод и законных интересов граждан и организаций.

Aufgaben der Zwangsvollstreckung sind die richtige und rechtzeitige Vollstreckung der gerichtlichen Entscheidungen, Entscheidungen anderer Organe und Amtsträger, und in von der Gesetzgebung der Russischen Föderation vorgesehenen Fällen, die Vollstreckung sonstiger Dokumente, mit dem Ziel des Schutzes der verletzten Rechte, Freiheiten und rechtlicher Interessen der Bürger und der Organisationen.

Статья 3. Законодательство Российской Федерации об исполнительном производстве

1. Законодательство Российской Федерации об исполнительном производстве основано на Конституции Российской Федерации и состоит из настоящего Федерального закона, Федерального закона от 21 июля 1997 года N 118-ФЗ „О судебных приставах" (далее - Федеральный закон „О судебных приставах") и иных федеральных законов, регулирующих условия и порядок принудительного исполнения судебных актов, актов других органов и должностных лиц.

2. Нормы федеральных законов, регулирующие условия и порядок принудительного исполнения судебных актов, актов других органов и должностных лиц, должны соответствовать настоящему Федеральному закону.

3. На основании и во исполнение настоящего Федерального закона Президент Российской Федерации и Правительство Российской Федерации принимают нормативные правовые акты по вопросам обеспечения исполнительного производства.

Artikel 3. Gesetzgebung der Russischen Föderation über das Vollstreckungsverfahren

1. Die Gesetzgebung der Russischen Föderation basiert auf der Grundlage der Verfassung der Russischen Föderation und besteht aus diesem Gesetz, dem Föderalen Gesetz vom 21. Juli 1997 N 118-FZ „Über die Gerichtsvollzieher" (im weiteren – Föderales Gesetz „Über die Gerichtsvollzieher") und anderen Föderalen Gesetzen, welche die Bedingungen und das Verfahren der Zwangsvollstreckung von Gerichtsentscheidungen, Entscheidungen anderer Organe und Amtsträger regeln.

2. Die Normen der Föderalen Gesetze, welche die Bedingungen und das Verfahren der Zwangsvollstreckung von Gerichtsentscheidungen, Entscheidungen anderer Organe und Amtsträger regeln, müssen mit diesem Gesetz vereinbar sein.

3. Auf der Grundlage und in Ausführung dieses Gesetzes verabschieden der Präsident der Russischen Föderation und die Regierung der Russischen Föderation normative Rechtsakte zu Fragen der Sicherung des Vollstreckungsverfahrens.

4. Если международным договором Российской Федерации установлены иные правила, чем предусмотренные законодательством Российской Федерации об исполнительном производстве, то применяются правила международного договора.

4. Wenn in einem internationalen Vertrag der Russischen Föderation andere Regeln festgelegt sind als diejenigen, die durch die Gesetzgebung der Russischen Föderation über das Vollstreckungsverfahren vorgesehen sind, so finden die Regeln des internationalen Vertrages Anwendung.

Статья 4. Принципы исполнительного производства

Artikel 4. Prinzipien des Vollstreckungsverfahrens

Исполнительное производство осуществляется на принципах:

Vollstreckungsverfahren wird verwirklicht durch Prinzipien:

1) законности;

1) der Gesetzmäßigkeit;

2) своевременности совершения исполнительных действий и применения мер принудительного исполнения;

2) der Rechtzeitigkeit der Vornahme von Vollstreckungshandlungen und der Anwendung von Maßnahmen der Zwangsvollstreckung;

3) уважения чести и достоинства гражданина;

3) der Achtung der Ehre und Würde der Bürger;

4) неприкосновенности минимума имущества, необходимого для существования должника-гражданина и членов его семьи;

4) der Unantastbarkeit der für die Existenz des Schuldners und seiner Familienangehörigen erforderlichen Vermögens;

5) соотносимости объема требований взыскателя и мер принудительного исполнения.

5) des Wechselverhältnisses des Umfangs der zu vollstreckenden Forderungen und der Maßnahmen der Zwangsvollstreckung.

Статья 5. Органы принудительного исполнения

1. Принудительное исполнение судебных актов, актов других органов и должностных лиц возлагается на Федеральную службу судебных приставов и ее территориальные органы.

2. Непосредственное осуществление функций по принудительному исполнению судебных актов, актов других органов и должностных лиц возлагается на судебных приставов-исполнителей структурных подразделений Федеральной службы судебных приставов и ее территориальных органов (далее - подразделения судебных приставов).

3. Полномочия судебных приставов-исполнителей определяются настоящим Федеральным законом, Федеральным законом „О судебных приставах" и иными федеральными законами.

Artikel 5. Organe der Zwangsvollstreckung

1. Die Zwangsvollstreckung von Gerichtsentscheidungen, Entscheidungen anderer Organe und Amtsträger wird dem Dienst der Gerichtsvollzieher und dessen territorialen Organe auferlegt.

2. Die unmittelbare Durchführung der Vollstreckung von Gerichtsentscheidungen, Entscheidungen anderer Organe und Amtsträger wird den Gerichtsvollziehern der strukturellen Abteilungen des Föderalen Dienstes der Gerichtsvollzieher und seiner territorialer Organe (im Weiteren – Abteilungen der Gerichtsvollzieher) auferlegt.

3. Die Befugnisse der Gerichtsvollzieher werden durch dieses Gesetz, das Föderale Gesetz „Über die Gerichtsvollzieher" und andere Föderale Gesetze bestimmt.

Статья 6. Обязательность требований судебного пристава-исполнителя

1. Законные требования судебного пристава-исполнителя обязательны для всех государственных органов, органов местного самоуправления,

Artikel 6. Verbindlichkeit der Anordnungen des Gerichtsvollziehers

1. Die gesetzmäßigen Anordnungen des Gerichtsvollziehers sind verbindlich für alle Staatsorgane, Organe regionalen Selbstverwaltung,

граждан и организаций и подлежат неукоснительному выполнению на всей территории Российской Федерации.

Bürger und Organisationen und unterliegen der unausweichlichen Ausführung auf dem gesamten Territorium der Russischen Föderation.

2. В случае невыполнения законных требований судебного пристава-исполнителя он применяет меры, предусмотренные настоящим Федеральным законом.

2. Im Falle der Nichterfüllung von gesetzmäßigen Anordnungen des Gerichtsvollziehers wendet er Maßnahmen an, die durch dieses Gesetz vorgesehen sind.

3. Невыполнение законных требований судебного пристава-исполнителя, а также воспрепятствование осуществлению судебным приставом-исполнителем функций по исполнению судебных актов, актов других органов и должностных лиц влекут ответственность, предусмотренную законодательством Российской Федерации.

3. Die Nichterfüllung der gesetzmäßigen Anordnungen des Gerichtsvollziehers, ebenfalls der Widerstand gegenüber der Ausübung der dem Gerichtsvollzieher auferlegten Funktionen zur Vollstreckung von Gerichtsentscheidungen, Entscheidungen anderer Organe und Amtsträger, ziehen die Verantwortlichkeit nach sich, die durch die Gesetzgebung der Russischen Föderation vorgesehen ist.

Статья 7. Органы, организации и граждане, исполняющие требования, содержащиеся в судебных актах, актах других органов и должностных лиц

Artikel 7. Organe, Organisationen und Bürger, welche die in den Gerichtsentscheidungen, Entscheidungen anderer Organe und Amtsträger enthaltenen Forderungen vollstrecken.

1. В случаях, предусмотренных федеральным законом, требования, содержащиеся в судебных актах, актах других органов и должностных лиц, исполняются

1. In Fällen, die durch das Föderale Gesetz vorgesehen sind, werden Forderungen, die in den Gerichtsentscheidungen, Entscheidungen anderer Organe

органами, организациями, в том числе государственными органами, органами местного самоуправления, банками и иными кредитными организациями, должностными лицами и гражданами.

und Amtsträger enthalten sind, durch Organe, Organisationen, einschließlich Staatsorgane, Organe der kommunalen Selbstverwaltung, Banken und andere Kreditinstitute, Amtsträger und Bürger vollstreckt.

2. Указанные в части 1 настоящей статьи органы, организации и граждане исполняют требования, содержащиеся в судебных актах, актах других органов и должностных лиц, на основании исполнительных документов, указанных в статье 12 настоящего Федерального закона, в порядке, установленном настоящим Федеральным законом и иными федеральными законами.

2. In Absatz 1 dieses Artikels genannten Organe, Organisationen und Bürger vollstrecken die Forderungen, die in den Gerichtsentscheidungen, Entscheidungen anderer Organe und Amtsträger enthalten sind, auf der Grundlage der Vollstreckungsdokumente, die in Art. 12 dieses Föderalen Gesetzes aufgeführt sind, in der Reihenfolge, die durch dieses Föderale Gesetz und andere Föderale Gesetze aufgestellt ist.

Статья 8. Исполнение требований, содержащихся в судебных актах, актах других органов и должностных лиц, банками и иными кредитными организациями

Artikel 8. Vollstreckung von Forderungen, die in den Gerichtsentscheidungen, Entscheidungen anderer Organe und Amtsträger enthalten sind, durch die Banken und andere Kreditinstitute

1. Исполнительный документ о взыскании денежных средств или об их аресте может быть направлен в банк или иную кредитную организацию непосредственно взыскателем.

1. Das Vollstreckungsdokument über die Einziehung finanzieller Mittel oder deren Arrest kann von dem Gläubiger unmittelbar an eine Bank oder ein anderes Kreditinstitut gerichtet werden.

2. Одновременно с исполнительным документом взыскатель представляет в банк или иную кредитную организацию заявление, в котором указываются:

2. Gleichzeitig mit dem Vollstreckungsdokument reicht der Gläubiger in die Bank oder ein anderes Kreditinstitut ein Ersuchen ein, das folgendes beinhaltet:

1) реквизиты банковского счета взыскателя, на который следует перечислить взысканные денежные средства;

1) Kontodaten der Bank des Gläubigers, auf das die Geldforderung überwiesen werden soll;

2) фамилия, имя, отчество, гражданство, реквизиты документа, удостоверяющего личность, место жительства или место пребывания, идентификационный номер налогоплательщика (при его наличии), данные миграционной карты и документа, подтверждающего право на пребывание (проживание) в Российской Федерации взыскателя-гражданина;

2) Name, Vorname, Vatersname, Staatsangehörigkeit, Daten des Dokumentes, das die Personalien bestätigt, Wohnort oder Aufenthaltsort, Identifikationsnummer des Steuerpflichtigen (falls vorhanden), Daten des Migrationsausweises und Dokumentes, das das Recht auf Aufenthalt (wohnhaft sein) in der Russischen Föderation bestätigt und zwar des Gläubigers als Bürger;

3) наименование, идентификационный номер налогоплательщика или код иностранной организации, государственный регистрационный номер, место государственной регистрации и юридический адрес взыскателя - юридического лица.

3) Bezeichnung, Identifikationsnummer des Steuerpflichtigen oder Code der ausländischen Organisation, staatliche Registrierungsnummer, Ort der staatlichen Registrierung und juristische Adresse des Gläubigers als juristische Person.

3. Представитель взыскателя представляет документ, удостоверяющий его полномочия, и сведения, указанные в части 2 настоящей статьи, о взыскателе и о себе.

3. Vertreter des Gläubigers legt ein Dokument vor, das seine Bevollmächtigung bestätigt und die im Absatz 2 dieses Artikels aufgeführten Daten über den Gläubiger und sich selbst.

4. Утратил силу. - Федеральный закон от 28.07.2012 N 144-ФЗ.

4. Außer Kraft. – Föderales Gesetz vom 28.07.2012 Nr. 144-FZ.

Статья 8.1. Исполнение требований судебных актов эмитентами и профессиональными участниками рынка ценных бумаг

Artikel 8.1. Vollstreckung von Gerichtsentscheidungen durch Emittente und professionelle Teilnehmer des Wertpapiermarkts

1. Исполнительный документ о списании с лицевого счета или со счета депо должника и о зачислении на лицевой счет или счет депо взыскателя эмиссионных ценных бумаг (далее - исполнительный документ о списании ценных бумаг) может быть направлен взыскателем непосредственно эмитенту, если он самостоятельно осуществляет деятельность по ведению реестра владельцев таких ценных бумаг, или держателю реестра, осуществляющему ведение реестра владельцев эмиссионных ценных бумаг по поручению эмитента, либо депозитарию, осуществляющему учет прав на эмиссионные ценные бумаги должника, при условии, что взыскатель располагает сведениями об имеющихся на указанных счетах должника ценных бумагах.

1. Vollstreckungsdokument über die Abschreibung von persönlichen Konten oder von dem Depot des Schuldners und über die Einschreibung auf ein persönliches Konto oder ein Depot des Gläubigers der Dividendenwerte (im weiteren – Vollstreckungsdokument über die Abschreibung der Wertpapiere) kann unmittelbar durch den Gläubiger an den Emittenten gerichtet werden, falls dieser selbständig das Register der Inhaber solcher Wertpapiere führt, oder an den Registrator, der das Register der Inhaber der Dividendenwerte im Auftrag des Emittenten unterhält, oder an das Depot (Verwahrstelle), das die Rechte auf Dividendenwerte des Schuldners erfasst, unter der Bedingung, dass der Gläubiger über Informationen zu den Vorhandenen Wertpapieren auf den genannten Konten des Schuldners verfügt.

2. Одновременно с исполнительным документом о списании ценных бумаг взыскатель представляет заявление, в котором указываются

2. Gleichzeitig mit dem Vollstreckungsdokument über die Abschreibung der Wertpapiere reicht der Gläubiger ein Ersuchen ein, in

сведения, предусмотренные пунктами 2 и 3 части 2 статьи 8 настоящего Федерального закона. Представитель взыскателя представляет документ, удостоверяющий его полномочия, и сведения, предусмотренные настоящей статьей, о взыскателе и о себе.

welchem Daten aufgeführt sind, die in den Punkten 2 und 3 des Absatzes 2 des Artikels 8 dieses Gesetzes genannt sind. Vertreter des Gläubigers legt ein Dokument vor, das seine Bevollmächtigung bestätigt und die in diesem Artikel aufgeführten Daten über den Gläubiger und sich selbst.

3. Исполнительный документ о списании ценных бумаг подлежит исполнению лицом, осуществляющим учет прав на эмиссионные ценные бумаги должника.

3. Das Vollstreckungsdokument über die Abschreibung der Wertpapiere unterliegt der Vollziehung durch die Person, die die Rechte auf Dividendenwerte des Schuldners erfasst.

4. При передаче документов, составляющих систему ведения реестра владельцев эмиссионных ценных бумаг, переводе эмиссионных ценных бумаг с лицевого счета на счет депо или со счета депо на лицевой счет либо одним депозитарием другому депозитарию неисполненные или исполненные частично исполнительные документы о списании ценных бумаг передаются новому лицу, осуществляющему учет прав на эмиссионные ценные бумаги должника.

4. Bei der Übergabe von Dokumenten, die das System der Führung des Registers der Inhaber der Dividendenwerte bilden, Überweisung der Dividendenwerte von einem persönlichen Konto auf ein Depot oder von einem Depot auf ein persönliches Konto oder von einer Verwahrstelle zu einer anderen Verwahrstelle, werden die nichtvollzogenen oder teilweise vollzogenen Vollstreckungsdokumente über die Abschreibung der Wertpapiere einer neuen Person übergeben, die die Rechte auf Dividendenwerte des Schuldners erfasst.

Статья 9. Исполнение лицами, выплачивающими должнику-гражданину периодические платежи, судебного акта, акта другого органа или должностного лица

1. Исполнительный документ о взыскании периодических платежей, о взыскании денежных средств, не превышающих в сумме двадцати пяти тысяч рублей, может быть направлен в организацию или иному лицу, выплачивающим должнику заработную плату, пенсию, стипендию и иные периодические платежи, непосредственно взыскателем.

2. Одновременно с исполнительным документом взыскатель представляет заявление, в котором указываются:

1) реквизиты банковского счета, на который следует перечислять денежные средства, либо адрес, по которому следует переводить денежные средства;

2) фамилия, имя, отчество, реквизиты документа, удостоверяющего личность взыскателя-гражданина;

Artikel 9. Vollstreckung von Gerichtsentscheidungen, Entscheidungen anderer Organe und Amtsträger durch Personen, die dem Schuldner als Bürger periodische Zahlungen leisten.

1. Das Vollstreckungsdokument über die Einziehung periodischer Zahlungen oder finanzieller Mittel, die in der Summe fünfundzwanzig Tausend Rubel nicht übersteigen, kann an eine Organisation oder eine andere Person, die dem Schuldner den Lohn, die Rente, Stipendium und andere periodische Zahlungen leistet, unmittelbar durch den Gläubiger gerichtet werden.

2. Gleichzeitig mit dem Vollstreckungsdokument reicht der Gläubiger ein Ersuchen ein, das folgendes beinhaltet:

1) Kontodaten der Bank, auf das die finanziellen Mittel überwiesen werden sollen oder die Adresse, die der Überweisung der finanziellen Mittel dient;

2) Familienname, Vorname, Vatersname, Daten des Dokumentes, das die Personalien des Gläubigers als Bürger bestätigt;

3) наименование, идентификационный номер налогоплательщика или код иностранной организации, государственный регистрационный номер, место государственной регистрации и юридический адрес взыскателя - юридического лица.

3) Bezeichnung, Identifikationsnummer des Steuerpflichtigen oder Code der ausländischen Organisation, staatliche Registrierungsnummer, Ort der staatlichen Registrierung und juristische Adresse des Gläubigers als juristische Person.

3. Представитель взыскателя представляет документ, удостоверяющий его полномочия, и сведения, указанные в части 2 настоящей статьи, о взыскателе.

3. Vertreter des Gläubigers legt ein Dokument vor, das seine Bevollmächtigung bestätigt und die im Absatz 2 dieses Artikels aufgeführten Daten über den Gläubiger.

4. Лица, указанные в части 1 настоящей статьи, производят индексацию периодических платежей, выплачиваемых в целях возмещения вреда, причиненного жизни или здоровью, по договору пожизненного содержания и в других установленных законом случаях, в порядке, установленном законодательством Российской Федерации. О такой индексации указанные лица обязаны издать приказ (распоряжение).

4. Personen, die in Absatz 1 dieses Artikels genannt sind, führen eine Indizierung der periodischen Zahlungen, die mit dem Ziel des Schadensersatzes aufgrund einer Lebens- oder Gesundheitsverletzungen, aufgrund einer Vereinbarung lebenslanger Unterhaltszahlungen und in anderen durch das Gesetz geregelten Fällen ausbezahlt werden, im Verfahren durch, welches durch die Gesetzgebung der Russischen Föderation geregelt ist. Über eine solche Indizierung müssen die geannten Personen einen Befehl (Auftrag) erlassen.

Статья 10. Исполнение судебных актов, актов других органов и должностных лиц в отношении иностранных граждан, лиц без гражданства и иностранных организаций

При исполнении на территории Российской Федерации судебных актов, актов других органов и должностных лиц в отношении иностранных граждан, лиц без гражданства и иностранных организаций на них распространяются положения настоящего Федерального закона.

Artikel 10. Vollstreckung von Gerichtsentscheidungen, Entscheidungen anderer Organe und Amtsträger gegen ausländische Staatsangehörige, Staatenlose und ausländische Organisationen

Bei der Vollstreckung von Gerichtsentscheidungen, Entscheidungen anderer Organe und Amtsträger auf dem Territorium der Russischen Föderation gegen ausländische Staatsangehörige, Staatenlose und ausländische Organisationen erstrecken sich die Bestimmungen dieses Gesetzes auf diese Personen und Organisationen.

Статья 11. Исполнение решений иностранных судов и арбитражей

Порядок исполнения в Российской Федерации решений иностранных судов и арбитражей устанавливается соответствующими международными договорами Российской Федерации, процессуальным законодательством Российской Федерации и настоящим Федеральным законом.

Artikel 11. Vollstreckung von Entscheidungen von ausländischen Gerichten und Schiedsgerichten

Das Verfahren der Vollstreckung ausländischer Gerichte und Schiedsgerichte in der Russischen Föderation richtet sich nach den entsprechenden internationalen Verträgen der Russischen Föderation, prozessualen Gesetzgebung der Russischen Föderation und diesem Gesetz.

Глава 2. Исполнительные документы

Kapitel 2. Vollstreckungsdokumente

Статья 12. Виды исполнительных документов

Artikel 12. Arten der Vollstreckungsdokumente

1. Исполнительными документами, направляемыми (предъявляемыми) судебному приставу-исполнителю, являются:

1. Vollstreckungsdokumente, die an den Gerichtsvollzieher gerichtet (ihm vorgelegt) werden, sind:

1) исполнительные листы, выдаваемые судами общей юрисдикции и арбитражными судами на основании принимаемых ими судебных актов;

1) Vollstreckungsblätter, ausgestellt von Gerichten ordentlicher Gerichtsbarkeit und Arbitragegerichten (Wirtschaftsgerichten) auf der Grundlage der von ihnen gefällten Entscheidungen;

2) судебные приказы;

2) gerichtliche Anordnungen (Gerichtsbefehle);

3) нотариально удостоверенные соглашения об уплате алиментов или их нотариально удостоверенные копии;

3) notariell beglaubigte Vereinbarungen über die Zahlung von Unterhalt oder deren notariell beglaubigte Kopien;

4) удостоверения, выдаваемые комиссиями по трудовым спорам;

4) Bescheinigungen, ausgestellt von Kommissionen für Arbeitskonflikte;

5) акты органов, осуществляющих контрольные функции, о взыскании денежных средств с приложением документов, содержащих отметки банков или иных кредитных организаций, в которых открыты расчетные и иные счета должника, о полном или частичном неисполнении требований

5) Entscheidungen von Organen, die Kontrollfunktionen ausüben, über die Einziehung finanzieller Mittel mit dem Anhang, der eine Eintragung einer Bank oder eines anderen Kreditinstituts über die offenen Giro- oder andere Konten des Schuldners enthält oder über vollständige oder teilweise

указанных органов в связи с отсутствием на счетах должника денежных средств, достаточных для удовлетворения этих требований;	Nichterfüllung der Forderungen der erwähnten Organe, weil auf den Konten des Schuldners nicht genügend finanzielle Mittel vorhanden sind, um diese Forderungen zu befriedigen;
6) судебные акты, акты других органов и должностных лиц по делам об административных правонарушениях;	6) Gerichtsentscheidungen, Entscheidungen anderer Organe und Amtsträger in Ordnungswidrigkeitensachen;
7) постановления судебного пристава-исполнителя;	7) Beschlüsse des Gerichtsvollziehers;
8) акты других органов в случаях, предусмотренных федеральным законом;	8) Entscheidungen anderer Organe in Fällen, die durch Föderales Gesetz vorgesehen sind;
9) исполнительная надпись нотариуса при наличии соглашения о внесудебном порядке обращения взыскания на заложенное имущество, заключенного в виде отдельного договора или включенного в договор о залоге.	9) Vollstreckbarkeitserklärung eines Notars bei vorhandener Einigung über ein außergerichtliches Verfahren der Einziehung des gepfändeten Vermögens, welche in Form eines separaten Vertrages oder innerhalb des Pfandvertrages geschlossen wurde.
2. В случае утраты подлинника исполнительного документа основанием для исполнения является его дубликат, выдаваемый в установленном порядке судом, другим органом или должностным лицом, принявшим соответствующий акт.	2. Im Falle des Verlustes des Originals des Vollstreckungsdokumentes ist die Grundlage der Vollstreckung sein Duplikat, ausgestellt nach dem vorgesehenem Verfahren durch das Gericht, ein anderes Organ oder einen Amtsträger, der die entsprechende Entscheidung getroffen hat.

3. Исполнительный документ, по которому возбужденоисполнительное производство, находится в материалах исполнительного производства. Судебный пристав-исполнитель направляет для исполнения постановление о возбуждении исполнительного производства с приложением копии указанного исполнительного документа.	3. Vollstreckungsdokument, auf Grundlage dessen das Vollstreckungsverfahren eingeleitet wurde, befindet sich bei den Materialien des Vollstreckungsverfahrens. Der Gerichtsvollzieher richtet zur Vollstreckung den Beschluss über die Einleitung des Vollstreckungsverfahrens einschließlich einer Kopie des genannten Vollstreckungsdokumentes.
Статья 13. Требования, предъявляемые к исполнительным документам	**Artikel 13. Anforderungen, die an Vollstreckungsdokumente gestellt werden**
1. В исполнительном документе, за исключением постановления судебного пристава-исполнителя, судебного приказа, исполнительной надписи нотариуса и нотариально удостоверенного соглашения об уплате алиментов, должны быть указаны:	1. Im Vollstreckungsdokument, mit Ausnahme des Beschlusses des Gerichtsvollziehers, gerichtlicher Anordnung (Gerichtsbefehl), Vollstreckbarkeitserklärung eines Notars und notariell beglaubigter Vereinbarung über die Zahlung von Unterhalt, müssen angegeben werden:
1) наименование и адрес суда или другого органа, выдавшего исполнительный документ, фамилия и инициалы должностного лица;	1) die Bezeichnung und Adresse des Gerichts oder eines anderen Organs, das das Vollstreckungsdokument ausgestellt hat, Name und Initialen des Amtsträgers;
2) наименование дела или материалов, на основании которых выдан исполнительный документ, и их номера;	2) Bezeichnung der Sache und des Materials, auf dessen Grundlage das Vollstreckungsdokument ausgestellt wurde, sowie deren Aktenzeichen;

3) дата принятия судебного акта, акта другого органа или должностного лица;	3) Datum der Fällung der Gerichtsentscheidung, Entscheidung eines anderen Organs oder Amtsträgers;
4) дата вступления в законную силу судебного акта, акта другого органа или должностного лица либо указание на немедленное исполнение;	4) Datum des Inkrafttretens der Gerichtsentscheidung, der Entscheidung eines anderen Organs oder Amtsträgers oder der Hinweis auf die sofortige Vollziehung;
5) сведения о должнике и взыскателе:	5) Informationen über Schuldner und Gläubiger:
а) для граждан - фамилия, имя, отчество, место жительства или место пребывания, а для должника также - дата и место рождения, место работы (если оно известно) и для должника, являющегося индивидуальным предпринимателем, также - дата и место его государственной регистрации в качестве индивидуального предпринимателя, идентификационный номер налогоплательщика;	a) für Bürger – Familienname, Vorname, Vatersname, Wohnort oder Aufenthaltsort, und für Schuldner auch – Geburtsjahr und -ort, Arbeitsstelle (falls bekannt); und für Schuldner, der als Unternehmer eingetragen ist, auch – Datum und Ort der staatlichen Registrierung seiner unternehmerischer Tätigkeit, Identifikationsnummer des Steuerpflichtigen;
б) для организаций - наименование, место нахождения, фактический адрес (если он известен), дата государственной регистрации в качестве юридического лица, идентификационный номер налогоплательщика;	b) für Organisationen – Bezeichnung und Aufenthaltsort, tatsächliche Adresse (falls diese bekannt), Datum und Ort der staatlichen Registrierung als juristische Person, Identifikationsnummer des Steuerpflichtigen;
в) для Российской Федерации, субъекта Российской Федерации	c) für die Russische Föderation, Subjekt der Russischen Föderation,

или муниципального образования - наименование и адрес органа, уполномоченного от их имени осуществлять права и исполнять обязанности в исполнительном производстве;

Gemeinde – Bezeichnung und Adresse des Organs, das in ihrem Namen das Recht verwirklichen und die Pflichten des Vollstreckungsverfahrens erfüllen kann;

6) резолютивная часть судебного акта, акта другого органа или должностного лица, содержащая требование о возложении на должника обязанности по передаче взыскателю денежных средств и иного имущества либо совершению в пользу взыскателя определенных действий или воздержанию от совершения определенных действий;

6) der Tenor der Gerichtsentscheidung, derEntscheidung anderer Organe und Amtsträger, der die Pflicht des Schuldners zur Übergabe der Geldmittel oder anderen Vermögens an den Gläubiger enthält, oder bestimmte Handlungen oder Unterlassungen zu Gunsten des Gläubigers auferlegt.

7) дата выдачи исполнительного документа.

7) das Ausstellungsdatum des Vollstreckungsdokuments.

1.1. В акте органа, должностного лица о наложении штрафа, принятом по делу об административном правонарушении, должна быть проставлена отметка о неуплате должником назначенного административного штрафа.

1.1. In dem Akt eines Organs, einer Amtsperson über die Auferlegung einer Strafe, die in einem Ordnungswidrigkeitenverfahren festgesetzt wurde, muss ein Vermerk über die Nichterbringung des verhängten Ordnungsgeldes gemacht werden.

2. Если до выдачи исполнительного документа предоставлена отсрочка или рассрочка исполнения, то в исполнительном документе указывается, с какого времени начинается срок исполнения содержащихся в нем требований.

2. Falls bis zur Ausstellung des Vollstreckungsdokuments Aufschub oder Stundung der Vollstreckung gewährt wurde, so wird in dem Vollstreckungsdokument vermerkt, ab welchem Zeitpunkt die Vollstreckung der darin enthaltenen Forderungen fällig ist.

3. Исполнительный документ, выданный на основании судебного акта или являющийся судебным актом, подписывается судьей и заверяется гербовой печатью суда.

3. Das Vollstreckungsdokument, das auf der Grundlage der Gerichtsentscheidung ausgestellt wurde oder eine Gerichtsentscheidung darstellt, wird vom Richter unterschrieben und mit einem Wappensiegel des Gerichtes beglaubigt.

4. Исполнительный документ, выданный на основании акта другого органа или являющийся актом другого органа, подписывается должностным лицом этого органа и заверяется печатью данного органа или лица, его выдавшего.

4. Das Vollstreckungsdokument, das auf der Grundlage der Entscheidung eines anderen Organs ausgestellt wurde oder eine Entscheidung eines anderen Organs darstellt, wird von einem Amtsträger dieses Organs unterschrieben und vom Amtssiegel dieses Organs oder der Person, die ihn ausgestellt hat, beglaubigt.

5. Содержание судебного приказа и нотариально удостоверенного соглашения об уплате алиментов определяется федеральными законами. Эти исполнительные документы подписываются лицами, принявшими или удостоверившими их, и заверяются печатью.

5. Der Inhalt einer gerichtlichen Anordnung und notariell beglaubigten Einigung über die Zahlung von Unterhalt wird durch Föderale Gesetze bestimmt. Diese Vollstreckungsdokumente werden von den Personen unterzeichnet, die sie getroffen oder beglaubigt haben, und mit dem Amtssiegel beglaubigt.

Статья 14. Постановление судебного пристава-исполнителя

Artikel 14. Beschlüsse des Gerichtsvollziehers

1. Решения по вопросам исполнительного производства, принимаемые судебным приставом-исполнителем, главным судебным приставом Российской Федерации, главным судебным приставом субъекта Российской Федерации,

1. Entscheidungen in Fragen des Vollstreckungsverfahrens, die von dem Gerichtsvollzieher, Hauptgerichtsvollzieher der Russischen Föderation, Hauptgerichtsvollzieher der Subjekte der Russischen Föderation,

старшим судебным приставом и их заместителями (далее также - должностное лицо службы судебных приставов) со дня направления (предъявления) исполнительного документа к исполнению, оформляются постановлениями должностного лица службы судебных приставов.	Obergerichtsvollzieher und dessen Vertreter (im weiteren – Amtsträger des Gerichtsvollzieherdienstes) gefällt wurden, werden ab dem Tag der Vorlage des Vollstreckungsdokumentes zur Vollstreckung als Beschlüsse von dem Amtsträger des Gerichtsvollzieherdienstes ausgefertigt.
2. В постановлении судебного пристава-исполнителя или иного должностного лица службы судебных приставов должны быть указаны:	2. Im Beschluss des Gerichtsvollziehers oder einer anderen Amtsperson des Gerichtsvollzieherdienstes müssen enthalten sein:
1) наименование подразделения судебных приставов и его адрес;	1) Bezeichnung der Abteilung der Gerichtsvollzieher und seine Adresse;
2) дата вынесения постановления;	2) Ausstellungsdatum des Beschlusses;
3) должность, фамилия и инициалы лица, вынесшего постановление;	3) Rang, Name und Initialen der Person, die den Beschluss erlassen hat;
4) наименование и номер исполнительного производства, по которому выносится постановление;	4) Bezeichnung und Aktenzeichen des Vollstreckungsverfahrens, aufgrund dessen der Beschluss erlassen wird;
5) вопрос, по которому выносится постановление;	5) Sache, aufgrund deren der Beschluss erlassen wird;
6) основания принимаемого решения со ссылкой на федеральные законы и иные нормативные правовые акты;	6) Begründung der gefällten Entscheidung mit Verweis auf die Föderale Gesetze und andere normative Rechtsakte;

7) решение, принятое по рассматриваемому вопросу;	7) Entscheidung, die in der erörterten Frage gefällt wurde;
8) порядок обжалования постановления.	8) Rechtsbehelfsbelehrung.
3. Судебный пристав-исполнитель или иное должностное лицо службы судебных приставов вправе по своей инициативе или по заявлению лиц, участвующих в исполнительном производстве, исправить допущенные им в постановлении описки или явные арифметические ошибки. Указанные исправления вносятся постановлением о внесении изменений в ранее вынесенное постановление.	3. Der Gerichtsvollzieher oder ein anderer Amtsträger des Gerichtsvollzieherdiestes hat das Recht, auf eigene Initiative oder auf Antrag der Personen, die an dem Vollstreckungsverfahren beteiligt sind, die ihm in dem Beschluss unterlaufenden Schreibfehler oder offensichtliche Rechnungsfehler zu korrigieren. Die genannten Korrekturen werden durch einen Beschluss, über die Eintragung der Berichtigungen im alten Beschluss, erlassen.
4. Постановление судебного пристава-исполнителя или иного должностного лица службы судебных приставов подлежит исполнению в срок, указанный в постановлении, и может быть обжаловано в порядке подчиненности вышестоящему должностному лицу службы судебных приставов или оспорено в суде. Вышестоящее должностное лицо службы судебных приставов вправе отменить или изменить не соответствующее требованиям законодательства Российской Федерации решение судебного	4. Der Beschluss des Gerichtsvollziehers oder einer anderen Amtsperson des Gerichtsvollzieherdienstes unterliegt der Vollziehung in der darin angegebenen Frist. Er kann mit einer Beschwerde bei dem nächsthöheren Amtsträger des Gerichtsvollzieherdienstes oder vor Gericht angefochten werden. Der nächsthöhere Amtsträger des Gerichtsvollzieherdienstes hat das Recht, die Entscheidung des Gerichtsvollziehers, oder einer anderen Amtsperson des Gerichtsvollzieherdienstes, die den Anforderungen der Gesetzgebung

пристава-исполнителя или иного должностного лица службы судебных приставов.

der Russischen Föderation nicht entspricht, aufzuheben oder abzuändern.

Глава 5. Исполнительное производство

Kapitel 5. Zwangsvollstreckungsverfahren

Статья 30. Возбуждение исполнительного производства

Artikel 30. Einleitung des Zwangsvollstreckungsverfahrens

1. Судебный пристав-исполнитель возбуждает исполнительное производство на основании исполнительного документа по заявлению взыскателя, если иное не установлено настоящим Федеральным законом.

1. Der Gerichtsvollzieher leitet auf der Grundlage des Vollstreckungsdokumentes auf Antrag des Gläubigers das Vollstreckungsverfahren ein, falls nicht etwas anderes durch dieses Gesetz bestimmt ist.

2. Заявление подписывается взыскателем либо его представителем. Представитель прилагает к заявлению доверенность или иной документ, удостоверяющий его полномочия. В заявлении может содержаться ходатайство о наложении ареста на имущество должника в целях обеспечения исполнения содержащихся в исполнительном документе требований об имущественных взысканиях, а также об установлении для должника ограничений, предусмотренных настоящим Федеральным законом.

2. Der Antrag ist von dem Gläubiger oder seinem Vertreter zu unterschreiben. Der Vertreter fügt zu dem Antrag seine Vertretungsvollmacht hinzu oder ein anderes Dokument, das seine Vertretungsmacht bestätigt. In dem Antrag kann das Ersuchen über die Auferlegung des Arrestes auf das Vermögen des Schuldners mit dem Ziel der Sicherung der Vollstreckung der in dem Vollstreckungsdokument enthaltenen Forderung über Vermögenseinziehung enthalten sein, und außerdem über die Auferlegung von Beschränkungen für den Schuldner, die durch dieses Gesetz vorgesehen sind.

3. Исполнительный документ и заявление подаются взыскателем по месту совершения исполнительных действий и применения мер принудительного исполнения, определяемому в соответствии со статьей 33 настоящего Федерального закона.

3. Das Vollstreckungsdokument und der Antrag werden durch den Gläubiger an dem Ort der Durchführung von Vollstreckungshandlungen und Anwendung von Vollstreckungsmaßnahmen eingereicht, der sich nach Art. 33 dieses Gesetzes bestimmt.

4. Если взыскателю неизвестно, в каком подразделении судебных приставов должно быть возбуждено исполнительное производство, то он вправе направить исполнительный документ и заявление в территориальный орган Федеральной службы судебных приставов (главному судебному приставу субъекта Российской Федерации) по месту совершения исполнительных действий и применения мер принудительного исполнения, определяемому в соответствии со статьей 33 настоящего Федерального закона. Главный судебный пристав субъекта Российской Федерации направляет указанные документы в соответствующее подразделение судебных приставов в пятидневный срок со дня их получения, а если исполнительный документ подлежит немедленному исполнению - в день их получения.

4. Falls dem Gläubiger unbekannt ist, in welcher Abteilung der Gerichtsvollzieher das Vollstreckungsverfahren eingeleitet werden muss, hat er das Recht das Vollstreckungsdokument und den Antrag an das territoriale Organ des Föderalen Gerichtsvollzieherdienstes (dem Hauptgerichtsvollzieher der Subjekte der Russischen Föderation) an dem Ort der Durchführung der Vollstreckungshandlungen und Anwendung von Vollstreckungsmaßnahmen zu leiten, der sich nach Art. 33 dieses Gesetzes bestimmt. Der Hauptgerichtsvollzieher der Subjekte der Russischen Föderation leitet die genannten Dokumente an die zuständige Abteilung der Gerichtsvollzieher innerhalb von fünf Tagen seit dem Eingang weiter, und falls das Vollstreckungsdokument der sofortigen Vollstreckung unterliegt – an dem Tag deren Eingangs.

5. Судебный пристав-исполнитель возбуждает исполнительное

5. Der Gerichtsvollzieher leitet das Vollstreckungsverfahren

производство без заявления взыскателя в случаях, предусмотренных частью 6 настоящей статьи, а также когда суд, другой орган или должностное лицо в соответствии с федеральным законом направляют исполнительный документ судебному приставу-исполнителю.

ohne einen Antrag des Gläubigers in den von dem Abs. 6 dieses Artikels vorgesehenen Fällen ein. Außerdem, wenn das Gericht, ein anderes Organ oder Amtsträger in Vereinbarung mit Föderalem Gesetz das Vollstreckungsdokument dem Gerichtsvollzieher zuleiten.

6. Основанием для возбуждения исполнительного производства также является вынесенное в процессе принудительного исполнения исполнительного документа постановление судебного пристава-исполнителя о взыскании расходов по совершению исполнительных действий и исполнительского сбора, наложенного судебным приставом-исполнителем в процессе исполнения исполнительного документа.

6. Die Grundlage für die Einleitung des Vollstreckungsverfahrens stellt auch ein in dem Vollstreckungsverfahren ergangener Beschluss des Gerichtsvollziehers über die Einziehung der Kosten, die aufgrund von Vollstreckungshandlungen entstanden sind und über die Vollstreckungsgebühren, die von dem Gerichtsvollzieher im Vollstreckungsverfahren auferlegt wurden, dar.

7. Заявление взыскателя и исполнительный документ передаются судебному приставу-исполнителю в трехдневный срок со дня их поступления в подразделение судебных приставов.

7. Der Antrag des Gläubigers und das Vollstreckungsdokument werden dem Gerichtsvollzieher innerhalb von drei Tagen seit deren Eingang in die Abteilung der Gerichtsvollzieher übergeben.

8. Судебный пристав-исполнитель в трехдневный срок со дня поступления к нему исполнительного документа выносит постановление о возбуждении исполнительного

8. Der Gerichtsvollzieher erlässt innerhalb einer Frist von drei Tagen nach dem Erhalt des Vollstreckungsdokuments einen Beschluss über die Einleitung des Vollstreckungsverfahrens oder über

производства либо об отказе в возбуждении исполнительного производства.

die Ablehnung der Einleitung des Vollstreckungsverfahrens.

9. При отказе взыскателю в удовлетворении ходатайства о наложении ареста на имущество должника или об установлении для должника ограничений, предусмотренных настоящим Федеральным законом, судебный пристав-исполнитель указывает в постановлении о возбуждении исполнительного производства мотивы такого отказа.

9. Im Falle der Ablehnung des Ersuchens des Gläubigers über die Auferlegung des Arrestes auf das Vermögen des Schuldners oder über die Auferlegung von Beschränkungen für den Schuldner, die durch dieses Gesetz vorgesehen sind, gibt der Gerichtsvollzieher in dem Beschluss zur Einleitung des Vollstreckungsverfahrens die Motive dieser Ablehnung an.

10. Если исполнительный документ подлежит немедленному исполнению, то он после поступления в подразделение судебных приставов немедленно передается судебному приставу-исполнителю, чьи полномочия распространяются на территорию, где должно быть произведено исполнение, а в случае его отсутствия - другому судебному приставу-исполнителю. Решение о возбуждении исполнительного производства либо об отказе в возбуждении исполнительного производства судебный пристав-исполнитель должен принять в течение одних суток с момента поступления исполнительного документа в подразделение судебных приставов.

10. Falls das Vollstreckungsdokument der sofortigen Vollstreckung unterliegt, so wird es nach dem Eingang in die Abteilung der Gerichtsvollzieher sofort dem Gerichtsvollzieher übergeben, dessen Kompetenz sich auf das Gebiet erstreckt, in dem die Vollstreckung durchgeführt werden muss, und im Falle seiner Abwesenheit, einem anderen Gerichtsvollzieher.
Die Entscheidung über die Einleitung des Vollstreckungsverfahrens oder dessen Ablehnung muss der Gerichtsvollzieher innerhalb eines Tages seit dem Eingang des Vollstreckungsdokumentes in die Abteilung der Gerichtsvollzieher fällen.

11. Если исполнительный документ впервые поступил в службу судебных приставов, то судебный пристав-исполнитель в постановлении о возбуждении исполнительного производства устанавливает срок для добровольного исполнения должником содержащихся в исполнительном документе требований и предупреждает должника о принудительном исполнении указанных требований по истечении срока для добровольного исполнения с взысканием с него исполнительского сбора и расходов по совершению исполнительных действий, предусмотренных статьями 112 и 116 настоящего Федерального закона.

11. Falls das Vollstreckungsdokument zum ersten Mal bei dem Gerichtsvollzieherdienst eingegangen ist, so legt der Gerichtsvollzieher im Beschluss über die Einleitung des Vollstreckungsverfahrens eine Frist zur freiwilligen Erfüllung durch den Schuldner der im Vollstreckungsdokument enthaltenen Forderungen fest und weist den Schuldner auf die Zwangsvollstreckung der genannten Forderungen nach Ablauf der zur freiwilligen Erfüllung gesetzten Frist unter Einbehalt einer Vollstreckungsgebühr und der Kosten der Vollstreckungshandlungen, wie sie in Art. 112 und 116 dieses Gesetzes vorgesehen sind, hin.

12. Срок для добровольного исполнения не может превышать пять дней со дня получения должником постановления о возбуждении исполнительного производства, если иное не установлено настоящим Федеральным законом.

12. Die Frist zur freiwilligen Erfüllung darf fünf Tage seit dem Tag, an dem der Schuldner den Beschluss über die Einleitung des Vollstreckungsverfahrens bekommen hat, nicht überschreiten, falls durch dieses Gesetz nichts anderes geregelt ist.

13. Если в исполнительном документе указан срок исполнения, то срок для добровольного исполнения определяется в соответствии со сроком, указанным в исполнительном документе. Если исполнительный

13. Falls im Vollstreckungsdokument eine Frist zur Erfüllung angegeben ist, so wird die Frist zur freiwilligen Erfüllung entsprechend der Frist bestimmt, die im Vollstreckungsdokument angegeben ist. Falls das Vollstreckungsdokument

документ предъявлен к исполнению по истечении срока исполнения, указанного в нем, то устанавливаемый срок для добровольного исполнения не может превышать пять дней со дня возбуждения исполнительного производства.

mit Ablauf der in ihm angegebenen Frist zur Vollstreckung vorgelegt wird, so darf die zu bestimmende Frist zur freiwilligen Erfüllung fünf Tage vom Tag der Einleitung des Vollstreckungsverfahrens nicht überschreiten.

14. Судебный пристав-исполнитель не устанавливает срок для добровольного исполнения исполнительного документа в случаях возбуждения исполнительного производства:

14. Der Gerichtsvollzieher setzt für die freiwillige Erfüllung des Vollstreckungsdokumentes keine Frist in Fällen der Einleitung des Vollstreckungsverfahrens:

1) в соответствии с частью 16 настоящей статьи;

1) entsprechend des Absatzes 16 dieses Artikels;

2) при последующих предъявлениях исполнительного документа;

2) aufgrund von weiteren/nachträglichen Vorlagen von Vollstreckungsdokumenten;

3) о восстановлении на работе;

3) über die Wiedereinstellung auf einem Arbeitsplatz;

4) об административном приостановлении деятельности;

4) über verwaltungsrechtliche Unterbrechung einer Tätigkeit;

5) о конфискации имущества;

5) über die Einziehung des Vermögens;

6) по исполнительному документу об обеспечительных мерах.

6) aufgrund eines Vollstreckungsdokumentes über Sicherungsmaßnahmen.

7) об административном выдворении за пределы

7) über die verwaltungsrechtliche Abschiebung über die Grenzen der

Российской Федерации в формах принудительного и контролируемого перемещения иностранных граждан или лиц без гражданства за пределы Российской Федерации (далее - принудительное выдворение запределы Российской Федерации иностранного гражданина или лица без гражданства).

Russichen Föderation in Form einer zwanghaften und kontrollierten Überführung ausländischer Staatsbürger oder Staatenlosenüber die Grenzen der Russischen Föderation (im Weiteren – Zwangsabschiebung über die Grenzen der Russischen Föderation eines ausländischen Staatsbürgers oder eines Staatenlosen).

15. Постановления судебного пристава-исполнителя о взыскании с должника расходов по совершению исполнительных действий и исполнительского сбора, наложенного судебным приставом-исполнителем в процессе исполнения исполнительного документа, исполняются без возбуждения по ним отдельного исполнительного производства до окончанияисполнительного производства, в ходе которого вынесены указанные постановления.

15. Die Beschlüsse des Gerichtsvollziehers über die Einziehung der Kosten der Vollstreckungshandlungen und Vollstreckungsgebühren, die von dem Gerichtsvollzieher im Rahmen der Vollstreckung des Vollstreckungsdokumentes auferlegt wurden, werden ohne der Einleitung eines separaten Vollstreckungsverfahrens bis zur Beendigung des Vollstreckungsverfahrens, im Rahmen dessen die genannten Beschlüsse erlassen wurden, vollstreckt.

16. После окончания основного исполнительного производства судебный пристав-исполнитель возбуждаетисполнительное производство по вынесенным и неисполненным постановлениям о взыскании с должника расходов по совершению исполнительных действий и исполнительского сбора, наложенного судебным

16. Nach der Beendigung des Hauptvollstreckungsverfahrens leitet der Gerichtsvollzieher ein Vollstreckungsverfahren aufgrund von beschlossenen und nichtvollstreckten Beschlüssen über die Einziehung der Kosten der Vollstreckungshandlungen und Vollstreckungsgebühren die von dem Gerichtsvollzieher im

приставом-исполнителем в процессе исполнения исполнительного документа.

Rahmen der Vollstreckung des Vollstreckungsdokumentes auferlegt wurden, ein.

17. Копия постановления судебного пристава-исполнителя о возбуждении исполнительного производства не позднее дня, следующего за днем вынесения указанного постановления, направляется взыскателю, должнику, а также в суд, другой орган или должностному лицу, выдавшим исполнительный документ.

17. Eine Kopie des Beschlusses des Gerichtsvollziehers über die Einleitung des Vollstreckungsverfahrens wird nicht später als am nächsten Tag seines Erlasses an den Gläubiger, an den Schuldner, sowie an das Gericht, ein anderes Organ oder Amtsträger geschickt, von dem das Vollstreckungsdokument ausgestellt wurde.

18. В случаях, когда исполнение судебного акта возлагается на представителя власти, государственного служащего, муниципального служащего, а также служащего государственного или муниципального учреждения, коммерческой или иной организации, судебный пристав-исполнитель в постановлении о возбуждении исполнительного производства предупреждает указанных лиц об уголовной ответственности, предусмотренной статьей 315 Уголовного кодекса Российской Федерации за неисполнение судебного акта, а равно воспрепятствование его исполнению.

18. In Fällen, in denen die Vollstreckung der Gerichtsentscheidung auf die Vertreter der Behörden auferlegt ist, auf einen Staatsangestellten, einen Gemeindeangestellten, sowie Beamten der Staats- oder Gemeindeanstalten, einer Handels- oder sonstiger Organisation, weist der Gerichtsvollzieher in dem Beschluss über die Einleitung des Vollstreckungsverfahrens die genannten Personen auf die strafrechtliche Verantwortung hin, die in Art. 315 des Strafgesetzbuches der Russischen Föderation für den Fall der Nichtvollstreckung oder Behinderung der Vollstreckung der Gerichtsentscheidung vorgesehen ist.

Статья 31. Отказ в возбуждении исполнительного производства	**Artikel 31. Ablehnung der Einleitung des Vollstreckungsverfahrens**
1. Судебный пристав-исполнитель в трехдневный срок со дня поступления к нему исполнительного документа выносит постановление об отказе в возбуждении исполнительного производства, если:	1. Der Gerichtsvollzieher erlässt innerhalb einer Frist von drei Tagen nach dem Erhalt des Vollstreckungsdokumentes einen Beschluss über die Ablehnung des Vollstreckungsverfahrens, falls:
1) исполнительный документ предъявлен без заявления взыскателя либо заявление не подписано взыскателем или его представителем, за исключением случаев, когда исполнительное производство подлежит возбуждению без заявления взыскателя;	1) das Vollstreckungsdokument ohne einen Antrag des Gläubigers vorgelegt wurde oder der Antrag von dem Gläubiger oder seinem Vertreter nicht unterschrieben wurde, ausgenommen den Fällen, in denen die Einleitung des Vollstreckungsverfahrens ohne einen Antrag des Gläubigers möglich ist;
2) исполнительный документ предъявлен не по месту совершения исполнительных действий, за исключением случая, предусмотренного частью 4 статьи 30 настоящего Федерального закона;	2) das Vollstreckungsdokument nicht an dem Ort der Vornahme der Vollstreckungshandlungen eingereicht wurde, ausgenommen die Fälle, die in Artikel 30 Absatz 4 dieses Gesetzes vorgesehen sind;
3) истек и не восстановлен судом срок предъявления исполнительного документа к исполнению;	3) die Frist zur Einreichung des Vollstreckungsdokumentes verstrichen ist und durch das Gericht nicht wiederhergestellt wurde;
4) документ не является исполнительным либо не соответствует требованиям,	4) das Vollstreckungsdokument ist nicht vollstreckbar oder entspricht nicht den Anforderungen, die gem.

предъявляемым к исполнительным документам, установленным статьей 13 настоящего Федерального закона;	Artikel 13 dieses Gesetzes an die Vollstreckungsdokumente gestellt werden;
5) исполнительный документ был ранее предъявлен к исполнению и исполнительное производство по нему было прекращено по основаниям, установленным статьей 43 и частью 14 статьи 103 настоящего Федерального закона;	5) das Vollstreckungsdokument bereits früher zur Vollstreckung eingereicht wurde und das Vollstreckungsverfahren auf den Grundlagen, die in Artikel 43 und 103 Absatz 14 dieses Gesetzes vorgesehen sind, eingestellt wurde;
6) исполнительный документ был ранее предъявлен к исполнению и исполнительное производство по нему было окончено по основаниям, установленным пунктами 1 и 2 части 1 статьи 47 и пунктами 1, 2 и 4 части 15 статьи 103 настоящего Федерального закона;	6) das Vollstreckungsdokument bereits früher zur Vollstreckung eingereicht wurde und das Vollstreckungsverfahren auf den Grundlagen, die in Artikel 47 Absatz 1 Nr. 1 und 2 und Artikel 103 Absatz 15 Nr. 1, 2 und 4 dieses Gesetzes vorgesehen sind, beendet wurde;
7) не вступил в законную силу судебный акт, акт другого органа или должностного лица, который является исполнительным документом или на основании которого выдан исполнительный документ, за исключением исполнительных документов, подлежащих немедленному исполнению;	7) die Gerichtsentscheidung, Entscheidung eines anderen Organs oder Amtsträgers, die ein Vollstreckungsdokument darstellt oder auf dessen Grundlage das Vollstreckungsdokument ausgestellt wurde, nicht rechtskräftig wurde, ausgenommen der Vollstreckungsdokumente, die der sofortigen Vollstreckung unterliegen;
8) исполнительный документ в соответствии с законодательством Российской Федерации не подлежит исполнению Федеральной службой судебных приставов.	8) das Vollstreckungsdokument entsprechend der Gesetzgebung der Russischen Föderation nicht der Vollstreckung durch den Gerichtsvollzieherdienst unterliegt.

2. Копия постановления судебного пристава-исполнителя об отказе в возбуждении исполнительного производства с приложением всех поступивших документов не позднее дня, следующего за днем вынесения указанного постановления, направляется взыскателю, а также в суд, другой орган или должностному лицу, выдавшим исполнительный документ.

2. Eine Kopie des Beschlusses des Gerichtsvollziehers über die Ablehnung der Einleitung des Vollstreckungsverfahrens wird nebst allen eingegangenen Dokumenten nicht später als am nächsten Tag seines Erlasses an den Gläubiger sowie an das Gericht, ein anderes Organ oder Amtsträger geschickt, von dem das Vollstreckungsdokument ausgestellt wurde.

3. Устранение обстоятельств, предусмотренных пунктами 1–4 и 7 части 1 настоящей статьи, не препятствует повторному направлению (предъявлению) исполнительного документа судебному приставу-исполнителю в порядке, установленном настоящим Федеральным законом.

3. Die Beseitigung von Umständen, die in Absatz 1 Nr. 1–4 und 7 dieses Artikels vorgesehen sind, behindert nicht eine erneute, gesetzmäßige Einreichung (Vorlage) des Vollstreckungsdokumentes an den Gerichtsvollzieher, im Verfahren, welches durch dieses Föderale Gesetz vorgesehen ist.

Статья 32. Разъяснение исполнительного документа, способа и порядка его исполнения

Artikel 32. Erläuterung des Vollstreckungsdokumentes bezüglich der Art und des Verfahrens seiner Vollstreckung

1. В случае неясности положений исполнительного документа, способа и порядка его исполнения взыскатель, должник, судебный пристав-исполнитель вправе обратиться в суд, другой орган или к должностному лицу, выдавшим исполнительный документ, с заявлением о разъяснении его

1. Im Falle einer Unklarheit der Bestimmungen des Vollstreckungsdokumentes, der Art und des Verfahrens seiner Vollstreckung, haben Gläubiger, Schuldner oder der Gerichtsvollzieher das Recht, sich an das Gericht, ein anderes Organ oder einen anderen Amtsträger, der das

положений, способа и порядка его исполнения.

Vollstreckungsdokument ausgestellt hat, zu wenden, mit dem Ersuchen, die Bestimmungen, die Art und das Verfahren der Vollstreckung zu erläutern.

2. Заявление о разъяснении положений исполнительного документа, способа и порядка его исполнения рассматривается судом, другим органом или должностным лицом, выдавшими исполнительный документ, в десятидневный срок со дня его поступления.

2. Das Ersuchen zur Erläuterung der Bestimmungen des Vollstreckungsdokuments, der Art und des Verfahrens seiner Vollstreckung wird von dem Gericht, einem anderen Organ oder dem Amtsträger, der das Vollstreckungsdokument ausgestellt hat, innerhalb zehn Tagen nach seinem Eingang behandelt.

Глава 7. Исполнительные действия. Меры принудительного исполнения

Kapitel 7. Vollstreckungshandlungen, Vollstreckungsmaßnahmen

Статья 64. Исполнительные действия

Artikel 64. Vollstreckungshandlungen

1. Исполнительными действиями являются совершаемые судебным приставом-исполнителем в соответствии с настоящим Федеральным законом действия, направленные на создание условий для применения мер принудительного исполнения, а равно на понуждение должника к полному, правильному и своевременному исполнению требований, содержащихся в исполнительном документе. Судебный пристав-исполнитель

1. Vollstreckungshandlungen sind von dem Gerichtsvollzieher vorgenomennen und mit diesem Föderalen Gesetz im Einklang stehenden Handlungen, die darauf gerichtet sind, Grundlagen für Maßnahmen der Zwangsvollstreckung zu schaffen, insbesondere der Zwang des Schuldners zur richtigen und rechtzeitigen Ausführung der Forderungen, die in dem Vollstreckungsdokument enthalten sind. Der Gerichtsvollzieher hat das Recht folgende

вправе совершать следующие исполнительные действия:

1) вызывать стороны исполнительного производства (их представителей), иных лиц в случаях, предусмотренных законодательством Российской Федерации;

2) запрашивать необходимые сведения, в том числе персональные данные, у физических лиц, организаций и органов, находящихся на территории Российской Федерации, а также на территориях иностранных государств, в порядке, установленном международным договором Российской Федерации, получать от них объяснения, информацию, справки;

3) проводить проверку, в том числе проверку финансовых документов, по исполнению исполнительных документов;

4) давать физическим и юридическим лицам поручения по исполнению требований, содержащихся в исполнительных документах;

5) входить в нежилые помещения и хранилища, занимаемые должником или другими лицами

Vollstreckungshandlungen vorzunehmen:

1) die Parteien der Zwangsvollstreckung (deren Vertreter), sonstige Personen laden, in den Fällen, die durch den Gesetzgeber der Russischen Föderation vorgesehen sind;

2) unabkömmliche Informationen einholen, einschließlich persönlicher Daten von natürlichen Personen, Organisationen und Organen, die sich auf dem Gebiet der Russischen Föderation befinden, sowie auf Gebieten ausländischer Staaten, und zwar im Wege von Verfahren, die durch internationale Abkommen der Russischen Föderation geregelt sind, außerdem von ihnen Erklärungen, Informationen, Dokumente einholen;

3) Kontrolle durchführen, einschließlich der Kontrolle finanzieller Dokumente, bei der Vollstreckung der Vollstreckungsdokumente;

4) den natürlichen und juristischen Personen Weisungen zur Vollstreckung von Forderungen, die in dem Vollstreckungsdokument enthalten sind, erteilen;

5) nicht bewohnte Gebäude und Lager betreten, die von dem Schuldner oder anderen Personen genutzt

либо принадлежащие должнику или другим лицам, в целях исполнения исполнительных документов;	werden oder die dem Schuldner oder anderen Personen gehören, mit dem Ziel der Vollstreckung von Vollstreckungsdokumenten;
6) с разрешения в письменной форме старшего судебного пристава (а в случае исполнения исполнительного документа о вселении взыскателя или выселении должника - без указанного разрешения) входить без согласия должника в жилое помещение, занимаемое должником;	6) mit einer schriftlichen Genehmigung des Obergerichtsvollziehers (und im Falle der Vollstreckung des Vollstreckungsdokumentes über die Einweisung des Gläubigers oder Räumung durch den Schuldner – ohne einer solchen Genehmigung) in bewohnte Gebäude, die von dem Schuldner genutzt werden, ohne sein Einverständnis eintreten;
7) в целях обеспечения исполнения исполнительного документа накладывать арест на имущество, в том числе денежные средства и ценные бумаги, изымать указанное имущество, передавать арестованное и изъятое имущество на хранение;	7) mit dem Ziel die Vollstreckung aus dem Vollstreckungsdokument zu sichern, Arrest auf das Vermögen auferlegen, einschließlich auf Geldmittel und andere Wertpapiere, das genannte Vermögen beschlagnahmen, und das arrestierte und beschlagnahmte Vermögen zur Verwahrung übergeben;
8) в порядке и пределах, которые установлены настоящим Федеральным законом, производить оценку имущества;	8) im Verfahren und in Grenzen, welche durch dieses Föderale Gesetz aufgestellt sind, die Schätzung des Vermögens vornehmen;
9) привлекать для оценки имущества специалистов, соответствующих требованиям законодательства Российской Федерации об оценочной деятельности (далее - оценщик);	9) für die Schätzung Gutachter bestellen, die den Anforderungen der Gesetzgebung der Russischen Föderation über die Schätzungstätigkeit entsprechen (im weiteren – Schätzer);

10) производить розыск должника, его имущества, розыск ребенка самостоятельно или с привлечением органов внутренних дел;	10) eigenständig die Fahndung des Schuldners durchführen, seines Vermögens, eines Kindes oder unter Einschaltung von Organen innerer Angelegenheiten;
11) запрашивать у сторон исполнительного производства необходимую информацию;	11) unabkömmliche Informationen von den Parteien der Zwangsvollstreckung einholen;
12) рассматривать заявления и ходатайства сторон исполнительного производства и других лиц, участвующих в исполнительном производстве;	12) sich mit Anträgen und Ersuchen der Parteien der Zwangsvollstreckung und anderer Personen, die an der Zwangsvollstreckung beteiligt sind, auseinandersetzen;
13) взыскивать исполнительский сбор	13) die Vollstreckungsgebühren erheben;
14) обращаться в орган, осуществляющий государственную регистрацию прав на имущество и сделок с ним (далее - регистрирующий орган), для проведения регистрации на имя должника принадлежащего ему имущества в случаях и порядке, которые установлены настоящим Федеральным законом;	14) sich an das Organ wenden, welches die staatliche Registrierung der Vermögensrechte und Geschäften mit diesen vornimmt (im weiteren – Registrierungsorgan), um eine Registrierung auf den Namen des Schuldners des ihm gehörenden Vermögens vorzunehmen, in Fällen und im Wege von Verfahren, welche durch dieses Föderale Gesetz geregelt sind;
15) устанавливать временные ограничения на выезд должника из Российской Федерации;	15) zeitliche Beschränkungen der Ausreise des Schuldners aus der Russischen Föderation bestimmen;
16) проводить проверку правильности удержания и перечисления денежных средств по судебному акту, акту другого	16) die Überprüfung der ordnungsgemäßen Einbehaltung oder Überweisung finanzieller Mittel auf der Grundlage eines Gerichtsaktes,

органа или должностного лица по заявлению взыскателя или по собственной инициативе. При проведении такой проверки организация или иное лицо, указанные в части 1 статьи 9 настоящего Федерального закона, обязаны представить судебному приставу-исполнителю соответствующие бухгалтерские и иные документы;	Aktes eines anderen Organs oder einer Amtsperson, die aufgrund eines Antrages des Gläubigers oder seiner eigenen Initiative veranlasst wurde, durchführen. Bei der Durchführung einer solchen Überprüfung muss die in Art. 9 Abs. 1 genannte Organisation oder andere Person dem Gerichtsvollzieher entsprechende Buchführungen und andere Dokumente vorlegen;
17) совершать иные действия, необходимые для своевременного, полного и правильного исполнения исполнительных документов.	17) andere Handlungen vornehmen, die zur rechtzeitigen, kompletten und richtigen Vollstreckung der Vollstreckungsdokumente notwendig sind.
2. Утратил силу с 1 января 2012 года.	2. Außer Kraft seit dem 01. Januar 2012
3. Полученные судебным приставом-исполнителем в ходе принудительного исполнения судебных актов, актов других органов или должностных лиц персональные данные обрабатываются им исключительно в целях исполнения исполнительных документов в необходимом для этого объеме с учетом требований, установленных Федеральным законом от 27 июля 2006 года N 152-ФЗ «О персональных данных».	3. Die von dem Gerichtsvollzieher im Rahmen der Vollstreckung von Gerichtsakten, Akten anderer Organe und Amtspersonen erhaltenen persönlichen Daten werden von ihm ausschließlich mit dem Ziel der Vollstreckung von Vollstreckungsdokumenten bearbeitet und zwar in dem Umfang, welcher dafür notwendig ist, unter Berücksichtigung der Anforderungen, die in dem Föderalen Gesetz vom 27. Juli 2006 Nr. 152-FZ „Über persönliche Daten" geregelt sind.

Статья 65. Розыск должника, его имущества или розыск ребенка

1. В случае отсутствия сведений о местонахождении должника, его имущества или местонахождении ребенка судебный пристав-исполнитель вправе объявить розыск должника, его имущества или розыск ребенка.

2. Розыск объявляется по месту исполнения исполнительного документа либо по последнему известному месту жительства или месту пребывания должника или ребенка, местонахождению имущества должника либо месту жительства взыскателя. Объявление розыска является основанием для осуществления такого розыска на территории Российской Федерации, а также в порядке, установленном международными договорами Российской Федерации, на территориях иностранных государств.

3. По своей инициативе или по заявлению взыскателя судебный пристав-исполнитель объявляет розыск должника или его имущества по исполнительным документам, содержащим требования о защите

Artikel 65. Fahndung des Schuldners, seines Vermögens oder eines Kindes

1. Im Falle von fehlenden Informationen über den Aufenthaltsort des Schuldners, seines Vermögens oder des Aufenthaltsortes eines Kindes hat der Gerichtsvollzieher das Recht die Fahndung des Schuldners, seines Vermögens oder die Fahndung des Kindes zu verkünden.

2. Die Fahndung wird an dem Ort der Vollstreckung des Vollstreckungsdokumentes bekannt gegeben oder an dem letzten bekannten Wohnort oder Aufenthaltsort des Schuldners oder des Kindes, am Aufenthaltsort des Vermögens des Schuldners oder am Wohnort des Gläubigers. Die Bekanntgabe der Fahndung ist die Grundlage für die Verwirklichung dieser Fahndung auf dem Territorium der Russischen Föderation, ferner für dieVerfahren auf dem Territorium ausländischer Staaten, sofern diese in internationalen Verträgen der Russichen Föderation geregelt sind.

3. Auf eigene Initiative oder auf Antrag des Gläubigers verkündet der Gerichtsvollzieher die Fahndung des Schuldners oder seines Vermögens aufgrund von Vollstreckungsdokumenten, die

интересов Российской Федерации, субъектов Российской Федерации, муниципальных образований, требования о взыскании алиментов, возмещении вреда, причиненного здоровью или в связи со смертью кормильца.

Forderungen über den Schutz von Interessen der Russischen Föderation, Subjekte der Russischen Föderation, Kommunalträgern, Unterhaltsforderungen oder Schadensersatzforderungen aufgrund einer Gesundheitsverletzung oder des Todes eines Ernährers enthalten.

4. По своей инициативе или по заявлению взыскателя судебный пристав-исполнитель объявляет розыск ребенка по исполнительному документу, содержащему требование об отобрании ребенка.

4. Auf eigene Initiative oder auf Antrag des Gläubigers verkündet der Gerichtsvollzieher die Fahndung des Kindes aufgrund eines Vollstreckungsdokumentes, welcher die Fordeung zur Wegnahme eines Kindes enthält.

5. По исполнительным документам, содержащим другие требования, судебный пристав-исполнитель по заявлению взыскателя вправе объявить розыск:

5. Aufgrund von Vollstreckungsdokumenten, die eine andere Forderung enthalten, hat der Gerichtsvollzieher das Recht aufgrund eines Antrages des Gläubigers die Fahndung zu verkünden:

1) должника по исполнительному документу неимущественного характера, если исполнение требований исполнительного документа невозможно в отсутствие должника;

1) des Schuldners aufgrund eines Vollstreckungsdokumentes nichtvermögensrechtlichen Charakters, falls die Erfüllung der Forderungen des Vollstreckungsdokumentes in Abwesenheit des Schuldners nicht möglich ist.

2) должника по исполнительным документам имущественного характера, если исполнение требований исполнительного документа невозможно в отсутствие должника и сумма требований по исполнительному документу

2) des Schuldners aufgrund von Vollstreckungsdokumenten vermögensrechtlichen Charakters, falls die Erfüllung der Forderungen des Vollstreckungsdokumentes in Abwesenheit des Schuldners nicht möglich ist und die Summe

(исполнительным документам) в отношении должника превышает 10 000 рублей;	der Forderung aufgrund des Vollstreckungsdokumentes (Vollstreckungsdokumente) im Verhältnis zum Schuldner 10000 Rubel übersteigt.
3) имущества должника по исполнительным документам имущественного характера, если сумма требований по исполнительному документу (исполнительным документам) в отношении должника превышает 10 000 рублей.	3) Vermögens des Schuldners aufgrund von Vollstreckungsdokumenten vermögensrechtlichen Charakters, falls die Summe der Forderung aufgrund des Vollstreckungsdokumentes (Vollstreckungsdokumente) im Verhältnis zum Schuldner 10000 Rubel übersteigt.
6. Постановление о розыске должника, его имущества или розыске ребенка либо об отказе в объявлении такого розыска выносится судебным приставом-исполнителем в трехдневный срок со дня поступления к нему заявления взыскателя об объявлении розыска или со дня возникновения оснований для объявления розыска.	6. Der Beschluss über die Fahndung des Schuldners, seines Vermögens oder der Fahndung eines Kindes oder die Ablehnung der Verkündung einer solchen Fahndung wird von dem Gerichsvollzieher innerhalb einer dreitägigen Frist seit dem Eingang des Antrags des Gläubigers auf Verkündung der Fahndung oder seit dem Tag, an dem sich Gründe für die Verkündung der Fahndung ergeben, erlassen.
7. Постановление судебного пристава-исполнителя о розыске должника, его имущества или розыске ребенка выносится в порядке, установленном частью 6 статьи 33 настоящего Федерального закона, с указанием исполнительных	7. Der Beschluss des Gerichtsvollziehers über die Fahndung des Schuldners, seines Vermögens oder die Fahndung des Kindes wird im Verfahren erlassen, welches in Absatz 6 Artikels 33 dieses Föderalen Gesetzes geregelt

действий, которые могут быть совершены, и (или) мер принудительного исполнения, которые могут быть применены судебным приставом-исполнителем, на которого возложены функции по розыску (далее - судебный пристав-исполнитель, осуществляющий розыск), в отношении должника, имущества должника или ребенка, обнаруженных в ходе производства розыска.

ist. Dies erfolgt unter Angabe von Vollstreckungshandlungen, welche vorgenommen werden können, und (oder) Vollstreckungsmaßnahmen, welche von dem Gerichtsvollzieher, auf welchen die Aufgabe der Fahndung übertragen wurde (im Weiteren – Gerichtsvollzieher, der die Fahndung durchführt), im Verhältnis zum Schuldner, Vermögen des Schuldners und des Kindes, die im Rahmen der Fahndungsdurchführung entdeckt wurden, angewandt werden können.

8. Постановление судебного пристава-исполнителя о розыске должника, его имущества или розыске ребенка утверждается старшим судебным приставом или его заместителем, направляется для производства розыска судебному приставу-исполнителю, осуществляющему розыск, и подлежит немедленному исполнению.

8. Der Beschluss des Gerichtsvollziehers über die Fahndung des Schuldners, seines Vermögens oder der Fahndung eines Kindes wird von dem Obergerichtsvollzieher oder seinem Vertreter bestätigt und dem Gerichtsvollzieher geschickt, der die Fahndung durchführt. Der Beschluss unterliegt der sofortigen Vollstreckung.

9. Копии постановления судебного пристава-исполнителя об объявлении розыска или об отказе в объявлении розыска направляются сторонам исполнительного производства. В случае отсутствия сведений о местонахождении должника копия постановления судебного пристава-исполнителя направляется по последнему известному месту жительства или месту пребывания должника. Копия

9. Kopien des Beschlusses des Gerichtsvollziehers über die Verkündung der Fahndung oder die Ablehnung der Fahndung werden den Parteien der Zwangsvollstreckung zugeschickt. Im Falle von fehlenden Informationen über den Aufenthaltsort des Schuldners wird die Kopie des Beschlusses des Gerichtsvollziehers an den letzten bekannten Wohnort oder Aufenthaltsort des Schuldners

постановления об объявлении розыска ребенка направляется также в органы опеки и попечительства по месту жительства ребенка.

geschickt. Kopie des Beschlusses über die Verkündung der Fahndung eines Kindes wird ebenfalls an die Organe des Sorgerechts und der Vormundschaft am Wohnort des Kindes geschickt.

10-15 …

Abs. 10–15 …

Статья 66. Государственная регистрация имущества и имущественных прав

Artikel 66. Staatliche Registrierung von Vermögen und Vermögensrechten

1. Судебный пристав-исполнитель вправе обратиться в регистрирующий орган для проведения в установленном порядке государственной регистрации права собственности должника на имущество, иного имущественного права, принадлежащего ему и подлежащего государственной регистрации, в целях последующего обращения взыскания на указанное имущество или имущественное право при отсутствии или недостаточности у должника иного имущества или имущественного права, на которое может быть обращено взыскание.

1. Der Gerichtsvollzieher hat das Recht, sich an das Registrierungsorgan zu wenden, um im vorgesehenen Verfahren die staatliche Registrierung des Rechts des Schuldners an dem Vermögen und sonstigen Vermögensrechten, die ihm gehören und die der Registrierung unterliegen zu veranlassen, mit dem Ziel der anschließenden Vollstreckung in das genannte Vermögen oder Vermögensrechte und zwar im Fall des fehlenden oder nicht ausreichenden sonstigen Vermögens oder Vermögensrechten, in welches vollstreckt werden könnte.

2. Судебный пристав-исполнитель обращается в регистрирующий орган для проведения государственной регистрации прав собственности взыскателя на имущество, иное имущественное право, зарегистрированное на должника, в случаях, когда:

2. Der Gerichtsvollzieher wendet sich an das Registrierungsorgan, um die Registrierung der Eigentumsrechte des Gläubigers an dem Vermögen oder Vermögensrechten durchzuführen, das zugunsten des Schuldners registriert ist, falls:

1) требование государственной регистрации содержится в судебном акте;

1) die Forderung der staatlichen Registrierung in einer Gerichtsentscheidung enthalten ist;

2) судебный акт содержит указание на то, что имущество или имущественное право принадлежит взыскателю;

2) die Gerichtsentscheidung den Hinweis darauf enthält, dass das Vermögen oder die Vermögensrechte dem Gläubiger gehören;

3) взыскатель по предложению судебного пристава-исполнителя оставил за собой нереализованное имущество или имущественное право должника.

3) der Gläubiger im Rahmen der Zwangsvollstreckung das nicht realisierte Vermögen oder Vermögensrechte des Schuldners selbst behalten hat.

3. Постановление судебного пристава-исполнителя о проведении государственной регистрации права собственности на имущество, иного имущественного права должника утверждается старшим судебным приставом или его заместителем.

3. Der Beschluss des Gerichtsvollziehers über die Durchführung der Registrierung des Eigentumsrechts oder sonstigen Vermögensrechts des Schuldners wird durch den Obergerichtsvollzieher oder seinen Vertreter bestätigt.

4. Для государственной регистрации прав должника на недвижимое имущество судебный пристав-исполнитель представляет в регистрирующий орган два экземпляра постановления о проведении государственной регистрации права собственности на имущество, иного имущественного права должника, два экземпляра документа, устанавливающего право должника на недвижимое имущество, кадастровый паспорт объекта недвижимости и другие необходимые документы.

4. Zur Registrierung der Schuldnerrechte in Bezug auf das unbewegliche Vermögen legt der Gerichtsvollzieher dem Registrierungsorgan zwei Exemplare des Beschlusses zur Durchführung der staatlichen Registrierung von Eigentumsrechten, sonstigen Vermögensrechten des Schuldners vor, sowie zwei Exemplare der Dokumente, die die Rechte des Schuldners bezüglich des unbeweglichen Vermögens bestätigen, Katasterauszug und andere notwendige Papiere.

5. Для государственной регистрации прав должника на движимое имущество судебный пристав-исполнитель представляет в регистрирующий орган два экземпляра постановления о проведении государственной регистрации имущественного права должника и другие необходимые документы.

5. Zur Registrierung der Schuldnerrechte in Bezug auf das bewegliche Vermögen legt der Gerichtsvollzieher dem Registrierungsorgan zwei Exemplare des Beschlusses zur Durchführung der staatlichen Registrierung des Vermögensrechts des Schuldners und andere notwendige Dokumente vor.

6. Расходы по регистрации и оформлению документов для государственной регистрации имущества, иного имущественного права должника относятся к расходам по совершению исполнительных действий.

6. Die Kosten der Registrierung und der Erstellung von Dokumenten für die Registrierung des Vermögens, sonstigen Vermögensrechten, gehören zu den Kosten der Durchführung der Vollstreckungshandlungen.

7. Документ о государственной регистрации права собственности на имущество, иного имущественного права выдается правообладателю или судебному приставу-исполнителю. Если документ о государственной регистрации выдается правообладателю, то он должен направить копию указанного документа судебному приставу-исполнителю.

7. Das Dokument über die Registrierung der Eigentumsrechte, sonstigen Vermögensrechte, wird dem Inhaber dieser Rechte oder dem Gerichtsvollzieher übergeben. Falls das Dokument dem Inhaber dieser Rechte übergeben wird, muss er eine Kopie dieses Dokumentes dem Gerichtsvollzieher übersenden.

8. Копия документа о государственной регистрации права собственности на имущество, иного имущественного права остается в материалах исполнительного производства.

8. Die Kopie des Dokumentes über die Registrierung der Eigentumsrechte, sonstigen Vermögensrechte, verbleibt in den Unterlagen zu der Zwangsvollstreckung.

Статья 67. Временные ограничения на выезд должника из Российской Федерации

1. При неисполнении должником в установленный срок без уважительных причин требований, содержащихся в исполнительном документе, выданном на основании судебного акта или являющемся судебным актом, судебный пристав-исполнитель вправе по заявлению взыскателя или собственной инициативе вынести постановление о временном ограничении на выезд должника из Российской Федерации.

2. Судебный пристав-исполнитель вправе также вынести постановление о временном ограничении на выезд должника из Российской Федерации по заявлению взыскателя в случае, предусмотренном частью 2 статьи 30 настоящего Федерального закона, если предъявленный взыскателем к исполнению исполнительный документ выдан на основании судебного акта или является судебным актом.

3. Постановление о временном ограничении на выезд должника из Российской Федерации утверждается старшим судебным приставом или его заместителем. Копии указанного постановления направляются должнику, в территориальный

Artikel 67. Zeitliche Beschränkung der Ausreise des Schuldners aus der Russischen Föderation

1. Erfüllt der Schuldner in der gesetzten Frist ohne triftigen Grund nicht die Forderungen, die in dem Vollstreckungsdokument enthalten sind, welches aufgrund eines Gerichtsaktes ausgegeben wurde oder einen Gerichtsakt darstellt, hat der Gerichtsvollzieher das Recht, auf Antrag des Gläubigers oder auf eigene Initiative einen Beschluss über die zeitliche Beschränkung der Ausreise des Schuldners aus der Russischen Föderation zu erlassen.

2. Der Gerichtsvollzieher hat ebenfalls das Recht einen Beschluss über die zeitliche Beschränkung des Schuldners aus der Russischen Föderation auf Antrag des Gläubigers in dem von Art. 30 Abs. 2 vorgesehenen Fall zu erlassen, falls der Gläubiger zur Vollstreckung ein Vollstreckungsdokument vorgelegt hat, der aufgrund eines Gerichtsaktes ausgegeben wurde oder einen Gerichtsakt darstellt.

3. Der Beschluss über die zeitliche Beschränkung der Ausreise des Schuldners aus der Russischen Föderation wird von dem Obergerichtsvollzieher oder seinem Vertreter bestätigt. Kopien des genannten Beschlusses werden an

орган федерального органа исполнительной власти, уполномоченного на осуществление функций по контролю и надзору в сфере миграции, и в пограничные органы.

den Schuldner, an das territoriale Organ der vollziehenden Gewalt, welches befugt ist, die Kontroll- und Überwachungsfunktionen im Gebiet der Migration auszuüben, und an Grenzbehörden geschickt.

4. Если исполнительный документ не является судебным актом и выдан не на основании судебного акта, то взыскатель или судебный пристав-исполнитель вправе обратиться в суд с заявлением об установлении для должника временного ограничения на выезд из Российской Федерации.

4. Falls das Vollstreckungsdokument keinen Gerichtsakt darstellt und nicht aufgrund eines Gerichtsaktes ausgegeben wurde, so hat der Gläubiger oder der Gerichtsvollzieher das Recht, sich mit dem Ersuchen an das Gericht zu wenden, für den Schuldner eine zeitliche Beschränkung der Ausreise aus der Russischen Föderation anzuordnen.

Статья 68. Меры принудительного исполнения

Artikel 68. Vollstreckungsmaßnahmen

1. Мерами принудительного исполнения являются действия, указанные в исполнительном документе, или действия, совершаемые судебным приставом-исполнителем в целях получения с должника имущества, в том числе денежных средств, подлежащего взысканию по исполнительному документу.

1. Vollstreckungsmaßnahmen sind Handlungen, die in dem Vollstreckungsdokument angegeben sind, oder Handlungen, die durch den Gerichtsvollzieher vorgenommen werden, mit dem Ziel, von dem Schuldner Vermögen zu erhalten, einschließlich finanzieller Mittel, welche der Vollstreckung aufgrund des Vollstreckungsdokumentes unterliegen.

2. Меры принудительного исполнения применяются судебным приставом-исполнителем после возбуждения исполнительного производства. Если в соответствии

2. Vollstreckungsmaßnahmen werden von dem Gerichtsvollzieher nach der Einleitung des Vollstreckungsverfahrens angewandt. Falls entsprechend diesem Föderalen

с настоящим Федеральным законом устанавливается срок для добровольного исполнения требований, содержащихся в исполнительном документе, то меры принудительного исполнения применяются после истечения такого срока.

Gesetz eine Frist zur freiwilligen Erfüllung der Forderungen der Zwangsvollstreckung, die in den Vollstreckungsdokumenten enthalten sind, zu setzten ist, so werden die Vollstreckungsmaßnahmen nach Ablauf dieser Frist angewandt.

3. Мерами принудительного исполнения являются:

3. Vollstreckungsmaßnahmen sind:

1) обращение взыскания на имущество должника, в том числе на денежные средства и ценные бумаги;

1) die Vollstreckung in das Vermögen des Schuldners, einschließlich finanzieller Mittel und Wertpapiere;

2) обращение взыскания на периодические выплаты, получаемые должником в силу трудовых, гражданско-правовых или социальных правоотношений;

2) die Vollstreckung in periodische Zahlungen, die der Schuldner aufgrund von arbeitsrechtlichen, bürgerlich-rechtlichen oder sozialrechtlichen Rechtsbeziehungen bekommt;

3) обращение взыскания на имущественные права должника, в том числе на право получения платежей по исполнительному производству, в котором он выступает в качестве взыскателя, на право получения платежей по найму, аренде, а также на исключительные права на результаты интеллектуальной деятельности и средства индивидуализации, права требования по договорам об отчуждении или использовании исключительного права на

3) die Vollstreckung in Vermögensrechte des Schuldners, einschließlich des Forderungsrechts des Gläubigers aufgrund eines Vollstreckungsdokumentes, in welchem er als Gläubiger auftritt, des Rechts auf Zahlungen aus Vermietung, Verpachtung sowie auf das ausschließliche Recht auf das Ergebnis einer geistigen Tätigkeit und Mittel der Individualisierung, des Forderungsrechts aufgrund eines Vertrages zur Veräußerung oder Nutzung eines ausschließlichen Rechts auf das Ergebnis einer

результат интеллектуальной деятельности и средство индивидуализации, право использования результата интеллектуальной деятельности или средства индивидуализации, принадлежащее должнику как лицензиату;

geistigen Tätigkeit und Mittel der Individualisierung und des dem Schuldner als Lizenznehmer gehörenden Rechts auf Nutzung des Ergebnisses der geistigen Tätigkeit und Mittel der Individualisierung;

4) изъятие у должника имущества, присужденного взыскателю, а также по исполнительной надписи нотариуса в предусмотренных федеральным законом случаях;

4) die Beschlagnahme des Vermögens des Schuldners, das dem Gläubiger zugesprochen wurde, sowie aufgrund einer Vollstreckbarkeitserklärung des Notars in den durch Föderales Gesetz vorgesehenen Fällen;

5) наложение ареста на имущество должника, находящееся у должника или у третьих лиц, во исполнение судебного акта об аресте имущества;

5) die Auferlegung des Arrestes auf das Vermögen des Schuldners, das sich bei dem Schuldner oder bei dritten Personen befindet, in Ausführung des Gerichtsaktes über den Arrest des Vermögens;

6) обращение в регистрирующий орган для регистрации перехода права на имущество, в том числе на ценные бумаги, с должника на взыскателя в случаях и порядке, которые установлены настоящим Федеральным законом;

6) das Aufsuchen des Registrierungsorgans zur Vornahme der Registrierung des Übergangs von Vermögensrechten, einschließlich der Wertpapiere, von dem Schuldner auf den Gläubiger, in dem von diesem Gesetz geregelten Fällen;

7) совершение от имени и за счет должника действия, указанного в исполнительном документе, в случае, если это действие может быть совершено без личного участия должника;

7) die Vornahme von Handlungen, die im Vollstreckungsdokument enthalten sind, im Namen und auf Kosten des Schuldners, sofern die Handlung ohne der persönlichen Teilnahme des Schuldners vorgenommen werden kann;

8) принудительное вселение взыскателя в жилое помещение;	8) die zwangsweise Einweisung des Gläubigers in einen Wohnraum;
9) принудительное выселение должника из жилого помещения;	9) die zwangsweise Räumung des Schuldners aus einem Wohnraum;
10) освобождение нежилого помещения, хранилища от пребывания в них должника и его имущества;	10) die Befreiung eines unbewohnten Raumes, Lagerraums von dem darin verweilten Schuldner oder seines Vermögens;
10.1) принудительное выдворение за пределы Российской Федерации иностранных граждан или лиц без гражданства;	10.1) die zwangsweise Abschiebung über die Grenzen der Russischen Föderatione eines ausländischen Bürgers oder eines Staatenlosen.
11) иные действия, предусмотренные федеральным законом или исполнительным документом.	11) andere Handlungen, die durch das Föderale Gesetz oder durch das Vollstreckungsdokument vorgesehen sind.
Глава 8. Обращение взыскания на имущество должника	**Kapitel 8. Zwangsvollstreckung in das Vermögen des Schuldners**
Статья 69. Порядок обращения взыскания на имущество должника	**Artikel 69. Verfahren der Zwangsvollstreckung in das Vermögen des Schuldners**
1. Обращение взыскания на имущество должника включает изъятие имущества и (или) его принудительную реализацию либо передачу взыскателю.	1. Die Zwangsvollstreckung in das Vermögen des Schuldners beinhaltet die Beschlagnahme des Vermögens und (oder) seine Zwangsverwertung oder die Übergabe an den Gläubiger.
1.1. Взыскание на заложенное имущество на основании исполнительной надписи нотариуса	1.1. Die Vollstreckung in das verpfändete Vermögen auf der Grundlage einer

может включать изъятие имущества и его передачу залогодержателю для последующей реализации этого имущества в установленном Гражданским кодексом Российской Федерации, Федеральным законом от 16 июля 1998 года N 102-ФЗ «Об ипотеке (залоге недвижимости)» (далее - Федеральный закон «Об ипотеке (залоге недвижимости)») и Законом Российской Федерации от 29 мая 1992 года N 2872-1 «О залоге» (далее - Закон Российской Федерации «О залоге») порядке.

Vollstreckbarerklärung eines Notars kann die Beschlagnahme des Vermögens und dessen Übergabe an den Pfandgläubiger zur weiteren Verwertung dieses Vermögens beinhalten, und zwar in dem durch den Zivilkodex der Russischen Föderation, Föderales Gesetz vom 16. Juli 1998 Nr. 102-FZ „Über die Hypothek (Pfandrechte an Immobilien)" (im weiteren – Föderales Gesetz „Über die Hypothek (Pfandrechte an Immobilien)") und durch das Gesetz der Russischen Föderation vom 29. Mai 1992 Nr. 2872-1 „Über das Pfand" (im weiteren – Gesetz der Russischen Föderation „Über das Pfand") bestimmten Verfahren.

2. Взыскание на имущество должника, в том числе на денежные средства в рублях и иностранной валюте, обращается в размере задолженности, то есть в размере, необходимом для исполнения требований, содержащихся в исполнительном документе, с учетом взыскания расходов по совершению исполнительных действий и исполнительского сбора, наложенного судебным приставом-исполнителем в процессе исполнения исполнительного документа.

2. Vollstreckung in das Vermögen des Schuldners, einschließlich in finanzielle Mittel in Rubel und ausländischer Währung, erfolgt in Höhe der Schuld, also in der Höhe, die zur Befriedigung der in dem Vollstreckungsdokument enthaltenen Forderung, unter Berücksichtigung der Ausgaben für die Durchführung der Vollstreckungshandlungen und Vollstreckungsgebühren, die von dem Gerichtsvollzieher in dem Zwangsvollstreckungsverfahren auferlegt wurden, notwendig ist.

3. Взыскание на имущество должника по исполнительным

3. Die Zwangsvollstreckung in das Vermögen des Schuldners erfolgt

документам обращается в первую очередь на его денежные средства в рублях и иностранной валюте и иные ценности, в том числе находящиеся на счетах, во вкладах или на хранении в банках и иных кредитных организациях, за исключением денежных средств должника, находящихся на торговом и (или) клиринговом счетах. Взыскание на денежные средства должника в иностранной валюте обращается при отсутствии или недостаточности у него денежных средств в рублях.

in erster Linie in seine finanziellen Mittel in Rubel und ausländischer Währung sowie in andere Wertsachen, die sich auf den Konten, Depots oder in Verwahrung in Banken und anderen Kreditinstituten befinden, mit Ausnahme der finanziellen Mittel des Schuldners, die sich auf Handels- und (oder) Clearingkonten befinden. Die Zwangsvollstreckung in finanzielle Mittel des Schuldners in ausländischer Währung erfolgt, wenn bei ihm die finanziellen Mittel in Rubel fehlen oder nicht ausreichen.

4. При отсутствии или недостаточности у должника денежных средств взыскание обращается на иное имущество, принадлежащее ему на праве собственности, хозяйственного ведения и (или) оперативного управления, за исключением имущества, изъятого из оборота, и имущества, на которое в соответствии с федеральным законом не может быть обращено взыскание, независимо от того, где и в чьем фактическом владении и (или) пользовании оно находится.

4. Wenn beim Schuldner finanzielle Mittel fehlen oder nicht genügend vorhanden sind, erfolgt die Zwangsvollstreckung in sonstiges Vermögen, das im Eigentum des Schuldners steht, ihm aufgrund des Rechts der Wirtschaftsführung und (oder) der betrieblichen Steuerung gehört, mit Ausnahme des Vermögens, das aus dem Geschäftsumsatz beschlagnahmt wurde und des Vermögens, in das entsprechend dem Föderalen Gesetz nicht vollstreckt werden kann, unabhängig davon, wo und in wessen Gewahrsam und (oder) Gebrauch es sich befindet.

5. Должник вправе указать имущество, на которое он просит обратить взыскание в первую очередь. Окончательно очередность

5. Der Schuldner ist berechtigt, das Vermögen zu benennen, in welches er in erster Linie die Zwangsvollstreckung vorzunehmen

обращения взыскания на имущество должника определяется судебным приставом-исполнителем.

bittet. Die endgültige Reihenfolge der Zwangsvollstreckung in das Vermögen des Schuldners wird durch den Gerichtsvollzieher bestimmt.

6. Если должник имеет имущество, принадлежащее ему на праве общей собственности, то взыскание обращается на долю должника, определяемую в соответствии с федеральным законом.

6. Falls der Schuldner Vermögen hat, das zum gemeinschaftlichen Eigentum gehört, so erfolgt die Zwangsvollstreckung in den Anteil des Schuldners, der gemäß Föderalem Gesetz bestimmt wird.

7. Должник по требованию судебного пристава-исполнителя обязан представить сведения о принадлежащих ему правах на имущество, в том числе исключительных и иных правах на результаты интеллектуальной деятельности и средства индивидуализации, правах требования по договорам об отчуждении или использовании указанных прав, в размере задолженности, определяемом в соответствии с частью 2 настоящей статьи.

7. Der Schuldner hat auf die Forderung des Gerichtsvollziehers Auskunft über das ihm gehörende Eigentum zu erteilen, einschließlich der ausschließlichen und anderen Rechte auf die Ergebnisse einer geistigen Tätigkeit und Mittel der Individualisierung, die Rechte, die ihm aufgrund von Verträgen zur Veräußerung oder Verwendung der genannten Rechte zustehen, in der Höhe der Schuld, die sich nach Absatzes 2 dieses Artikels bestimmt.

8. Если сведений о наличии у должника имущества не имеется, то судебный пристав-исполнитель запрашивает эти сведения у налоговых органов, иных органов и организаций, исходя из размера задолженности, определяемого в соответствии с частью 2 настоящей статьи. При этом у органов, осуществляющих государственную

8. Falls keine Kenntnisse über das Vermögen des Schuldners vorliegen, fordert der Gerichtsvollzieher diese von den Steuerbehörden, anderen Organen und Organisationen an, ausgehend von der Höhe der Schuld, die sich nach Absatz 2 dieses Artikels bestimmt.
Bei den Organen, die die Rechte an unbeweglichen Sachen staatlich

регистрацию прав на имущество, лиц, осуществляющих учет прав на ценные бумаги, банков и иных кредитных организаций судебный пристав-исполнитель запрашивает необходимые сведения с разрешения в письменной форме старшего судебного пристава или его заместителя. Взыскатель при наличии у него исполнительного листа с неистекшим сроком предъявления к исполнению вправе обратиться в налоговый орган с заявлением о представлении этих сведений.

registrieren, Personen, die die Rechte an Wertpapieren bilanzieren, Banken und anderen Kreditinstituten fordert der Gerichtsvollzieher die notwendigen Informationen mit schriftlicher Erlaubnis des Obergerichtsvollziehers an. Der Gläubiger ist berechtigt, bei Vorhandensein eines Vollstreckungsblatts mit einer nicht verstrichenen Frist zur Vorlage zur Vollstreckung, sich an die Steuerbehörden mit dem Ersuchen zu wenden, ihm solche Informationen bereit zu stellen.

9. У налоговых органов, банков и иных кредитных организаций могут быть запрошены сведения:

9. Bei den Steuerbehörden, Banken und anderen Kreditinstituten können Informationen angefordert werden:

1) о наименовании и местонахождении банков и иных кредитных организаций, в которых открыты счета должника;

1) über den Namen und Sitz der Banken und anderen Kreditorganisationen, bei denen sich die Konten des Schuldners befinden;

2) о номерах расчетных счетов, количестве и движении денежных средств в рублях и иностранной валюте;

2) über die Nummer der Abrechnungskonten, die Höhe und Bewegung der finanziellen Mittel in Rubel und ausländischer Währung;

3) об иных ценностях должника, находящихся на хранении в банках и иных кредитных организациях.

3) über andere Wertsachen des Schuldners, die sich zur Verwahrung in Banken und anderen Kreditinstituten befinden.

10. Налоговые органы, органы, осуществляющие государственную регистрацию прав на имущество,

10. Steuerbehörden, Organe, die die Rechte an unbeweglichen Sachen staatlich registrieren, Personen,

лица, осуществляющие учет прав на ценные бумаги, банки и иные кредитные организации, иные органы и организации представляют запрошенные сведения в течение семи дней со дня получения запроса.

die die Rechte an Wertpapieren bilanzieren, Banken und andere Kreditinstitute, andere Organe und Organisationen legen die angeforderten Informationen innerhalb von sieben Tagen seit dem Eingang des Ersuchens vor.

Статья 70. Обращение взыскания на денежные средства

Artikel 70. Zwangsvollstreckung in finanzielle Mittel

1. Наличные денежные средства в рублях и иностранной валюте, обнаруженные у должника, в том числе хранящиеся в сейфах кассы должника-организации, находящиеся в изолированном помещении этой кассы или иных помещениях должника-организации либо хранящиеся в банках и иных кредитных организациях, изымаются, о чем составляется соответствующий акт. Изъятые денежные средства не позднее операционного дня, следующего за днем изъятия, сдаются в банк для перечисления на депозитный счет подразделения судебных приставов.

1. Bargeld in Rubel und in ausländischer Währung, das bei dem Schuldner vorgefunden wird, einschließlich der Geldmittel, die in den Kassentresoren der Schuldner-Organisation aufbewahrt werden und sich in einem gesonderten Kassenraum oder in anderen Räumlichkeiten der Schuldner-Organisation befinden oder in Banken und anderen Kreditinstituten aufbewahrt werden, werden beschlagnahmt, worüber ein entsprechendes Vermerk angefertigt wird. Beschlagnahmte finanzielle Mittel werden nicht später dem Geschäftstag, der dem Tag der Beschlagnahme folgt, einer Bank zur Überweisung auf ein Geschäftskonto der Abteilung der Gerichtsvollzieher übergeben.

2. Перечисление денежных средств со счетов должника производится на основании исполнительного документа или постановления судебного пристава-исполнителя

2. Die Überweisung der finanziellen Mittel von den Konten des Schuldners erfolgt aufgrund des Vollstreckungsdokumentes und (oder) des Beschlusses des

без представления в банк или иную кредитную организацию взыскателем или судебным приставом-исполнителем расчетных документов.

Gerichtsvollziehers ohne der Vorlage der Abrechnungsdokumente der Bank oder einem anderen Kreditinstitut durch den Gläubiger oder den Gerichtsvollzieher.

3. Если денежные средства имеются на нескольких счетах должника, то судебный пристав-исполнитель в постановлении указывает, с какого счета и в каком объеме должны быть списаны денежные средства.

3. Falls die finanziellen Mittel auf mehreren Konten des Schuldners vorhanden sind, so gibt der Gerichtsvollzieher in dem Beschluss an, von welchem Konto und in welcher Höhe die finanziellen Mittel überwiesen werden sollen.

4. Если на денежные средства, находящиеся на счетах должника, наложен арест, то судебный пристав-исполнитель в постановлении указывает, в каком объеме и порядке снимается наложенный им арест с денежных средств должника. Банк или иная кредитная организация обязаны в течение трех дней со дня получения постановления сообщить судебному приставу-исполнителю об исполнении указанного постановления.

4. Falls die finanziellen Mittel, die sich auf den Konten des Schuldners befinden, unter Arrest gestellt sind, so gibt der Gerichtsvollzieher im Beschluss an, in welchem Umfang und welcher Reihenfolge der von ihm auferlegte Arrest von den finanziellen Mitteln des Schuldners aufgehoben wird. Die Bank und andere Kreditinstitute müssen die Erfüllung des Beschlusses dem Gerichtsvollzieher innerhalb von drei Tagen seit Erhalt des Beschlusses mitteilen.

5. Банк или иная кредитная организация, осуществляющие обслуживание счетов должника, незамедлительно исполняют содержащиеся в исполнительном документе или постановлении судебного пристава-исполнителя требования о взыскании денежных средств, о чем в течение трех дней

5. Die Bank oder ein anderes Kreditinstitut, das die Konten des Schuldners unterhält, vollstreckt unverzüglich die in dem Vollstreckungsdokument oder dem Beschluss des Gerichtsvollziehers enthaltenen Forderungen zur Einziehung von finanziellen Mitteln. Darüber informiert sie

со дня их исполнения информирует взыскателя или судебного пристава-исполнителя.

innerhalb von drei Tagen seit dem Tag der durchgeführten Vollstreckung den Gläubiger oder den Gerichtsvollzieher.

6. В случае обоснованных сомнений в подлинности исполнительного документа, полученного непосредственно от взыскателя (его представителя), или сомнений в достоверности сведений, представленных в соответствии с частью 2 статьи 8 настоящего Федерального закона, банк или иная кредитная организация вправе для проверки подлинности исполнительного документа либо достоверности сведений задержать исполнение исполнительного документа, но не более чем на семь дней. При проведении указанной проверки банк или кредитная организация незамедлительно приостанавливает операции с денежными средствами на счетах должника в пределах суммы денежных средств, подлежащей взысканию.

6. Im Falle von berechtigten Zweifeln über die Echtheit des Vollstreckungsdokumentes, das unmittelbar von dem Gläubiger (seinem Vertreter) erhalten wurde, oder Zweifeln der Glaubwürdigkeit der Informationen, die in Artikel 8 Absatz 2 dieses Föderalen Gesetzes geregelt sind, ist die Bank oder ein anderes Kreditinstitut berechtigt, zur Überprüfung der Echtheit des Vollstreckungsdokumentes oder der Glaubwürdigkeit der Informationen, die Vollstreckung des Vollstreckungsdokumentes zu verzögern, jedoch nicht länger als um sieben Tage. Währen der genannten Überprüfung unterbricht die Bank oder ein anderes Kreditinstitut die Geschäfte mit den finanziellen Mitteln des Schuldners auf den Konten des Schuldners im Rahmen der finanziellen Mittel, die der Vollstreckung unterliegen.

7. В случае получения банком или иной кредитной организацией постановления судебного пристава-исполнителя исполнение содержащихся в исполнительном документе требований о взыскании денежных средств осуществляется путем их

7. Erhält die Bank oder ein anderes Kreditinstitut den Beschluss von dem Gerichtsvollzieher, erfolgt die Vollstreckung der in dem Vollstreckungsdokument enthaltenen Forderung zur Einziehung von finanziellen Mitteln im Wege der Überweisung auf ein

перечисления на депозитный счет подразделения судебных приставов. В случае получения банком или иной кредитной организацией исполнительного документа непосредственно от взыскателя исполнение содержащихся в исполнительном документе требований о взыскании денежных средств осуществляется путем их перечисления на счет, указанный взыскателем.

Geschäftskonto der Abteilung der Gerichtsvollzieher. Erhält die Bank oder ein anderes Kreditinstitut das Vollstreckungsdokument unmittelbar von dem Gläubiger, erfolgt die Vollstreckung der in dem Vollstreckungsdokument enthaltenen Forderung zur Einziehung von finanziellen Mitteln im Wege der Überweisung auf das Konto, welches von dem Gläubiger angegeben wurde.

8. Не исполнить исполнительный документ или постановление судебного пристава-исполнителя полностью банк или иная кредитная организация может в случае отсутствия на счетах должника денежных средств либо в случае, когда на денежные средства, находящиеся на указанных счетах, наложен арест или когда в порядке, установленном законом, приостановлены операции с денежными средствами.

8. Die Bank oder ein anderes Kreditinstitut ist berechtigt, das Vollstreckungsdokument oder den Beschluss des Gerichtsvollziehers nicht vollständig zu erfüllen im Falle des Fehlens finanzieller Mittel auf den Konten des Schuldners, oder im Falle, wenn die vorhandenen finanziellen Mittel, die sich auf den genannten Konten befinden, unter Arrest gestellt wurden oder wenn durch ein Verfahren, das durch das Gesetz vorgesehen ist, die Geschäfte mit den finanziellen Mitteln ausgesetzt wurden.

9. Если имеющихся на счетах должника денежных средств недостаточно для исполнения содержащихся в исполнительном документе или постановлении судебного пристава-исполнителя требований, то банк или иная кредитная организация перечисляет имеющиеся средства

9. Falls die auf den Konten des Schuldners vorhandenen finanziellen Mittel für die Vollstreckung der in dem Vollstreckungsdokument oder dem Beschluss des Gerichtsvollziehers enthaltenen Forderung nicht ausreichen, so überweist die Bank oder ein anderes Kreditinstitut die vorhandenen finanziellen Mittel

и продолжает дальнейшее исполнение по мере поступления денежных средств на счет или счета должника до исполнения содержащихся в исполнительном документе или постановлении судебного пристава-исполнителя требований в полном объеме. О произведенных перечислениях банк или иная кредитная организация незамедлительно сообщает судебному приставу-исполнителю или взыскателю, если исполнительный документ поступил от взыскателя.

und setzt die weitere Erfüllung mit dem Eingang finanzieller Mittel auf das Konto oder die Konten des Schuldners fort, bis zur vollständigen Befriedigung der in dem Vollstreckungsdokument oder dem Beschluss des Gerichtsvollziehers enthaltenen Forderung. Die Bank oder ein anderes Kreditinstitut informiert ohne Verzögerung den Gerichtsvollzieher oder den Gläubiger, falls das Vollstreckungsdokument von ihm eingereicht wurde, über die vollzogenen Überweisungen.

10. Банк или иная кредитная организация заканчивает исполнение исполнительного документа:

10. Die Bank oder ein anderes Kreditinstitut beendet die Vollstreckung des Vollstreckungsdokumentes:

1) после перечисления денежных средств в полном объеме;

1) nach der vollständigen Überweisung der finanziellen Mittel;

2) по заявлению взыскателя;

2) auf Antrag des Gläubigers;

3) по постановлению судебного пристава-исполнителя о прекращении (об окончании, отмене) исполнения.

3) auf Beschluss des Gerichtsvollziehers über die Einstellung (über Beendigung, Aufhebung) der Vollstreckung.

11. При поступлении на депозитный счет подразделения судебных приставов денежных средств должника в большем размере, чем необходимо для погашения размера задолженности, определяемого в

11. Bei dem Eingang finanzieller Mittel des Schuldners auf das Geschäftskonto der Abteilung der Gerichtsvollzieher in einer höheren Summe, als es zur Befriedigung der erstattet der Gerichtsvollzieher

соответствии с частью 2 статьи 69 настоящего Федерального закона, судебный пристав-исполнитель возвращает должнику излишне полученную сумму.

dem Schuldner die zu viel erhaltene Summe zurück.

11.1. Со дня отзыва у банка или иной кредитной организации лицензии на осуществление банковских операций исполнительные документы об обращении взыскания на денежные средства должника, находящиеся на его счетах в таком банке или такой кредитной организации, подлежат исполнению с учетом положений Федерального закона «О банках и банковской деятельности» и Федерального закона от 25 февраля 1999 года N 40-ФЗ «О несостоятельности (банкротстве) кредитных организаций».

11.1. Seit dem Tag, an dem die Lizenz der Bank oder einer anderen Kreditorganisation zur Durchführung der Bankgeschäfte widerrufen wird, unterliegen die Vollstreckungsdokumente, die die Zwangsvollstreckung in fananzielle Mittel des Schuldners regeln, die sich auf dem Konto dieser Bank oder einer solchen Kreditorganisation befinden, der Vollstreckung unter Beachtung der Regelungen des Föderalen Gesetzes „Über Banken und Bankentätigkeit" und des Föderalen gesetzes vom 25. Februar 1999 Nr. 40-FZ „Über die Insolvenz (Bankrott) der Kreditorganisationen".

12. Положения настоящей статьи применяются также в случае обращения взыскания на электронные денежные средства должника, перевод которых осуществляется с использованием персонифицированных электронных средств платежа, корпоративных электронных средств платежа.

12. Die Regelungen dieses Artikels finden ferner Anwendung im Falle der Vollstreckung in elektronischen finanziellen Mittel des Schuldners, deren Überweisung mittels personalisierten elektronischen Zahlungsystemen, korporativen elektronischen Zahlungsystemen erfolgt.

13. На денежные средства, находящиеся на счете гарантийного фонда платежной системы, открытом в соответствии с

13. In finanzielle Mittel, die sich auf dem Konto eines Garantiefonds als Zahlungssystem befinden, welches entsprechend dem Föderalen

Федеральным законом «О национальной платежной системе», не может быть обращено взыскание по обязательствам оператора платежной системы, центрального платежного клирингового контрагента или участника платежной системы.

Gesetz „Über die nationalen Zahlungssysteme“ eröffnet wurde, darf nicht aufgrund der Verpflichtung des Operators des Zahlungssystems, des zentralen Clearing-Kontrahenten oder des Teilnehmers des Zahlungssystems vollstreckt werden.

Статья 71. Порядок обращения взыскания на денежные средства должника в иностранной валюте при исчислении долга в рублях

Artikel 71. Verfahren der Zwangsvollstreckung in finanzielle Mittel des Schuldners in ausländischer Währung bei Berechnung der Schuld in Rubel

1. Обнаружив и изъяв у должника наличные денежные средства в иностранной валюте, судебный пристав-исполнитель не позднее операционного дня, следующего за днем изъятия, передает указанные денежные средства для продажи в банк или иную кредитную организацию, которые осуществляют продажу иностранной валюты и перечисляют полученные от продажи денежные средства в рублях на указанный в постановлении судебного пристава-исполнителя депозитный счет подразделения судебных приставов.

1. Vorgefundene und beschlagnahmte Bargeldmittel des Schuldners in ausländischer Währung werden vom Gerichtsvollzieher nicht später als an dem Geschäftstag, dem Tag der Beschlagnahme folgend, in eine Bank oder ein Kreditinstitut zum Verkauf übergeben, die die ausländische Währung verkauft und die durch den Verkauf erhaltenen finanziellen Mittel in Rubel auf ein in dem Beschluss des Gerichtsvollziehers angegebenes Geschäftskonto der Abteilung der Gerichtsvollzieher überweist.

2. Купля-продажа иностранной валюты осуществляется банком или иной кредитной организацией, имеющими право осуществлять куплю-продажу иностранной валюты на внутреннем

2. Einkauf-Verkauf ausländischer Währung wird durch die Bank oder ein anderes Kreditinstitut, das das Recht zum Einkauf-Verkauf ausländischer Währung auf dem Inlands-Valutamarkt

валютном рынке Российской Федерации в соответствии с валютным законодательством Российской Федерации, по курсу, установленному этими банком или иной кредитной организацией на день купли-продажи. При отсутствии такого курса купля-продажа иностранной валюты осуществляется по официальному курсу, установленному Банком России.

(Binnenmarkt) der Russischen Föderation in Übereinstimmung mit der entsprechenden Gesetzgebung der Russischen Föderation hat, durchgeführt, zum Kurs, der von dieser Bank oder einem anderen Kreditinstitut an dem Tag des Einkaufs-Verkaufs bestimmt wird. Im Falle des Fehlens eines solchen Kurses wird der Einkauf-Verkauf ausländischer Währung zum offiziellen Kurs, der von der Russischen Bank bestimmt wurde, durchgeführt.

3. При обращении взыскания на денежные средства должника в иностранной валюте, находящиеся на счетах и во вкладах в банках или иных кредитных организациях, судебный пристав-исполнитель своим постановлением поручает им продать иностранную валюту в размере задолженности, определенном в соответствии с частью 2 статьи 69 настоящего Федерального закона, и перечислить полученные от продажи денежные средства в рублях на депозитный счет подразделения судебных приставов.

3. Bei der Vollstreckung in finanzielle Mittel des Schuldners in ausländischer Währung, die sich auf den Konten oder zur Aufbewahrung in Banken oder anderen Kreditinstituten befinden, weist diese der Gerichtsvollzieher durch seinen Beschluss an, die ausländische Währung in der Höhe der Schuld zu verkaufen, entsprechend dem Artikel 69 Absatz 2 dieses Föderalen Gesetzes, und die durch den Verkauf erhaltenen finanziellen Mittel in Rubel auf das Geschäftskonto der Abteilung der Gerichtsvollzieher zu überweisen.

4. Если денежные средства должника в иностранной валюте находятся на счетах и во вкладах в банках и иных кредитных организациях, которым в соответствии с лицензией на осуществление банковских

4. Falls sich die finanziellen Mittel des Schuldners in ausländischer Währung auf den Konten oder zur Aufbewahrung in Banken oder anderen Kreditinstituten befinden, denen entsprechend der Lizenz zur Bankgeschäftsführung das Recht

операций не предоставлено право осуществлять куплю-продажу иностранной валюты, то судебный пристав-исполнитель своим постановлением обязывает их перечислить указанные денежные средства в банк, имеющий такое право.

zum Einkauf-Verkauf ausländischer Währung nicht zusteht, so verpflichtet sie der Gerichtsvollzieher durch seinen Beschluss die genannten finanziellen Mittel in eine Bank zu überweisen, die ein solches Recht besitzt.

5. Банк или иная кредитная организация исполняет постановления судебного пристава-исполнителя в порядке и сроки, которые установлены статьей 70 настоящего Федерального закона.

5. Die Bank oder ein anderes Kreditinstitut vollstreckt den Beschluss des Gerichtsvollziehers im Rahmen des Verfahrens und der Frist, die in Art. 70 dieses Föderalen Gesetztes vorgesehen sind.

6. Копии постановлений судебного пристава-исполнителя, предусмотренных настоящей статьей, направляются сторонам исполнительного производства.

6. Kopien der Beschlüsse des Gerichtsvollziehers, die durch diesen Artikel vorgesehen sind, werden den Parteien des Zwangsvollstreckungsverfahrens zugestellt.

7. Положения настоящей статьи применяются также в случае обращения взыскания на электронные денежные средства должника, перевод которых осуществляется с использованием персонифицированных электронных средств платежа, корпоративных электронных средств платежа.

7. Die Regelungen dieses Artikels finden ferner Anwendung im Falle der Vollstreckung in elektronischen finanziellen Mittel des Schuldners, deren Überweiseung mittels personalisierten elektronischen Zahlungsystemen, korporativen elektronischen Zahlungsystemen erfolgt.

Статья 72. Порядок обращения взыскания на денежные средства должника при исчислении долга в иностранной валюте

1. Взыскание по исполнительным документам при исчислении долга в иностранной валюте обращается на денежные средства должника в иностранной валюте, указанной в исполнительном документе, иной иностранной валюте или в рублях, о чем судебный пристав-исполнитель выносит соответствующее постановление.

2. Купля-продажа иностранной валюты осуществляется банком или иной кредитной организацией, имеющими право осуществлять куплю-продажу иностранной валюты на внутреннем валютном рынке Российской Федерации в соответствии с валютным законодательством Российской Федерации, по курсу, установленному этими банком или иной кредитной организацией на день купли-продажи. При отсутствии такого курса купля-продажа иностранной валюты осуществляется по официальному курсу, установленному Банком России. Денежные средства в иностранной валюте перечисляются банком или иной кредитной

Artikel 72. Verfahren der Zwangsvollstreckung in finanzielle Mittel des Schuldners bei Berechnung der Schuld in ausländischer Währung

1. Die Zwangsvollstreckung aufgrund von Vollstreckungsdokumenten bei Berechnung der Schuld in ausländischer Währung erfolgt in die finanziellen Mittel des Schuldners in ausländischer Währung, die in dem Vollstreckungsdokument angegeben ist, einer anderen ausländischer Währung oder Rubel, worüber der Gerichtsvollzieher einen entsprechenden Beschluss erlässt.

2. Einkauf-Verkauf ausländischer Währung wird durch die Bank oder ein anderes Kreditinstitut, das das Recht zum Einkauf-Verkauf ausländischer Währung auf dem Inlands-Valutamarkt (Binnenmarkt) der Russischen Föderation in Übereinstimmung mit der entsprechenden Gesetzgebung der Russischen Föderation hat, durchgeführt, zum Kurs, der von dieser Bank oder einem anderen Kreditinstitut an dem Tag des Einkaufs-Verkaufs bestimmt wird. Im Falle des Fehlens eines solchen Kurses wird der Einkauf-Verkauf ausländischer Währung zum offiziellen Kurs, der von der Russischen Bank bestimmt wurde, durchgeführt. Finanzielle

организацией на депозитный счет подразделения судебных приставов или счет взыскателя.

Mittel in ausländischer Währung werden von der Bank oder einer anderen Kreditinstitution auf das Geschäftskonto der Abteilung der Gerichtsvollzieher oder des Gläubigers überwiesen.

3. Если денежные средства должника находятся на счетах и во вкладах в банках и иных кредитных организациях, которым в соответствии с лицензией на осуществление банковских операций не предоставлено право осуществлять куплю-продажу иностранной валюты, то судебный пристав-исполнитель своим постановлением обязывает банк или иную кредитную организацию перечислить указанные денежные средства в банк, имеющий такое право.

3. Falls sich die finanziellen Mittel des Schuldners auf den Konten oder zur Aufbewahrung in Banken oder anderen Kreditinstituten befinden, denen entsprechend der Lizenz zur Bankgeschäftsführung das Recht zum Einkauf-Verkauf ausländischer Währung nicht zusteht, so verpflichtet der Gerichtsvollzieher die Bank oder ein anderes Kreditinstitut durch seinen Beschluss die genannten finanziellen Mittel in eine Bank zu überweisen, die ein solches Recht besitzt.

4. При обращении взыскания на денежные средства должника в иностранной валюте, указанной в исполнительном документе, судебный пристав-исполнитель своим постановлением обязывает банк или иную кредитную организацию, в которых указанные денежные средства находятся на счетах и во вкладах, перечислить денежные средства в иностранной валюте в порядке, установленном частью 2 настоящей статьи.

4. Bei der Zwangsvollstreckung in die finanziellen Mittel des Schuldners in ausländischer Währung, die in dem Vollstreckungsdokument angegeben sind, verpflichtet der Gerichtsvollzieher durch seinen Beschluss die Bank oder ein anderes Kreditinstitut, bei welchen sich die genannten finanziellen Mittel auf den Konten oder zur Aufbewahrung befinden, die finanziellen Mittel in ausländischer Währung entsprechend dem Verfahren nach Absatz 2 dieses Artikels zu überweisen.

5. При обращении взыскания на денежные средства должника в рублях судебный пристав-исполнитель своим постановлением обязывает банк или иную кредитную организацию, в которых указанные денежные средства находятся на счетах и во вкладах, купить иностранную валюту в размере, необходимом для исполнения требований, содержащихся в исполнительном документе, и перечислить денежные средства в иностранной валюте в порядке, установленном частью 2 настоящей статьи.

5. Bei der Zwangsvollstreckung in die finanziellen Mittel des Schuldners in Rubel, verpflichtet der Gerichtsvollzieher durch seinen Beschluss die Bank oder ein anderes Kreditinstitut, bei welchen sich die genannten finanziellen Mittel auf den Konten oder zur Aufbewahrung befinden, die ausländische Währung in der Höhe zu kaufen, die zur Befriedigung der Forderung notwendig ist, und die finanziellen Mittel in ausländischer Währung entsprechend dem Verfahren nach Absatz 2 dieses Artikels zu überweisen.

6. При обращении взыскания на денежные средства должника в иной иностранной валюте, чем указана в исполнительном документе, судебный пристав-исполнитель своим постановлением обязывает банк или иную кредитную организацию, в которых денежные средства должника находятся на счетах и во вкладах, продать иностранную валюту в размере задолженности, определяемом в соответствии с частью 2 статьи 69 настоящего Федерального закона, приобрести иностранную валюту, указанную в исполнительном документе, и перечислить денежные средства в порядке, установленном частью 2 настоящей статьи.

6. Bei der Zwangsvollstreckung in die finanziellen Mittel des Schuldners in sonstiger ausländischer Währung, als im Vollstreckungsdokument angegeben, verpflichtet der Gerichtsvollzieher durch seinen Beschluss die Bank oder ein anderes Kreditinstitut, bei welchen sich die genannten finanziellen Mittel auf den Konten oder zur Aufbewahrung befinden, die ausländische Währung in der Höhe zu verkaufen, die sich nach Artikel 69 Absatz 2 dieses Föderalen Gesetzes bestimmt, ausländische Währung zu besorgen, die im Vollstreckungsdokument angegeben ist, und diese finanziellen Mittel entsprechend dem Verfahren nach Absatz 2 dieses Artikels zu überweisen.

7. При исчислении долга в иностранной валюте судебный пристав-исполнитель исчисляет исполнительский сбор в рублях в размере, рассчитанном исходя из установленного Банком России официального курса иностранной валюты на день вынесения постановления о взыскании исполнительского сбора.

7. Bei der Berechnung der Schuld in ausländischer Währung, berechnet der Gerichtsvollzieher die Vollstreckungsgebühren in Rubel, und zwar in der berechneten Höhe, ausgehend von dem durch die Russische Bank bestimmten offiziellen Kurs der ausländischen Währung zum Tag des Beschlusserlasses zur Vollstreckung der Vollstreckungsgebühren.

8. Банк или иная кредитная организация исполняет постановления судебного пристава-исполнителя в порядке и сроки, которые установлены статьей 70 настоящего Федерального закона.

8. Die Bank oder ein anderes Kreditinstitut vollstreckt den Beschluss des Gerichtsvollziehers im Rahmen des Verfahrens und der Frist, die in Art. 70 dieses Föderalen Gesetztes vorgesehen sind.

9. Копии постановлений судебного пристава-исполнителя, предусмотренных настоящей статьей, направляются сторонам исполнительного производства.

9. Kopien der Beschlüsse des Gerichtsvollziehers, die durch diesen Artikel vorgesehen sind, werden den Parteien des Zwangsvollstreckungsverfahrens zugestellt.

10. Положения настоящей статьи применяются также в случае обращения взыскания на электронные денежные средства должника, перевод которых осуществляется с использованием персонифицированных электронных средств платежа, корпоративных электронных средств платежа.

10. Die Regelungen dieses Artikels finden ferner Anwendung im Falle der Vollstreckung in elektronischen finanziellen Mittel des Schuldners, deren Überweisung mittels personalisierten elektronischen Zahlungsystemen, korporativen elektronischen Zahlungsystemen erfolgt.

Статья 73. Особенности обращения взыскания на денежные средства и ценные бумаги профессионального участника рынка ценных бумаг и его клиентов

Artikel 73. Besonderheiten der Zwangsvollstreckung in finanzielle Mittel und Wertpapiere des professionellen Teilnehmers des Wertpapiermarkts und seiner Klienten

1. По долгам профессионального участника рынка ценных бумаг не может быть обращено взыскание на денежные средства его клиентов, находящиеся на отдельном банковском счете (счетах), открытом профессиональным участником рынка ценных бумаг в кредитной организации (далее - специальный счет профессионального участника рынка ценных бумаг) в соответствии с Федеральным законом от 22 апреля 1996 года N 39-ФЗ „О рынке ценных бумаг" (далее - Федеральный закон „О рынке ценных бумаг").

1. Aufgrund von Schulden des professionellen Teilnehmers des Wertpapiermarkts kann die Zwangsvollstreckung nicht in die finanziellen Mittel seiner Klienten erfolgen, die sich auf einem separaten Bankkonto (Konten) befinden, welches durch den professionellen Teilnehmer des Wertpapiermarkts in einem Kreditinstitut (im weiteren – spezielles Konto des professionellen Teilnehmers des Wertpapiermarkts) entsprechend dem Föderalen Gesetz vom 22. April 1996 Nr. 39-FZ „Über den Wertpapiermarkt" (im weiteren – Föderales Gesetz „Über den Wertpapiermarkt") eröffnet wurde.

2. По долгам профессионального участника рынка ценных бумаг не может быть обращено взыскание на ценные бумаги его клиентов, находящиеся на лицевых счетах в системе ведения реестра и счетах депо в депозитариях, открытых профессиональным участником рынка ценных бумаг в соответствии с Федеральным законом „О рынке ценных бумаг" (далее - лицевые счета и счета депо).

2. Aufgrund von Schulden des professionellen Teilnehmers des Wertpapiermarkts kann die Zwangsvollstreckung nicht in die Wertpapiere seiner Klienten erfolgen, die sich auf persönlichen Konten, im Registersystem und auf Depotkonten der Verwahrer befinden, welche durch den professionellen Teilnehmer des Wertpapiermarkts entsprechend dem Föderalen Gesetz „Über den Wertpapiermarkt" (im weiteren

– persönliche Konten und Depotkonten) eröffnet wurden.

3. По долгам управляющей компании паевого инвестиционного фонда не может быть обращено взыскание на денежные средства и (или) ценные бумаги лица, подавшего заявку на приобретение инвестиционных паев, хранящиеся на отдельном банковском счете и (или) счете депо управляющей компании паевого инвестиционного фонда до внесения в реестр владельцев инвестиционных паев записи о приобретении инвестиционных паев.

3. Aufgrund von Schulden einer Kapitalanlagegesellschaft kann die Zwangsvollstreckung in finanzielle Mittel und (oder) Wertpapiere der Person, die eine Bestellung auf Erwerb von Investmentfondanteilen aufgegeben hat und sich die Mittel oder Wertpapiere auf separaten Bankkonten und (oder) Depotkonten der Kapitalanlagegesellschaft befinden, bis zur Eintragung des Erwerbs von Investmentfondsanteilen in das Register der Inhaber von Investmentfondsanteilen nicht erfolgen.

Статья 73.1. Особенности обращения взыскания на эмиссионные ценные бумаги должника

Artikel 73.1. Besonderheiten der Zwangsvollstreckung in Emissionswertpapiere des Schuldners

1. При обращении взыскания на имущество должника - владельца именных эмиссионных ценных бумаг, а также эмиссионных ценных бумаг на предъявителя, выпущенных с обязательным централизованным хранением или депонированных по иным основаниям у депозитария, на такие ценные бумаги налагается арест в соответствии со статьей 82 настоящего Федерального закона.

1. Bei der Zwangsvollstreckung in das Vermögen des Schuldners – Inhabers von Namens-Emissionswertpapieren sowie Inhaber-Emissionswertpapieren, die zur verbindlichen zentralisierten Verwahrung ausgegeben oder aufgrund anderer Umstände bei einem Depositar hinterlegt wurden, wird auf diese Wertpapiere entsprechend dem Art. 82 dieses Gesetzes Arrest auferlegt.

2. В трехдневный срок со дня получения исполнительного документа от взыскателя или судебного пристава-исполнителя лицо, осуществляющее учет прав должника на эмиссионные ценные бумаги, исполняет содержащиеся в исполнительном документе требования о списании с лицевого счета или со счета депо должника и зачислении на лицевой счет или счет депо взыскателя эмиссионных ценных бумаг либо делает отметку о полном или частичном неисполнении указанных требований в связи с отсутствием на счетах должника эмиссионных ценных бумаг, достаточных для удовлетворения требований взыскателя.

2. Innerhalb einer drei-Tages-Frist seit dem Erhalt des Vollstreckungsdokumentes von dem Gläubiger oder dem Gerichtsvollzieher, führt die Person, die die Emissionswertpapiere des Schuldners verwaltet, die in dem Vollstreckungsdokument enthaltene Forderung über die Abschreibung von einem persönlichen Konto oder einem Depot des Schuldners und Einschreibung auf ein persönliches Konto oder Depot des Gläubigers der Emissionswertpapiere aus. Andernfalls macht sie einen Vermerk über die komplette oder teilweise Nichtausführung der genannten Forderungen aufgrund des Fehlens von Emissionswertpapieren auf den Konten des Schuldners, um den Gläubiger zu befriedigen.

3. Списание ценных бумаг осуществляется с лицевых счетов (счетов депо) владельца ценных бумаг. Не допускается списание ценных бумаг, учитываемых на лицевых счетах (счетах депо) номинального держателя или иных счетах.

3. Die Abschreibung der Wertpapiere erfolgt von einem persönlichen Konto (Depotkonten) des Inhabers der Wertpapiere. Eine Abschreibung von Wertpapieren, die den persönlichen Konten (Depotkonten) eines nominellen Halters oder anderen Konten gutgeschrieben sind, darf nicht erfolgten.

4. В случае обоснованных сомнений в подлинности исполнительного документа, полученного непосредственно от взыскателя (его представителя), или сомнений в достоверности сведений,

4. Im Falle von berechtigten Zweifeln über die Echtheit des Vollstreckungsdokumentes, das unmittelbar von dem Gläubiger (seinem Vertreter) erhalten wurde, oder Zweifeln der Glaubwürdigkeit

представленных в соответствии с частью 2 статьи 8.1 настоящего Федерального закона, лицо, осуществляющее учет прав на эмиссионные ценные бумаги, для проверки подлинности исполнительного документа или достоверности сведений вправе задержать исполнение исполнительного документа, но не более чем на семь дней.

der Informationen, die in Artikel 8.1 Absatz 2 dieses Föderalen Gesetzes geregelt sind, ist die Person, die die Emissionswertpapiere des Schuldners verwaltet, berechtigt, zur Überprüfung der Echtheit des Vollstreckungsdokumentes oder der Glaubwürdigkeit der Informationen, die Vollstreckung des Vollstreckungsdokumentes zu verzögern, jedoch nicht länger als um sieben Tage.

5. В случае, если имеющихся на лицевом счете или счете депо должника эмиссионных ценных бумаг недостаточно для исполнения содержащихся в исполнительном документе требований о списании эмиссионных ценных бумаг, лицо, осуществляющее учет прав на эмиссионные ценные бумаги, производит списание имеющихся на счетах должника эмиссионных ценных бумаг и продолжает дальнейшее исполнение по мере зачисления эмиссионных ценных бумаг на счет или счета должника до исполнения содержащихся в исполнительном документе требований о списании эмиссионных ценных бумаг в полном объеме. О произведенных списаниях лицо, осуществляющее учет прав на эмиссионные ценные бумаги, незамедлительно сообщает судебному приставу-исполнителю или взыскателю, если

5. Im Falle, falls auf dem persönlichen Konto oder auf dem Depotkonto des Schuldners die Emissionswertpapiere für die Vollstreckung der in dem Vollstreckungsdokument enthaltenen Forderung über die Abschreibung von Emissionswertpapieren nicht ausreichen, so schreibt die Person, die die Emissionswertpapiere verwaltet, die vorhandenen Emissionswertpapiere ab und setzt die weitere Erfüllung mit dem Eingang der Emissionswertpapiere auf das Konto oder die Konten des Schuldners fort, bis zur vollständigen Befriedigung der in dem Vollstreckungsdokument enthaltenen Forderung über die Abschreibung von Emissionswertpapieren. Über die vorgenommenen Abschreibungen informiert die Person, die die Emissionswertpapiere verwaltet, ohne Verzögerung den Gerichtsvollzieher oder den Gläubiger, falls das

исполнительный документ поступил от взыскателя.	Vollstreckungsdokument von ihm eingereicht wurde.
6. Лицо, осуществляющее учет прав на эмиссионные ценные бумаги, заканчивает исполнение исполнительного документа в соответствии с частью 10 статьи 70 настоящего Федерального закона.	6. Person, die die Emissionswertpapiere verwaltet, beendet die Vollstreckung des Vollstreckungsdokumentes entsprechend dem Art. 70 Abs. 10 dieses Föderalen Gesetzes.
7. Неисполнение содержащихся в исполнительном документе требований является основанием для привлечения эмитента ценных бумаг, профессионального участника рынка ценных бумаг к административной ответственности в соответствии с частью 2.1 статьи 17.14 Кодекса Российской Федерации об административных правонарушениях в порядке, установленном статьей 114 настоящего Федерального закона.	7. Die Nichterfüllung der im Vollstreckungsdokument enthaltenen Forderungen zieht eine Verantwortlichkeit für Emittenten der Wertpapiere, professionellen Teilnehmer des Wertpapiermarkts, nach sich und zwar entsprechend dem Art. 17.14 Abs. 2.1 des Kodex der RF „Über die Ordnungswidrigkeiten" nach dem Verfahren, das gem. Art. 114 dieses Föderalen Gesetzes bestimmt wird.
Статья 75. Обращение взыскания на имущественные права	**Artikel 75. Zwangsvollstreckung in Vermögensrechte**
1. В рамках исполнительного производства взыскание может быть обращено на принадлежащие должнику имущественные права, в том числе:	1. Im Rahmen des Zwangsvollstreckungsverfahrens kann die Vollstreckung in die dem Schuldner gehörende Vermögensrechte erfolgen, einschließlich:
1) право требования должника к третьему лицу, не исполнившему денежное обязательство перед ним как кредитором (далее - дебитор), в	1) die Forderungen des Schuldners gegenüber Dritten, die ihre Geldverpflichtung dem Schuldner gegenüber nicht erfüllt haben,

том числе право требования по оплате фактически поставленных должником товаров, выполненных работ или оказанных услуг, по найму, аренде и другим (далее - дебиторская задолженность);	einschließlich den Forderungen auf Bezahlung der durch den Schuldner faktisch gelieferten Waren, geleisteter Arbeiten oder Dienstleistungen, Forderungen aufgrund von Miete, Pacht und Ähnlichem (im weiteren – Forderungen);
2) право требования в качестве взыскателя по исполнительному документу;	2) Forderungsrecht des Gläubigers aufgrund eines Vollstreckungsdokumentes;
3) право на аренду недвижимого имущества;	3) das Pachtrecht am unbeweglichen Vermögen;
4) исключительное право на результат интеллектуальной деятельности и средство индивидуализации, за исключением случаев, когда в соответствии с законодательством Российской Федерации на них не может быть обращено взыскание;	4) das ausschließliche Recht auf das Ergebnis einer geistigen Tätigkeit und Mittel der Individualisierung, ausgenommen der Fälle, in denen in diese Rechte entsprechend der Gesetzgebung der Russischen Föderation eine Vollstreckung nicht erfolgen kann;
5) право требования по договорам об отчуждении и использовании исключительного права на результат интеллектуальной деятельности и средство индивидуализации;	5) das Forderungsrecht aufgrund eines Vertrages zur Veräußerung oder Nutzung eines ausschließlichen Rechts auf das Ergebnis einer geistigen Tätigkeit und Mittel der Individualisierung;
6) принадлежащее лицензиату право использования результата интеллектуальной деятельности и средства индивидуализации.	6) das dem Lizenznehmer gehörende Recht auf Nutzung des Ergebnissesder geistigen Tätigkeit und Mittel der Individualisierung.
7) иные принадлежащие должнику имущественные права.	7) weitere dem Schuldner gehörende Vermögensrechte.

2. Взыскание на принадлежащие должнику исключительные права на результаты интеллектуальной деятельности и средства индивидуализации, право использования результатов интеллектуальной деятельности и средств индивидуализации, а также на имущественные права в отношении третьих лиц обращается с соблюдением правил, установленных Гражданским кодексом Российской Федерации.

2. Die Vollstreckung in die dem Schuldner gehörenden ausschließliche Rechte auf das Ergebnis einer geistigen Tätigkeit und Mittel der Individualisierung, das Recht auf Nutzung eines ausschließlichen Rechts auf das Ergebnis einer geistigen Tätigkeit und Mittel der Individualisierung sowie Vermögensrechte in Bezug auf dritte Personen wird unter Beachtung der Regeln vorgenommen, die durch das Zivilgesetzbuch der Russischen Föderation aufgestellt sind.

2.1. Обращение взыскания на принадлежащее должнику право получения денежных средств производится в порядке, установленном статьей 76 настоящего Федерального закона для обращения взыскания на дебиторскую задолженность.

2.1. Die Vollstreckung in das dem Schuldner gehörende Recht auf Empfang von finanziellen Mitteln erfolgt im Verfahren, welches in Artikel 76 dieses Föderalen Gesetzes, über die Vollstreckung einer Forderung, geregelt ist.

3. Правительством Российской Федерации могут быть установлены особенности обращения взыскания на отдельные виды имущественных прав.

3. Durch die Regierung der Russischen Föderation können Besonderheiten der Vollstreckung in die einzelnen Arten der Vermögensrechte geregelt werden.

Статья 76. Обращение взыскания на дебиторскую задолженность

Artikel 76. Vollstreckung in Forderungen

1. Обращение взыскания на дебиторскую задолженность состоит в переходе к взыскателю права должника на получение дебиторской задолженности в размере задолженности, определяемом в соответствии с

1. Die Zwangsvollstreckung in Forderungen besteht in dem Übergang der Forderung des Schuldners gegenüber dem Dritten auf den Gläubiger, und zwar in der Höhe, die durch Art. 69 Abs. 2 dieses Gesetzes bestimmt wird, jedoch nicht

частью 2 статьи 69 настоящего Федерального закона, но не более объема дебиторской задолженности, существовавшего на день обращения взыскания, и на тех же условиях.	höher der Forderung, die zu dem Tag der Zwangsvollstreckung bestand, sowie zu denselben Bedingungen.
2. Обращение взыскания на дебиторскую задолженность производится:	2. Die Zwangsvollstreckung in Forderungen erfolgt:
1) при наличии согласия взыскателя - путем внесения (перечисления) дебитором дебиторской задолженности на депозитный счет подразделения судебных приставов;	1) im Falle eines Einverständnisses des Gläubigers, durch die Überweisung der bestehenden Forderungssumme auf das Depotkonto der Abteilung der Gerichtsvollzieher durch den Dritten;
2) при отсутствии согласия взыскателя или невнесении (неперечислении) дебитором дебиторской задолженности на депозитный счет подразделения судебных приставов - путем продажи дебиторской задолженности с торгов.	2) bei fehlendem Einverständnis des Gläubigers oder der fehlenden Überweisung durch den Dritten auf das Depotkonto der Abteilung der Gerichtsvollzieher, durch Verwertung der Forderung auf einer Versteigerung.
3. Взыскание на дебиторскую задолженность не обращается в случаях, когда:	3. Die Zwangsvollstreckung in Forderungen erfolgt nicht, wenn:
1) срок исковой давности для ее взыскания истек;	1) die Verjährungsfrist für ihre Vollstreckung verstrichen ist;
2) дебитор находится в иностранном государстве, с которым Российской Федерацией не заключен договор о правовой помощи;	2) der Dritte sich im Ausland befindet, mit dem die Russische Föderation kein Rechtshilfeübereinkommen hat;

3) дебитор находится в процессе ликвидации;

3) der Dritte sich in einem Abwicklungsverfahren befindet;

4) дебитор прекратил свою деятельность в качестве юридического лица и исключен из единого государственного реестра юридических лиц;

4) der Dritte seine Tätigkeit als juristische Person aufgegeben hat und aus dem Register der juristischen Personen gelöscht wurde;

5) в отношении дебитора введена процедура банкротства.

5) im Verhältnis zum Dritten das Insolvenzverfahren eröffnet wurde.

4. Об обращении взыскания на дебиторскую задолженность судебный пристав-исполнитель выносит постановление, в котором указывает порядок внесения (перечисления) денежных средств дебитором на депозитный счет подразделения судебных приставов. Указанное постановление не позднее дня, следующего за днем его вынесения, направляется дебитору и сторонам исполнительного производства.

4. Über die Zwangsvollstreckung in Forderungen erlässt der Gerichtsvollzieher einen Beschluss, in welchem er das Verfahren der Überweisung finanzieller Mittel durch den Dritten auf das Depotkonto der Abteilung der Gerichtsvollzieher angibt. Der genannte Beschluss wird nicht später des Tages, der dem Tag seines Erlasses folgt, dem Dritten und den Parteien der Zwangsvollstreckung zugeschickt.

5. Судебный пристав-исполнитель своим постановлением обязывает дебитора исполнять соответствующее обязательство путем внесения (перечисления) денежных средств на указанный в постановлении депозитный счет подразделения судебных приставов, а также запрещает должнику изменять правоотношения, на основании которых возникла дебиторская задолженность.

5. Der Gerichtsvollzieher verpflichtet den Dritten durch seinen Beschluss die in dem Beschluss angegebene Überweisung auf das angegebene Depotkonto der Abteilung der Gerichtsvollzieher durchzuführen. Gleichzeitig verbietet er dem Schuldner das Rechtsverhältnis zu dem Dritten zu ändern, aufgrund dessen seine Forderung entstand.

6. Со дня получения дебитором постановления судебного пристава-исполнителя об обращении взыскания на дебиторскую задолженность исполнение дебитором соответствующего обязательства осуществляется путем внесения (перечисления) денежных средств на указанный в постановлении депозитный счет подразделения судебных приставов. Такое исполнение обязательства дебитором считается исполнением надлежащему кредитору. Права дебитора по отношению к должнику при этом не изменяются.

6. Ab dem Tag, an dem der Dritte den Beschluss des Gerichtsvollziehers über die Zwangsvollstreckung in Forderungen erhält, erfolgt die Erfüllung der entsprechenden Verpflichtung in Form der Überweisung der finanziellen Mittel auf das angegebene Depotkonto der Abteilung der Gerichtsvollzieher. Diese Erfüllung der genannten Verpflichtung durch den Dritten zählt als Leistung an den richtigen Gläubiger. Die Rechte des Dritten gegenüber dem Schuldner bleiben dabei unverändert bestehen.

7. Дебитор обязан незамедлительно информировать судебного пристава-исполнителя и должника о внесении (перечислении) денежных средств на депозитный счет подразделения судебных приставов.

7. Der Dritte hat den Gerichtsvollzieher und den Schuldner unverzüglich über die Überweisung der finanziellen Mittel auf das Depotkonto der Abteilung der Gerichtsvollzieher zu informieren.

Статья 77. Обращение взыскания на имущество должника, находящееся у третьих лиц

Artikel 77. Zwangsvollstreckung in das Vermögen des Schuldners, das sich bei Dritten befindet

1. Обращение взыскания на имущество должника, находящееся у третьих лиц, производится на основании судебного акта или исполнительной надписи нотариуса в случаях, установленных настоящим Федеральным законом.

1. Die Zwangsvollstreckung in das Vermögen des Schuldners, das sich bei Dritten befindet, erfolgt aufgrund eines Gerichtsaktes oder einer Vollstreckbarkeitserklärung des Notars in den durch dieses Föderale Gesetz geregelten Fällen.

2. Заявление взыскателя или судебного пристава-исполнителя

2. Über das Ersuchen des Gläubigers oder des Gerichtsvollziehers über

об обращении взыскания на имущество должника, находящееся у третьих лиц, рассматривается судом в десятидневный срок со дня поступления заявления.	die Zwangsvollstreckung in das Vermögen des Schuldners, das sich bei Dritten befindet, entscheidet das Gericht innerhalb von zehn Tagen seit dessen Eingang.
3. Вступивший в законную силу судебный акт об обращении взыскания на имущество должника, находящееся у третьих лиц, подлежит немедленному исполнению.	3. Ein in der Rechtskraft erwachsener Gerichtsakt über die Zwangsvollstreckung in das Vermögen des Schuldners, das sich bei Dritten befindet, unterliegt der sofortigen Vollstreckung.
4. Положение, предусмотренное частью 1 настоящей статьи, не применяется в случаях:	4. Die in Abs. 1 vorgesehenen Regeln finden keine Anwendung in Fällen:
1) обращения взыскания на денежные средства, находящиеся на счетах, во вкладах или на хранении в банках и иных кредитных организациях;	1) der Vollstreckung in finanzielle Mittel, die sich auf Konten oder zur Verwahrung in Banken oder anderen Kreditinstituten befinden;
2) обращения взыскания на ценные бумаги и денежные средства должника, находящиеся у профессионального участника рынка ценных бумаг на счетах, указанных в статьях 73 и 73.1 настоящего Федерального закона;	2) der Vollstreckung in Wertpapiere und finanzielle Mittel des Schuldners, die sich auf Konten bei den professionellen Teilnehmern des Wertpapiermarktes, die in Artikel 73 und 73.1 dieses Föderalen Gesetztes genannt sind, befinden;
3) исполнения судебного акта, содержащего требование о наложении ареста на имущество должника.	3) der Vollstreckung eines Gerichtsaktes, der die Auferlegung eines Arrestes auf das Vermögen des Schuldners enthält.

Статья 78. Обращение взыскания на заложенное имущество

1. Обращение взыскания на заложенное имущество осуществляется по исполнительному документу - судебному акту, исполнительному листу, исполнительной надписи нотариуса.

1.1. Судебный пристав-исполнитель на основании исполнительной надписи нотариуса:

1) изымает предмет залога у залогодателя или, если предметом залога является недвижимое имущество, принимает постановление о наложении ареста на предмет залога и направляет это постановление в орган, осуществляющий государственную регистрацию прав на недвижимое имущество и сделок с ним, для регистрации ареста в Едином государственном реестре прав на недвижимое имущество и сделок с ним, в отношении воздушного судна, подлежащего государственной регистрации, в Едином государственном реестре прав на воздушные суда, в отношении морского судна, судна внутреннего плавания, подлежащих государственной регистрации, в соответствующем реестре судов Российской Федерации или судовой книге, принимает меры по охране

Artikel 78. Zwangsvollstreckung in das verpfändete Vermögen

1. Die Zwangsvollstreckung in das verpfändete Vermögen wird aufgrund eines Vollstreckungsdokumentes – Gerichtsaktes, Vollstreckungsblattes, Vollstreckbarkeitserklärung eines Notars durchgeführt.

1.1. Aufgrund einer Vollstreckbarkeitserklärung des Notars

1) beschlagnahmt der Gerichtsvollzieher den Pfandgegenstand bei dem Pfandschuldner oder, falls es sich bei dem Pfandgegenstand um unbewegliches Vermögen handelt, erlässt einen Beschluss über die Auferlegung des Arrestes auf den Pfandgegenstand und schickt den Beschluss an das Organ, welches die staatliche Registrierung der Rechte des unbeweglichen Vermögens oder der Rechtsgeschäfte damit vornimmt. Für die Registrierung des Arrestes in dem Einheitlichen staatlichen Register der Rechte auf das unbewegliche Vermögen und der Rechtsgeschäfte damit, in Bezug auf Flugzeuge, die der staatlichen Registrierung in dem Einheitlichen staatlichen Register der Rechte auf Flugzeuge unterliegen, in Bezug auf Schiffe, Binnenschiffe, die der staatlichen Registrierung in entsprechenden Register der Gerichte

такого объекта недвижимости либо, если предметом залога являются ценные бумаги, налагает арест в соответствии со статьей 82 настоящего Федерального закона;

der Russischen Föderation oder des Gerichtsbuches unterliegen, nimmt der Gerichtsvollzieher Maßnahmen zur Sicherstellung eines solchen unbeweglichen Objektes vor, oder, falls das Pfandobjekt Wertpapiere sind, legt daraf Arrest entsprechend Artikel 82 dieses Föderalen Gesetzes auf.

2) передает соответствующие предмет залога или документы залогодержателю для последующей реализации заложенного имущества в порядке, установленном Гражданским кодексом Российской Федерации, Федеральным законом»Об ипотеке (залоге недвижимости)» и Законом Российской Федерации «О залоге».

2) übergibt entsprechenden Pfandgegenstand oder Dokumente dem Pfandgläubiger zur weiteren Verwertung des verpfändeten Vermögens nach den Vorschriften des Zivilgesetzbuches der Russischen Föderation, dem Föderalen Gesetz „Über die Hypothek (Immobilienpfand) und des Gesetzes der Russischen Föderation „Über den Pfand".

1.2. На основании ходатайства залогодержателя судебный пристав-исполнитель осуществляет реализацию предмета залога в порядке, установленном настоящим Федеральным законом.

1.2. Aufgrund eines Antrages des Pfandgläubigers führt der Gerichtsvollzieher die Verwertung des Pfandgegenstandes im Verfahren durch, welches in diesem Föderalen Gesetz geregelt ist.

2. Если взыскание на имущество обращено для удовлетворения требований залогодержателя, то взыскание на заложенное имущество обращается в первую очередь независимо от наличия у должника другого имущества. Обращение взыскания в пользу залогодержателя на заложенное имущество может

2. Falls die Zwangsvollstreckung zur Befriedigung der Forderungen des Pfandgläubigers vorgenommen wird, so erfolgt die Zwangsvollstreckung unabhängig davon, ob noch weiteres Vermögen vorhanden ist, in erster Linie in das verpfändete Vermögen. Die Zwangsvollstreckung in das verpfändete Vermögen zugunsten des Pfandgläubigers kann ohne

производиться без судебного акта об обращении взыскания.

3. Заложенное имущество реализуется в порядке, установленном настоящим Федеральным законом, с учетом особенностей, предусмотренных Федеральным законом «Об ипотеке (залоге недвижимости)» и Законом Российской Федерации «О залоге», а также другими федеральными законами, предусматривающими особенности обращения взыскания на отдельные виды заложенного имущества.

4. Требования залогодержателя удовлетворяются из выручки от продажи заложенного имущества после погашения расходов на проведение торгов без соблюдения очередности удовлетворения требований, установленной статьей 111 настоящего Федерального закона.

5 - 9. Утратили силу. - Федеральный закон от 30.12.2008 N 306-ФЗ.

einen Gerichtsakt über die Zwangsvollstreckung vorgenommen werden.

3. Das verpfändete Vermögen wird im Verfahren verwertet, welches durch dieses Föderale Gesetz geregelt ist, unter Beachtung der Besonderheiten des Föderalen Gesetzes „Über die Hypothek (Immobilienpfand)“ und des Gesetzes der Russischen Föderation „Über den Pfand“, sowie weiterer Föderalen Gesetze, die Besonderheiten der Vollstreckung in einzelne Arten des verpfändeten Vermögens vorsehen.

4. Die Forderungen der Pfandgläubiger werden aus dem Erlös des Verkaufs des verpfändeten Vermögens nach der Begleichung der Kosten der Zwangsvollstreckung und Versteigerung ohne der Beachtung der Reihenfolge der Befriedigung von Forderungen, die in Art. 111 dieses Föderalen Gesetzes vorgesehen ist, befriedigt.

5–9. Außer Kraft. – Durch Föderales Gesetz vom 30.12.2008 Nr. 306-FZ.

Статья 79. Имущество, на которое не может быть обращено взыскание

Artikel 79. Vermögen, in welches nicht vollstreckt werden darf

1. Взыскание не может быть обращено на принадлежащее должнику-гражданину на праве собственности имущество, перечень которого установлен Гражданским процессуальным кодексом Российской Федерации.

1. Die Vollstreckung darf nicht in Vermögen erfolgen, welches im persönlichen Eigentum des Schuldners steht und im Zivilprozesskodex der Russischen Föderation aufgezählt ist.

2. Перечень имущества должника-организации, на которое не может быть обращено взыскание, устанавливается федеральным законом.

2. Die Aufzählung des Vermögens einer Schuldner-Organisation, in welches nicht vollstreckt werden darf, wird durch Föderales Gesetz bestimmt.

Статья 80. Наложение ареста на имущество должника

Artikel 80. Auferlegung des Arrestes auf das Vermögen des Schuldners

1. Судебный пристав-исполнитель в целях обеспечения исполнения исполнительного документа, содержащего требования об имущественных взысканиях, вправе, в том числе и в течение срока, установленного для добровольного исполнения должником содержащихся в исполнительном документе требований, наложить арест на имущество должника. При этом судебный пристав-исполнитель вправе не применять правила очередности обращения взыскания на имущество должника.

1. Der Gerichtsvollzieher hat das Recht, zur Sicherung der Zwangsvollstreckung aus dem Vollstreckungsdokument, der Forderungen zur vermögensrechtlichen Vollstreckungen enthält, auch innerhalb der Frist, die dem Schuldner zur freiwilligen Erfüllung der Forderung aus dem Vollstreckungsdokument gesetzt wurde, Arrest auf das Vermögen des Schuldners aufzuerlegen. Dabei hat der Gerichtsvollzieher das Recht, die Regeln über die Reihenfolge des Vollstreckungszugriffs in das Vermögen des Schuldners nicht anzuwenden.

2. По заявлению взыскателя о наложении ареста на имущество должника судебный пристав-исполнитель принимает решение об удовлетворении указанного заявления или об отказе в его удовлетворении не позднее дня, следующего за днем подачи такого заявления.	2. Auf das Ersuchen des Gläubigers, die Auferlegung des Arrestes auf das Vermögen des Schuldners vorzunehmen, fällt der Gerichtsvollzieher über die Stattgabe dieses Ersuchens oder die Ablehnung eine Entscheidung und zwar nicht später des Tages, der dem Tag folgt, an dem das Ersuchen eingereicht wurde.
3. Арест на имущество должника применяется:	3. Arrest auf das Vermögens des Schuldners wird auferlegt:
1) для обеспечения сохранности имущества, которое подлежит передаче взыскателю или реализации;	1) zur Sicherung der Unversehrtheit des Vermögens, welches der Aushändigung an den Gläubiger oder der Verwertung unterliegt;
2) при исполнении судебного акта о конфискации имущества;	2) bei der Vollstreckung der gerichtlichen Entscheidung über die Konfiszierung des Vermögens;
3) при исполнении судебного акта о наложении ареста на имущество, принадлежащее должнику и находящееся у него или у третьих лиц.	3) bei der Vollstreckung einer Gerichtsentscheidung über die Anordnung des Arrestes auf das Vermögen, das dem Schuldner gehört und sich in seinem Gewahrsam oder in Gewahrsam dritter Personen befindet.
3.1. Арест заложенного имущества в целях обеспечения иска взыскателя, не имеющего преимущества перед залогодержателем в удовлетворении требований, не допускается.	3.1. Die Auferlegung des Arrestes auf das verpfändete Vermögen, mit dem Ziel der Befriedigung des Gläubigers, der keine vorrangigen Rechte gegenüber dem Pfandgläubiger hat, ist nicht möglich
4. Арест имущества должника включает запрет распоряжаться	4. Der Arrest des Vermögens beinhaltet ein Verfügungsverbot,

имуществом, а при необходимости.- ограничение права пользования имуществом или изъятие имуществаВид, объем и срок ограничения права пользования имуществом определяются судебным приставом-исполнителем в каждом случае с учетом свойств имущества, его значимости для собственника или владельца, характера использования, о чем судебный пристав-исполнитель делает отметку в постановлениио наложении ареста на имущество должника и (или) акте о наложении ареста (описи имущества).

und im Falle der Notwendigkeit die Nutzungsbeschränkung oder die Beschlagnahme des Vermögens. Die Art, Umfang und Zeit der Nutzungsbeschränkung des Vermögens wird von dem Gerichtsvollzieher in jedem Einzelfall unter Berücksichtigung der Art des Vermögens, seines Wertes für den Eigentümer oder Inhaber und Charakter seiner Nutzung bestimmt, worüber der Gerichtsvollzieher einenVermerk in dem Beschluss über die Auferlegung des Arrestes und (oder) in dem Dokument über die Auferlegung des Arrestes (Vermögensauflistung) fertigt.

5. Арест имущества должника (за исключением ареста, исполняемого регистрирующим органом, ареста денежных средств, находящихся на счетах в банке или иной кредитной организации, ареста ценных бумаг и денежных средств, находящихся у профессионального участника рынка ценных бумаг на счетах, указанных в статьях 73 и 73.1 настоящего Федерального закона) производится судебным приставом-исполнителем с участием понятых с составлением акта о наложении ареста (описи имущества), в котором должны быть указаны:

5. Der Arrest des Schuldnervermögens (mit Ausnahme des Arrestes, der von dem Registrierungsorgan vorgenommen wird, Arrestes finanzieller Mittel, die sich auf Konten in einer Bank oder einer anderen Kreditorganisation befinden, Arrestes von Wertpapieren und finanzieller Mittel, die sich auf Konten bei den professionellen Teilnehmern des Wertpapiermarktes befinden und die in Art. 73 und 73.1 dieses Föderalen Gesetzes geregelt sind) erfolgt durch den Gerichtsvollzieher unter Mitwirkung von Zeugen durch die Anfertigung eines Dokumentes über die Auferlegung des Arrestes (Vermögensauflistung), in welchem enthalten sein müssen:

1) фамилии, имена, отчества лиц, присутствовавших при аресте имущества;	1) Namen, Vornahmen, Vatersnamen der Personen, die bei dem Arrest des Vermögens anwesend sind;
2) наименования каждых занесенных в акт вещи или имущественного права, отличительные признаки вещи или документы, подтверждающие наличие имущественного права;	2) genaue Beschreibung jedes einzelnen eingetragenen Gegenstandes oder Vermögensrechtes, Merkmale, die der Unterscheidung des Gegenstandes dienen oder Dokumente, die die Eigentümerstellung bestätigen;
3) предварительная оценка стоимости каждых занесенных в акт вещи или имущественного права и общей стоимости всего имущества, на которое наложен арест;	3) der geschätzte Wert jedes einzelnen eingetragenen Gegenstandes oder Vermögensrechtes und der Summe der arrestierten Gegenstände;
4) вид, объем и срок ограничения права пользования имуществом;	4) Art, Umfang und Frist der Nutzungsbeschränkung;
5) отметка об изъятии имущества;	5) Vermerk über die Beschlagnahme;
6) лицо, которому судебным приставом-исполнителем передано под охрану или на хранение имущество, адрес указанного лица;	6) Person und deren Adresse, die mit der Verwahrung des arrestierten Vermögensgegenstände betraut wurde;
7) отметка о разъяснении лицу, которому судебным приставом-исполнителем передано под охрану или на хранение арестованное имущество, его обязанностей и предупреждении его об ответственности за растрату, отчуждение, сокрытие или незаконную передачу данного имущества, а также подпись указанного лица;	7) Vermerk über die Belehrung der Person, der die Gegenstände zur Sicherung oder Verwahrung übergeben wurden, über deren Pflichten und deren Verantwortlichkeit im Falle des Verlustes, der Unterschlagung, Vorenthaltung oder gesetzeswidriger Übergabe des genannten Vermögens, sowie deren Unterschrift;

8) замечания и заявления лиц, присутствовавших при аресте имущества.

8) Bemerkungen der Personen, die bei dem Arrest anwesend waren.

6. Акт о наложении ареста на имущество должника (опись имущества) подписывается судебным приставом-исполнителем, понятыми, лицом, которому судебным приставом-исполнителем передано под охрану или на хранение указанное имущество, и иными лицами, присутствовавшими при аресте. В случае отказа кого-либо из указанных лиц подписать акт (опись) в нем (в ней) делается соответствующая отметка.

6. Der Akt über die Auferlegung des Arrestes auf das Vermögen des Schuldners (Vermögensauflistung) wird von dem Gerichtsvollzieher, den Zeugen, der Person, der das genannte Vermögen durch den Gerichtsvollzieher zur Sicherung oder Verwahrung übergeben wurde, sowie anderen Personen, die bei dem Arrest anwesend waren, unterschrieben. In den Fällen, in denen sich eine von den genannten Personen weigert, diesen Akt zu unterschreiben, wird darin ein entsprechender Vermerk gemacht.

7. Копии постановления судебного пристава-исполнителя о наложении ареста на имущество должника, акта о наложении ареста на имущество должника (описи имущества), если они составлялись, направляются сторонам исполнительного производства, а также в банк или иную кредитную организацию, профессиональному участнику рынка ценных бумаг, в регистрирующий орган, дебитору, собственнику государственного или муниципального имущества, другим заинтересованным лицам не позднее дня, следующего за днем вынесения постановления или составления акта, а при изъятии имущества - незамедлительно.

7. Kopien des Beschlusses des Gerichtsvollziehers über die Auferlegung des Arrestes auf das Vermögen des Schuldners, des Aktes über die Auferlegung dcs Arrestes auf das Vermögen des Schuldners (Vermögensauflistung), falls solcher gefertigt wurde, werden den Parteien des Zwangsvollstreckungsverfahrens, sowie der Bank oder einer anderen Kreditorganisation, Professionellen Teilnehmern des Wertpapiermarktes, dem Registrierungsorgan, dem Dritten (Schuldner des Schuldners), dem Inhaber des staatlichen oder kommunalen Vermögens sowie anderen interessierten Personen nicht später als dem Tag geschickt, der dem Tag der Beschlussfassung oder der Erstellung der Vermögensauflistung

folgt, und im Falle der Beschlagnahme – sofort.

8. Постановление судебного пристава-исполнителя о наложении (снятии) ареста на недвижимое имущество должника или сведения, содержащиеся в постановлении и акте о наложении ареста на имущество должника (описи имущества), в трехдневный срок со дня принятия постановления направляются в регистрирующий орган в форме электронного документа с использованием единой системы межведомственного электронного взаимодействия.

8. Der Beschluss des Gerichtsvollziehers über die Auferlegung (Aufhebung) des Arrestes auf das unbewegliche Vermögen des Schuldners oder Informationen, die in dem Beschluss und in dem Dokument über die Auferlegung des Arrestes (Vermögensauflistung) enthalten sind, sind innerhalb einer dreitägigen Frist seit dem Tag des Beschlusserlasses an das Regiestrierungsorgan zu senden und zwar in elekronischer Form unter Benutzung von organisationsübergreifenden Systemen der elektronischen Wechselwirkung.

Статья 81. Наложение ареста на денежные средства, находящиеся в банке или иной кредитной организации

Artikel 81. Auferlegung des Arrestes auf finanzielle Mittel, die sich in den Banken oder anderen Kreditorganisationen befinden

1. Постановление о наложении ареста на денежные средства должника, находящиеся в банке или иной кредитной организации, судебный пристав-исполнитель направляет в банк или иную кредитную организацию.

1. Der Beschluss des Gerichtsvollziehers über die Auferlegung des Arrestes auf die finanziellen Mittel des Schuldners, die sich in der Bank oder einer anderen Kreditorganisation befinden, wird von dem Gerichtsvollzieher in die Bank oder eine andere Kreditorganisation geschickt.

2. В случае, когда неизвестны реквизиты счетов должника,

2. Im Falle, dass die Kontodaten des Schuldners nicht bekannt sind,

судебный пристав-исполнитель направляет в банк или иную кредитную организацию постановление о розыске счетов должника и наложении ареста на средства, находящиеся на счетах должника, в размере задолженности, определяемом в соответствии с частью 2 статьи 69 настоящего Федерального закона.

schickt der Gerichtsvollzieher in die Bank oder eine andere Kreditorganisation einen Beschluss über die Fahndung der Kontodaten und über die Auferlegung des Arrestes auf Mittel, die sich auf den Konten des Schuldners befinden, in der Höhe der Schuld, die durch Art. 69 Abs. 2 dieses Föderalen Gesetzes bestimmt wird.

3. Банк или иная кредитная организация незамедлительно исполняет постановление о наложении ареста на денежные средства должника и сообщает судебному приставу-исполнителю реквизиты счетов должника и размер денежных средств должника, арестованных по каждому счету.

3. Die Bank oder eine andere Kreditorganisation führt den Beschluss des Gerichtsvollziehers sofort aus und teilt diesem gleichzeitig mit, welche Konten des Schuldners vorhanden sind und in welcher Höhe das Guthaben von dem Arrest betroffen ist.

4. Судебный пристав-исполнитель незамедлительно принимает меры по снятию ареста с излишне арестованных банком или иной кредитной организацией денежных средств должника.

4. Der Gerichtsvollzieher nimmt sofort Maßnahmen vor, um den Arrest wieder insoweit aufzuheben, soweit das arrestierte Guthaben durch die Bank oder ein anderes Kreditinstitut die Forderung übersteigt.

5. Положения настоящей статьи применяются также в отношении денежных средств должника, находящихся на специальном счете профессионального участника рынка ценных бумаг.

5. Die Normen dieses Artikels finden entsprechende Anwendung in Bezug auf die finanziellen Mittel des Schuldners, die sich auf einem speziellen Konto des professionellen Teilnehmers des Wertpapiermarktes befinden.

6. Если денежные средства отсутствуют либо их недостаточно, банк или иная кредитная организация приостанавливает операции с имеющимися денежными средствами на счетах должника и (или) продолжает дальнейшее исполнение постановления о наложении ареста по мере поступления денежных средств на счета должника до исполнения в полном объеме указанного постановления или до снятия ареста судебным приставом-исполнителем.

6. Falls die finanziellen Mittel fehlen oder nicht ausreichen, unterbricht die Bank oder eine andere Kreditorganisation die Geschäfte mit den vorhandenen fianziellen Mitteln auf den Konten des Schuldners und (oder) setzt die weitere Erfüllung des Beschlusses über die Auferlegung des Arrestes mit dem Eingang finanzieller Mittel auf das Konto des Schuldners fort, bis zur vollständigen Erfüllung des Beschlusses oder bis zur Aufhebung des Arrestes durch den Gerichtsvollzieher.

7. Со дня отзыва у банка или иной кредитной организации лицензии на осуществление банковских операций исполнительные документы о наложении ареста на денежные средства должника, находящиеся на его счетах в таком банке или такой кредитной организации, подлежат исполнению с учетом положений Федерального закона «О банках и банковской деятельности» и Федерального закона от 25 февраля 1999 года N 40-ФЗ «О несостоятельности (банкротстве) кредитных организаций».

7. Seit dem Tag, an dem die Lizenz der Bank oder einer anderen Kreditorganisation zur Durchführung der Bankgeschäfte widerrufen wird, unterliegen die Vollstreckungsdokumente, die die Zwangsvollstreckung in fananzielle Mittel des Schuldners regeln, die sich auf dem Konto dieser Bank oder einer solchen Kreditorganisation befinden, der Vollstreckung unter Beachtung der Regelungen des Föderalen Gesetzes „Über Banken und Bankentätigkeit" und des Föderalen gesetzes vom 25. Februar 1999 Nr. 40-FZ „Über die Insolvenz (Bankrott) der Kreditorganisationen".

Статья 82. Наложение ареста на ценные бумаги

1. Арест на документарные ценные бумаги налагается по месту их нахождения. Арест на бездокументарные ценные бумаги налагается на лицевых счетах (счетах депо) владельца ценных бумаг. Не допускается наложение ареста на бездокументарные ценные бумаги, учитываемые на лицевых счетах (счетах депо) номинального держателя или иных счетах.

2. О наложении ареста на ценные бумаги судебный пристав-исполнитель выносит постановление. О наложении ареста на документарные ценные бумаги судебный пристав-исполнитель составляет также акт в порядке, установленном статьей 80 настоящего Федерального закона.

3. В постановлении или акте о наложении ареста на ценные бумаги указываются общее количество арестованных ценных бумаг, их вид и сведения о лицах, выдавших ценные бумаги, дата и место выдачи, другие данные, позволяющие идентифицировать ценные бумаги, а также установить принадлежность ценных бумаг должнику.

4-14 …

Artikel 82. Auferlegung des Arrestes auf Wertpapiere

1. Die Auferlegung des Arrestes auf die dokumentierten Wertpapiere erfolgt an dem Ort, an dem sie sich befinden. Die Auferlegung des Arrestes auf die dokumentenlosen Wertpapiere erfolgt auf den persönlichen Konten (Depotkonten) des Inhabers der Wertpapiere. Die Auferlegung des Arrestes auf dokumentenlose Wertpapiere, die den persönlichen Konten (Depotkonten) des nominellen Halters gutgeschrieben sind, darf nicht erfolgen.

2. Über die Auferlegung des Arrestes auf die Wertpapiere erlässt der Gerichtsvollzieher einen Beschluss. Über die Auferlegung des Arrestes auf die dokumentierten Wertpapiere erstellt der Gerichtsvollzieher ferner einen Akt, dessen Verfahren in Art. 80 dieses Föderalen Gesetzes geregelt ist.

3. In dem Beschluss oder dem Akt über die Auferlegung des Arrestes auf die Wertpapiere wird die Summe der arrestierten Wertpapiere aufgeführt, deren Art und Daten der Personen, die die Wertpapiere ausgegeben haben, Datum und Ort deren Ausgabe, andere Daten, die die Identifizierung der Wertpapiere sowie deren Zugehörigkeit dem Schuldner erlauben.

Abs. 4-14…

Статья 83. Наложение ареста на дебиторскую задолженность

1. Арест дебиторской задолженности состоит в объявлении запрета на совершение должником и дебитором любых действий, приводящих к изменению либо прекращению правоотношений, на основании которых возникла дебиторская задолженность, а также на уступку права требования третьим лицам.

2. О наложении ареста на дебиторскую задолженность судебный пристав-исполнитель выносит постановление и составляет акт, в котором указывает перечень документов, подтверждающих наличие дебиторской задолженности. В случае необходимости производятся изъятие указанных документов и передача их на хранение.

3. Копии постановления о наложении ареста и (или) акта о наложении ареста на дебиторскую задолженность направляются судебным приставом-исполнителем не позднее дня, следующего за днем его вынесения (составления), дебитору и сторонам исполнительного производства.

4. Со дня получения дебитором уведомления о наложении ареста на

Artikel 83. Auferlegung des Arrestes auf Forderungen

1. Arrest der Forderung besteht in der Verkündung des Verbotes der Vornahme von verschiedenen Handlungen durch den Schuldner und den Dritten, die zu einer Veränderung oder Beendigung der Verhältnisse führen würden, auf dessen Grundlage die Forderung entstand, sowie der Abtretung des Rechts an dritte Personen.

2. Über die Auferlegung des Arrestes auf die Forderung erlässt der Gerichtsvollzieher einen Beschluss und fertigt eine Vermögensauflistung an, in der er die Dokumente auflistet, die das Vorhandensein der Forderung bestätigen. In notwendigen Fällen werden die genannten Dokumente beschlagnahmt und zu der Verwahrung übergeben.

3. Kopien des Beschlusses über die Auferlegung des Arrestes und (oder) des Aktes über die Auferlegung des Arrestes auf die Forderung werden von dem Gerichtsvollzieher nicht später als an dem Tag, der dem Tag seines Erlasses (Anfertigung) folgt, dem Dritten und den Parteien der Zwangsvollstreckung geschickt.

4. Ab dem Tag, an dem der Dritte von der Auferlegung des Arrestes

дебиторскую задолженность и до дня реализации прав требования или получения дебитором уведомления о переходе прав требования к новому кредитору дебитор не вправе изменять правоотношения, на основании которых возникла дебиторская задолженность.

auf die Forderung Kenntnis erhält, bis zu dem Tag der Realisierung der Forderungsrechte oder des Erhalts der Kenntnis über den Übergang der Forderungsrechte zu dem neuen Gläubiger, hat der Dritte kein Recht die Verhältnisse zu ändern, auf dessen Grundlage dessen die Forderung entstanden ist.

Статья 84. Изъятие имущества должника

Artikel 84. Beschlagnahme des Schuldnervermögens

1. Изъятие имущества должника для дальнейшей реализации либо передачи взыскателю производится в порядке, установленном статьей 80 настоящего Федерального закона.

1. Die Beschlagnahme des Schuldnervermögens zur weiteren Verwertung oder zur Übergabe an den Gläubiger wird nach dem Verfahren durchgeführt, das durch Art 80 dieses Föderalen Gesetzes bestimmt wird.

2. Имущество должника, подверженное быстрой порче, может быть изъято и передано для реализации по истечении срока, установленного для добровольного исполнения должником содержащихся в исполнительном документе требований.

2. Das Vermögen des Schuldners, das schnell verderblich ist, kann innerhalb der First beschlagnahmt und zur weiteren Verwertung übergeben werden, die dem Schuldner zur freiwilligen Erfüllung der in dem Vollstreckungsdokument enthaltenen Forderungen gesetzt wurde.

3. Обязательному изъятию в случае наложения ареста подлежат драгоценные металлы и драгоценные камни, изделия из них, а также лом таких изделий.

3. Einer notwendigen Beschlagnahme unterliegen im Falle der Auferlegung des Arrestes Edelmetalle und Edelsteine, Erzeugnisse aus ihnen sowie Bruchteile solcher Erzeugnisse.

4. Обнаруженные судебным приставом-исполнителем наличные

4. Das von dem Gerichtsvollzieher vorgefundene Bargeld des Schuldners

денежные средства должника в рублях и иностранной валюте изымаются в порядке, установленном частью 1 статьи 70 настоящего Федерального закона.

in Rubel oder ausländischen Währung wird in dem Verfahren beschlagnahmt, welches in Art. 70 Abs. 1 dieses Föderalen Geseetzes geregelt ist.

Статья 85. Оценка имущества должника

Artikel 85. Schätzung des Schuldnervermögens

1. Оценка имущества должника, на которое обращается взыскание, производится судебным приставом-исполнителем по рыночным ценам, если иное не установлено законодательством Российской Федерации.

1. Die Schätzung des Schuldnervermögens, in welches vollstreckt wird, wird durch den Gerichtsvollzieher nach den Marktpreisen vorgenommen, falls nicht etwas anderes durch die Gesetzgebung der Russischen Föderation bestimmt ist.

2. Судебный пристав-исполнитель обязан в течение одного месяца со дня обнаружения имущества должника привлечь оценщика для оценки:

2. Der Gerichtsvollzieher ist verpflichtet innerhalb eines Monats seit der Entdeckung des Schuldnervermögens einen Sachverständigen hinzuziehen und zwar zur Schätzung:

1) недвижимого имущества;

1) von Immobilien;

2) ценных бумаг, не обращающихся на организованном рынке ценных бумаг (за исключением инвестиционных паев открытых и интервальных паевых инвестиционных фондов);

2) von Wertpapieren, die nicht auf dem Wertpapiermarkt gehandelt werden (ausgenommen Investmentanteile eines Offenen und Intervallen Investmentfonds);

3) имущественных прав (за исключением дебиторской задолженности, не реализуемой на торгах);

3) von Vermögensrechten (ausgenommen der Forderung, die nicht im Wege der Versteigerung verwertet wird);

4) драгоценных металлов и драгоценных камней, изделий из них, а также лома таких изделий;	4) von Edelmetallen, Edelsteinen, Erzeugnissen aus ihnen, sowie Bruchstücke solcher Erzeugnisse;
5) коллекционных денежных знаков в рублях и иностранной валюте;	5) von Sammelmünzen in Rubel oder ausländischer Währung;
6) предметов, имеющих историческую или художественную ценность;	6) von Gegenständen, die einen historischen oder künstlerischen Wert haben;
7) вещи, стоимость которой по предварительной оценке превышает тридцать тысяч рублей.	7) von Sachen, deren Wert bei der ersten Einschätzung dreißig Tausend Rubel übersteigt;
3. Судебный пристав-исполнитель также обязан привлечь оценщика для оценки имущества, если должник или взыскатель не согласен с произведенной судебным приставом-исполнителем оценкой имущества. Сторона исполнительного производства, оспаривающая произведенную судебным приставом-исполнителем оценку имущества, несет расходы по привлечению оценщика.	3. Der Gerichtsvollzieher muss den Sachverständiger ebenso zur Schätzung des Vermögens hinzuziehen, falls der Schuldner oder der Gläubiger mit der von dem Gerichtsvollzieher durchgeführten Schätzung des Vermögens nicht einverstanden sind. Die Partei der Zwangsvollstreckung, die die von dem Gerichtsvollzieher durchgeführte Schätzung anficht, hat die Kosten für die Hinzuziehung des Sachverständigen zu tragen.
4. Если судебный пристав-исполнитель обязан привлечь оценщика для оценки отдельной вещи или имущественного права, то судебный пристав-исполнитель:	4. Falls der Gerichtsvollzieher verpflichtet ist einen Sachverständigen zur Schätzung einer einzelnen Sache oder eines Vermögensrechtes hinzuzuziehen, so gibt der Gerichtsvollzieher:
1) в акте (описи имущества) указывает примерную стоимость вещи или имущественного права и	1) in dem Akt (Vermögensauflistung) den ungefähren Wert der Sache oder des Vermögensrechtes an und mach

делает отметку о предварительном характере оценки;

einen Vermerk über den ungefähren Charakter der Schätzung;

2) назначает специалиста из числа отобранных в установленном порядке оценщиков;

2) bestimmt den Sachverständigen aus einer bereits aufgestellten Liste der Sachverständigen;

3) выносит постановление об оценке вещи или имущественного права не позднее трех дней со дня получения отчета оценщика. Стоимость объекта оценки, указанная оценщиком в отчете, может быть оспорена в суде сторонами исполнительного производства не позднее десяти дней со дня их извещения о произведенной оценке.

3) erlässt einen Beschluss über die Schätzung des Vermögensgegenstandes oder des Vermögensrechtes nicht später als drei Tage nach dem Eingang des Sachverständigengutachtens. Der Wert des geschätzten Gegenstandes, der von dem Sachverständigen angegeben wurde, kann vor Gericht von den Parteien der Zwangsvollstreckung nicht später als zehn Tage seit dem Tag der Bekanntgabe der Schätzung angefochten werden.

5. Стоимость ценных бумаг, обращающихся на организованном рынке ценных бумаг, устанавливается судебным приставом-исполнителем путем запроса цены на ценные бумаги у организатора торговли на рынке ценных бумаг, у которого соответствующие ценные бумаги включены в список ценных бумаг, допущенных к торгам (далее - организатор торговли на рынке ценных бумаг), а стоимость инвестиционных паев открытых и интервальных паевых инвестиционных фондов - путем

5. Der Wert der Wertpapiere, die auf dem Wertpapiermarkt gehandelt werden, wird von dem Gerichtsvollzieher in der Weise bestimmt, indem er diesen bei dem Verkaufsorganisator des Wertpapiermarkts erfragt, bei dem die entsprechenden Wertpapiere in das Verkaufsverzeichnis aufgenommen sind und diese zum Verkauf zugelassen sind (im weiteren – Verkaufsorganisator des Wertpapiermarkts). Der Wert der Investmentanteile eines Offenen und Intervallen Investmentfonds wird von dem Gerichtsvollzieher

запроса цены на инвестиционные паи у управляющей компании соответствующего инвестиционного фонда.

bei der entsprechenden Investmentgesellschaft erfragt.

6. Копии постановления судебного пристава-исполнителя об оценке имущества или имущественных прав направляются сторонам исполнительного производства не позднее дня, следующего за днем его вынесения.

6. Kopien des Beschlusses des Gerichtsvollziehers über die Schätzung des Vermögens oder der Vermögensrechte werden den Parteien der Zwangsvollstreckung nicht später als dem Tag, der dem Tag des Erlasses dieses Beschlusses folgt, zugeschickt.

7. Оценка имущества, произведенная судебным приставом-исполнителем без привлечения оценщика, может быть обжалована сторонами исполнительного производства в соответствии с настоящим Федеральным законом или оспорена в суде не позднее десяти дней со дня их извещения о произведенной оценке.

7. Gegen die Schätzung des Vermögens, die von dem Gerichtsvollzieher ohne der Hinzuziehung des Sachverständigen durchgeführt wurde, kann von den Parteien der Zwangsvollstreckung gemäß diesem Föderalen Gesetz Beschwerde eingelegt werden oder vor Gericht nicht später als zehn Tage seit dem Tag der Bekanntgabe der Schätzung angefochten werden.

8. В случае истечения срока, в течение которого рыночная стоимость объекта оценки, указанная в отчете об оценке, может быть рекомендована для совершения сделки, в течение одного месяца со дня истечения указанного срока проводится повторная оценка имущества должника.

8. Im Falle des verstreichenlassen der Frist, innerhalb welcher der Marktpreis des zu schätzenden Gegenstandes, welcher in der Schätzung angegeben ist, für den Abschluss eines Vertrages empfohlen wird, wird innerhalb eines Monats seit der verstrichenen Frist eine erneute Schätzung des Schuldnervermögens durchgeführt.

Статья 86. Передача под охрану или на хранение арестованного имущества должника

1. Недвижимое имущество должника, на которое наложен арест, передается под охрану под роспись в акте о наложении ареста должнику или членам его семьи, назначенным судебным приставом-исполнителем, либо лицам, с которыми территориальным органом Федеральной службы судебных приставов заключен договор.

2. Движимое имущество должника, на которое наложен арест, передается на хранение под роспись в акте о наложении ареста должнику или членам его семьи, взыскателю либо лицу, с которым территориальным органом Федеральной службы судебных приставов заключен договор. Хранение документов, подтверждающих наличие и объем имущественных прав должника, а также движимого имущества может осуществляться в подразделении судебных приставов при условии обеспечения их сохранности.

3. Лицо, которому судебным приставом-исполнителем передано под охрану или на хранение

Artikel 86. Die Übergabe zur Sicherung oder zur Verwahrung des arrestierten Schuldnervermögens

1. Unbewegliches Vermögen des Schuldners, auf welches der Arrest auferlegt wurde, wird zur Sicherung gegen Unterschrift in der Vermögensauflistung dem Schuldner oder seinen Familienangehörigen, die von dem Gerichtsvollzieher bestimmt wurden, oder Personen, mit welchen die örtliche Abteilung des Gerichtsvollzieherdienstes einen Vertrag abgeschlossen hat, übergeben.

2. Bewegliches Vermögen des Schuldners, auf welches der Arrest auferlegt wurde, wird zur Verwahrung gegen Unterschrift in der Vermögensauflistung dem Schuldner oder seinen Familienangehörigen, dem Gläubiger oder einer Person, mit welcher die örtliche Abteilung des Gerichtsvollzieherdienstes einen Vertrag abgeschlossen hat, übergeben. Die Verwahrung von Dokumenten, die die Anzahl und den Umfang von Vermögensrechten des Schuldners bestätigen sowie des beweglichen Vermögens kann in der Abteilung des Gerichtsvollzieherdienstes erfolgen, wenn deren Unversehrtheit gewährleistet ist.

3. Die Person, welcher das arrestierte Vermögens durch den Gerichtsvollzieher zur Sicherung oder

арестованное имущество, не может пользоваться этим имуществом без данного в письменной форме согласия судебного пристава-исполнителя. Судебный пристав-исполнитель не вправе давать такое согласие в отношении ценных бумаг, переданных на хранение депозитарию, а также в случае, когда пользование имуществом в силу его свойств приведет к уничтожению или уменьшению ценности данного имущества. Согласие судебного пристава-исполнителя не требуется, если пользование указанным имуществом необходимо для обеспечения его сохранности.

zur Verwahrung übergeben wurde, darf dieses Vermögen nicht ohne eine schriftliche Erlaubnis des Gerichtsvollziehers nutzen. Der Gerichtsvollzieher darf solche Erlaubnis nicht in Bezug auf Wertpapiere, die dem Depositar zur Verwahrung übergeben wurden erteilen, sowie in Fällen, wenn entsprechend den Eigenschaften dieses Vermögens die Nutzung des Vermögens zu dessen Vernichtung oder Wertminderung führt. Die Erlaubnis des Gerichtsvollziehers ist nicht notwendig, falls die Nutzung zum Erhalt des Vermögens unerlässlich ist.

4. Лицо, которому судебным приставом-исполнителем передано под охрану или на хранение арестованное имущество, если таковым не является взыскатель, должник или член его семьи, получает вознаграждение и возмещение понесенных расходов по охране или хранению указанного имущества за вычетом фактически полученной выгоды от его использования.

4. Die Person, welcher das arrestierte Vermögens durch den Gerichtsvollzieher zur Sicherung oder zur Verwahrung übergeben wurde, falls diese Person nicht der Gläubiger, Schuldner oder sein Familienangehöriger ist, erhält eine Vergütung oder Erstattung der aufgewendeten Kosten für die Sicherung oder Verwahrung des genannten Vermögens unter Abzug des faktisch erhaltenen Ertrages aus dessen Nutzung.

5. При необходимости смены хранителя судебный пристав-исполнитель выносит постановление. Передача имущества новому хранителю осуществляется по акту приема-передачи имущества.

5. Im Falle der Notwendigkeit den Verwahrer zu wechseln, erlässt der Gerichtsvollzieher einen Beschluss. Die Übergabe des Vermögens an den neuen Verwahrer erfolgt aufgrund des Annahme-Übergabeaktes des Vermögens.

Статья 87. Реализация имущества должника

1. Реализация имущества должника, если иное не установлено настоящим Федеральным законом, осуществляется путем его продажи специализированными организациями, привлекаемыми в порядке, установленном Правительством Российской Федерации. Специализированная организация обязана в десятидневный срок с момента получения имущества должника по акту приема-передачи размещать информацию о реализуемом имуществе в информационно-телекоммуникационных сетях общего пользования, а об имуществе, реализуемом на торгах, - также в печатных средствах массовой информации.

2. Имущество, арестованное или изъятое при исполнении судебного акта о конфискации, передается государственным органам или организациям для обращения в государственную собственность в соответствии с их компетенцией, устанавливаемой Правительством Российской Федерации.

3. Реализация недвижимого имущества должника, ценных

Artikel 87. Die Verwertung des Schuldnervermögens

1. Die Verwertung des Schuldnervermögens, falls ein anderes nicht durch dieses Föderale Gesetz vorgesehen ist, erfolgt durch dessen Verkauf durch eine spezialisierte Organisation, deren Einschaltung nach dem Verfahren erfolgt, das durch die Regierung der Russischen Föderation bestimmt wurde. Die spezialisierte Organisation muss innerhalb von zehn Tagen seit dem Moment des Erhalts des Schuldnervermögens aufgrund des Annahme-Übergabeaktes die Information über das zu verwertende Vermögen in allgemein zugänglichen Informations- und Telekommunikationsnetzen veröffentlichen und über das Vermögen, das auf einer Versteigerung zu verwerten ist, auch in Drucksachen für Masseninformationen.

2. Vermögen, das aufgrund eines Gerichtsaktes über die Konfiszierung arrestiert und beschlagnahmt wurde, wird den Staatsorganen oder Organisationen, die für die Vollstreckung in Staatseigentum im Rahmen deren Kompetenzen zuständig sind, welche durch die Regierung der Russischen Föderation bestimmt wurden, übergeben.

3. Die Verwertung des unbeweglichen Vermögens des Schuldners, der

бумаг (за исключением инвестиционных паев открытых паевых инвестиционных фондов, а по решению судебного пристава-исполнителя - также инвестиционных паев интервальных паевых инвестиционных фондов), имущественных прав, заложенного имущества, на которое обращено взыскание для удовлетворения требований взыскателя, не являющегося залогодержателем, предметов, имеющих историческую или художественную ценность, а также вещи, стоимость которой превышает пятьсот тысяч рублей, включая неделимую, сложную вещь, главную вещь и вещь, связанную с ней общим назначением (принадлежность), осуществляется путем проведения открытых торгов в форме аукциона.

Wertpapiere (ausgenommen Investmentanteile eines Offenen Investmentfonds und auf Entscheidung des Gerichtsvollziehers auch Investmentanteile eines Intervallen Investmentfonds), der Vermögensrechte, des verpfändeten Vermögens, in welches die Vollstreckung zur Befriedigung des Gläubigers erfolgt, welcher nicht der Pfandgläubiger ist, Gegenstände, die einen historischen oder künstlerischen Wert haben, sowie von Sachen, deren Wert fünfhundert Tausend Rubel überschreitet, einschließlich einer unzertrennlichen, zusammengesetzten Sache, Hauptsache und Sache, die mit ihr zum gemeinsamen Zweck verbunden ist (Zugehörigkeit), erfolgt im Wege einer Versteigerung in Form einer Auktion.

4. Реализация дебиторской задолженности осуществляется путем проведения торгов в случаях, предусмотренных статьей 76 настоящего Федерального закона.

4. Die Verwertung einer Forderung erfolgt im Wege einer Versteigerung in den Fällen, die von Art. 76 dieses Föderalen Gesetzes vorgesehen sind.

5. Для реализации инвестиционных паев открытых и интервальных паевых инвестиционных фондов судебный пристав-исполнитель предъявляет требования к управляющей компании об их погашении.

5. Zur Verwertung von Investmentanteilen eines Offenen oder Intervallen Investmentfonds wendet sich der Gerichtsvollzieher an die leitende Investmentgesellschaft mit der Forderung diese zu tilgen.

6. О передаче имущества должника на реализацию судебный

6. Über die Übergabe des Schuldnervermögens zur Verwertung

пристав-исполнитель выносит постановление.

erlässt der Gerichtsvollzieher einen Beschluss.

7. Передача специализированной организации имущества должника для реализации осуществляется судебным приставом-исполнителем по акту приема-передачи в течение десяти дней с момента оценки имущества должника.

7. Die Übergabe des Schuldnervermögens an die spezialisierte Organisation zur Verwertung erfolgt durch den Gerichtsvollzieher in Form des Annahme-Übergabeaktes innerhalb von zehn Tagen seit dem Moment der Schätzung des Schuldnervermögens.

8. Цена, по которой специализированная организация предлагает имущество покупателям, не может быть меньше стоимости имущества, указанной в постановлении об оценке имущества должника, за исключением случаев, предусмотренных настоящим Федеральным законом.

8. Der Preis, zu welchem die spezialisierte Organisation das Vermögen den Käufern anbietet, darf nicht niedriger des Wertes des Vermögens sein, welcher in dem Beschluss des Gerichtsvollziehers über die Schätzung des Vermögens des Schuldners angegeben ist, ausgenommen der Fälle, die durch dieses Föderale Gesetz vorgesehen sind.

9. Цена дебиторской задолженности не может быть меньше стоимости дебиторской задолженности, указанной в постановлении судебного пристава-исполнителя об оценке имущественного права, за исключением случая перечисления дебитором денежных средств на депозитный счет подразделения судебных приставов в соответствии со статьей 76 настоящего Федерального закона. Цена дебиторской задолженности уменьшается пропорционально отношению суммы основного

9. Der Preis einer Forderung darf nicht niedriger des Wertes der Forderung sein, die in dem Beschluss des Gerichtsvollziehers über die Schätzung des Vermögensrechtes angegeben ist, ausgenommen des Falles, in welchem der Dritte die finanziellen Mittel auf das Konto der Abteilung des Gerichtsvollzieherdienstes entsprechend dem Artikel 76 dieses Föderalen Gesetzes überweist. Der Preis der Forderung vermindert sich proportional des Verhältnisses der Summe der Hauptschuld des

долга дебитора перед должником к сумме перечисленных дебитором денежных средств.

Dritten gegenüber dem Schuldner zu der Summe der von dem Dritten überwiesenen finanziellen Mittel.

10. Если имущество должника, за исключением переданного для реализации на торгах, не было реализовано в течение одного месяца со дня передачи на реализацию, то судебный пристав-исполнитель выносит постановление о снижении цены на пятнадцать процентов.

10. Falls das Vermögen des Schuldners, ausgenommen des Vermögens, das zu der Verwertung durch Versteigerung übergeben wurde, nicht innerhalb von einem Monat seit dem Tag seiner Übergabe zur Verwertung realisiert wurde, erlässt der Gerichtsvollzieher einen Beschluss über die Senkung des Preises um fünfzehn Prozent.

11. Если имущество должника не было реализовано в течение одного месяца после снижения цены, то судебный пристав-исполнитель направляет взыскателю предложение оставить это имущество за собой. При наличии нескольких взыскателей одной очереди предложения направляются судебным приставом-исполнителем взыскателям в соответствии с очередностью поступления исполнительных документов в подразделение судебных приставов.

11. Falls das Vermögen nicht innerhalb eines Monats nach der Senkung des Preises verwertet wurde, so schickt der Gerichtsvollzieher dem Gläubiger das Angebot, dieses Vermögen selbst zu behalten. Sind mehrere Gläubiger desselben Ranges vorhanden, werden die Angebote durch den Gerichtsvollzieher den Gläubigern entsprechend der Reihenfolge geschickt, in welcher die Vollstreckungsdokumente in der Abteilung des Gerichtsvollzieherdienstes eingegangen sind.

12. Нереализованное имущество должника передается взыскателю по цене на двадцать пять процентов ниже его стоимости, указанной в постановлении судебного пристава-исполнителя об оценке имущества должника. Если эта цена превышает сумму, подлежащую выплате

12. Der nicht realisierte Gegenstand wird dem Gläubiger gem. Art. 87 Abs. 12 VVG zu einem Preis angeboten, der fünfundzwanzig Prozent unter dem geschätzten Wert liegt, der in dem Beschluss des Gerichtsvollziehers über die Schätzung des Vermögens des Schuldners angegeben ist.

взыскателю по исполнительному документу, то взыскатель вправе оставить нереализованное имущество за собой при условии одновременной выплаты (перечисления) соответствующей разницы на депозитный счет подразделения судебных приставов. Взыскатель в течение пяти дней со дня получения указанного предложения обязан уведомить в письменной форме судебного пристава-исполнителя о решении оставить нереализованное имущество за собой.

Sollte dieser Preis aber noch über dem Wert der Summe liegen, die der Auszahlung an den Gläubiger unterliegt, kann der Gläubiger den Gegenstand unter der Bedingung übernehmen, dass er gleichzeitig die Differenz auf das Geschäftskonto der Abteilung des Gerichtsvollzieherdienstes überweist. Der Gläubiger muss innerhalb von fünf Tagen seit dem Erhalt des genannten Angebotes den Gerichtsvollzieher in schriftlicher Form darüber informieren, ob er das nicht realisierte Vermögen übernimmt.

13. В случае отказа взыскателя от имущества должника либо непоступления от него уведомления о решении оставить нереализованное имущество за собой имущество предлагается другим взыскателям, а при отсутствии таковых (отсутствии их решения оставить нереализованное имущество за собой) возвращается должнику.

13. Im Falle einer Absage des Gläubigers, das Vermögen des Schuldners zu übernehmen, oder fehlenden Information von ihm darüber, wird das Vermögen dem nächstmöglichen Gläubiger angeboten und falls solche fehlen (fehlende Entscheidung von ihnen das nicht realisierte Vermögen zu übernehmen) wieder dem Schuldner zurückgegeben.

14. О передаче нереализованного имущества должника взыскателю судебный пристав-исполнитель выноситпостановление, которое утверждается старшим судебным приставом или его заместителем. Передача судебным приставом-исполнителем имущества должника взыскателю

14.Über die Übergabe des nicht realisierten Schuldnervermögens an den Gläubiger erlässt der Gerichtsvollzieher einen Beschluss, welcher von dem Obergerichtsvollzieher oder seinem Vertreter bestätigt wird. Die Übergabe des Schuldnervermögens an den Gläubiger wird in Form eines

оформляется актом приема-передачи.

Annahme-Übergabeaktes dokumentiert.

15. Копии постановлений, указанных в настоящей статье, не позднее дня, следующего за днем их вынесения, направляются сторонам исполнительного производства.

15. Kopien der Beschlüsse, die in diesem Artikel genannt sind, werden nicht später als dem Tag, der dem Tag deren Erlasses folgt, den Parteien des Zwangsvollstreckungsverfahrens geschickt.

Статья 88. Передача взыскателю имущества, указанного в исполнительном документе

Artikel 88. Übergabe von Vermögen, das im Vollstreckungsdokument genannt ist, an den Gläubiger

1. В случае присуждения взыскателю имущества, указанного в исполнительном документе, судебный пристав-исполнитель изымает его у должника и передает взыскателю по акту приема-передачи. В случае присуждения взыскателю бездокументарных ценных бумаг, указанных в исполнительном документе, судебный пристав-исполнитель выносит постановление о списании соответствующих ценных бумаг лицом, осуществляющим учет прав на них, со счета должника и зачислении на счет взыскателя.

1. Falls dem Gläubiger Vermögen zugesprochen wurde, das im Vollstreckungsdokument genannt ist, beschlagnahmt der Gerichtsvollzieher dieses Vermögen bei dem Schuldner und übergibt dieses dem Gläubiger in Form des Annahme-Übergabeaktes. Falls dem Gläubiger dokumentenlose Wertpapiere zugesprochen wurden, die in dem Vollstreckungsdokument genannt sind, erlässt der Gerichtsvollzieher einen Beschluss über die Abschreibung der entsprechenden Wertpapiere durch die Person, die deren Rechte erfasst, von dem Konto des Schuldners und der Gutschrift auf das Konto des Gläubigers.

2. Если взыскатель отказался от получения вещи, указанной в исполнительном документе, то судебный пристав-исполнитель составляет об этом акт, возвращает указанную вещь должнику и

2. Falls der Gläubiger auf die Annahme der Sache, die im Vollstreckungsdokument genannt ist, verzichtet, erstellt der Gerichtsvollzieher darüber ein Protokoll, gibt die genannte Sache

обращается в суд с заявлением о прекращении исполнительного производства в отношении этой вещи.

zurück an den Schuldner und wendet sich an das Gericht mit dem Antrag, das Vollstreckungsverfahren in Bezug auf diese Sache zu beenden.

Статья 89. Реализация имущества должника на торгах

Artikel 89. Verwertung des Vermögens auf einer Versteigerung

1. Реализация на торгах имущества должника, в том числе имущественных прав, производится организацией или лицом, имеющими в соответствии с законодательством Российской Федерации право проводить торги по соответствующему виду имущества (далее - организатор торгов).

1. Die Verwertung des Schuldnervermögens auf einer Versteigerung, einschließlich Vermögensrechte, wird von einer Organisation oder einer Person durchgeführt, die entsprechend der Gesetzgebung der Russischen Föderation das Recht zur Durchführung der Versteigerung von entsprechenden Arten des Vermögens hat (im Weiteren – Organisator von Versteigerungen).

2. Начальная цена имущества, выставляемого на торги, не может быть меньше стоимости, указанной в постановлении об оценке имущества.

2. Der Anfangspreis des Vermögens, welches versteigert werden soll, darf nicht niedriger des Wertes sein, der in dem Beschluss über die Schätzung des Vermögens angegeben ist.

3. Ценные бумаги, обращающиеся на организованном рынке ценных бумаг, подлежат реализации на торгах организатора торговли на рынке ценных бумаг. Ценные бумаги подлежат продаже на торгах брокером или управляющим (если ценные бумаги переданы ему в управление), являющимся участником соответствующих торгов.

3. Wertpapiere, die auf dem Wertpapiermarkt gehandelt werden, unterliegen der Verwertung im Wege der Versteigerung des Organisators des Handels auf dem Wertpapiermarkt. Die Wertpapiere unterliegen der Versteigerung durch einen Broker oder einen Verwalter (falls die Wertpapiere ihm zur Verwaltung übergeben wurden), die Teilnehmer entsprechender Versteigerungen sind.

4. Торги организатора торговли на рынке ценных бумаг осуществляются в порядке, установленном законодательством Российской Федерации о рынке ценных бумаг, без применения положений статей 90–92 настоящего Федерального закона.

4. Die Versteigerungen des Organisators des Handels auf dem Wertpapiermarkt werden im Verfahren durchgeführt, welches durch die Gesetzgebung der Russischen Föderation über die Wertpapiere, ohne die Anwendung der Artikel 90-92 dieses Föderalen Gesetzes, bestimmt wurde.

5. Ценные бумаги выставляются на торгах организатора торговли на рынке ценных бумаг по цене не ниже средневзвешенной цены этих ценных бумаг за последний час торгов предыдущего торгового дня.

5. Die Wertpapiere werden auf der Versteigerung des Organisators des Handels auf dem Wertpapiermarkt zu dem Preis angeboten, der nicht unter dem Durchschnittspreis dieser Wertpapiere am letzten Handelstag liegen darf.

6. Заявка на продажу ценных бумаг на торгах организатора торговли на рынке ценных бумаг может выставляться неоднократно в течение двух месяцев со дня получения постановления судебного пристава-исполнителя.

6. Der Antrag zum Verkauf der Wertpapiere auf der Versteigerung des Organisators des Handels auf dem Wertpapiermarkt kann innerhalb von zwei Monaten ab dem Tag, an dem der Beschluss des Gerichtsvollziehers erhalten wurde, gestellt werden.

7. Если в двухмесячный срок со дня получения брокером или управляющим постановления судебного пристава-исполнителя ценные бумаги не были проданы на торгах, то судебный пристав-исполнитель предлагает взыскателю оставить ценные бумаги за собой по средневзвешенной цене этих ценных бумаг за последний час торгов последнего торгового дня, в который брокер или управляющий выставлял их на торги.

7. Falls die Wertpapiere innerhalb von zwei Monaten ab dem Tag, an dem der Broker oder Verwalter den Beschluss des Gerichtsvollziehers erhielt, nicht versteigert wurden, macht der Gerichtsvollzieher dem Gläubiger das Angebot, die Wertpapiere für sich zu behalten und zwar zum Durchschnittspreis dieser Wertpapiere, die diese zur letzten Stunde des letzten Versteigerungstages, zu welchem der Broker oder Verwalter sie angeboten hat, hatten.

8. При передаче для реализации недвижимого имущества к постановлению судебного пристава-исполнителя и акту приема-передачи прилагаются:	8. Bei der Übergabe des unbeweglichen Vermögens zur Verwertung werden dem Beschluss und dem Annahme-Übergabeakt beigefügt:
1) копия акта о наложении ареста на имущество должника;	1) Kopie des Aktes über die Auferlegung des Arrestes auf das Vermögen des Schuldners;
2) правоустанавливающие документы и документы, характеризующие объект недвижимости;	2) Dokumente, die die Rechte bestätigen und die das unbewegliche Objekt charakterisieren;
3) копии документов, подтверждающих право на земельный участок, в случае продажи отдельно стоящего здания.	3) Kopien der Dokumente, die das Recht am Boden beweisen, falls nur das aufstehende Gebäude verkauft werden soll.
9. При передаче для реализации объекта незавершенного строительства к постановлению судебного пристава-исполнителя и акту приема-передачи, кроме документов, указанных в части 8 настоящей статьи, прилагаются:	9. Bei der Übergabe eines nicht fertig gestellten Bauwerks zur Verwertung, werden dem Beschluss des Gerichtsvollziehers und dem Annahme-Übergabeakt außer den in Absatz 8 genannten Dokumenten außerdem beigefügt:
1) копия решения об отводе земельного участка;	1) Kopie der Entscheidung über die Bodenzuteilung;
2) копия разрешения органа государственной власти и (или) органа местного самоуправления на строительство.	2) Kopie der vom Staatsorgan und (oder) dem Organ der örtlichen Selbstverwaltung erteilten Baugenehmigung.
10. При передаче для реализации права долгосрочной аренды недвижимого имущества к	10. Bei der Übergabe des langfristigen Pachtrechts am unbeweglichen Vermögen zur Verwertung, werden

постановлению судебного пристава-исполнителя и акту приема-передачи кроме документов, указанных в части 8 настоящей статьи, прилагаются:

dem Beschluss des Gerichtsvollziehers und dem Annahme-Übergabeakt außer den in Absatz 8 genannten Dokumenten außerdem beigefügt:

1) копия договора аренды;

1) Kopie des Pachtvertrages;

2) копия документа, подтверждающего согласие арендодателя на обращение взыскания на право долгосрочной аренды, либо документа, предоставляющего возможность передачи права долгосрочной аренды без согласия арендодателя.

2) Kopie des Dokumentes, welches das Einverständnis des Verpächters zur Vollstreckung in das langfristige Pachtrecht beinhaltet, oder Dokumentes, das die Möglichkeit der Übergabe des langfristigen Pachtrechts ohne das Einverständnis des Verpächters vorsieht.

11. Не допускается заключение договора по результатам торгов ранее чем через десять дней со дня подписания протокола, на основании которого осуществляется заключение договора, а в случае, если предусмотрено размещение указанного протокола на сайте в сети «Интернет», ранее чем через десять дней со дня такого размещения.

11. Der Abschluss eines Vertrages über das Ergebnis der Verteigerung darf nicht vor Ablauf von zehn Tagen seit der Unterschrift des Protokolls, aufgrund dessen der Vertrag abgeschlossen wird, erfolgen. Und im Falle, falls das Protokoll auf einer Seite im Internet zu veröffentlichen ist, nicht vor Ablauf von zehn Tagen seit dieser Veröffentlichung.

Статья 90. Сроки и порядок проведения торгов

Artikel 90. Fristen und Verfahren zur Durchführung der Versteigerung

1. Торги должны быть проведены в двухмесячный срок со дня получения организатором торгов имущества для реализации.

1. Die Versteigerung muss innerhalb von zwei Monaten ab dem Tag durchgeführt werden, an dem der Organisator das zu versteigernde Vermögens zur Verwertung erhalten hat.

2. Порядок проведения торгов устанавливается Гражданским кодексом Российской Федерации, настоящим Федеральным законом, иными федеральными законами и постановлениями Правительства Российской Федерации.

2. Das Verfahren der Durchführung der Versteigerung wird durch das Zivilgesetzbuch der Russischen Föderation, durch dieses Föderale Gesetz sowie durch andere Föderale Gesetze und durch Beschlüsse der Regierung der Russischen Föderation bestimmt.

3. Извещение о проведении торгов размещается на официальном сайте Российской Федерации в информационно-телекоммуникационной сети „Интернет“ для размещения информации о проведении торгов, определенном Правительством Российской Федерации. До определения Правительством Российской Федерации официального сайта Российской Федерации в информационно-телекоммуникационной сети „Интернет“ для размещения информации о проведении торгов извещение о проведении торгов размещается на официальном сайте организатора торгов в информационно-телекоммуникационной сети „Интернет“ и опубликовывается им в периодическом печатном издании, определяемом Правительством Российской Федерации. Информация о проведении торгов должна быть доступна для ознакомления всем заинтересованным лицам без взимания платы.

3. Die Veröffentlichung über die Durchführung der Versteigerung erfolgt auf einer offiziellen Seite der Russischen Föderation im Informations- und Telekommunikationsnetz des „Internet“ zur Veröffentlichung der Informationen über die Durchführung der Versteigerungen, welche von der Regierung der Russsichen Föderation bestimmt werden. Bis zur Bestimmung einer ofiziellen Seite der Russischen Föderation im Informations- und Telekommunikationsnetz des „Internet“ zur Veröffentlichung der Informationen über die Durchführung der Versteigerungen durch die Regierung der Russischen Födaration wird die Versteigerung auf der ofiziellen Seite des Organisators der Versteigerung im Informations- und Telekommunikationsnetz des „Internet“ sowie in periodisch erscheinenden Zeitschriften, welche durch die Regierung der Russischen Föderation bestimmt werden, durch ihn veröffentlicht. Die Information über die Durchführung der Versteigerung muss allen

Interessenten kostenlos zugänglich sein.

Статья 91. Объявление торгов несостоявшимися	**Artikel 91. Erklärung der Versteigerung für ausgefallen**
Организатор торгов объявляет торги несостоявшимися, если:	Organisator der Versteigerung erklärt die Versteigerung für ausgefallen, wenn:
1) заявки на участие в торгах подали менее двух лиц;	1) weniger als zwei Personen einen Antrag auf Teilnahme gestellt haben;
2) на торги не явились участники торгов либо явился один участник торгов;	2) die Teilnehmer zur Versteigerung nicht erschienen sind oder nur ein Teilnehmer kam;
3) из явившихся участников торгов никто не сделал надбавки к начальной цене имущества;	3) kein höheres Gebot als der anfängliche Preis von den erschienenen Teilnehmern abgegeben wurde;
4) лицо, выигравшее торги, в течение пяти дней со дня проведения торгов не оплатило стоимость имущества в полном объеме.	4) der Gewinner der Auktion nicht innerhalb von fünf Tagen nach der Auktion die komplette Summe bezahlt hat.
Статья 92. Последствия объявления торгов несостоявшимися	**Artikel 92. Folgen der Erklärung der Versteigerung für ausgefallen**
1. В случае объявления торгов несостоявшимися организатор торгов не ранее десяти дней, но не позднее одного месяца со дня	1. Im Falle der Erklärung der Versteigerung für ausgefallen, bestimmt der Organisator der Versteigerung nicht früher als zehn

объявления торгов несостоявшимися назначает вторичные торги.

Tage und nicht später eines Monats seit der Erklärung der Versteigerung für ausgefallen, eine wiederholte Versteigerung.

2. Вторичные торги объявляются и проводятся в соответствии со статьей 89 настоящего Федерального закона. Начальная цена имущества на вторичных торгах постановлением судебного пристава-исполнителя снижается на пятнадцать процентов, если их проведение вызвано причинами, указанными в пунктах 1–3 статьи 91 настоящего Федерального закона. Начальная цена имущества на вторичных торгах не снижается, если их проведение вызвано причиной, указанной в пункте 4 статьи 91 настоящего Федерального закона.

2. Die wiederholte Versteigerung wird bestimmt und durchgeführt entsprechend des Artikels 89 dieses Föderalen Gesetzes. Der Anfangspreis des Vermögens wird bei der wiederholten Versteigerung durch den Beschluss des Gerichtsvollziehers um fünfzehn Prozent herabgesetzt, falls deren Durchführung aus den in den Punkten 1-3 des Artikels 91 dieses Föderalen Gesetzes enthaltenen Gründen verursacht wurde. Der Anfangspreis des Vermögens wird bei der wiederholten Versteigerung nicht herabgesetzt, falls deren Durchführung aus dem in Punkt 4 des Artikels 91 dieses Föderalen Gesetzes genannten Grundes verursacht wurde.

3. В случае объявления вторичных торгов несостоявшимися судебный пристав-исполнитель направляет взыскателю предложение оставить имущество за собой в порядке, установленном статьей 87 настоящего Федерального закона.

3. Im Falle der Erklärung der wiederholten Versteigerung für ausgefallen, macht der Gerichtsvollzieher dem Gläubiger das Angebot, das Vermögen in entsprechender Anwendung des Artikels 87 dieses föderalen Gesetzes für sich zu behalten.

4. В случае объявления вторичных торгов по продаже дебиторской задолженности несостоявшимися судебный пристав-исполнитель

4. Im Falle der Erklärung der wiederholten Versteigerung einer Forderung für ausgefallen, macht der Gerichtsvollzieher dem Gläubiger das

предлагает взыскателю оставить имущественные права за собой по цене на двадцать пять процентов ниже их начальной цены на первичных торгах, засчитав эту сумму в счет погашения взыскания. За дебитором сохраняется обязанность по погашению дебиторской задолженности (кредитором по которой становится взыскатель) в прежнем объеме.

Angebot die Vermögensrechte für sich zu behalten und zwar für einen Preis, der fünfundzwanzig Prozent niedriger ist als deren Anfangspreises bei der ersten Versteigerung, unter Berücksichtigung dieser Summe als Erfüllung der Vollstreckungsforderung. Der Dritte ist weiterhin verpflichtet die Forderung (dessen Inhaber der Gläubiger wird) im selben Umfang zu begleichen.

Статья 93. Признание торгов недействительными

Artikel 93. Erklärung der Versteigerung für nichtig

Торги могут быть признаны недействительными по основаниям и в порядке, которые предусмотрены Гражданским кодексом Российской Федерации.

Die Versteigerung kann für nichtig erklärt werden auf der Grundlage und im Verfahren, welche durch das Zivilgesetzbuch der Russischen Föderation vorgesehen sind.

Статья 94. Порядок обращения взыскания на имущество должника-организации

Artikel 94. Verfahren der Zwangsvollstreckung in das Vermögen der Schuldner-Organisation

1. В случае отсутствия у должника-организации денежных средств, достаточных для удовлетворения требований, содержащихся в исполнительном документе, взыскание обращается на иное имущество, принадлежащее указанной организации на праве собственности, праве хозяйственного ведения или праве оперативного управления

1. Wenn bei der Schuldner-Organisation finanzielle Mittel fehlen oder nicht genügend zur Befriedigung der Forderung, die im Vollstreckungsdokument enthalten ist, vorhanden sind, erfolgt die Zwangsvollstreckung in sonstiges Vermögen, das im Eigentum der genannten Organisation steht, ihr aufgrund des Rechts der Wirtschaftsführung oder der

(за исключением имущества, на которое в соответствии с законодательством Российской Федерации не может быть обращено взыскание), независимо от того, где и в чьем фактическом пользовании оно находится, в следующей очередности:

betrieblichen Steuerung gehört (mit Ausnahme des Vermögens, in das entsprechend dem Föderalen Gesetz der Russischen Föderation nicht vollstreckt werden kann), unabhängig davon, wo und in wessen faktischer Nutzung es sich befindet, in folgender Reihenfolge:

1) в первую очередь - на движимое имущество, непосредственно не участвующее в производстве товаров, выполнении работ или оказании услуг, в том числе на ценные бумаги (за исключением ценных бумаг, составляющих инвестиционные резервы инвестиционного фонда), предметы дизайна офисов, готовую продукцию (товары), драгоценные металлы и драгоценные камни, изделия из них, а также лом таких изделий;

1) in erster Ordnung – in bewegliches Vermögen, das nicht unmittelbar in den Produktionsprozess einbezogen ist oder zur Ausführung der Arbeit oder Dienstleistung benötigt wird, einschließlich der Wertpapiere (ausgenommen der Wertpapiere, die Investitionsreserve des Investitionsfonds darstellen), Designobjekte der Büros, Fertigerzeugnisse (Produkte), wertvolle Metalle und Steine, Erzeugnisse daraus sowie Bruchstücke solcher Erzeugnisse;

2) во вторую очередь - на имущественные права, непосредственно не используемые в производстве товаров, выполнении работ или оказании услуг;

2) in zweiter Ordnung – in Vermögensrechte, die nicht unmittelbar in den Produktionsprozess einbezogen sind oder zur Ausführung der Arbeit oder Dienstleistung benötigt werden;

3) в третью очередь - на недвижимое имущество, непосредственно не участвующее в производстве товаров, выполнении работ или оказании услуг;

3) in dritter Ordnung – in unbewegliches Vermögen, das nicht unmittelbar in den Produktionsprozess einbezogen ist oder zur Ausführung der Arbeit oder Dienstleistung benötigt wird;

4) в четвертую очередь - на непосредственно используемые в производстве товаров, выполнении работ или оказании услуг имущественные права и на участвующее в производстве товаров имущество: объекты недвижимого имущества производственного назначения, сырье и материалы, станки, оборудование и другие основные средства, в том числе ценные бумаги, составляющие инвестиционные резервы инвестиционного фонда.

4) in vierter Ordnung – in das unmittelbar in den Produktionsprozess einbezogenen oder zur Ausführung der Arbeit oder Dienstleistung benötigten Vermögensrechte und in das an dem Produktionsprozess beteiligte Vermögen: Objekte des unbeweglichen Vermögens mit Bestimmung zum Herstellungsprozess, Rohstoffe und Materialien, Werkzeugmaschinen, Ausrüstung und andere Grundmittel, einschließlich Wertpapiere, die Investitionsreserve des Investmentfonds darstellen.

2. Положения части 1 настоящей статьи применяются также при обращении взыскания на имущество должника-гражданина, зарегистрированного в установленном порядке в качестве индивидуального предпринимателя, в случае исполнения требований, содержащихся в исполнительном документе, выданном судом, другим органом или должностным лицом в связи с предпринимательской деятельностью указанного гражданина.

2. Die Regelungen des Absatzes 1 dieses Artikels sind entsprechend bei der Vollstreckung in das Vermögen eines Schuldner-Bürgers anzuwenden, der im geregelten Verfahren als Unternehmer eingetragen ist, im Fall der Erfüllung der Forderung, die im Vollstreckungsdokument eingetragen ist, welches durch das Gericht, ein anderes Organ oder durch eine Amtsperson im Zusammenhang mit der unternehmerischen Tätigkeit ausgestellt wurde.

Статья 98. Обращение взыскания на заработную плату и иные доходы должника-гражданина

Artikel 98. Zwangsvollstreckung in den Arbeitslohn und andere Einkommensarten des Schuldner-Bürgers

1. Судебный пристав-исполнитель обращает взыскание на заработную

1. Der Gerichtsvollzieher vollstreckt in den Arbeitslohn oder andere

плату и иные доходы должника-гражданина в следующих случаях:	Einkommensarten des Schuldner-Bürgers in folgenden Fällen:
1) исполнение исполнительных документов, содержащих требования о взыскании периодических платежей;	1) bei der Erfüllung von Vollstreckungsdokumenten, die Forderungen auf periodische Zahlungen enthalten;
2) взыскание суммы, не превышающей десяти тысяч рублей;	2) die zu betreibende Summe zehn Tausend Rubel nicht übersteigt;
3) отсутствие или недостаточность у должника денежных средств и иного имущества для исполнения требований исполнительного документа в полном объеме.	3) im Falle der nicht vorhandenen oder nicht genügend vorhandenen finanziellen Mittel oder anderen Vermögens des Schuldners, um die Forderungen des Vollstreckungsdokumentes im vollen Umfang zu befriedigen.
2. При отсутствии или недостаточности у должника заработной платы и (или) иных доходов для исполнения требований о взыскании периодических платежей либо задолженности по ним взыскание обращается на денежные средства и иное имущество должника в порядке, установленном главой 8 настоящего Федерального закона.	2. Bei nicht vorhandenem oder nicht ausreichendem Arbeitslohn und (oder) anderen Einkommens zur Befriedigung der Forderungen auf periodische Zahlungen oder Schulden aus ihnen, erfolgt die Zwangsvollstreckung in das sonstige Vermögen des Schuldners in dem Verfahren, das durch Kapitel 8 dieses Föderalen Gesetzes bestimmt wird.
3. Лица, выплачивающие должнику заработную плату или иные периодические платежи, со дня получения исполнительного документа от взыскателя или судебного пристава-исполнителя обязаны удерживать денежные средства из заработной платы	3. Personen, die dem Schuldner den Arbeitslohn oder andere periodische Zahlungen leisten, müssen ab dem Tag, an dem sie das Vollstreckungsdokument von dem Gläubiger oder dem Gerichtsvollzieher erhalten, die finanziellen Mittel von dem

и иных доходов должника в соответствии с требованиями, содержащимися в исполнительном документе. Лица, выплачивающие должнику заработную плату или иные периодические платежи, в трехдневный срок со дня выплаты обязаны выплачивать или переводить удержанные денежные средства взыскателю. Перевод и перечисление денежных средств производятся за счет должника.

Arbeitslohn oder anderem Einkommen des Schuldners entsprechend der Forderung, die in dem Vollstreckungsdokument enthalten ist, einbehalten. Personen, die dem Schuldner den Arbeitslohn oder andere periodische Zahlungen leisten, müssen innerhalb einer drei Tages Frist, seit dem Tag der Auszahlung, die einbehaltenen finanziellen Mittel an den Gläubiger auszahlen oder überweisen. Die Übertragung oder Überweisung der finanziellen Mittel erfolgt auf Kosten des Schuldners.

4. При перемене должником места работы, учебы, места получения пенсии и иных доходов лица, выплачивающие должнику заработную плату, пенсию, стипендию или иные периодические платежи, обязаны незамедлительно сообщить об этом судебному приставу-исполнителю и (или) взыскателю и возвратить им исполнительный документ с отметкой о произведенных взысканиях.

4. Beim Wechsel des Arbeitsplatzes durch den Schuldner, des Ortes der Rentenzahlung oder anderen Einkommens müssen die Personen, die dem Schuldner den Arbeitslohn, die Rente, Stipendium oder andere periodische Zahlungen leisten, unverzüglich den Gerichtsvollzieher und (oder) den Gläubiger darüber informieren und das Vollstreckungsdokument zurückgeben, mit dem Vermerk, welche Einbehaltungen bereits erfolgt sind.

5. О новом месте работы, учебы, месте получения пенсии и иных доходов должник-гражданин обязан незамедлительно сообщить судебному приставу-исполнителю и (или) взыскателю.

5. Über den neuen Arbeitsplatz, Ausbildungsplatz, den Ort der Rentenzahlung oder anderen Einkommens muss der Schuldner-Bürger unverzüglich den Gerichtsvollzieher und (oder) den Gläubiger informieren.

Статья 99. Размер удержания из заработной платы и иных доходов должника и порядок его исчисления

1. Размер удержания из заработной платы и иных доходов должника, в том числе из вознаграждения авторам результатов интеллектуальной деятельности, исчисляется из суммы, оставшейся после удержания налогов.

2. При исполнении исполнительного документа (нескольких исполнительных документов) с должника-гражданина может быть удержано не более пятидесяти процентов заработной платы и иных доходов. Удержания производятся до исполнения в полном объеме содержащихся в исполнительном документе требований.

3. Ограничение размера удержания из заработной платы и иных доходов должника-гражданина, установленное частью 2 настоящей статьи, не применяется при взыскании алиментов на несовершеннолетних детей, возмещении вреда, причиненного здоровью, возмещении вреда в связи со смертью кормильца и возмещении ущерба, причиненного преступлением. В этих случаях

Artikel 99. Höhe der Einbehaltungen von dem Arbeitslohn oder von sonstigen Einkünften des Schuldners und Verfahren deren Bestimmung

1. Die Höhe der Einbehaltungen von dem Arbeitslohn und von anderen Einkünften des Schuldners, einschließlich aus der Belohnung für das Ergebnis einer intellektuellen Tätigkeit, ergibt sich aus dem Betrag, der nach Abzug der Steuern verbleibt.

2. Bei der Vollstreckung des Vollstreckungsdokumentes (mehrerer Vollstreckungsdokumente) dürfen von dem Schuldner-Bürger nicht mehr als fünfzig Prozent des Arbeitseinkommens und anderer Einkünfte einbehalten werden. Die Einbehaltung erfolgt bis zur vollen Tilgung der Forderung, die in dem Vollstreckungsdokument angegeben ist.

3. Die Beschränkung der Einbehaltungen von dem Arbeitslohn oder anderer Einkünfte des Schuldner-Bürgers, die in Absatz 2 dieses Artikels aufgestellt wurde, gilt nicht bei einer Vollstreckung aufgrund einer Forderung aus Unterhaltszahlungen an Minderjährige, wegen Schadensersatzansprüchen aufgrund einer Gesundheitsschädigung, wegen Schadensersatzansprüchen aufgrund

размер удержания из заработной платы и иных доходов должника-гражданина не может превышать семидесяти процентов.

des Todes eines Ernährers und Schadensersatzansprüchen, die durch eine Straftat verursacht wurden. In diesen Fällen darf die Einbehaltung von dem Arbeitslohn oder anderen Einkünften des Schuldners siebzig Prozent nicht übersteigen.

4. Ограничения размеров удержания из заработной платы и иных доходов должника-гражданина, установленныечастями 1–3 настоящей статьи, не применяются при обращении взыскания на денежные средства, находящиеся на счетах должника, на которые работодателем производится зачисление заработной платы, за исключением суммы последнего периодического платежа.

4. Die Beschränkung der Einbehaltungen von dem Arbeitslohn oder anderer Einkünfte des Schuldner-Bürgers, die in den Absätzen 1–3 dieses Artikels aufgestellt wurden, gelten nicht bei einer Vollstreckung in finanzielle Mittel, die sich auf den Konten des Schuldnes befinden, auf welche der Arbeitgeber den Lohn überweist, mit Ausnahme der Summe der letzten periodischen Zahlung.

Статья 105. Общие условия исполнения содержащихся в исполнительных документах требований к должнику совершить определенные действия (воздержаться от совершения определенных действий)

Artikel 105. Allgemeine Bedingungen der Vollstreckung der in Vollstreckungsdokumenten enthaltenen Forderungen gegenüber dem Schuldner, bestimmte Handlungen vorzunehmen (die Vornahme bestimmter Handlungen zu unterlassen)

1. В случаях неисполнения должником требований, содержащихся в исполнительном документе, в срок, установленный для добровольного исполнения, а также неисполнения им

1. In Fällen der Nichterfüllung von Forderungen durch den Schuldner, die in dem Vollstreckungsdokument enthalten sind, in der Frist, die zur freiwilligen Erfüllung gesetzt wurde, sowie der Nichterfüllung eines

исполнительного документа, подлежащего немедленному исполнению, в течение суток с момента получения копии постановления судебного пристава-исполнителя о возбуждении исполнительного производства судебный пристав-исполнитель выносит постановление о взыскании исполнительского сбора и устанавливает должнику новый срок для исполнения.

Vollstreckungsdokumentes, das der sofortigen Vollziehung unterliegt, innerhalb eines Tages seit dem Moment des Erhalts der Kopie des Beschlusses des Gerichtsvollzieher über die Einleitung des Vollstreckungsverfahrens, erlässt der Gerichtsvollzieher einen Beschluss über die Vollstreckungsgebühr und setzt dem Schuldner eine neue Frist zur Erfüllung.

2. При неисполнении должником требований, содержащихся в исполнительном документе, без уважительных причин во вновь установленный срок судебный пристав-исполнитель составляет в отношении должника протокол об административном правонарушении в соответствии с Кодексом Российской Федерации об административных правонарушениях и устанавливает новый срок для исполнения. Если для исполнения указанных требований участие должника необязательно, то судебный пристав-исполнитель организует исполнение в соответствии с правами, предоставленными ему настоящим Федеральным законом.

2. Bei Nichterfüllung von Forderungen durch den Schuldner, die in dem Vollstreckungsdokument enthalten sind, ohne einen wichtigen Grund innerhalb der erneut gesetzten Frist, fertigt der Gerichtsvollzieher in Bezug auf den Schuldner ein Protokoll über die Ordnungswidrigkeit entsprechend dem Kodex der Russischen Föderation „Über die Ordnungswidrigkeiten" und setzt eine neue Frist zur Erfüllung. Falls für die Erfüllung der genannten Forderung die Mitwirkung des Schuldners nicht notwendig ist, organisiert der Gerichtsvollzieher die Ersatzvornahme entsprechend der Rechte, die ihm durch dieses Föderale Gesetz eingeräumt sind.

Статья 111. Очередность удовлетворения требований взыскателей

1. В случае, когда взысканная с должника денежная сумма недостаточна для удовлетворения в полном объеме требований, содержащихся в исполнительных документах, указанная сумма распределяется между взыскателями, предъявившими на день распределения соответствующей денежной суммы исполнительные документы, в следующей очередности:

1) в первую очередь удовлетворяются требования по взысканию алиментов, возмещению вреда, причиненного здоровью, возмещению вреда в связи со смертью кормильца, возмещению ущерба, причиненного преступлением, а также требования о компенсации морального вреда;

2) во вторую очередь удовлетворяются требования по выплате выходных пособий и оплате труда лиц, работающих (работавших) по трудовому договору, а также по выплате вознаграждений авторам результатов интеллектуальной деятельности;

Artikel 111. Reihenfolge der Befriedigung von Forderungen der Gläubiger

1. In dem Fall, in dem die beigetriebene Geldsumme zur Befriedigung der vollen Forderungen, die in den Vollstreckungsdokumenten enthalten sind, nicht ausreicht, wird die genannte Geldsumme unter den Gläubigern verteilt, die zu dem Tag der Verteilung der entsprechender Geldsumme Vollstreckungsdokumente eingereicht haben, und zwar in folgender Reihenfolge:

1) in erster Ordnung werden Forderung aus Unterhaltszahlungen an Minderjährige, wegen Schadensersatzansprüchen aufgrund einer Gesundheitsschädigung, wegen Schadensersatzansprüchen aufgrund des Todes eines Ernährers, Schadensersatzansprüchen, die durch eine Straftat verursacht wurden, sowie Forderungen wegen immaterieller Schäden befriedigt;

2) in zweiter Ordnung werden Forderungen wegen der Auszahlung von Freizeitausgleichen und Arbeitslohnzahlungen von Personen befriedigt, die aufgrund eines Arbeitsverhältnisses arbeiten (arbeiteten), sowie Auszahlung von Honoraren für intellektuelle Tätigkeiten;

3) в третью очередь удовлетворяются требования по обязательным платежам в бюджет и во внебюджетные фонды;

3) in dritter Ordnung werden Forderungen wegen verpflichtenden Zahlungen an Haushalte und außer budgetären Fonds befriedigt;

4) в четвертую очередь удовлетворяются все остальные требования.

4) in vierter Ordnung werden alle anderen Forderungen befriedigt.

2. При распределении каждой взысканной с должника денежной суммы требования каждой последующей очереди удовлетворяются после удовлетворения требований предыдущей очереди в полном объеме.

2. Bei der Verteilung jeder von dem Schuldner beigetriebenen Geldsumme werden die Forderungen jeder folgenden Ordnung nach der vollen Befriedigung der Forderung der vorhergehenden Ordnung befriedigt.

3. Если взысканная с должника денежная сумма недостаточна для удовлетворения требований одной очереди в полном объеме, то они удовлетворяются пропорционально причитающейся каждому взыскателю сумме, указанной в исполнительном документе.

3. Wenn die von dem Schuldner beigetriebene Geldsumme zur vollen Befriedigung der Forderungen einer Ordnung nicht ausreicht, werden sie proportional zu der jedem Gläubiger zustehenden Summe, die in dem Vollstreckungsdokument angegeben ist, befriedigt.

4. В случае исполнения требований, содержащихся в исполнительных документах, банком или иной кредитной организацией очередность списания денежных средств со счетов должника определяется статьей 855 Гражданского кодекса Российской Федерации.

4. Im Falle der Erfüllung von Forderungen, die in den Vollstreckungsdokumenten enthalten sind, durch eine Bank oder eine andere Kreditorganisation, bestimmt sich die Reihenfolge der Abschreibung von finanziellen Mitteln von den Konten des Schuldners nach Artikel 855 des Zivilgesetzbuches der Russischen Föderation.

Статья 118. Защита прав взыскателя при несвоевременном исполнении исполнительного документа

Взыскатель вправе предъявить лицам, выплачивающим должнику заработную плату, пенсию, стипендию или иные периодические платежи, иск о взыскании денежной суммы, удержанной с должника, но не перечисленной взыскателю по их вине.

Artikel 118. Schutz der Rechte des Gläubigers bei nicht rechtzeitiger Erfüllung des Vollstreckungsdokumentes

Der Gläubiger hat das Recht gegen die Personen, die an den Schuldner Arbeitslohn, Rente, Stipendien oder andere periodische Zahlungen leisten, Klage auf die Geldsumme zu erheben, die von dem Schuldner einbehalten, aber aufgrund deren Verschulden nicht an den Gläubiger überwiesen wurde.

Статья 119. Защита прав других лиц при совершении исполнительных действий

1. В случае возникновения спора, связанного с принадлежностью имущества, на которое обращается взыскание, заинтересованные лица вправе обратиться в суд с иском об освобождении имущества от наложения ареста или исключении его из описи.

2. Заинтересованные лица вправе обратиться в суд с иском о возмещении убытков, причиненных им в результате совершения исполнительных действий и (или) применения мер принудительного исполнения.

Artikel 119. Schutz der Rechte Dritter bei Ausübung der Vollstreckungshandlungen

1. Im Falle eines Streites, der im Zusammenhang mit der Zugehörigkeit des Vermögens, in welches dic Vollstreckung erfolgt, steht, sind die interessierten (betroffenen) Personen berechtigt, sich an das Gericht mit einer Klage auf Aufhebung des Arrestes des Vermögens oder dessen Streichung aus der Vermögensauflistung zu wenden.

2. Die betroffenen Personen sind berechtigt sich an das Gericht mit einer Klage auf Ersatz der Schäden, die ihnen aufgrund der Vornahme von Vollstreckungshandlungen und (oder) -maßnahmen entstanden sind, zu wenden.

Статья 120. Защита прав организаций при неисполнении содержащегося в исполнительном документе требования о восстановлении на работе

В случае неисполнения содержащегося в исполнительном документе требования о восстановлении на работе незаконно уволенного или переведенного работника ущерб, причиненный организации выплатой указанному работнику денежных сумм, может быть взыскан с руководителя или иного работника этой организации, виновных в неисполнении исполнительного документа.

Artikel 120. Schutz der Rechte von Organisationen bei Nichtausführung der in dem Vollstreckungsdokument enthaltenen Forderungen auf Wiedereinstellung auf dem Arbeitsplatz

Im Falle der Nichtausführung der in dem Vollstreckungsdokument enthaltenen Forderungen auf Wiedereinstellung auf dem Arbeitsplatz eines gesetzeswidrig entlassenen oder versetzten Beschäftigten kann der Schaden, der der Organisation durch die Auszahlung der Geldmittel an den genannten Beschäftigten entstanden ist, bei dem an der Nichtausführung des Vollstreckungsdokumentes schuldigen leitenden Mitarbeiter oder eines anderen Beschäftigten dieser Organisation geltend gemacht werden.

Статья 121. Оспаривание постановлений должностных лиц службы судебных приставов, их действий (бездействия)

1. Постановления судебного пристава-исполнителя и других должностных лиц службы судебных приставов, их действия (бездействие) по исполнению исполнительногодокумента могут быть обжалованы сторонами исполнительного производства,

Artikel 121. Beschwerde gegen Beschlüsse des Gerichtsvollziehers, dessen Handlungen (Untätigkeit)

1. Gegen Beschlüsse des Gerichtsvollziehers und anderer Amtspersonen des Gerichtsvollzieherdienstes oder deren Handlungen (Untätigkeit) bei der Ausführung des Vollstreckungsdokumentes kann von den Parteien des

иными лицами, чьи права и интересы нарушены такими действиями (бездействием), в порядке подчиненности и оспорены в суде.

Zwangsvollstreckungsverfahrens oder anderer Personen, deren Rechte und Interessen durch solche Handlungen (Untätigkeit) verletzt wurden, Beschwerde im Verwaltungswege eingelegt werden oder sie können vor Gericht angefochten werden.

2. Постановление, действия (бездействие) главного судебного пристава Российской Федерации могут быть оспорены в суде.

2. Beschlüsse, Handlungen (Untätigkeit) des Hauptgerichtsvollziehers der Russischen Föderation können vor Gericht angefochten werden.

3. Отказ в отводе судебного пристава-исполнителя может быть обжалован только лицом, заявлявшим отвод. Удовлетворение отвода судебного пристава-исполнителя обжаловано быть не может.

3. Die Beschwerde gegen Ablehnung der Zurückweisung eines Gerichtsvollziehers kann nur von der Person eingelegt werden, die die Zurückweisung beantragt hat. Gegen die Stattgabe der Zurückweisung des Gerichtsvollziehers kann eine Beschwerde nicht eingelegt werden.

4. Постановление о взыскании исполнительского сбора может быть оспорено в суде.

4. Der Beschluss über die Vollstreckung von Vollstreckungsgebühren kann vor Gericht angefochten werden.

Literaturverzeichnis

Afanasjev, S. F.: „O vliânii rešenij Konstitucionnogo Suda RF na ispolnitel'noe proizvodstvo" (Auswirkungen der Entscheidungen des Verfassungsgerichts der RF auf das Zwangsvollstreckungsverfahren), PPiSh („Pravovaâ politika i pravovaâ žizn""), Nr. 2, 2004, S. 13-23.

(Афанасьев С.Ф.: О влиянии решений Конституционного Суда РФ на исполнительное производство, Правовая политика и правовая жизнь, № 2, 2004, 13-23)

Alexandrov, A. A.: „Sovremennoe zakonodatel'stvo ob ispolnitel'nom proizvodstve: problemy i perspektivy" (Gegenwärtige Gesetzgebung der Zwangsvollstreckung: Probleme und Perspektiven), Vestnik des juristischen Instituts Vladimir, Nr. 3, 2008, S. 92-95.

(Александров А.А.: Современное законодательство об исполнительном производстве: проблемы и перспективы, Вестник Владимирского юридического института. № 3 (8), 2008, 92-95)

Arzinger, Rainer/Galander, Tanja: Russisches Wirtschaftsrecht, 2. Aufl., Berlin 2002.

Avenarius, Martin: Rezeption des römischen Rechts in Rußland, Göttingen 2004.

Baberowski, Jörg: Autokratie und Justiz, Zum Verhältnis von Rechtsstaatlichkeit und Rückständigkeit im ausgehenden Zarenreich 1864-1914, Frankfurt am Main, 1996.

Baumbach, Adolf/Lauterbach, Wolfgang/Albers, Jan/Hartmann, Peter: Zivilprozessordnung Kommentar, 71. Aufl., München 2013.

Baur, Fritz/Stürner, Rolf/Bruns, Alexander: Zwangsvollstreckungsrecht, 13 Aufl., Heidelberg 2006

Belousov L.V.: „Služba sudebnyh pristavov: hronika sozdaniâ zakonodatel'noj bazy" (Gerichtsvollzieherdienst: Chronik der Bildung einer gesetzlichen Basis), Praktika ispolnitel'nogo proizvodstva № 6 2008 S. 10-14.

(Белоусов Л.В.: Служба судебных приставов: хроника создания законодательной базы, Практика исполнительного производства № 6 Москва 2008 Страницы 10-14.)

Beresnev A.N.: „Nekotorye aspekty obraŝeniâ vzyskaniâ na cennye bumagi po novomu Federal'nomu zakonu „Ob ispolnitel'nom proizvodstve"" (Einige Aspekte der Vollstreckung in Wertpapiere nach dem Föderalen Gesetz „Über das Vollstreckungsverfahren“), Vestnik Rossijskoj pravovoj akademii Nr. 2, 2008, S. 83-85.

(Береснев А.Н.: Некоторые аспекты обращения взыскания на ценные бумаги по новому Федеральному закону „Об исполнительном производстве“, Вестник Российской правовой академии № 2, Москва 2008, Страницы 83-85.)

Borisov, A. B.: „Kommentarij k Federal‘nym zakonam Rossijskoj Federacii „Ob ispolnitel‘nom proizvodstve“ i „O sudebnyh pristavah““ (Kommentar zu den Föderalen Gesetzen „Über das Vollstreckungsverfahren“ und „Über die Gerichtsvollzieher“), Moskau 2008. (zitiert: Kommentar)

(Борисов А. Б.: Комментарий к Федеральным законам Российской Федерации „Об исполнительном производстве“ и „О судебных приставах“ (постатейный) Москва 2008)

Borisov, A. N.: „Postatejnyj kommentarij k Federal‘nomu zakonu „Ob ispolnitel‘nom proizvodstve““(Über das Vollstreckungsverfahren – Kommentar), Moskau 2009.

(Борисов А. Н.: Постатейный комментарий к Федеральному закону „Об исполнительном производстве“, Москва 2009)

Böttcher, Roland: ZVG Gesetz über die Zwangsversteigerung und die Zwangsverwaltung, 4. Aufl., München 2005.

Breidenbach, Stephan (Hrsg.): Handbuch Wirtschaft und Recht in Osteuropa, München 2004.

Breig, Burkhard: Eigentum und andere dingliche Rechte an Grundstücken in Russland unter besonderer Berücksichtigung der landwirtschaftlich genutzten Böden, Berlin 2009.

Breig, Burkhard/Schröder, Tim: Wende in der russischen Rechtsprechung zur Anerkennung und Vollstreckung ausländischer Gerichtsentscheidungen?, IPPrax 2003, 359-364.

Brox, Hans/Walker, Wolf-D.: Zwangsvollstreckungsrecht, 9. Aufl., München 2011.

Bruns, Rudolf/Peters, Egbert: Zwangsvollstreckungsrecht, 3. Aufl., München 1987.

Butler, William E (Hrsg.): Russian Law: Historical and Political Perspectives, Leyden 1977.

David, Rene/Grasmann, Günther: Einführung in die großen Rechtssysteme der Gegenwart, 2. Aufl., München 1988.

Engel, Anri: Leasing in Rußland und Deutschland: ein Rechtsvergleich des Mobiliarleasing, Berlin 2004.

Feldbrugge, F.J.M.: Russian Law: The End of the Soviet System and the Role of Law, Dordrecht/Boston/London 1993.

Fleck, Thilo: Das Recht auf privates Grundeigentum in Rußland, Berlin 2007.

Gaul, Hans Friedhelm: Rechtsverwirklichung durch Zwangsvollstreckung aus rechtsgrundsätzlicher und rechtsdogmatischer Sicht, ZZP 112 (1999), 135-184.

Geilke, Georg: Einführung in das Sowjetrecht, Darmstadt 1983.

Geimer, Reinhold/Schütze, Rolf A.: Europäisches Zivilverfahrensrecht, Kommentar, 3. Aufl. München 2010.

Gerasimchuk, Eleonora: Die Urteilsanerkennung im deutsch-russischen Rechtsverkehr, Tübingen 2007.

Gernhuber, Joachim/Coester-Waltjen, Dagmar: Familienrecht, 6. Aufl. München 2010.

Goluböva, A.P./Salkova, N.W./Selionov, I.W.: „Kommentarij k Federal'nomu zakonu ot 2 oktâbrâ 2007 g. № 229-FZ „Ob ispolnitel'nom proizvodstve"" (Kommentar zum Föderalen Gesetz vom 02.10.2007 Nr. 229-FZ „Über das Vollstreckungsverfahren"), Moskau 2008. (zitiert: Kommentar)

(Голубева А.Р., Салькова Н.В., Селионов И.В.: Комментарий к Федеральному закону от 2 октября 2007 г. № 229-ФЗ „Об исполнительном производстве" (постатейный), Москва 2008.)

Gottwald, Uwe: Zwangsvollstreckung, Kommentar zu den §§ 704-915h ZPO mit Antrags und Klagemustern für die Rechtspraxis, 5. Aufl., Berlin 2005.

Grizai, O. W.: „Principy sovremennogo ispolnitel'nogo proizvodstva" (Prinzipien des gegenwärtigen Zwangsvollstreckungsrechts), AGP Nr. 6, 2002, S. 35-43.

(Грицай О.В.: Принципы современного исполнительного производства, Арбитражный и гражданский процесс. № 6, 2002, 35-43)

Grub, Stefan/Turbanova, Swetlana: Zur Neuregelung des russischen Vollstreckungsrechts, WiRO 1998, S. 93-99.

Guev, A.N.: „Postatejnyj kommentarij k Graždanskomu processual'nomu Kodeksu Rossijskoj Federacii" (Kommentar zur Zivilprozessordnung der Russischen Föderation), Moskau 2006. (zitiert: Kommentar)

(Гуев А.Н.: Постатейный комментарий к Гражданскому процессуальному Кодексу Российской Федерации, Москва 2006)

Gureev V.A.: „Obraŝenie vzyskaniâ na založennoe imuŝestvo: novelly zakonodatel'stva ob ispolnitel'nom proizvodstve" (Zwangsvollstreckung in das verpfändete Vermögen: Neuigkeiten der Gesetzgebung zum Zwangsvollstreckungsverfahren), Sovremennoe pravo Nr. 7, 2009, S. 52-57.

(Гуреев В.А.: Обращение взыскания на заложенное имущество: новеллы законодательства об исполнительном производстве, Современное право № 7, Москва 2009, Страницы 52-57.)

Gureev V.A.: „K voprosu ob obraŝenii vzyskaniâ na imuŝestvennye prava: analiz novogo federal'nogo zakona „Ob ispolnitel'nom proizvodstve"" (Zur Frage der Zwangsvollstreckung in Vermögensrechte: Analyse des neuen Föderalen Gesetzes „Über das Vollstreckungsverfahren"), Ûsticiâ. Naučno-praktičeskij žurnal Nr. 4, 2008, S. 15-20.

(Гуреев В.А. К вопросу об обращении взыскания на имущественные права: анализ нового федерального закона „Об исполнительном производстве, Юстиция. Научно-практический журнал. № 4, Москва 2008, Страницы 15-20.)

Gureev V.A./Guschin W.W.: „Osnovnye novelly Federativnogo zakona ‚Ob ispolnitel'nom proizvodstve'" (Die wichtigsten Neuerungen des Föderalen Gesetzes „Über das Vollstreckungsverfahren), Zakonodatel'stvo Nr. 1, 2009, S. 71-80.

(Гуреев В.А., Гущин В.В.: Основные новеллы Федеративного закона „Об исполнительном производстве", Законодательство № 1, Москва 2009, Страницы 71-80.)

Gureev, V.A./Guschin, W.W.: „Ispolnitel'noe proizvodstvo – Učebnik" (Vollstreckungsverfahren – Lehrbuch), Moskau 2009.

(Гуреев В.А., Гущин В.В.: Исполнительное производство – Учебник, Москва 2009)

Hampel, Madeleine: Das private Bauvertragsrecht im russischen Recht: Ein bewertender Vergleich zum deutschen Recht, Frankfurt am Main 2009.

Hattenhauer, Hans: Europäische Rechtsgeschichte, 4. Aufl., Heidelberg 2004.

Iffland, Cornelia S.: Börsenschiedsgerichtsbarkeit in Deutschland und Russland: zugleich eine Untersuchung zum Recht der internationalen Handelsschiedsgerichtsbarkeit, Berlin 2008.

Il'in S.E.: „Principy ispolnitel'nogo proizvodstva“ (Prinzipien der Zwangsvollstreckung), Vestnik Čelâbinskogo gosudarstvennogo universiteta № 1, 2005, S. 71-74.

(Ильин С.Е.: Принципы исполнительного производства, Вестник Челябинского государственного университета № 1, 2005, Страницы 71-74.)

Isaenkova O.V.: „Normativnye principy sovremennogo ispolnitel'nogo proizvodstva“ (Normative Prinzipien des gegenwärtigen Zwangsvollstreckungsrechts), Federal'nyj zakon „Ob ispolnitel'nom proizvodstve“: praktika primeneniâ, problemy i puti ih razrešeniâ. Materialy kruglogo stola, prohodivšego 29 oktâbrâ 2008 g. v Povolžskom (g. Saratov) ûridičeskom institute (filiale) RPA Minûsta Rossii, Saratov 2009, S. 3-12.

(Исаенкова О.В.: Нормативные принципы современного исполнительного производства, Федеральный закон „Об исполнительном производстве“: практика применения, проблемы и пути их разрешения. Материалы круглого стола, проходившего 29 октября 2008 г. в Поволжском (г. Саратов) юридическом институте (филиале) РПА Минюста России, Саратов 2009, Страницы 3-12.)

Isaenkova O.V.: „Principy ispolnitel'nogo proizvodstva s 1 fevralâ 2008 goda“ (Prinzipien der Zwangsvollstreckung seit dem 1. Februar 2008), Zakon Nr. 5, 2008, S. 175-180.

(Исаенкова О.В.: Принципы исполнительного производства с 1 февраля 2008 года, Закон № 5, 2008, Страницы 175-180.)

Isaenkowa O.V.: „Postatejnyj kommentarij k Federal'nomu zakonu „Ob ispolnitel'nom proizvodstve““ (Über das Vollstreckungsverfahren – Kommentar), Moskau 2009. (zitiert: Kommentar)

(Исаенкова О.В.: Постатейный комментарий к Федеральному закону „Об исполнительном производстве“, Москва 2009)

Isaenkova O.V.: „Ispolnenie neimušestvennyh trebovanij po FZ „Ob ispolnitel'nom proizvodstve“ ot 2 oktâbrâ 2007 g.“ (Vollstreckung wegen Nichtvermögensforderungen nach dem Föderalen Gesetz „Über das Vollstreckungsverfahren“ vom 2 Oktober 2007), Rossijskoe pravo: opyt, problemy i perspektivy. Sbornik materialov V mežregional'noj naučno-praktičeskoj konferencii 18 aprelâ 2008 g. Kirov 2008, S. 47-50.

(Исаенкова О.В.: Исполнение неимущественных требований по ФЗ „Об исполнительном производстве“ от 2 октября 2007 г., Российское право: опыт, проблемы и перспективы. Сборник материалов V межрегиональной научно-практической конференции 18 апреля 2008 г. Киров 2008, Страницы 47-50.)

Isaenkowa O.V.: „Istoriâ ispolneniâ sudebnyh aktov v Rossii: osnovnye ètapy" (Geschichte der Vollstreckung von Gerichtsakten in Russland: Hauptstadien), Ispolnitel'noe pravo Nr. 3, 2008, S. 34-48.

(Исаенкова О.В.: История исполнения судебных актов в России: основные этапы, Исполнительное право № 3, 2008, 34-48)

Isaenkova O.V./Balaschov A. N./Balaschova I. N.: „Ispolnitel'noe proizvodstvo v Rossijskoj Federacii: kurs lekcij" (Vollstreckungsverfahren in der Russischen Föderation – Übung), Moskau 2008.

(Исаенкова О.В./Балашов А. Н./Балашова И.Н.: Исполнительное производство в Российской Федерации: курс лекций, Москва 2008)

Jakovleva A.P.: „Funkcii suda v ispolnitel'nom proizvodstve RF" (Funktion des Gerichts in der Zwangsvollstreckung der Russischen Föderation), Federal'nyj zakon „Ob ispolnitel'nom proizvodstve": praktika primeneniâ, problemy i puti ih razrešeniâ. Materialy kruglogo stola, prohodivšego 29 oktâbrâ 2008 g. v Povolžskom (g. Saratov) ûridičeskom institute (filiale) RPA Minûsta Rossii, Saratov 2009, S. 44-49.

(Яковлева А.П.: Функции суда в исполнительном производстве РФ, Федеральный закон „Об исполнительном производстве": практика применения, проблемы и пути их разрешения. Материалы круглого стола, проходившего 29 октября 2008 г. в Поволжском (г. Саратов) юридическом институте (филиале) РПА Минюста России, Саратов 2009, Страницы 44-49.)

Jarkov, V.V.: „Ispolnitel'nyj kodeks kak forma kodifikacii ispolnitel'nogo zakonodatel'stva" (Zwangsvollstreckungskodex als Kodifikationsform der Vollstreckungsgesetzgebung), Zakon Nr. 5, 2007, S. 46-55.

(Ярков В.В.: Исполнительный кодекс как форма кодификации исполнительного законодательства, Закон: Май, 2007, 46-55)

Jarkov, V. V.: „Kommentarij k Federal'nomu zakonu „Ob ispolnitel'nom proizvodstve"" (Kommentar zum Föderalen Gesetz „Über das Vollstreckungsverfahren"), Moskau 2009. (zitiert: Kommentar)

(Ярков В.В.: Комментарий к Федеральному закону „Об исполнительном производстве", Москва 2009)

Jarkov, V. V.: „Graždanskij process: Učebnik" (Der Zivilprozess – Lehrbuch), 7. Aufl., Moskau 2009.

(Ярков В.В.: Гражданский процесс: Учебник, 7-е издание, Москва 2009)

Jarkov V.V.: „Specifičeskie principy ispolnitel'nogo proizvodstva" (Spezifische Prinzipien des Zwangsvollstreckungsrechts), Razvitie processual'nogo zakonodatel'stva: k 5-letiû dejstviâ APK RF, GPK RF i Federal'nogo Zakona RF „O tretejskih sudah v Rossijskoj Federacii". Materialy meždunarodnoj naučno-praktičeskoj konferencii, posvâŝennoj ûbileû Zaslužennogo deâtelâ nauki RF, d Voronež 2008 S. 236-249.

(Ярков В.В.: Специфические принципы исполнительного производства, Развитие процессуального законодательства: к 5-летию действия АПК РФ, ГПК РФ и Федерального Закона РФ „О третейских судах в Российской Федерации". Материалы международной научно-практической конференции, посвященной юбилею Заслуженного деятеля науки РФ, д Воронеж 2008 Страницы 236-249.)

Jarkov, V.V./Ustjanzev, S.E.: „Aktual'nye problemy ispolnitel'nogo proizvodstva" (Aktuelle Probleme der Zwangsvollstreckung) in „Teoretičeskie i praktičeskie problemy graždanskogo, arbitražnogo processa i ispolnitel'nogo proizvodstva. Sbornik naučnyh statej." (Theoretische und praktische Probleme des Zivil-, Arbitrageprozesses und der Zwangsvollstreckung), St. Petersburg 2005, S. 291-313.

(Ярков В.В./Устьянцев С.Е.: Актуальные проблемы исполнительного производства, Теоретические и практические проблемы гражданского, арбитражного процесса и исполнительного производства. Сборник научных статей, Санкт-Петербург; Краснодар, 2005, 291-313)

Kenk, Annett: Die Zwangsvollstreckung in der Russischen Föderation: eine Darstellung des russischen Vollstreckungsverfahrensgesetzes mit Berücksichtigung seiner Unterschiede zum deutschen Zwangsvollstreckungsrecht, Aachen 2003.

Kettler, Stefan Hans: Eigentumsvorbehalt und Sicherungsübereignung an beweglichen Sachen im Recht der Russischen Föderation, Universitätsverlag Osnabrück, Göttingen 2008

Kindl, Johann/Meller-Hannich, Caroline/Wolf, Hans-Joachim: Gesamtes Recht der Zwangsvollstreckung, 1. Aufl., 2010.

Kleandrova, W.M./Mulukaev, R.S.: „Istoriâ gosudarstva i prava Rossii – Učebnik" (Geschichte des Staates und des Rechts Russlands – Lehrbuch), Moskau 2009.

(Клеандрова В.М./Мулукаев Р.С: История государства и права России-Учебник, Москва 2009)

Komarov, A. S.: „Rol' MKAS v praktike meždunarodnogo kommerčeskogo arbitraža v Rossii" (Die Rolle des MKAS in der Praxis der internationalen

Handelsschiedgerichtsbarkeit in Russland), Vestnik des Obersten Arbitragegerichts RF, Nr. 10, 2007, S. 4-17.

(Комаров А.С.: Роль МКАС в практике международного коммерческого арбитража в России (к 75 - летию Международного коммерческого арбитражного суда при Торгово-промышленной палате Российской Федерации), Вестник Высшего Арбитражного Суда Российской Федерации. № 10, 2007, 4-17.)

Komarov, Alexander/Barth, Marcel: Die neue Schiedsordnung des Internationalen Handelsschiedsgerichts bei der Handels- und Industriekammer der Russischen Föderation (MKAS), SchiedsVZ 2007, S. 89-94.

Kurakova N.V.: „Mesto ispolnitel'nogo proizvodstva v sisteme prava" (Stellung des Zwangsvollstreckungsrechts im Rechtssystem), Arbitražnyj i graždanskij process. Nr. 11, 2004, S. 45-48; Nr. 12, 2004, S. 36-38.

(Куракова Н.В.Место исполнительного производства в системе права, Арбитражный и гражданский процесс. № 11, 2004, Страницы 45-48; № 12, 2004, Страницы 36-38.)

Kurzynsky-Singer, Eugenia: Minsker Konvention und Kiewer Übereinkommen als Grundlage für die Anerkennung und Vollstreckung ausländischer Entscheidungen in Russland, WiRO 2010, S. 265-270, 300-304.

Kurzynsky-Singer, Eugenia/Davydenko, Dmitry: Materiellrechtlicher ordre public bei der Anerkennung und Vollstreckbarerklärung von schiedsgerichtlichen Urteilen in der Russischen Föderation – Eine Rechtsprechungsanalyse, SchiedsVZ 2010, S. 203-213.

Kutter, Vivika J.: Zwangsvollstreckung in Rußland, Kieler Ostrechts-Notizen, Institut für Osteuropäisches Recht der Universität Kiel, Nr. 2 1998, S. 2-5.

Kuznecova L.: „Obraŝenie vzyskaniâ na debitorskuû zadolžennost' po novomu zakonodatel'stvu ob ispolnitel'nom proizvodstve" (Zwangsvollstreckung in Forderungen nach der neuen Gesetzgebung zum Vollstreckungsverfahren), Pravo i èkonomika Nr. 1, 2008, S. 99-104.

(Кузнецова Л.: Обращение взыскания на дебиторскую задолженность по новому законодательству об исполнительном производстве, Право и экономика № 1, Москва 2008, Страницы 99-104.)

Lackmann, Rolf: Zwangsvollstreckungsrecht, 8. Aufl., München 2007.

Laptew, Alexej/Kopylov, Sergej: Zum Erfordernis der Gegenseitigkeit bei der Vollstreckung ausländischer Urteile zwischen der Russischen Föderation und der Bundesrepublik Deutschland, IPPax 2008, S. 143-147.

Lassen, Tim: Die Hypothek nach russischem Recht als Kreditsicherungsmittel vor dem Hintergrund des Grundbuchsrechts, der Zwangsvollstreckung in die Immobilie und der Insolvenz des Hypothekengebers, Berlin 2007.

Lassen, Tim: Reformen im russischen Recht, WiRO 2009, S. 321-328.

Mailjan S.S./Kusbagarov A.N. (verantw. Red.): „Ispolnitel'noe proizvodstvo" (Vollstreckungsverfahren), 2. Aufl., Moskau 2009.

(Маилян С. С. / Кузбагаров А. Н. (Под ред.): Исполнительное производство, 2-е издание, Москва 2009)

Maksurov A.A.: „K voprosu o principah graždanskogo ispolnitel'nogo prava" (Zur Frage der Prinzipien des bürgerlichen Vollstreckungsrechts), Ispolnitel'noe pravo Nr. 2, 2009, S. 32-34.

(Максуров А.А.: К вопросу о принципах гражданского исполнительного права, Исполнительное право № 2, 2009, Страницы 32-34)

Maljuschin, K. A.: „Sistema principov graždanskogo ispolnitel'nogo prava Rossijskoj Federacii" (System der Prinzipien des bürgerlichen Zwangsvollstreckungsrechts der Russischen Föderation), AGP („Arbitražnyj i graždanskij process" Wirtschafts- und Zivilprozess) Nr. 12, 2008, S. 32-35.

(Малюшин К.А.: Система принципов гражданского исполнительного права Российской Федерации, Арбитражный и гражданский процесс. № 12, 2008, 32-35)

Mardanov D.A.: „Mesto ispolnitel'nogo proizvodstva v sisteme rossijskogo prava" (Stellung des Zwangsvollstreckungsrechts im russischen Rechtssystem, Ûrist. № 7, 2004, S. 53-58.

(Марданов Д.А.: Место исполнительного производства в системе российского права, Юрист № 7, 2004, Страницы 53-58.)

Minajewa, Anna/Zentner, Eugen: Wesentliche Aspekte des Erwerbs von Grund und Boden zu Bauzwecken in Russland, WiRO 2007, S. 201-204.

Michailov M.: „Istoriâ obrazovaniâ i razvitiâ sistemy russkogo graždanskogo sudoproizvodstva do uloženiâ 1649 goda" (Geschichtliche Entstehung und Entwicklung des Zivilprozessrechts bis zum Kodex von 1649), St. Petersburg 1848.

(Михайлов М.: История образования и развития системы русского гражданского судопроизводства до уложения 1649 года, Санкт-Петербург 1848)

Münchener Kommentar zum Familienrecht I: Hrsg. Säcker, Franz Jürgen; Rixecker, Roland; Band 7, §§ 1297-1588, Halbbd. 1, 5. Auflage, München 2010. (Abkürzung: Verf. in MüKo-Familienrecht)

Münchener Kommentar zur Zivilprozessordnung mit Gerichtsverfassungsgesetz und Nebengesetzen: Hrsg. Rauscher, Thomas; Wax, Peter; Wenzel, Joachim; Band 2, §§ 511-945, 3. Aufl., München 2007. (Abkürzung: Verf. in MüKo-ZPO)

Münchener Kommentar zur Zivilprozessordnung: Hrsg. Krüger, Wolfgang; Rauscher, Thomas; Lücke, Gerhard; Walchshöfer, Alfred; Band 2, §§ 355-802, 4. Aufl., München 1992.

Musielak, Hans-Joachim: Grundkurs ZPO, 11. Aufl., München 2012.

Musielak, Hans-Joachim: Kommentar zur Zivilprozessordnung mit Gerichtsverfassungsgesetz, 8. Aufl., München 2011.

Nußberger, Angelika: Zur Entwicklung der Rechtskultur in Russland, in Heiko Pleines/Hans-Henning Schröder (Hrsg.), Arbeitspapiere und Materialien der Forschungsstelle Osteuropa Bremen Nr. 62 (November 2004): Wirtschafts- und sozialpolitische Herausforderungen für Russland, S. 55-58.

Nußberger, Angelika: Einführung in das russische Recht, München 2010.

Peters, Oxana/Schumann, Bernd: Anerkennung und Vollstreckung ausländischer Schiedsgerichts- und Gerichtsurteile in wirtschaftlichen Streitfällen auf dem Territorium der Russischen Föderation, WiRO 2008, S. 289-291; S. 328-333.

Primaczenko, Vladimir: Treuhänderische Vermögensverwaltung nach russischem Recht, Tübingen 2010

Prütting, Hanns/Gehrlein, Markus: ZPO Kommentar, 4. Aufl., Köln 2012.

Rego A.V.: „Ispolnitel'noe proizvodstvo v sisteme rossijskogo prava" (Das Zwangsvollstreckungsrecht im System des russischen Rechts), Arbitražnyj i graždanskij process Nr. 6, 2004, S. 43-48; Nr. 7, 2004, S. 41-46.

(Рего А.В.: Исполнительное производство в системе российского права, Арбитражный и гражданский процесс. № 6, 2004 Страницы 43-48; № 7, 2004, Страницы 41-46.)

Resch, Irma: Unternehmensrecht in Russland zwischen Privatisierung und Staatswirtschaft, Baden-Baden 2006.

Reschetnikova I. W. (verantw. Red.): „Ispolnitel‘noe proizvodstvo - Kratkie učebnye kursy ûridičeskih nauk“ (Vollstreckungsverfahren – kurze Übungen der Rechtswissenschaft), Moskau 2009.

(Решетникова И.В. (Под ред.): Исполнительное производство - Краткие учебные курсы юридических наук, Москва 2009)

Reschetnikova I. W. (verantw. Red.): „Kommentarij k Federal‘nomu zakonu „Ob ispolnitel‘nom proizvodstve“ i praktike ego primeneniâ“ (Kommentar zum Föderalem Gesetz über das Vollstreckungsverfahren und seiner Anwendung in der Praxis), Moskau 2009. (zitiert: Kommentar)

(Решетникова И.В. (Под ред.): Комментарий к Федеральному закону „Об исполнительном производстве“ и практике его применения, Москва 2009)

Reschetnikova, I. W.: „Konceptual‘nye podhody k razvitiû ispolnitel‘nogo proizvodstva“ (Wissenschaftlicher Zugang zur Entwicklung der Zwangsvollstreckung), Zakon, Nr. 5, 2007, S. 59-64.

(Решетникова И.В.: Концептуальные подходы к развитию исполнительного производства, Закон: Май, 2007, 59-64)

Rosenberg, Leo/Gaul, Hans Friedhelm/Schilken, Eberhard/Becker-Eberhard, Ekkehard: Zwangsvollstreckungsrecht, 12. Aufl., München 2010.

Safronova, Natalia/Gröning, Moritz: Staatliche Registrierung der Rechte an unbeweglichem Vermögen in Russland, WiRO 2003, S. 368-370.

Schitschanin A./Grivkov, O.: „Aktual‘nye problemy ispolnitel‘nogo proizvodstva v Rossii“ (Aktuelle Probleme der Zwangsbollstreckung in Russland), Hozâjstvo i pravo, Nr. 1, 2003, S. 81-87.

(Шичанин А./Гривков О.: Актуальные проблемы исполнительного производства в России, Хозяйство и право. № 1, 2003, 81-87)

Schlosser, Peter: Vollstreckungsrechtliches Prioritätsprinzip und verfassungsrechtlicher Gleichheitssatz, ZZP 97 (1984), S. 121-138.

Schmidt, Richard: Prioritätsprinzip oder Ausgleichsprinzip im künftigen Deutschland, in Festschrift für Heinrich Lehmann zum 60. Geburtstag, Berlin 1937, S. 319-342.

Schneider, Eberhard: Das politische System der Russischen Föderation: eine Einführung, 2. Aufl. Wiesbaden 2001.

Schramm, Hans-Joachim: Kapitalmarktrecht in der Russischen Föderation, Univ., Diss., Köln 1998.

Schroeder, Friedrich-Christian: Die neuen Kodifikationen in Rußland, Berlin 1997.

Schroeder, Friedrich-Christian: 74 Jahre Sowjetrecht, München 1992.

Schuschke, Winfried/Walker, Wolf-Dietrich: Vollstreckung und Vorläufiger Rechtsschutz, Kommentar zum Achten Buch der ZPO, Band I, Zwangsvollstreckung §§ 704-915h ZPO, 2. Aufl., München 1997.

Schulz, Lothar: Russische Rechtsgeschichte, Schauenburg in Lahr 1951.

Schwarkewitsch, Roman: Hypothek nach russischem Recht und ihre Funktionalität, Frankfurt am Main 2004.

Selesnev, W. A.: „Suŝnost', zadači i principy ispolnitel'nogo proizvodstva" (Wesen, Aufgaben und Prinzipien des Zwangsvollstreckungsrechts), SP („Sovremennoe pravo" Gegenwärtiges Recht) Nr. 5, 2009, S. 94-100.

(Селезнев В.А.: Сущность, задачи и принципы исполнительного производства, Современное право. № 5, 2009, 94-100)

Silnizki, Michael: Geschichte des gelehrten Rechts in Russland, Jurispudencija an den Universitäten des Russischen Reiches 1700-1835, Frankfurt am Main 1997.

Solotych, Stefanie: Die Vollstreckung von Gerichtsurteilen in Russland, Unter besonderer Berücksichtigung der Vollstreckung ausländischer Urteile, forost Arbeitspapier (Forschungsverbund Ost- und Südosteuropa) Nr. 35, München, Juni 2006.

Spitzweg, Anja: Das russische föderale Gesetz „Über Investmentfonds", Frankfurt am Main 2007.

Stamm, Jürgen: Die Prinzipien und Grundstrukturen des Zwangsvollstreckungsrechts, Tübingen 2007.

Starrost, Lysann: Die juristische Person in der Insolvenz: Ein Vergleich von deutschem und russischem Insolvenzrecht, Saarbrücken 2007.

Steinbach, Johannes: Anerkennung und Vollstreckung ausländischer Urteile und Schiedssprüche in der Russischen Föderation, Berlin 2003.

Steininger, Andreas: Das russische Kaufrecht, Berlin 2001.

Stöber, Kurt: Zwangsvollstreckung in das unbewegliche Vermögen: ZVG-Handbuch, 9. Aufl., München 2010.

Stürner, Rolf: Prinzipien der Einzelzwangsvollstreckung, ZZP 99 (1986), S. 291-332.

Swirin Ju. A.: „Istoriâ vozniknoveniâ i razvitiâ ispolnitel'nogo prava" (Geschichte der Entstehung und Entwicklung des Vollstreckungsrechts), Praktika ispolnitel'nogo proizvodstva Nr. 1, 2009, S. 39-42.

(Свирин Ю.А.: История возникновения и развития исполнительного права, Практика исполнительного производства. № 1, 2009, 39-42)

Tarasowa M.: „Ètapy razvitiâ ispolnitel'nogo proizvodstva v Rossii" (Stadien der Entwicklung des Vollstreckungsverfahrens in Russland), Pravo i žizn' Nr. 58, 2003, S. 325-352.

Thomas, Heinz/Putzo, Hans: Zivilprozessordnung, Kommentar, 33. Aufl. München 2012.

Tschaschin A. N.: „Ispolnitel'noe proizvodstvo – učebnoe posobie" (Vollstreckungsverfahren – Lehrbuch), Moskau 2009.

(Чашин А. Н.: Исполнительное производство – учебное пособие, Москва 2009)

Tschaschin A. N.: „Kommentarij k FZ „Ob ispolnitel'nom proizvodstve"" (Kommentar zum Föderalen Gesetz „Über das Vollstreckungsverfahren"), Moskau 2008. (zitiert: Kommentar)

(Чашин А. Н.: Комментарий к ФЗ „Об исполнительном производстве", Москва 2008)

Tschekmarjowa A.W.: „Razvitie rossijskogo zakonodatel'stva, reguliruûŝego ispolnitel'noe proizvodstvo" (Entwicklung der russischen Gesetzgebung, die die Zwangsvollstreckung reguliert), in Meždunarodnye ûridičeskie čteniâ. Materialy naučno-praktičeskoj konferencii (14.04.2005), Teil 1, Omsk 2005, S. 76-79.

(Чекмарева А.В.: Развитие российского законодательства, регулирующего исполнительное производство, Международные юридические чтения. Материалы научно-практической конференции (14 апреля 2005 г.). Ч. 1, 2005, 76-79)

Valeev, D.H.: „Ispolnitel'noe proizvodstvo" (Vollstreckungsverfahren), 2. Aufl. St. Petersburg 2010.

(Валеев Д.Х.: Исполнительное производство, 2-е издание, Москва 2010)

Valeev D.H.: „Mesto i vremâ soveršeniâ ispolnitel'nyh dejstvij" (Ort und Zeitpunkt der Verwirklichung von Vollstreckungshandlungen), Praktika ispolnitel'nogo proizvodstva № 5 2008 S. 20-23.

(Валеев Д.Х.: Место и время совершения исполнительных действий, Практика исполнительного производства № 5 Москва 2008 Страницы 20-23)

Valeev D.H.: „Principy kak processual'nye garantii v ispolnitel'nom proizvodstve" (Prinzipien als prozessuale Garantien im Zwangsvollstreckungsverfahren), Zakon: Mai, 2007, S. 93-101.

(Валеев Д.Х.: Принципы как процессуальные гарантии в исполнительном производстве, Закон: Май, 2007, Страницы 93-101)

Valeev D. H./Tschelyshev M. Ju. (verantw. Red.): „Ispolnitel'noe proizvodstvo: processual'naâ priroda i civilističeskie osnovy. Sbornik materialov Vserossijskoj naučno-praktičeskoj konferencii, 04.04.2008" (Vollstreckungsverfahren: Natur des Zivilprozesses und bürgerliche Grundlagen. Materialsammlungen einer russischen wissenschaftlich-praktischen Konferenz vom 04.04.2008), Moskau 2009. (Abkürzung: Materialsammlungen im Vollstreckungsverfahren)

(Валеев Д.Х./Челышев М.Ю. (Отв. ред.): Исполнительное производство: процессуальная природа и цивилистические основы. Сборник материалов Всероссийской научно-практической конференции, 4 апреля 2008 г., Москва 2009)

Völkl, Ekkerhard: Die Rechtsentwicklung in Russland und der Sowjetunion, in: Fickentscher/Franke/Köhler (Hrsg.), Entstehung und Wandel rechtlicher Traditionen, Freiburg 1980, S. 729-754.

Vstawskaja, I. M./Sawtschenko, S. A.: „Ispolnitel'noe proizvodstvo.Učebnoe posobie." (Vollstreckungsverfahren-Lehrbuch), 2. Aufl., Moskau 2010.

(Вставская И.М., Савченко С.А.: Исполнительное производство.Учебное пособие, 2-е издание, Москва 2010)

Wedde, Rainer: Der Insolvenzverwalter im russischen und deutschen Recht: Bestellung, Befugnisse, Bezahlung, Berlin 2006.

Wedde, Rainer: Neues im russischen Insolvenzrecht, WiRO 2003, S. 195-200.

Wedde, Rainer: Russische Föderation: Bodengesetzbuch, WiRO 2002, S. 109-114.

Winnitschenko, N.A.: „Voprosy povyšeniâ èffektivnosti ispolnitel'nogo proizvodstva: sovremennoe sostoânie, suŝestvuûŝie problemy i puti ih rešeniâ" (Fragen der Steigerung der Effektivität der Zwangsvollstreckung: Aktuelle Lage, bestehende Probleme und deren Lösungswege) in „Problemy èffektivnosti ispolnitel'nogo proizvodstva: kriterii ocenki, evropejskij opyt. Materialy meždunarodnogo naučno-praktičeskogo simpoziuma (g. Petrozavodsk, 9-10 iûnâ 2005 g.)" (Probleme der Effektivität der Zwangsvollstreckung:

Beurteilungskriterien, europäische Erfahrung. Materialsammlung des internationalen Symposiums (Stadt Petrosavodsk, 9-10 Juni 2005), Sbornik Moskau 2005, S. 6-10.

(Винниченко Н.А.: Вопросы повышения эффективности исполнительного производства: современное состояние, существующие проблемы и пути их решения. в: Проблемы эффективности исполнительного производства: критерии оценки, европейский опыт. Материалы международного научно-практического симпозиума (г. Петрозаводск, 9-10 июня 2005 г.): Сборник, Москва 2005.)

Winnitschenko, N.A./Smirnov, A.F. (verantw. Red.): „Naučno-praktičeskij kommentarij k Federal'nomu zakonu „Ob ispolnitel'nom proizvodstve". Ot 2 oktâbrâ 2007 goda № 229-FZ" (Kommentar zum Föderalen Gesetz „Über das Vollstreckungsverfahren" vom 2. Oktober 2007 Nr. 229-FZ), Moskau 2009. (zitiert: Kommentar)

(Винниченко Н.А./Смирнов А. Ф. (Отв. ред.): Научно-практический комментарий к Федеральному закону „Об исполнительном производстве". От 2 октября 2007 года № 229-ФЗ, Москва 2009)

Wölk, Tatjana: Wirtschaftsgerichtsbarkeit in der Russischen Föderation, Berlin 1997.

Zaharov A.L.: „Sistemnost' principov prava" (Das System der Prinzipien des Rechts), Politiko-pravovaâ sistema Rossii. Materialy Vserossijskoj naučno-praktičeskoj konferencii: K 15-letiû ûridičeskogo fakul'teta GOU VPO „Volgogradskij gosudarstvennyj universitet": K 10-letiû NOU VPO „Volgogradskij ûridičeskij institut", Volgograd 2006, S. 116-120.

(Захаров А.Л.: Системность принципов права, Политико-правовая система России. Материалы Всероссийской научно-практической конференции: К 15-летию юридического факультета ГОУ ВПО „Волгоградский государственный университет": К 10-летию НОУ ВПО „Волгоградский юридический институт" Волгоград 2006, Страницы 116-120)

Zöller, Richard: Zivilprozessordnung Kommentar, 29. Aufl., Köln 2012.

Zweigert, Konrad/Kötz, Heinz: Einführung in die Rechtsvergleichung auf dem Gebiete des Privatrechts, Band I: Grundlagen, 2. Aufl. Tübingen 1984.

Zybulenko, S. I.: „Reforma sudebnoj sistemy Rossii i ispolnenie sudebnyh postanovlenij (rešenij)" (Reform des russischen Gerichtssystems und Vollstreckung der Gerichtsentscheidungen) in „Koncepciâ razvitiâ sudebnoj sistemy i sistemy dobrovol'nogo i prinuditel'nogo ispolneniâ rešenij Konstitucionnogo Suda RF, sudov obŝej ûrisdikcii, arbitražnyh, tretejskih sudov i Evropejskogo suda po pravam čeloveka. Sbornik naučnyh statej." (Die Lehre von der Entwicklung des Gerichtssystems und des Systems der freiwilligen und der Zwangsvollstreckung in den Entscheidungen des Verfassungsgerichts, ordentlicher Gerichte, Arbitrage-, Schiedsgerichte und des Europäischen Gerichts für Menschenrechte. Sammlung von Aufsätzen.), St. Petersburg 2007, S. 76-81.

(Цыбуленко З. И.: Реформа судебной системы России и исполнение судебных постановлений (решений). Концепция развития судебной системы и системы добровольного и принудительного исполнения решений Конституционного Суда РФ, судов общей юрисдикции, арбитражных, третейских судов и Европейского суда по правам человека. Сборник научных статей, Санкт-Петербург 2007, 76-81)

Studien des Instituts für Ostrecht München

Begründet von Professor Dr. Reinhart Maurach
Herausgegeben von Professor Dr. Friedrich-Christian Schroeder,
Dr. h.c. (Breslau), Regensburg

Band 41 Manfred Gratzl: Die Reform der tschechischen Strafprozeßordnung nach 1989. Im Spannungsfeld von Rechtsstaatlichkeit, Verfahrensökonomie und Effizienz. 2002.

Band 42 Thomas Paintner: Die Insolvenz des Unternehmers in Polen. 2003.

Band 43 Niels von Redecker (Hrsg.): Deutsch-Estnische Rechtsfragen. 2003.

Band 44 Niels von Redecker: Die polnischen Vertreibungsdekrete und die offenen Vermögensfragen zwischen Deutschland und Polen. 2003. 2., durchgesehene Auflage 2004.

Band 45 Niels von Redecker: Das polnische Beamtenrecht. Entwicklung und Stand beim Beitritt Polens zur Europäischen Gemeinschaft. 2003.

Band 46 Cornelia Stefanie Wölk: Das Deliktsrecht Rußlands nach dem neuen Zivilgesetzbuch. 2003.

Band 47 Petr Bohata: Untersuchungshaft im deutschen und tschechischen Recht. 2003.

Band 48 Attila Széchényi: Das neue ungarische Strafprozessrecht im Spannungsverhältnis zwischen Rechtsstaatsprinzip, Verfahrensökonomie und Effizienz. 2003.

Band 49 Agnes Balawejder: Das polnische Telekommunikationsrecht. Umsetzungsbemühungen und -stand des telekommunikationsrechtlichen acquis communautaire im polnischen TK-Recht vor dem Unionsbeitritt Polens. 2004.

Band 50 Sven I. Oksaar / Niels von Redecker (Hrsg.): Deutsch-Estnische Rechtsvergleichung und Europa. 2004.

Band 51 Friedrich-Christian Schroeder (Hrsg.): Justizreform in Osteuropa. 2004.

Band 52 Herbert Küpper: Kollektive Rechte in der Wiedergutmachung von Systemunrecht. Teil I und Teil II. 2004.

Band 53 Sören Langner: Der GmbH-Geschäftsführer im tschechischen Recht. Organstellung und Anstellung im Rechtsvergleich. 2005.

Band 54 Herbert Küpper: Einführung in die Rechtsgeschichte Osteuropas. 2005.

Band 55 Anja Spitzweg: Das russische föderale Gesetz „Über Investmentfonds". 2007.

Band 56 Herbert Küpper: Die ungarische Verfassung nach zwei Jahrzehnten des Übergangs. Einführung mit Textübersetzung. 2007.

Band 57 Axel Boës: Die Gesellschaft mit beschränkter Haftung im russischen und deutschen Recht. 2007.

Band 58 Katrin Heinritz: „Defekte Demokratisierung" – ein Weg zur Diktatur? Turkmenistan und die Republik Sacha (Jakutien) in der Russischen Förderation nach dem Ende der Sowjetunion. 2007.

Band 59 Stefan Hülshörster: Recht im Umbruch. Die Transformation des Rechtssystems in der Ukraine unter ausländischer Beratung. 2008.

Band 60 Carsten Dewald-Werner: Versicherungsmarkt und Versicherungsaufsicht in der Russischen Föderation. 2008.

Band 61 Oleksiy Feliv: Die Hypothek im deutschen und ukrainischen Recht. Der systematische Vergleich des Hypothekenrechts in Deutschland und der Ukraine einschließlich der rechtstheoretischen Grundlagen und der Ausblicke für das gemeinsame Hypothekenrecht. 2009.

Band 62 Christoph Kurzböck: Die Abwicklung deutsch-tschechischer Erbfälle. 2010.

Band 63 Friedrich-Christian Schroeder / Herbert Küpper (Hrsg.): Die rechtliche Aufarbeitung der kommunistischen Vergangenheit in Osteuropa. 2010.

Band 64 Herbert Küpper / Wolfgang Brenn (Hrsg.): Rechtstransfer und internationale rechtliche Zusammenarbeit. Deutsche und japanische Erfahrungen bei der Kooperation mit Osteuropa und Zentralasien. 2010.

Band 65 Daniela Horner / Dragan Bataveljić: Grundeigentum und Registrierung von Liegenschaften in Serbien. Eigentumsschutz in der Praxis. 2010.

Band 66 Nail Mammadov: Die Straffreistellungsgründe im russischen und aserbaidschanischen Strafrecht im Vergleich zur deutschen Strafrechtsdogmatik. 2010.

Band 67 Matthias Farian: Dingliche Nutzungsrechte an fremden Grundstücken im russischen Recht. 2010.

Band 68 Manuchehr Kudratov: Die Straftatausschließungsgründe nach tadschikischem Strafrecht. Eine Analyse aus deutscher Perspektive. 2011.

Band 69 Michael Holland: Die Staatsanwaltschaft im russischen Strafprozess. 2012.

Band 70 Herbert Küpper: Ungarns Verfassung vom 25. April 2011. Einführung – Übersetzung – Materialien. 2012.

Band 71 Friedrich-Christian Schroeder / Manuchehr Kudratov (Hrsg.): Das strafprozessuale Vorverfahren in Zentralasien zwischen inquisitorischem und adversatorischem Modell. 2012.

Band 72 Tina de Vries (Hrsg.): Mediation als Verfahren konsensualer Streitbeilegung. Die deutsche, polnische und ukrainische Perspektive. 2012.

Band 73 Monika Lipińska: Die Sexualstraftaten im polnischen Strafkodex im Vergleich zum deutschen Strafgesetzbuch. 2013.

Band 74 Mirona Marisch: Das System der Arbeitnehmervertretung und des Sozialen Dialogs im rumänischen Recht im Vergleich zum deutschen Recht. 2013.

Band 75 Friedrich-Christian Schroeder / Manuchehr Kudratov (Hrsg.): Die strafprozessuale Hauptverhandlung zwischen inquisitorischem und adversatorischem Modell. Eine rechtsvergleichende Analyse am Beispiel des deutschen und des zentralasiatischen Strafprozessrechts. 2014.

Band 76 Evren Somer: Direct Democracy in the Baltic States. Institutions, Procedures and Practice in Estonia, Latvia and Lithuania. 2014.

Band 77 Florian Plagemann: Die russische Aktiengesellschaft. Darstellung aus Sicht des ausländischen Investors. 2014.

Band 78 Tatjana Seibel: das russische Zwangsvollstreckungsrecht. Darstellung des Föderalen Gesetzes vom 02.10.2007 Nr. 229-FZ „Über das Vollstreckungsverfahren“ unter Hervorhebung der Gemeinsamkeiten und Unterschiede zum deutschen Zwangsvollstreckungsrecht. 2015.

www.peterlang.com